KB069481

SUCCESS! 진로-직업 탐색

경력개발전략

이론과 실제 ——— | 백지연 저 |

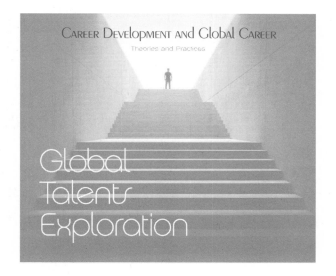

CAREER DEVELOPMENT AND GLOBAL CAREER
Theories and Practices

Global
Talents
Exploration

학지사

서 문

글을 쓰는 행위, 특히 논문이나 책을 쓸 때는 더 많은 고민을 하게 된다. 이는 과연 내가 글을 잘 쓰기 때문에 쓰는 것인지, 꼭 써야 할 필요가 있어서 쓰는 것인지를 말한다. 이 책이 반드시 도움이 될 것이라는 확신이 들기까지 서점과 도서관에서 다량의 관련 서적을 보물찾기 하듯이 찾아보게 된다. 이렇게 찾아낸 책 중에 내가 쓰려고 하는 내용을 이미 훌륭하게 담아낸 것이 있다면 내가 책을 써야 할 필요성이 사라지면서 그 책을 교재로 쓰거나 다른 이에게 추천하는 일로 끝난다. 개인적으로 어떤 장르의 책이 유행하면 우후죽순으로 같은 유형의 책들이 출판되는 동조 현상에 그리 호의적이지 않은 편이다. 그렇기에 내가 책을 쓰는 것이 이와 같은 경우가 되는 것인지에 대해 고민하고 또 고민했다. 그렇다면 이미 출간된 경력개발의 이론과 실제에 대한 여러 책을 두고 나는 '이 책을 왜 반드시 써야 한다.'고 생각했을까? 책을 쓰기 위한 밑그림을 그리다가 꼭 써야만 하는 이유를 찾게 되었다.

여러 책을 읽었을 때 교재의 충족조건을 갖춘 책의 수가 손에 꼽을 정도였으며, 그 외에는 경력개발에 관련된 항목 중에서 몇 가지만 중점적으로 다룬 경력개발 혹은 자기계발에 관련된 책이었다. 예를 들어 멘토링, 코칭, 네트워킹과 같은 전문적인 분야와 그에 관련 있는 이론에 대한 설명과 적용으로만 되어 있어 경력개발에 관련된 전반적인 이해를 돕는 데 부족함이 있었다. 또한 경력개발의 전반을 다룬 책들의 경우에는 어느 분야는 자세하게 되어 있었으나 어느 분야는 지나치게 간략하여 이 또한 아쉬웠다. 문제점으로는 실제 그 분야가 가지고 있는 의미와는 오히려 반대로 서술되어 있는 부분이 발견되기도 했으며, 어느 논문에서는 원문 확인 없이 오역한 부분을 그대로 인용함으로써 정보의 전달이 잘못된 부분도 있었다.

또 다른 이유는 경력개발 분야와 항목에 대한 설문이나 연구의 자료 인용이 10년도 더 지나서 현재 상황에 대입이 어려워진 부분들이 생겼기 때문이다. 어느 자료는 4년 전과 비교하여 현재의 수치나 내용에 차이가 없는 반면, 불과 3년 전의 설문자료의 결과가 현재와는 매우 큰 차이로 벌어져 자료를 통한 분석과 예측 및 해결방안이 무의미했다. 심지어는 현상에 대한 잘못된 분석이 될 수도 있는 위험 때문에 이러한 부분의 업데이트 필요성이 절실했다.

이 책을 쓸 때 전문서적이나 대학교재라는 이름만으로도 느껴지는 읽기의 어려움에 대해 가장 많이 고민했다. 대학생 수준 이상에서는 이해가 쉽도록 최대한 가독성에 중점을 두고 썼다.

경력개발이라고 말하면 요즘은 스펙을 쌓는 것쯤으로 생각하는 경향이 있다. 그렇다면 스펙을 쌓는 것은 단순히 취업하는 것과 사회에서의 성공한 인생을 위해서인지, 자아의 실현 혹은 자신의 행복을 포함하고 있는 것인지에 대해 생각해 볼 필요가 있다. 결국, 대부분 스펙 쌓기와 자신의 행복 찾기를 동시에 해 나갈 수 있는지에 대한 고민이 들 것이다.

최근의 각종 미디어의 설문결과를 보면, 대학생 혹은 취업을 준비하는 사람들에게 성공이란 대기업에 입사해서 높은 연봉을 받는 것이 아니라 공무원과 같은 적은 연봉이어도 안정성과 자신만의 시간을 충분히 가질 수 있는 직장을 갖는 것임을 알 수 있다. 성공에 대한 가치관 역시 바뀌어 가고 있음을 보게 된다.

무한 경쟁이라는 말처럼 시대가 발달할수록 각종 도구와 시스템이 발달하여 삶은 편리해졌지만 인간이 일하는 시간은 더욱 늘어났다. 게다가 업무시간 외에도 업무를 계속해서 신경 써야만 하는 시간들이 많아졌다. 기업은 끝없는 생산성 향상으로 성과를 올리기 바라고, 사람들은 그 속에서 뒤처지거나 낙오하게 될까 봐 두려움도 갖게 된다. 이로 인해 개인이 오롯이 자신에게 쓰는 시간은 점점 줄어들고, 속도를 올려 점점 빠르게 진화해 가고 있는 사회를 따라잡기에도 시간이 부족할 지경이다. 하지만 이 또한 사회와 조직 내에서 자신의 위치를 확고히 하기 위해서는 불가피한 현실이다. 이와 같은 현실에서 어느 순간 사람들은 회의감에 빠지기 시작하고 과거의 전통적 성공의 개념에서 멀어지려는 움직임을 보이고 있다. 전통적 개념의 성공은 조직과 사회의 훌륭한 구성원으로 발전하는 것을 의미했다. 그러나 평생고용의 시대가 지나고 평생직업이라는 개념이 생겼을 때 성공의 개념도 바뀌게 되었다. 자신에게 맞는 적성과 자신이 원하는 직종을 찾아 그에 맞는 실행계획을 가지고 계획에 필요한 지식과 학습, 훈련 및 경험 등을 통해 자신의 역량을 향상시키고 경력을 개발해 나가는 것이 현대 경력개발의 의미다.

이 책은 이러한 경력개발에 필요한 이론과 전략에 대해 다루고 있다. 우선 경력개발의 개념과 가장 설득력을 지닌 저명한 학자들의 대표적인 이론들을 설명했다. 이러한 개념과 이론에 대한 지식의 탐색이 끝나면 그 이론을 바탕으로 자기탐색과 진로준비를 어떻게 할 것인가에 대한 방법 및 전략을 다룬다. 이러한 과정을 거쳐 개인은 결국 조직으로 입사하게 되는데, 조직에서의 경력개발, 멘토링, 네트워킹과 같은 여러 접근법과 이에 대한 실증연구들을 기반으로 경력개발 시 주의할 것과 집중해야 할 부분에 대한 실천적인 내용들을 포함하여 포괄적으로 다루었다. 시장, 기업, 인재 모두 부인할 수 없는 글로벌 시대를 맞이하고 있어서, 이에 따른 경력개발에 필요한 능력과 소양 등도 다루었다.

이 책은 독자들이 충분한 이론을 배울 수 있도록 하며, 배운 이론을 바탕으로 적용할 수 있는 내용들을 곳곳에 첨부하였다. 어떤 사람들은 이론을 단순히 지식일 뿐이라며 폄하하기도 한다. 그러나 지식은 경험의 산물이며 오랜 시간 동안 많은 시행과 착오의 반복을 통한 더 나은 경험으로의 제안서다. 이 책을 통해 많은 지식과 적용 그리고 실제의 경험을 쌓아 체계적으로 경력개발을 연구해 나가는 경력개발 분야의 지도자가 되길 희망한다. 그리고 그와 같은 경험들을 언제든 저자에게 얘기해 주기를 바란다.

   마지막으로 이 책을 쓰는 데 도움을 주신 여러분께 감사드린다. 책을 집필하는 동안 공간적 지원뿐 아니라 지적, 정서적 지원을 아낌없이 제공해 준 함부르크 대학교의 Florian Schramm 교수와 Marcel Halgmann 선생께 감사드린다. 자료 수집에 도움을 준 송민영 선생과 원윤정 선생에게 감사하고, 책의 모든 내용을 처음부터 끝까지 꼼꼼히 읽고 검토해 준 박지원 선생께 진심으로 감사드린다. 또한 이 책의 출판을 도와주신 학지사 김진환 대표님과 정승철 이사님, 최윤희 과장님께 감사드린다.

2016년 12월
백지연

차 례

제10장 | 코칭과 카운슬링   309

PART 4 글로벌시대의 경력개발

제11장 | 글로벌 인재 개발   331

PART 1
경력개발이론

제1장

서론 및 생애이론
(Introduction & Lifespan Theory)

 서론

　매 해, 매 분기마다 기업들의 신규 인력 채용 규모에 대한 예측 기사는 인터넷 포털 사이트의 메인을 장식한다. 한국경영자총협회에서 2016년 4월 발표한 전국 100인 이상 기업 336개를 대상으로, 2016년 신규인력 채용동태 및 전망을 조사한 결과, 56.2% 만 채용계획이 있으며 이는 2011년 이후 최저 수치다. 설문에 응답한 기업들은 경기 침체에 따른 경영실적 악화, 대내외 경제 불확실성 등 향후 경제상황에 대한 불안감 의 증가를 이유로 신규채용에 대해 부정적인 대답을 내놓았다. 고학력의 청년들은 최소 기대수준의 수입을 일정 기간 안정적으로 제공해 줄 수 있는 양질의 일자리를 찾고 있지만, 늘어난 대학생 수에 비해 양질의 일자리는 몇 년째 정체이거나 오히려 줄어들고 있는 상황이다. 높은 주거비와 교육비로 인해 만혼이나 비혼이 늘어나고 이를 벗삼아 출산율은 전 세계 최저 수준이며 그 수준에서도 계속해서 기록 갱신 중이다. 국내 노동시장의 경직성이 구조적인 이유로 언급되고 있으나 이 외에도 현실을 반영하지 못하는 사회보장제도와 사회적으로나 개인적으로 경력개발의 여력마저 없는 상황이어서, 같은 직종의 다른 일자리로의 이직 또는 다른 직종으로의 전환도 어려운 실정이다. 이미 조직에서 일정 기간 이상 경력을 쌓은 중년층마저도 경기침체와 구조조정에 따른 조기 퇴직을 직접 혹은 간접적으로 강요받고 있는 상황이며, 퇴직 후 이직은 청년층에 비해 더욱 어려운 것은 두말할 필요가 없다. 결국 중년층의 퇴직 후의 선택지는 자영업밖에 남질 않게 되는데 그나마도 나이 때문에 할 수 있는 자영업의 범위도 매우 좁다. "대한민국은 치킨왕국이다"라는 말은 이러한 퇴직자들이 만들어낸 성공의 가능성이 매우 희박한 미래가 불투명한 세계다. 노년층은 경제발전과 함께 부를 축적해 온 세대이지만 위로는 부모를 봉양하고 아래로는 자녀 교육과 결혼 등의 지원으로 인해 노후자금을 따로 마련할 여력이 없었다. 이로 인해 한국은 전 세계에서 노인빈곤층의 비중이 가장 높은 나라가 되었다.

이러한 현실 속에서 인간의 수명이 100세 시대를 바라보고 있다는 뉴스는 과연 좋은 일인 것인지에 대한 의문이 생긴다. 더 오랜 기간 삶을 영위해 나가야 하는 시점에, 직업은 경제적인 수입원으로 매우 중요한 의미를 가지고 있다. 또한 개인의 삶의 질을 위해서도 직업은 경력으로써 발전해 나가야 하고 개인의 자아만족을 충족시키는 기능을 온전히 발휘해야 한다. 직업을 통한 자아만족도나 행복지수는 안정적인 수입만큼이나 생의 가장 많은 시간을 일과 일터에 소비하는 현대를 살아가는 사람들에게 중요한 삶의 가치다. 이런 의미에서 시대를 막론하고 현재를 살아가고 있는 모든 이들에게 경력이란 그 자신들의 삶에 관련되어 가장 근접해 있는 개념 중의 하나로 볼 수 있다. 개인의 삶에 있어서 경력개발에 대해 이해한다는 것은 자신의 수입이나 안정적인 생활뿐 아니라 자아 실현, 자아 만족, 행복과도 긴밀하게 연결되어 있다는 것을 알게 된다는 의미이기도 하다.

중요 용어 정의

직무, 직업, 경력 등 일과 관련한 개인의 경험을 의미하는 용어가 때로는 비슷한 뜻으로 때로는 다른 뜻으로 혼재되어 사용되고 있다. 영어에서도 work, job, vocation, occupation, career와 같이 일과 관련한 여러 용어가 있는데 좀 더 명확한 이해를 위해 용어의 정의를 살펴볼 필요가 있다.

직업의 사전적 의미는 경제적 소득을 얻거나 사회적 가치를 이루기 위해 참여하는 계속적인 활동을 뜻한다. 즉, 넓은 의미로서의 직업은 보수나 시간과 관계없이 한 인간이 평생 동안 하는 일이며, 좁은 의미로서의 직업은 생계를 위한, 반드시 보수가 지급되는 일상적으로 하는 일을 의미한다. 영어에서는 'work'가 우리말의 '직업'과 가까운 의미를 갖고 있다. **Work**는 재화나 서비스를 생산하는 활동으로 보통은 대가를 받고 하는 활동을 의미했으나, 자원봉사차원에서의 생산활동도 일의 하나로 평가되어 대가를 받지 않고 하는 일까지 포함하게 되었다. 또한 일과 학업을 병행하는 경우도 쉽게 볼 수 있다. 그러나 일반적으로 일을 정의할 때 학업을 마친 후 은퇴시점까지의 활동을 의미한다.

직업교육 학자들은 **직업**을 "일생을 통해 지속적으로 수행하는 일에서 특정 시점에 수행하는 주된 일의 역할"이라 정의한다. 직업에서 직(職)은 직책이라는 의미로 전통적으로는 관에서 행해지는 업으로 관직의 의미로 공적인 또는 개인이 사회적으로 수행하게 되는 역할이라는 의미를 지니고 있다. 업(業)은 생계를 유지하기 위해 전념하는 일 또는 자기의 능력을 발휘하여 어느 한 가지에 집중한다는 의미도 있다. 이와 같이 살펴봤을 때 직업이란 개인이 사회적 책무로 수행하는 사회적 가치, 그리고 생계를 유지하고 이를 통해 개인의 능력을 개발하는 개인적 가치의 이중적 의미를 지니고 있다(이종성, 1999).

영어의 **Job**은 구체적인 일자리(work position)에서 특정 기간 동안 근무하는 것을 의미하고, **Career**는 일생 동안 걸쳐서 경험하게 되는 job의 집합적이고 총체적인 경험을 의미한다. 종종 영어표현에서 career는 vocation이나 occupation과 호환하여 사용되기도 한다.

Vocation은 라틴어 동사 *vocare*(부르다, to call)에 어원을 둔 것으로 역사적으로 종교적인 직책을 추구하라는 신의 부름을 의미했으나, 후에는 여러 의미로 확대되어 쓰이고 있다. 현재 사용되는 여러 의미는 다음과 같다. ① 개인의 자질에 적합한 직업으로 맞춤(suitability)에 강조를 둔 개념, ② 사회적으로 매우 높은 가치를 추구하거나 많은 헌신을 요구하는 직업, ③ 대학교육(academic track)과 대비되는 직업교육(vocational education)에서 사용되는 개념으로 대학교육이 필요 없는 직업을 의미하기도 한다.

Career의 어원은 프랑스어인 carriere(길, 행로)에서 유래되었다. 이 프랑스어는 라틴어인 *cararia*(바퀴 달린 탈것의 전용도로)에서 유래되었으며, *cararia*는 같은 라틴어인 마차를 의미하는 *carrus*에서 유래되었다. 전통적으로 경력(career)이란 사람의 삶에서 의미가 있는 기간 동안에 수행한 직업을 의미하여, 직업의 의미와도 혼용되어 왔다. 또한, 전통적으로 커리어는 전문성이 있는 일련의 직업적 경험을 의미하는 것으로, 예를 들면 변호사는 커리어의 한 유형이 될 수 있지만, 청소부와 같이 전문성이 요구되지 않는 직업은 커리어로 불리지 않았으나, 시간이 지나면서 모든 통칭의 직업적 경험을 포함하여 커리어를 확장된 개념으로 이해하기 시작했다. 경력개발이론의 학자 Sears(1982)에 의하면 경력이란 "일생 동안 급여의 유무와 상관없이 개인이 수행하는 일련의 직업이나 일"로 정의했는데, Sears는 경력의 정의를 직접적으로 일에 초점을 두었다. 또 다른 경력개발이론 학자인 Super(1976)는 경력을 "일생 동안 일어나는 일련의 사건(events)이며, 자신을 개발하는 방향으로 몰입하며 수행하는 직업적 역할뿐 아니라 다른 역할들을 포함한다."고 정의했으며, 이는 일 전후의 교육적 경험이나 가정과 사회에서의 역할도 포함하고 있다. 또 다른 대표적인 학자 Hall(1976)은 경력을 "개인이 일생에 걸쳐 일과 관련하여 얻게 되는 일련의 경험과 태도"라 정의했다. 따라서 일은 급여를 받거나 수익을 창출하는 경제적인 활동 외에도 어떠한 형태로든 생산을 하는 노동을 포함하기 때문에 일반적으로 모든 개인의 일생의 경험을 포괄적으로 포함한다. 이 책은 직장에서의 일에 대한 경력을 다루려는 목적으로 일에 관점을 두고 경력개발이론을 연구한 Sears의 정의에 의거, 내용을 전개하여 기술하였다. 이러한 경력에 관한 정의에 기반하여 **경력개발**(career development)이란 '심리적, 사회적, 교육적, 경제적, 육체적 그리고 기회적 요소들이 개인의 경력에 영향을 미치며 상호작용하는 총체적인 과정'을 의미한다.

전통적인 경력개발의 의미는 개인이 한 조직에서 열심히 일하며 충성도를 증명하게 되면 조직은 이에 상응하여 안정적인 일자리와 급여를 제공하는, 즉 평생고용의 개념이었다. 그러나 시간이 흐름에 따라 산업의 유형 변화와 기업의 구조가 바뀌게 되면서 평생고용 혹은 평생직장이 아닌 평생직업의 구조로 변화하고 있다. 이때 등장하게 된 새로운 경력유형 개념이 **프로티언 경력**(protean career)이며, 전 세계적으로 전통적 경력유형 개념이 아직까지는 우세한 곳이 많이 있으나, 선진 기업들을 중심으로 프로티언 경력은 오늘날 가장 대표적인 경력유형 개념으로 자리 잡고 있다.

1976년 Hall은 그의 책 『Careers in Organizations』에 처음으로 'protean'이라는 용어를 소개했다. 호메로스의 『오디세이아』에 처음 등장하는 프로테우스는 바다의 신인 포세이돈의 아들(일설에 의하면 포세이돈의 하인이라고 알려져 있기도 하다)로 자신을 원하는 대로 모든 사물의 모습으로 변화시킬 수 있는 힘을 가지고 있었다. Hall은 자신의 모습을 자유자재로 변신할 수 있었던 그리스 신화의 프로테우스를 형용사화하여 **프로티언 경력**(protean career)이라는 개념을 만들었고, 이는 개인이 원하는 대로 자신의 경력을 변화해 가는 현상을 설명하는 용어가 되었다. 프로티언 경력은 조직이 아닌 개인에 초점을 맞춘 개념으로 개인의 핵심 가치와 경력의사결정의 주요 동인이 개인의 경력을 이끄는 중심으로 보는 개념이다. 그렇기에 프로티언 경력의 성공은 주관적이며 심리적인 성공을 의미한다.

프로티언 경력과 함께 광범위하게 사용되는 경력유형의 개념이 무경계 경력이다. **무경계 경력**(boundaryless career)은 한 조직이나 한 직업에 얽매이지 않고 자유롭게 경력을 관리하고 개발하는 것을 의미한다. 프로티언 경력과 비슷한 개념이나, 현대에 와서 조직에 묶여 있지 않고 조직과 국경을 넘어서 자신의 경력을 발전시키는 현대적 개념을 의미한다. 이러한 이유들로 개인의 경력 진로는 점점 더 예측하기 어렵고 복잡해지고 있다. 미국의 노동청에 따르면 현재 근로자들의 평균 근속연수는 4.4년이다. 2012년 Futureworkplace.com 설문에 의하면 지금 노동시장에 진입한 신세대들은 더 짧게 한 직장에 근무하게 될 것이라 기대하고 있으며, 일생 동안 대략 15~20개의 직업이나 직장으로 옮길 것이라 예측하고 있다.

경력개발이론의 역사

경력개발은 복잡한 과정이다. 경력개발과 관련된 여러 이론들은 경력개발 과정에 대한 전체적인 도면 혹은 로드맵을 제공한다. 경력선택과 개발과 관련된 이론들은 다음의 3가지 기능을 수행한다. 첫째, 경력선택 및 개발에 영향을 미치는 요인들에 대한 이해를 용이하게 한다. 둘째, 경력선택과 개발 과정을 더욱 잘 설명하는 후속 연구들이 이루어지도록 촉진하는 바탕이 된다. 셋째, 실증적인 가이드라인이 부재한 상황에서 실무에 가이드를 제공한다.

먼저 경력선택과 개발에 대한 이론의 역사에 대해 전체적으로 알아보고자 한다. 경력선택과 개발에 대한 현대적인 이론의 선구자는 Frank Parsons라고 할 수 있다. Parsons 모델[자신을 이해하고, 가능한 직업의 필요조건을 이해하고, 올바른 추론(true logic)을 바탕으로 하여 한 직업을 선택하는 것]은 21세기 중반의 경력 상담과 실무에 있어 이론적으로 바탕이 되었다고 할 수 있다. Parsons의 모델은 처음 발표되었을 당시에는 많은 문제점들이 지적되었다. 그중 당시 실무자들에 의해 가장 많이 거론되었던 부분은 개인적인 특성들을 측정할 수 있는 도구가 없다는 것이었다. 또한 이와 유사하게 심리학자들이 자신에게 적합한 직업을 찾고자 하는 개인들을 상담할 경우 개인적으로 직업에 대해 탐색하는 것 말고는 직업적 정보의 원천이 전혀 없었기 때문에 실용적일 수 없었다. 이러한 이유로 Parsons가 제시한 매칭프로세스(matching process)는 당시에는 잘 알려지지 않았다. 제1차 세계 대전 이전에는 성격, 지적 능력과 같은 인간의 특성을 측정하는 것이 불가능했다. 이후 Ralph Yerkes가 이끄는 계량 심리학자들의 단체에서 Army Alpha라 불리는 측정도구를 개발하고 이를 통해 군대의 언어 능력, 수학적인 능력, 일반적 지식, 명령에 따르는 능력을 테스트하고 다시 이를 측정하게 되었다. Yerkes와 그의 동료들의 이러한 업적은 측정도구의 개발에 관련된 연구들을 더욱 촉진시키는 역할을 했으며, 그 결과 제1차 세계 대전 이후 많은 계량 심리학 측정도구들이 생겨났으며 많은 실무자들이 이 도구들을 사용할 수 있게 되었다. 1938년에는 특히 블루칼라 직종이 강조된 『직업사전(Dictionary of Occupational Titles)』이 미국 노동부에 의해 출간되었다.

오늘날 우리는 경력선택에 관련된 의사결정이 자존감, 역할 관계, 성 역할 정체성, 가치 등 수많은 요인들의 복잡한 과정으로 이루어진다는 것을 현실적으로 이해하고 있기 때문에 개인의 특성에 맞는 직업을 선택하기 위해 Parsons의 'true logic'을 사용하는 것이 실현 불가능한 상상이라는 주장도 이해하기 어려운 일은 아니다. 아마도 이에 대한 대안(alternative) 이론이 없었기 때문에 1950년대까지 개인-환경 적합 모델 [the person-environment congruence(PEC) model]이 주류를 이루었던 것일 수도 있다.

특성요인모델(the trait and factor model)은 여전히 현대 경력개발의 주요 이론적 기초의 한 부분을 차지하고 있다. 그 후 1950년대와 1960년대에 경력개발에 대한 심도 깊은 이론화가 이루어지면서 경력선택과 개발에 대한 8개의 새로운 이론이 정립되었다. 이 이론들은 현재까지도 중요한 이론의 한 축으로 자리하고 있다. 1970년부터 1984년까지 6개의 주요 이론들이 새롭게 발표되었으며, 특히 그중 3개의 이론은 여성의 경력개발에 초점을 맞추어 광범위하게 다루고 있다. 그 후 1991년을 기점으로 이론은 다시금 강화되기 시작하여 경력선택과 개발에 관련된 5개의 새로운 이론들이 발표되었다. 이론들의 대부분은 이 후 여러 차례에 걸쳐 새롭게 변형되고 수정되었다. 오늘날까지도 Holland, Super, Lofquist와 Dawis, Lent와 Hackett, Gottfredson 등의 연구는 이론과 실무에 여전히 큰 영향을 미치고 있다.

어떤 이론들은 다른 이론들에 비해 상대적으로 영향력이 크거나 작기도 한데 그 이유를 명확하게 이해하기란 쉽지 않다. 예를 들어, Bordin의 정신역학이론은 잘 정립되었으나 일반적으로 카운슬러나 상담심리학자들이 선호하지 않는 정신역학이론을 기반으로 하고 있기에 대중적으로 활용되지는 못했다. 또 다른 예로 Roe의 이론은 아동기 초기의 환경이 성격 형성에 영향을 미치고 이는 경력선택에 있어서 다른 결과를 초래한다는 기본 가정을 증명하는 것이 불가능했기 때문에 연구자들의 관심으로부터 점차 멀어져 갔다. 아직까지 경력선택에 대한 명확한 이론은 없는 상황이다. 그러나 다가올 미래에는 상대적으로 다른 새로운 이론이 나타나 영향력을 발휘하게 될지도 모른다. 그 예로 구성주의 이론(예: Savickas의 연구, Young, Valach, Collin의 연구)이 과학자와 실무자들 모두에게 많은 관심을 받고 있으며 경력 정보처리과정 모델과 같은 이론의 경우도 학계와 실무적 측면에 모두 점점 크게 영향력을 미치고 있다.

초기의 이론들은 주로 백인 남성에 초점이 맞춰져 있었기 때문에 여성 또는 서양이 아닌 다른 문화권에 있는 사람들의 경력개발을 이 이론에 적용하는 것은 부적합할 수밖에 없었다. Holland와 Super와 같은 학자들은 이러한 비판이 부적절하다고 주장했었으나 시대가 바뀌고 여성의 경력 패턴이 변화해 감에 따라 Super는 그의 이론을 수정해야만 했다.

특정한 소집단에 초점을 두고 대안적인 이론을 발전시키려는 노력은 지금까지는 그다지 성공적이지 못했다. Astin은 여성을 대상으로 한 경력선택과 작업 수행에 관한 사회심리학적 모델 이론을 발표했으나 많은 이들의 공감이나 지지를 얻지 못했다(Astin, 1984). 여성의 경력선택의 순간에서 자기효능감의 역할을 설명했던 Nancy Betz와 공동 연구를 수행했던 Gail Hackett은 현재 남성과 여성 모두의 경력개발에 영향을 미치는 사회인지요인에 초점을 맞추어 보다 통합적인 이론의 연구를 수행하고 있다(Hackett & Betz, 1981). 또한 Betz는 Fitzgerald와 함께 여성, 소수집단, 동성애 성향을 가진 집단 등에 이론의 적용 가능성을 한정시킨 연구들을 강력하게 비판했다(Fitzgerald & Betz, 1994).

Sue와 Sue와 Pedersen은 카운슬러나 심리학자 같은 사람들을 위한 훈련 프로그램에 포함된 대부분의 이론들이 서구 중심적인 사상에 그 뿌리를 두고 있기 때문에 문화적으로 억압적일 수 있다고 주장했다(Sue & Sue, 2000). 서구 중심적 세계관은 '사람은 자신의 경력과 관련된 의사결정을 할 때 독립적으로 행동해야 하며, 개인은 가장 중요한 사회적 단위'라는 문화적 믿음에서 비롯되었다. 그러나 미국 내에서도 서양 문화권에 비해 집단주의 성향이 강한 아메리칸 인디언, 아시아계 미국인, 히스패닉 같은 배경을 가진 사람들은 집단의 안녕과 복지가 개인에 대한 관심보다 우선적으로 고려되어야 한다고 생각한다. 그들은 집단주의나 사회적 가치를 중시하기 때문에 개인이 가족보다 중요하다는 사상에 거부감을 보인다. 이러한 차이가 보여 주는 시사점은 아시아계 학생들에게 부모의 조언이나 참견이 그들의 진로나 직업선택에 있어서 큰 비중을 차지하며 또한 이러한 부모의 역할을 당연하게 생각한다는 것이다. Dawis와 Holland의 이론에서 직무 만족(job satisfaction)은 개인과 직업 환경의 상호작용에서 나오는 결과라는 가정을 전제로 하고 있다. 직무 만족, 경력 성공과 같은 요인들은 보다 복잡한 변인(경력선택에 관련하여 가족과 집단의 승인, 그 안에서 개인의 업무수행 등)과 관련이 깊은 것으로 여겨진다. Hartung(2002)은 그의 연구에서 단일문화적 접근으로부터 다문화적 관점으로 이동해야 할 필요가 있음을 제시한다. 단일문화적 이론들은 간혹 문화적 타당성이 결여되어 있기 때문에 결함이 있을 수 있다. 많은 소수 민족들은 서구적인 가치들을 더욱 강화시키는 문화적 맥락 속에서 서양의 세계관과 기능을 받아들여 왔다. 개별적인 문화적 관점을 먼저 평가하지 않고 다른 문화적 관점에서 형성된 이론을 그냥 적용하는 것은 윤리적 오류라고 할 수 있다. 즉, 타문화에 대한 이해나 습득 시 무조건적인 거부나 도입이 아닌 자문화의 정체성과 타문화에 대한 배려를 동시에 가지고 발전적인 방향으로 이를 받아들이고 혼합하여 새로운 문화를 만들어 내려는 진중한 모색이 필요하다는 것이다. 어느 하나의 이론을 모든 사람들에게 적용할 수는 없다. 개개인은 궁극적으로 자신만의 접근법을 선택해야만 한다. 따라서 인간 행동, 경력선택과 개발에 대해 자신에게 적합하다고 생각되는 개인적인 이론을 생각하고 고려해 보는 것은 매우 도움이 될 것이다.

 Super의 이론

Super는 생애주기이론과 관련한 대표적인 학자로서 이 분야에서 가장 방대하고 많은 양의 연구들을 수행하였다. 그의 경력개발에 관련된 연구들은 개인의 출생과 죽음에 이르기까지 생애 전반에 걸쳐 순차적인 생애 단계와 각 단계에서의 경력개발과 관련된 여러 과제들에 대하여 광범위하게 이루어졌다. 그의 이론은 여러 가정들이 모여서 세분화된 관점들로 구성되어 있으며 이렇게 분절된 관점들이 궁극적으로 통합되어 이론의 근간을 구성한다.

Super 이론의 주요 가정

Super의 생애주기이론을 구성하는 주요한 14가지의 가정(propositions)들은 다음과 같다.

○ 사람들은 각기 개인이 가지고 있는 역량, 성격, 욕구, 가치, 흥미, 성격특성 및 자아개념에 따라 모두 다르다. 개개인 모두가 다르다는 이런 주장은 오랫동안

광범위하고 당연하게 인식되어 왔기 때문에 이에 이의를 제기하는 사람은 없다. 개인의 특질은 한 개인 안에서 혹은 다른 사람들 간에 다르게 나타날 수 있다. 한 개인이 지닌 여러 특성 중 하나의 특성이나 역량이 다른 것들에 비하여 두드러지게 나타나는가 하면 혹은 다른 사람들과 비교하여 자신의 특출나게 두드러지는 역량이나 성격, 특성 등이 존재할 수 있다. 대부분의 사람들은 개인적인 강점과 약점의 조합을 통해 자신만의 개인적인 특질을 형성하게 된다.

○ 사람들은 각각 자신이 가진 특성으로 인하여 여러 직업에 적합성을 띤다. 개인이 지닌 다양한 범위의 역량, 성격, 특성 등이 상호작용하여 여러 직업에서의 성공적인 수행의 요구들을 가능하게 한다. 그러나 간혹 소수의 직업들은 매우 뛰어난 수준의 특별한 역량이나 스킬 등을 포함하는 특질을 요구한다.

○ 각각의 직업은 특정한 역량이나 개인적인 특성의 특별한 패턴을 요구하기도 한다. 특정한 직업에서의 업무수행을 위하여 그 업무의 성격에 맞는 능력이나 특성의 양적인 기준이 존재하기도 한다.

○ 사회적인 학습의 산출물인 자아개념(self-concept)은 청소년기 후반을 지나 성인 후반기에 이르기까지 안정되어 가는 반면, 직업적으로 선호되는 요인이나 역량, 개인이 처한 삶이나 일과 관련된 상황, 이와 관련된 관점 등은 개인이 처한 상황이나 경험에 따라 시시각각 변할 수 있다. 개인은 특정한 스킬의 숙련을 통해 더 높은 단계로의 발전을 경험할 수 있으며 이는 향후 직업적인 선택의 기회의 폭을 넓혀 주는 바탕이 되기도 한다.

○ 자아개념의 변화과정은 성장(growth), 탐색(exploration), 확립(establishment), 유지(maintenance), 쇠퇴(disengagement) 등의 일련의 대순환(maxicycle) 생애 단계를 거치게 된다. 이 중 탐색의 단계는 다시 상상의 단계, 잠정적인 단계, 현실적인 단계로 세분화될 수 있으며, 확립의 단계는 다시 실험의 단계와 안정의 단계로 나누어진다. 소순환(minicycle) 사이클은 각 단계 사이의 전환기에 발생하거나 개인이 다양한 변화로 인하여 불안정할 시에 발생하게 된다. 이러한 불안정한 혹은 다중적 경력의 시도는 또 다른 성장, 재탐색, 재확립의 활동을 수반한다. 만약 소순환 사이클이 방해받지 않으면 유지의 5단계가 다시 발생하게 된다.

- **성장 단계**(0~14세): 신체적, 심리적 발달과 함께 전 생애과정을 통해 중요하게 작용하는 태도적, 행동적 메커니즘을 형성하게 된다. 선험적 감각인 호기심을 통해 직업에 대한 환상으로부터 시작하여 점차 성장해 나감에 따라 환경을 탐색함으로써 일과 자신의 흥미 및 지식을 획득해 나아가게 된다.

- **탐색 단계**(15~24세): 직업이 자신의 삶의 하나의 단면이라는 점을 자각하면서 시작된다. 이 단계에서 개인은 직업에 대한 정보 및 아이디어를 얻게 되고, 경력의 대안들을 선택하여 직업을 결정하고 일을 시작하는 등의 과정을 거치게 된다. 이 단계의 초기 환상의 시점에서는 어린이들이 조금은 비현실적인 장래희망을 가지듯이 자신의 놀이역할과 관계된 직업에 관심을 보이게 된다. 일부 청소년들이나 성인들의 경우는 이러한 환상의 단계를 벗어나지 못하는 경향을 보이기도 한다. 그러나 대부분의 사람들은 이러한 환상의 단계를 모호하고 일시적으로 경험한다. 탐색의 단계 중 두 번째인 잠정적인 단계에서는 성장 단계에서 획득한 직업과 자신에 대한 정보를 바탕으로 현실 가능성이 높은 몇 가지 경우로 선택의 폭을 좁혀나가게 된다. 탐색의 마지막 현실적인 단계에서는 자신의 능력에 대한 불확실함, 취업과 교육, 훈련 등 현실적인 요인들을 고려하여 자신이 희망해 왔던 직업들 중에서 점점 의사결정을 해나가기 시작한다.

- **확립 단계**(25~44세): 실제적인 직업의 세계에 대한 경험에 직면하게 된다. 일반적으로 확립은 개인의 직업세계에서의 출발이며 어떤 직종에서 일하기 시작함으로써 자신의 일자리에서 자리를 잡아 가는 것을 의미한다. 이 단계에서의 하위 단계로 안정화(stabilizing), 공고화(consolidating), 승진(advancing) 등의 경력과 관련된 행동들이 나타날 수 있다. 이 단계에 처음 직면한 개인들은 다양한 시도와 실수를 통해 자신이 탐색의 단계를 통해 결정한 선택들과 결정들이 적합한 것인가를 확인하게 된다. 계속 현재의 직업을 유지할 것인가 아니면 변경할 것인지를 결정하고자 한다. 이 시기에서는 직업에 정착하여 점차 신뢰할 만한 생산자가 되어 가고 이에 따라 긍정적인 평판이 발달하게 된다. 만약 이 시기에 직업 안정을 찾지 못할 경우 탐색기로 재순환이

시작되며 보다 적절한 직업선택이 다시 결정되고 구체화되는 과정을 거치게 된다.

- 유지 단계(45~64세): 직업에서의 위치를 계속 유지하거나 향상시켜 나가려고 노력한다. 이 시기에는 직업이나 개인의 자아개념이 모두 유동적이기 때문에 지속적인 변화와 적응의 과정이 수반될 수 있다. 특히 이 단계에서는 업무상황에서 만족스러운 측면은 지속시키는 동시에 불만족스러운 부분들은 개선하거나 변화시키려는 노력을 하게 된다. 유지 단계에 있는 사람들은 각자의 분야에서 꾸준히 자신의 지식을 갱신하고 혁신을 이루기 위한 노력을 기울이지 않으면 직업을 잃게 될 위기에 처할 수도 있다.

- 쇠퇴 단계(65세 이상): 은퇴 준비의 시기로써 직업을 유지하고 최소한으로 요구되는 표준 업무수행의 결과물을 산출하는 데 초점이 맞추어져 있다. 이때 사람들은 업무에서의 자신의 위치를 향상시키기보다는 유지하기 위해 노력한다. 이 시기는 일의 세계에서 은퇴함으로써 종료된다. 쇠퇴의 하위 단계는 자신의 업무 책임을 점차 줄여가는 감속(decelerating), 은퇴계획(retirement planning), 은퇴생활(retirement living)로 구성된다.

Super는 모든 사람이 동일하게 앞의 5단계를 거치는 것은 아니라고 설명한다. 대부분은 인생의 다양한 시점에서 자신의 경력계획을 재평가하게 되며 이에 따라 다양한 단계를 거치게 되고 재순환을 경험하게 된다. 재평가와 재순환을 하면서 탐색 단계로 되돌아가게 되면 개인들은 자신의 가치, 능력, 흥미, 적성 등을 다시 고려하게 되는 것이다.

○ 경력유형의 특성은 부모의 교육과 사회적 수준, 정신적 능력, 교육, 기술, 성격특성, 경력성숙도, 개인에게 주어지는 기회 등에 의해 결정된다. 때로 어느 한 요인은 다른 요인에 비해 더욱 강력한 요인으로 작용하기도 한다. 특히 부모의 교육, 사회적 수준 경우를 예로 들 수 있다. 성장하면서 부모를 통해 간접적으로 경험하게 되는 직업과 관련된 세계는 한 개인의 경력과 관련된 가치관의 형

성에 큰 영향을 미치게 된다. 정신적 능력 혹은 정신력과 같은 요인의 경우는 많은 직업의 기회에 문을 열어 줄 수 있는 학문적인 성공에 중요하게 작용하는 요인이다.

○ 경력성숙도(career maturity)란 특정한 생애진로 단계에서 환경의 요구에 대처하는 개인의 준비도를 의미한다. Super는 경력성숙도를 다양한 발달상의 문제나 도전에 직면할 수 있는 신체적, 심리적, 사회적 특성들의 그룹으로 인식했다. 이는 개인이 어떠한 상황에 반응하는 태도적인 면과 지적인 측면을 모두 내포한다. 태도적 준비도(attitudinal readiness)란 경력에 대한 미래를 계획하고 기타 탐색 활동을 적극적으로 수행하는 것을 말하며, 인지적 준비도(cognitive readiness)란 직업과 올바른 경력 의사결정의 방법에 대한 충분한 지식의 보유 정도를 말한다. 만약 한 개인이 직면한 문제의 수준에 맞는 경력성숙도를 지니고 있다면 큰 어려움 없이 그 과제를 해결해 나갈 수 있지만 그렇지 못할 경우 문제 해결에 여러 어려움이 따르게 된다.

○ 경력성숙도는 가설적인 개념이며, 단일한 특질로 구성되는 것은 아니다. Super의 초기 연구에서 성숙도의 개념이 경력이나 직업적 발달의 문제들과 연관이 있다는 것이 밝혀졌다. 그는 성숙도의 개념을 정의하고 측정하는 방법들을 찾으려 연구했고 그 결과 Super's Career Development Inventory를 개발했다. 이것은 경력선택에 있어서 준비도의 수준을 측정하기 위한 것이며 더 광범위한 범주로는 직업세계와 경력 의사결정에 대한 지식과 경력계획과 탐색활동의 수준을 측정하기 위한 것이다.

○ 생애 단계를 통한 경력발달의 여정은 역량과 흥미를 성숙시킴으로써 현실검증과 자아개념의 발달을 촉진함으로써 안내된다. 개인은 자신의 역량과 흥미를 개발함으로써 그리고 본인의 강점과 약점을 이해함으로써 만족스러운 경력선택을 할 수 있게 된다.

○ 경력발달 과정은 직업적 자아개념의 발달과 실행과정이다. 이는 통합적이고 타협적인 과정으로 그 속에서 자아개념은 타고난 소질, 신체적 특성, 다양한 역할을 관찰하고 수행할 수 있는 기회와 상사나 동료의 기대에 부흥하는 역할활동

의 결과물에 대한 평가 등의 상호작용의 산출물이 된다. 개인은 발달하고 성숙해 가면서 자신에 대한 자아개념을 획득해 가는데 일의 세계에서의 위치는 개인의 자아개념 형성에 주요한 영향을 끼치는 요소로 작용한다. 실제 직업의 세계에 진입하기 이전 교육의 단계에서는 직업적 역할에 대한 기대가 자아개념의 발달에 부분적으로 영향을 미친다. 누구나 자신이 희망하는 자아개념을 유지하고 향상시키려 하기 때문에 그러한 방향으로 이끄는 행동들을 하게 되며, 이상적인 자아개념으로 나아가려는 개인적 열망이 강하게 되면 이에 제약이 될 수 있는 개인적인 한계점이나 외부적 장애요인들에 직면하게 된다. 또 다른 요인으로는 다양한 직업세계에 대한 통찰력이 어느 정도인가에 대한 것과 본인이 자신을 바라보는 관점과 가족, 친구, 동료, 선생님 등의 주위 사람들이 자신을 바라보는 관점의 이해 정도가 경력발달 과정에 영향을 준다.

○ 개인과 사회적 요인, 자아개념과 현실과의 통합, 그리고 타협의 과정은 역할수행과 피드백을 통한 학습의 과정이다. 직업적 측면에서 자아개념의 변화는 수많은 상황에서 발생할 수 있다. 일의 세계는 복잡다단하고 진입요건이 매우 까다롭기 때문에 실제로 많은 직업적 일의 상황들을 실험적으로 경험하기란 쉽지 않다. 그러므로 자아개념이 요구하는 것과 실제 직업이 제공하는 것 이 둘 사이의 균형을 맞추어 볼 필요성이 있다. 이는 자아개념의 관점에서 직업과의 적합성을 개인이 평가하도록 돕는 경험을 찾는 것을 의미할 수도 있고 카운슬링과 같은 전문적인 도움을 찾는 것일 수도 있다.

○ 경력만족과 생애만족은 개인의 역량, 가치, 필요, 흥미, 성격특성, 자아개념을 적합하게 발산할 수 있는가의 정도와 관계가 있다. 일에서 만족감과 즐거움을 찾는 사람들은 그 직업이 본인에게 중요하다고 생각되는 가치나 특성들이 충분히 발현되도록 하는 장이 되는 경우다. 다시 말해 자신의 머릿속에 그려 놓은 이상향의 자아 이미지와 부합하는 사람이 될 수 있도록 충분한 기회와 경험을 제공하는 일을 가진 경우를 뜻한다.

○ 경력만족도는 자아개념을 실행할 수 있는 정도에 비례한다. Super는 자아개념과 직업과의 적합한 정도가 직접적으로 한 개인의 경력만족에 관련이 있다고

주장한다. 예를 들어, 대부분의 사람들은 어떠한 직업이나 높은 직위가 일로 인해 충족될 수 있는 내적인 만족감을 위한 더 많은 기회를 제공한다고 생각한다. 또 다른 예로 어떤 사람에게는 매우 단순하고 반복적이게 느껴지는 일이 다른 사람에게는 만족감을 주기도 한다. Super와 Kidd는 생애 중반의 경력 변화의 증가현상에 대한 연구를 통해 경력적응성(career adaptability)은 개인의 경력의 변화를 수용하거나 추구하는 능력을 식별할 수 있는 적합한 용어라고 설명한다. 경력적응성은 생애 전반에 걸친 다양한 경력과 관련된 과업, 경력 변화, 일과 관련된 트라우마 등에 대처하기 위한 준비도 및 자원들을 모두 아우르는 개념이다.

○ 직업은 대부분의 남녀에게 삶의 중심이다. 어떤 사람들은 특정한 직업이 없거나 직업이 그들에게 주변적인 기능을 할 수 있는데 이들에게는 여가활동이나 집안일 등이 중심이 될 수 있다[사회적 관습의 요인들, 예를 들어 성(sex) 역할에 대한 고정관념, 인종적 편견, 기회구조와 같은 개인적 차이들이 근로자(worker), 학생(student), 여가인(leisure), 가정인(homemaker), 시민(citizen)과 같은 역할을 위한 주요한 결정요인이 된다]. 특히 이러한 가정하에 한 개인이 누구인지를 가장 잘 나타내는 것은 그 사람이 하는 주요한 일과 직업을 통해서다. 이 가정은 대표적인 생애주기 경력개발 모형인 Super의 생애 경력 무지개(the life-career rainbow) 모형과 관련이 있다(Brown, 2016).

Super 이론의 주요 논의점

개인의 경력은 자아개념(self-concept)의 영향을 받게 된다. 자아개념은 Super의 생애발달이론의 근저에 있는 중요한 개념으로 그는 경력개발이란 자아개념을 발달시키고 실현해 나가는 과정으로 본다. 자아개념은 개인이 자기 자신과 자신을 둘러싼 상황을 어떻게 보는가를 의미하는 것으로 자신과 타인이나 물체를 구분할 수 있게 되는 아기의 시점부터 형성되기 시작하여 생애 전반에 걸쳐 개발되며, 자아개념은 여러 많은 특성들로 구성되어 있다. Super는 자아개념을 개인의 생물학적 특성, 사회적 역할의 수행, 타인의 반응에 대한 평가의 결합물로 설명하고 있는데, 자아는 Super의 이론에서 중심 모델이자 주춧돌이며 자기분화, 역할놀이, 탐색, 현실검증 등의 과정이 자아개념이 발달로 이어진다. 개인에게 있어서 경력의 선택은 자아개념의 실현이라고 할 수 있다. 사회와의 상호작용을 통해 가족과 학교, 친구 등 다양한 사람들과 교류하는 과정 속에서 자아개념이 발달하게 된다. 자아개념은 자신과 사회에 대한 개인의 주관적인 견해이며, 이는 흥미검사나 적성검사 등과 같은 자신에 대한 객관적이고 외적인 특성을 중요시하는 특성요인이론과 대조를 이룬다.

경력개발은 생애 전반에 걸쳐 지속적으로 일어나는 과정으로 성장, 탐색, 확립, 유지, 쇠퇴의 5개의 단계로 나눌 수 있다. 이 생애 단계 및 하위 단계 개념은 Super의 전생애 이론의 핵심이다. 각각의 경력 단계는 그 단계별로 특정한 경력과 관련된 과제들로 구성되어 있으며 개인이 원하는 경력의 추구를 위해 각 개발 과제들은 반드시 충족시켜야 하는 사회적, 문화적 책임들을 수반하게 된다. 각 단계에서의 개발 과제들의 성공적인 수행은 향후 경력 성공의 기초가 되며, 다음 단계를 수행함에 있어 수반되는 어려움들을 줄일 수 있다. [그림 1-1]은 경력개발의 원형적 시퀀스(prototypical sequence: 대표적으로 나타나는 일련의 사건들)를 나타낸다. 이러한 원형적 패턴에서 각각의 경력 단계는 일반적인 연령대와 그에 따른 해당 과업들로 구성되며 이것들이 모여 궁극적인 경력개발의 대서사(grand narrative)를 형성하게 된다(Brown & Lent, 2013). 개인은 성장, 탐색과 확립, 유지, 쇠퇴의 단계를 통과하는 전형적인 시기가 있다는 점에서 생애 단계는 연령과 관련된다. 그러나 한 개인의 생애 어느 시점에서 여러 단계가 동시에 나타날 수도 있다. Super는 5개의 주요 생애 단계를 설명하기 위한 '대순환(maxicycle)'이라는 용어와, 각 대순환의 어느 단계 안에서 일어날 수 있는 성장과 탐색, 확립, 유지 및 쇠퇴를 설명하기 위한 '소순환(minicycle)'이라는 용어를 사용했다. 특히 소순환의 개념은 Super 이론의 역동성을 부각시킨다(Sharf, 2014).

과거에는 이러한 단계들이 비교적 선형적으로 진행되었었다. 하나의 직업으로 한 명의 고용주를 위해 일을 하던 것이 보편적이었던 까닭이다. 그러나 시대가 바뀌어 가면서 산업구조가 다양화, 전문화, 세분화되었고 그에 맞추어 다양한 직업을 갖게 되고 여러 고용주 아래에서 일하게 되는 경우가 생겨났다. 그렇기 때문에 사람들이 선형적인 경력개발의 5단계를 순차적으로 경험하기보다는 탐색, 확립, 유지의 소순환 과정의 상호작용을 거치는 경력개발 과정을 겪게 된다.

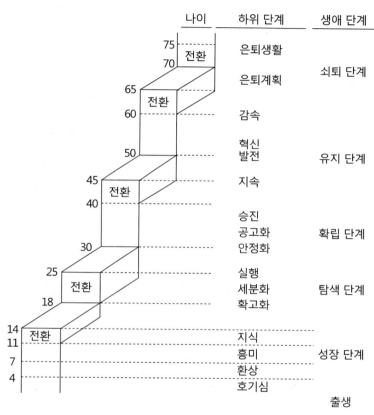

[그림 1-1] 생애 경력 단계와 발달 과제의 사다리 모형
(The ladder model of life-career stages and developmental tasks)

출처: Super, D. E.(1990). A life-space, life-span approach to career development. In D. Brown & L. Brooks(Eds.), *Career choice and development: Applying contemporary theories to practice*(p. 214). San Francisco, CA: Jossey-Bass.

효과적인 경력선택을 할 수 있는 능력의 습득은 경력선택에 있어서 필요한 특정한 지식들(의사결정 방법, 자기 자신, 직업의 세계, 특정한 직업들에 대한 이해 등)을 얼마나 가지고 있는가와 적합한 시간에 탐색 등의 주어진 과업들을 수행해 낼 수 있는가에 달려 있다. 만약 이와 관련된 능력이나 지식이 해당 시기에 제대로 습득되지 못한다면 후에 다양한 경력개발과 관련된 과제들을 해결할 수 있는 능력인 경력성숙도에 영향을 미치게 된다.

경력(career)의 정의는 직업(job)의 정의보다 더 광범위하다. 경력은 생애 전반에서 각 시기별로 경험하는 역할들을 수행하면서 하게 되는 활동들이 모두 통합되어 형성되는 개념이라고 할 수 있다. 이러한 역할들은 어린이, 학생, 근로자, 배우자, 부모, 가정인(homemaker), 여가인, 시민 등을 포함한다. 이러한 역할들은 생애 경력 무지개라는 개념으로 다음 [그림 1-2]와 같이 도표화된다. 생애 경력 무지개 모형은 직업적인 자아개념의 발달과 실행, 적응과 함께 이론을 구성하는 두 축을 나타내고 있다. 이론의 세로 축인 시간(time)의 측면은 무지개 원호의 바깥쪽 서클로 성공적인 경력개발 단계와 유아기부터 성인기에 이르기까지 인간의 전 생애에 걸친 경력과 관련된 과업과 이행에 대하여 설명하고 있다. 이론의 가로 축인 공간(space)의 측면은 무지개

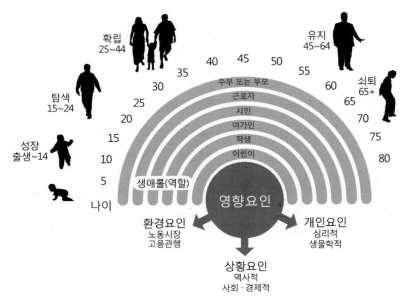

[그림 1-2] 생애 경력 무지개(The Life-Career Rainbow)

출처: Careers New Zealand(2016). Homepage from www.careers.govt.nz.

원호의 안쪽 서클을 나타내는데 이는 생애 공간에서의 사회심리적 의미 있는 역할들과 이러한 역할마다 개인이 처하는 상황들에 대해 설명한다. 이 모델의 수직과 수평을 이루는 두 축은 개인이 생애 공간 안에서 전 생애주기에 걸친 경력을 도식화함으로써 조합을 이루게 된다(Brown & Lent, 2013).

이러한 역할들은 상호작용을 하게 되고 서로의 역할들에 영향을 미치게 된다. Super는 성공적인 경력개발이란 생애 역할들을 선택할 수 있는 능력, 역할의 중요도와 시간을 조절할 수 있는 능력, 그리고 다양한 역할들의 조화를 이루어 자아개념과 가치들을 발현할 수 있는 능력과 매우 깊은 연관이 있다고 주장한다.

생애 초기의 역할은 어린이로부터 시작해서 학생, 여가인 순으로 경험하게 된다. 성인기에는 근로자, 배우자, 가정인, 시민 등이 중요하게 역할을 하게 된다. 특히 근로자의 역할은 가장 중요한 역할로써 다른 역할에 크게 영향을 주고 때로는 영향을 받기도 한다. Super는 한 개인이 다양한 역할들을 적절한 균형을 맞춰 가면서 수행할 때 갈수록 삶에 대한 만족도나 충족감이 높아진다고 설명한다. 역할 선택, 시간 및 중요도는 생애주기에 걸쳐 변화를 겪게 되는데 어느 하나의 역할이 다소 적은 시간과 중요도를 갖게 되면 상대적으로 다른 역할에 대한 중요도가 높아지게 되기도 한다.

자아개념, 흥미, 가치, 역량, 목표 등의 개인 내재적 요인들은 경력선택과 개발에 있어서 중요한 요인이다. 그러나 경력선택이 이루어지는 외부 환경적 요인들이 크게 영향을 미치기도 한다(Amundson et al., 2014).

C-DAC: Super의 경력 카운슬링 모델

Career Development, Assessment, and Counselling(C-DAC)는 Super의 이론적 가정들을 기초로 하여 경력 카운슬링 모델을 정교화한 것으로 60년 동안 발전되어 온 Super 이론의 축적된 결정체라고 할 수 있다. C-DAC는 체계적으로 생애주기 이론의 주요 요소들[생애 경력 무지개, 경력 결정요인 아치(the archway of career determinants), 생애 경력 단계와 발달 과제의 사다리 모형]을 경력 관련 훈련 프로그램에 적용한다. 이 모델의 세부적인 요소들은 Parsons의 매칭 모델(matching model)과 Holland의 개인-환경 적합성 이론을 반영한다고 볼 수 있다. 또한 개발과 관련된 요소들은 Super의 생애주기 및 생애공간이론을 직접적으로 반영하며, 이론의 자아개념 요소들은 경력 평가에서 경력 카운슬링으로 전이되는 과정에의 서술적인 접근을 주로 반영한다. 따라서 C-DAC는 경력 평가를 위한 경력발달 평가와 상담에 대한 상세하고 포괄적인 모델이라고 할 수 있다. 이 모델은 상담자로 하여금 경력 평가에 있어 다양한 접근법을 제공한다. Niles와 Bowlsbey는 C-DAC 모델이 기초적으로 탐색 단계에 있는 사람에게 초점이 맞추어져 있다고 생각했다. 전형적으로 경력개발 단계에서 탐색은 청소년 후기에서부터 성인 초기 동안에 일어난다.

C-DAC 측정도구

전형적인 C-DAC는 다음의 4가지 주요한 요소들을 측정한다.

○ 역할 현저성(role salience)
○ 관심과 태도(developmental concerns and attitudes)
○ 경력성숙도(career maturity)
○ 직업 가치 및 흥미(work values and interests)

> 역할 현저성은 역할의 중요도를 의미한다. 특정 역할을 대하는 태도, 감정, 실제로 그 역할을 수행하는 정도, 역할에 대한 지식 등이 어우러져 그 특정 역할에 개인이 얼마나 헌신하는지 알 수 있는데, 이 헌신하는 정도에 의해 역할 현저성이 결정된다. 경력개발 과정에서 개인이 생애 여러 역할을 어떻게 조합하고 역할 현저성을 배분하는지는 중요한 과제다.

역할 현저성(Role Salience)은 Super와 Nevill이 고안한 SI(Salience Inventory)로 측정된다. 이는 학생, 근로자, 시민, 가정인(배우자, 부모로서의 역할을 포함하는 개념), 여가인의 5가지 주요한 생애 역할에 대한 개인의 참여도, 헌신도, 가치를 인식하는 정도를 측정하기 위한 척도다. 두 번째 요소인 관심과 태도(developmental concerns and attitudes)는 ACCI(The Adult Career Concerns Inventory)로 측정된다. ACCI는 탐색[확고화(crystallizing), 세분화(specifying), 실행(implementing)], 확립[안정화(stabilizing), 공고화(consolidating), 승진(advancing)], 유지[유지(holding), 발전(updating), 혁신(innovating)], 쇠퇴[감속(decelerating), 은퇴 계획(retirement planning), 은퇴 생활(retirement living)]의 4개의 주요 척도와 12개의 하위척도로 구성되어 있으며 이는 각 경력 단계와 개발 과제들을 측정한다. 경력성숙도(career maturity)는 CDI(Career Development Inventory)를 이용하는데 이는 교육 혹은 직업적 선택과 관련된 여러 준비도를 측정한다. CDI는 크게 두 부분으로 나뉘는데 하나는 경력 지향(career orientation)과 선호하는 직업에 대한 지식이다. 경력 지향은 경력 계획(career planning), 경력 탐색(career exploration), 경력 의사결정(career decision making), 직업 세계에 대한 정보(world of work information) 등의 4가지 하위요소들을 바탕으로 측정한다. 그리고 다른 한 CDI의 측정요소인 선호하는 직업에 대한 지식은 선호하는 직업군(occupational group)에 대한 지식의 정도를 측정하게 된다. 마지막으로 직업 가치를 측정하기 위해 가치 척도(Value Scale)를 사용하는데 이는 일반적으로 사람들이 각자의 삶과 일 속에서 추구하는 21가지의 기본적인 내재적 그리고 외재적인 가치들을 측정하기 위한 척도다. 직업적 흥미는 일반적으로 SII(Strong Interest Inventory) 검사를 통해 측정한다.

Super는 다수의 다양한 평가기법을 직접 개발하였으며, 자신이 개발한 평가도구 이외의 다양한 기법들도 최대한 활용할 것을 조언한다.

C-DAC 카운슬링 과정

Hartung은 C-DAC가 준비(preview), 심도 있는 대면(depth view), 자료 평가(data assessment), 카운슬링(counseling)의 4가지 단계로 나뉜다고 한다. 준비(preview) 단계에서는 기존의 이용 가능한 데이터와 초기 면접을 통해 현재 개인의 관심사나 경력에 대한 고민 등을 파악하고 앞으로의 전체적인 개입 계획을 수립하게 된다. 특히 이 단계에서는 한 개인이 생애 다른 역할들과 상대적으로 비교하여 일의 중요성에 얼마나 중점을 두는지를 중요하게 파악하게 된다. 심도 있는 대면(depth view) 단계에서는 보다 체계적으로 ACCI(The Adult Career Concerns Inventory)를 이용하여 경력 단계를 측정하고 CDI(Career Development Inventory)를 이용하여 경력개발 수준(level)을 측정한다. 이 과정은 한 개인이 직업적 흥미도를 탐색하고 일의 가치를 인식하는 등의 경력의사결정 활동에 얼마나 준비되어 있는지를 측정한다. 자료 평가(data assessment) 단계는 직업적 흥미, 능력, 가치를 SII(Strong Interest Inventory)나 VS(Value Scale) 등과 같이 적합한 측정도구를 사용하여 평가한다. 마지막으로 카운슬링(counseling) 단계에서는 이전 단계에서 측정한 모든 데이터들을 종합하여 개인에 대한 통합적인 액션 플랜을 수립하게 된다. Hartung은 정교하고 완전한 C-DAC 모델은 첫 단계에서 문화적 정체성을 파악하고 전 단계에 걸쳐 문화적 정체성을 고려해야 한다고 강조한다. C-DAC는 실제 아동이나 청소년, 혹은 성인들을 지도하는 전문가들에게 경력 성공을 위해 필요한 역량들인 경력과 관련된 신념이나 태도, 의사 결정 능력 등을 지도함에 있어서 가이드로써의 역할을 한다. 또한 개인으로 하여금 경력개발 과제를 완성해 나아가고 자신의 자아개념을 실행시켜 나아가는 데 도움을 줄 수도 있다. 다양한 생애 역할들의 조율 속에서 개인을 자신의 자아개념과 직업과 연결해 주는 통합적인 체계로써 C-DAC는 경력개발을 위한 매우 유용한 가이드이자 경력개발 활동을 위한 실제적인 방법을 제시하기도 한다.

Super 이론의 실증 연구

지난 60여 년간 생애주기(Life span), 생애 공간(Life space)과 관련된 이론은 경력선택과 경력개발에 관한 이론 중에서 가장 중요한 이론으로 간주되면서 이것을 실증적으로 검증하기 위해 여러 학자들의 많은 연구가 진행되었다. Super와 여러 학자들은 이 기간 동안 프로그램화된 많은 실증 연구들을 수행하였는데 그중 가장 대표적인 것이 경력유형 연구(career pattern study)다. 경력유형 연구는 경력성숙도가 경력만족, 경력개발, 직업적 만족도 등의 요인들을 예측할 수 있는 주요한 척도가 될 수 있음을 보여 준다. 또한 아동이나 청소년들이 보다 미래지향적이고 경력탐색에 있어서 적극적이며 직업이나 경력선택에 관련된 지식이 풍부할 때 경력성숙도가 각 연령대별로 증가한다는 것을 밝혀냈다. Super와 Sverko에 의한 작업중요도 연구(work importance study)는 12개 국가의 비교 연구를 통해 작업 가치의 형성의 유효성과 생애 역할의 현저성에 대한 이론적 지지를 이끌어냈다(Super & Sverko, 1995). Niles와 Goodnough는 일의 중요성에 대한 연구를 통해 경력개발 단계, 성별, 문화 등과 같은 맥락적 요인(contextual factor)이 역할 현저성과 일의 가치에 영향을 준다는 것을 밝혀냈다(Niles & Goodnough, 1996).

한편 다른 여러 연구자들은 생애주기, 생애공간 이론의 다양한 개념을 측정하는 심리도구들이 신뢰성과 유효성이 있음을 입증했다. 예를 들어, Savickas와 Hartung은 교육이나 직업적 선택의 의사결정을 위한 준비도를 측정하는 것과 Super의 경력성숙도를 정의함에 있어서 CDI(Career Development Inventory)가 얼마나 자세하고 정확하게 활용될 수 있는지를 검증했다(Savickas & Hartung, 1996).

Betz, Osipow 등은 경력개발과 개인에 있어서 중요한 요소로써 자아개념(self-concept)을 지지하고 그 개념을 발전시켰다. 특히나 경력성숙도의 역할과 경력선택과 발전을 위한 탐색적인 활동의 역할을 지지하는 수많은 연구들이 이루어졌다(Betz, 2008). Super의 생애주기이론은 상대적으로 아동기나 성인 중기와 후기에 대한 연구보다는 소년기와 성인 초기에 너무 집중되어 있다는 비판을 받았다. 그러나 Hartung은 Super의 이론을 지지하며 그의 동료들과 Super의 생애주기이론을 지지하는 다른 많은 연구들을 집대성했다. Betz는 경력탐색 단계에서의 과제를 수행함에 있어서 가족이나 선생님, 친구들의 지지가 중요하다는 것과 유지, 탐색, 쇠퇴의 단계에서는 생애주기 사이클이 보다 비선형적 양상을 나타낸다는 것을 밝혀냈다(Betz, 2008). 또한 그는 생애 공간과 자아개념 부문을 포함시키면서 생애주기이론이 발전되어 감에 따라 성(sex)에 대한 이슈, 특히 여성의 생애 주기에서 여러 역할들의 균형을 유지하는 부분에 초점을 두고 논의되었다. 점점 생애주기와 관련한 실증연구들이 줄어들고 있는 추세지만 수 세기 동안 확장되고 발전되어 온 폭넓은 생애 이론은 현재의 연구자들로 하여금 다양한 맥락에서 직업적인 행동들이나 경력개발의 복잡성에 대한 검증을 시도하고, 정리하고 통합하는 데 적용되고 있다(Hartung et al., 2005).

여성의 생애 단계

Super의 이론은 본래 백인 중산층 남성을 대상으로 시작되었지만 그 범위는 점차 확대되어 여성의 경력패턴에도 관심을 가졌으며 그는 〈표 1-1〉과 같이 7가지의 남성과 차별되는 여성의 경력패턴을 제안했다.

〈표 1-1〉 Super의 여성 경력패턴

안정적 전업주부 경력패턴	학교 졸업 후 바로 결혼해서 그 이후로 직업경험을 하지 않음
전통적 주부 경력패턴	학교 졸업 후 직업을 갖지만 결혼 후 일을 그만둠
일 지속형 경력패턴	학교 졸업 후 전 생애에 걸쳐 경력을 지속함
일-가사 양립 경력패턴	전 생애에 걸쳐 일과 가사를 병행함
단절 경력패턴	일을 하다가 결혼을 하면서 직장을 그만두고 전업주부가 된 후 자녀들이 성장한 후 다시 일을 시작함
불안정한 경력패턴	일을 하다가 중단하고 다시 시작하였다가 중단하기를 반복함
다중 시도 경력패턴	일은 하지만 어떤 경력을 확고히 하지는 않으며 서로 연관 없는 다양한 직업을 가짐

그러나 이것은 1950년대의 연구다. 1990년에 Super는 40년 전의 여성의 경력패턴과 현재는 다르다고 지적했다. 생애단계이론을 여성에 적용하는 것에 대한 가능성의 문제는 논란의 여지가 언제나 존재한다. 여성 개개인이 생애주기에 따라 갖는 경험이 개인에 따라 다르고 어떠한 경험은 인종과 사회계층 등의 다른 변인의 영향을 받기 때문에 이런 맥락에서 생애 단계 모델을 활용하는 데 어려움이 있기 때문이다(Sharf, 2014).

Gottfredson의 이론

Gottfredson의 이론

Gottfredson의 이론 역시 Super의 이론과 마찬가지로 자아개념 발달과 관련이 있는데 그녀는 특히 아동기와 청소년기에 초점을 맞춘 경력개발 이론을 주장했다. 이는 경력 열망이나 포부가 어떻게 발전되는가와 깊은 연관이 있다. 이 이론은 다음 4가지의 기초적인 가정을 바탕으로 한다. ① 경력개발 과정은 어린 시절(childhood)부터 시작된다. ② 경력 열망은 개인의 자아개념의 실행을 위한 시도들이라고 할 수 있다. ③ 경력 만족은 경력이 자기 자신에 대한 인식과 얼마나 일치하는지의 정도에 달려있다. ④ 개인은 직업에 대한 전형적인 고정관념을 발전시키게 되고 이는 경력의 선택 과정에 영향을 미칠 수 있다. 이러한 자아개념에 대한 가정들은 어느 정도 Super의 이론과 유사한 부분들이 존재하며, 직업적 고정관념들에 대한 관점은 Holland의 이론과 유사하다고 볼 수 있다.

사회적 자아와 심리적 자아

Gottfredson의 이론은 자아개념이 사회적 자아와 심리적 자아로 구성되어 있다고 가정하는 여러 다른 이론들과 맥락을 같이한다. 사회적 자아란 지적인 능력, 사회적 지위, 성별 등의 자기 인식적인 측면으로 구성되어 있는 반면, 심리적 자아란 가치, 성격 등의 변수들로 구성되어 있다. 이 이론에서는 개인의 심리적 자아가 성별과 명성을 포함한 환경적 요인들과 상호작용하면서 어떻게 자기 자신을 만들어 나아가는지를 설명하는데 이것을 자기창조(self-creation)이론이라고 부른다. 이 이론에 따르면 개인은 성장하면서 유전적 요인과 환경적 요인의 영향을 받게 된다. Gottfredson은 내면의 유전적 나침반(internal genetic compass)이라는 용어를 사용하여 유전적 요인이 갖는 의미를 설명한다. 자신이 무엇을 해야 하고 자신의 역할을 어떻게 만들어 갈지에 대한 선택을 해야 할 때 바로 이 내면의 유전적 나침반을 통해 안내를 받게 된다는 것이다. 환경과의 상호작용을 통해 경험을 반복해 나감으로써 유전적 요인에 바탕을 둔 개인의 기질이나 특질은 더 안정적으로 그 개인의 특성이 되어 간다. 개인은 자신의 특성에 부합하는 사건을 더욱더 많이 선택해 나가게 되고 이런 식으로 자신의 특성이 점점 더 발달하게 되며 따라서 유전적 요인이 개인에 미치는 영향은 시간이 지날수록 약해지기보다는 강해진다. 하지만 이 나침반은 안내의 역할을 할 뿐 개인이 무엇을 어떻게 할지에 대한 것까지 결정해 주지는 않는다. 결국 개인은 다양한 환경의 영향을 받으며 자신의 선택을 완성해 나간다. 개인은 성장하면서 자신의 성격, 흥미, 적성, 가치 등을 탐색하고 이 과정을 통해 자아개념을 발달시키게 된다. 이러한 자아개념과 환경과의 상호작용 속에서 개인은 자신에게 가장 적합한 역할과 자리, 즉 적소(niche)를 찾게 되며 자신의 경력을 선택하는 과정은 이러한 적소를 찾는 한 방식이라고 할 수 있다. 따라서 자기창조의 과정은 개인이 자신만의 적소를 찾아가는 패턴의 발달이라 할 수 있다.

Gottfredson은 경력선택에 있어서 주요한 추진력으로 작용하는 것은 사회적 자아 정체성을 개발하는 것이라고 주장한다. 자신과 경력에 대한 인식을 매칭시키기 위해 개인은 이 둘에 대한 학습이 필요하다. 이 학습을 통해 직업에 대한 인지 지도(cognitive map of occupations)를 발달시키게 된다. 인지 지도의 발달은 개인의 자아개념으로 통합되기 때문에 어떤 직업이 자신이 보는 자기의 모습과 양립 가능한지를 결정해야 한다. 즉, 자신과의 적합성 측면뿐만 아니라 그 직업으로의 접근이 용이하거나 획득 가능한 것이어야 한다. Gottfredson은 이를 제한(circumscription)과 타협(compromise)이라는 개념으로 설명하는데 제한은 청소년이 자신에게 적합하지 않다고 느끼는 대안들을 배제하는 과정이며 타협은 청소년이 좀 더 쉽게 얻을 수 있는 것을 위해 자신이 좋아하는 대안을 포기하는 과정이라고 할 수 있다. Gottfredson은 생물학적 요인이 제한과 타협의 과정에서 어떠한 역할을 하는지를 설명한다. 직업에 대한 인지 지도 (cognitive map)는 다음의 세 측면으로 구성되며 개발된다.

○ 남성적 혹은 여성적 직업(masculinity/femininity of the occupation)

○ 직업의 명성(prestige of the occupation)
○ 일의 분야(fields of work)

　Gottfredson은 직업의 명성이 직업의 사회적 지위를 넘어서는 개념이며 지적인 능력이나 복잡성의 부문을 포함하는 개념이라고 보았다. 개인이 직업과의 적합성 정도를 판단할 때 직업이 가지는 성별적인 특성과 직업의 명성이 직업선택 과정에서 가장 중요한 요인으로 작용한다고 주장한다. 잠재적 직업의 선택에 있어서 직업에의 진입가능성 역시 주요한 고려 요인으로 작용한다.

　경력 열망은 직업으로의 진입가능성과 자아개념과의 적합성 간의 상호작용의 결과물이라고 할 수 있다. 청소년이 자아개념과 적합하지 않은 직업의 대안들을 배제시켜 나가는 과정에서 몇 가지 주요한 요인이 영향을 미치게 된다. Gottfredson은 청소년이 자신을 어떻게 바라보는가가 직업의 선택에 영향을 주게 되고, 이렇게 선택된 초기의 직업 경험은 다시 자신을 어떻게 인식하고 바라보는가에 영향을 끼치게 된다고 보았다. 개인이 사회적 자아를 고려하여 자신이 지각하는 사회적 공간(social space)을 선택하면서 자신에게 적합하지 않거나 양립 가능하다고 판단되지 않는 직종이나 직업은 배제시켜 나가게 된다. 청소년들은 성장해 가는 동안 자신과 직업세계에 대한 인식을 발전시켜 나아가며 자신(성별, 직업의 명성, 흥미 등)과 직업과의 적합성, 직업으로의 진입가능성 정도에 따라 선택 가능한 직업의 범위를 좁혀나가기 시작한다. 이 과정에서 청소년들은 자신의 성별이나 사회적 계층, 직업의 명성에 관한 관념에 기반하여 직업을 배제해 나가면서도 정작 자신은 그러한 사실을 인식하지 못한다. 제한의 과정에서 개인이 자신에게 적합하지 않는 직업들을 배제해 간다면 타협의 과정에서는 개인 자신이 매우 선호하는 직업적 대안들을 포기해 나가는 경험을 하게 된다. 많은 경우, 청소년이나 성인들은 진입가능성의 정도에 따라 자신이 열망하는 경력의 옵션들을 포기해야만 하는 등 결국 직업 선택의 마지막은 타협의 결과물이라고 할 수 있다. 사람들은 경력의 선택에 있어서 타협을 해야 할 순간이 오는데 이때 주요하게 작용하는 요인은 선호하는 직업에의 진입가능성 여부다. 개인은 직접적으로 직업을 결정해야 할 시기가 다가올수록 자신의 직업에 대한 열망이나 포부 수준을 낮추는 경향을 보인다. 즉, 자신의 자아개념의 관점에서 가장 중요성이 덜하다고 여겨지는 요소들은 배제하게 되고 자아개념에 가장 부합하는 직업들을 선택하려고 한다.

개인은 또한 자신이 속해 있는 사회 속에서 자신이 이미 알고 있는 직업 중에서 선택하려는 경향이 있다. 직업의 성별 유형, 직업적 명성, 수용 가능하다고 생각되는 직업 분야에 대하여 자신의 견해와 부합하는가를 고려하고 자아개념과의 일치(match)를 찾으려 한다. 이 과정에서 첫 번째로 성별에 따른 직종에 대해 고려하게 된다. 성별 유형이 직업적 명성이나 특정 분야에 대한 흥미나 열망보다 먼저 발달하기 때문에 어떤 직업이 수용 가능하려면 성별 유형이 개인의 요구에 부합하는 것이 중요하다. 이 요구가 부합되면 두 번째로 직업적 명성에 따른 고려를 하게 되며, 세 번째로 자신의 흥미에 대해 고려하게 된다. 직업적 흥미의 경우 모든 사람이 중요하게 생각하지만 직업적 대안들의 성별 유형과 명성이 수용할 만한 것이 아니라면 직업 흥미는 사람들의 관심에서 멀어지게 된다. 이러한 세 가지 변수들과 직업으로의 진입가능성에 대한 정보를 이용하여 개인들은 자신만의 직업세계에 대한 인지 지도 안에서 진입가능한 직업의 범위를 설정해 나아가게 된다.

4단계 발달과정

Gottfredson은 앞의 주장들을 바탕으로 다음의 4단계의 발달과정을 주장했다. 개인의 인지적 능력에 따라 다음의 단계들을 거치는 나이는 다를 수 있으며 다음의 해당 연령은 대략적인 것이다.

○ **1단계(3~5세)-크기와 힘 지향**(orientation to size and power): 이 단계에서 유아들은 다양한 역할활동들을 관찰하고 이를 자신에게 인식시키게 되면서 그리고 성인의 활동들에 대하여 학습하면서 향후 성별에 대한 전형적인 고정관념과 근본적 인식의 바탕을 마련하게 된다.

○ **2단계(6~8세)-성역할 지향**(orientation to sex roles): 이 단계에서 아동은 구체적

인 차원으로 사고하고 단순한 구별을 할 수 있다. 성 역할을 인식하기 시작하며 직업에 관해서는 자신의 성에 적합하거나 적합하지 않다는 식으로 구분하기 시작한다. 아직 사회적 지위에 대해서는 인식하지 못하나 여성과 남성에게 수용 가능한 것들이 무엇인지에 대한 인식들은 점점 발전시켜 나아가기 시작한다.

○ 3단계(9~13세)-사회적 가치평가 지향(orientation to social valuation): 이 단계에서 어린이들은 자신이 또래를 어떻게 생각하고 또래가 자기를 어떻게 생각하는지를 비롯해 점점 더 또래집단을 의식하는 경향이 있다. 직업마다 다른 사회적 위치가 있음을 인식하게 되며 사회적 지위가 낮은 직업들에 비호의적 태도를 가지기 시작한다. 교육과 수입, 직업의 관계를 알아가기 시작한다. 또한 사회적 지위들에 대한 상징들을 인식하기 시작하게 된다. 이러한 사회적 위치나 성별적 특성들에 대한 인식들을 바탕으로 자신의 능력에 대한 개념들을 발전시켜 가면서 자신에게 용인되는 직업에 대한 범주를 설정해 나간다. 이 시기의 마지막 혹은 그 후에 그 범주에 있던 많은 직업들이 선택의 옵션에서 타협과 한계의 고려에 따라 점점 줄어들게 된다. 그리고 이때 선택에서 사라진 직업의 옵션들은 특별한 개입이 없는 한 다시 선택의 범위로 진입되기는 어렵다.

○ 4단계(14세 이후)-내적 고유 자아 지향(choice explored): 청소년들은 무엇이 자신에게 수용할 만한 직업인지에 대해 성인과 비슷한 수준의 생각을 하게 된다. 자신이 스스로를 어떻게 인식하는가 뿐만 아니라 자신이 다른 사람에게 어떻게 보이는가와 사회적 지위 등의 개념에 대해 예리하게 인식한다. 자신의 가치와 능력, 성격, 특성뿐만 아니라 가족의 요구 등에 대해 인식하게 되면서 이를 만족시킬 수 있는 직업적 선택을 하고자 한다. 선택된 직업들을 탐색하기 시작하지만 그들의 능력에 대한 인식, 성별, 사회적 위치 등의 요인들로 인해 그 범위가 제한된다. 자신의 능력과 직업에의 진입가능성을 고려할 때 어렵다고 판단되는 직업들의 옵션은 거부하게 되며 이때 이러한 요인과의 타협의 과정이 발생하게 된다(Brown, 2016).

Gottfredson 이론의 시사점

기존의 심리학 분야에서 유전적 요인과 인지적 발달, 환경적 요인들에 대한 연구가 많이 이루어졌지만 이 연구들이 경력개발이나 직업 적응 등의 개념과 직접적으로 관련되었음을 규명한 연구는 많지 않다. Gottfredson의 이론에 바탕을 둔 후속 연구들은 대부분 인지적 발달과 유전적 요인이나 환경적 요인보다는 제한과 타협에 초점을 맞추고 있다. 제한과 타협의 개념은 직업을 선택하는 과정에서 구체적으로 예측하려는 개념이라고 볼 수 있기 때문에 후속 연구자들은 이 개념에 많은 관심을 보이고 제한과 타협의 개념을 검증하려고 시도하고 있다. 그러나 타협에는 여러 유형이 있을 수 있고, 연령에 따라서도 타협의 대상이 되는 이슈들 또한 다양하기 때문 이에 대한 연구를 통해 명확하게 개념을 규정하기란 쉽지 않다.

Howard와 Walsh의 직업추론 발달 6단계

최근에 수행된 Howard와 Walsh의 아동 및 성인의 경력개발에 대한 연구는 Super의 경력개발 이론의 성장기를 확장한 이론이라고 볼 수 있다. Howard와 Walsh의 직업추론 발달 단계는 6단계의 수준으로 설명된다. Super의 이론과 비교하면 유사한 측면도 있지만 Howard와 Walsh가 보다 인지적 추론능력에 더 초점을 맞추어 경력선택에 있어서 어떻게 능력을 발달시키는가에 대한 이론을 전개하는 부분에서 차이가 있다. 또한 Gottfredson의 이론에서 직업적 명성을 주요한 요인으로 다루는 부분을 활용하기도 한다.

○ 1단계-순수연상(1수준): 이 단계에 속한 아동은 구체적인 직업의 특징이나 외형 등에 대한 대략적인 정보를 가지고 있지만 특정 직업을 가지기 위해서는 어떻

게 해야 하는지에 대하여는 알지 못한다. 예를 들어, 자신이 접하는 유치원 선생님의 재미있는 활동이나 선생님이 사용하는 도구에서 강한 인상을 받으며 선생님이 자신보다 크고 힘이 세다는 점 등을 인식한다. 이는 Gottfredson 이론의 크기와 힘 지향 단계와 일맥상통한다고 볼 수 있다.

○ 2단계-마술적 사고(2수준): 이 단계에서 아동의 진로에 대한 선택은 어떻게 그 직업에 이르게 되는가에 관계없이 단순하게 이루어진다. 어떻게 본인이 원하는 직업을 가질 수 있는지에 대해서는 알지 못하지만 그 직업이 무엇을 하는지는 대략적으로 알 수 있다. 직업에서 하는 일보다는 해당 직업에서 활용되는 도구나 활동에 더욱 흥미를 가진다. 이 시기에서의 진로에 대한 선택은 그 직업이 사용하는 도구나 활동 등을 바탕으로 한 상상력을 통하여 아동은 직업에 대한 환상을 가진다.

○ 3단계-외부활동(3수준): 자신이 추구하는 직업이 어떠한 능력을 가져야 하는가를 설명할 수 있는 능력은 3수준인 외부활동의 한 측면이라고 할 수 있다. 그러나 자신이 가진 해당 능력을 평가할 수 있는 능력은 4수준과 관련된다. 이 단계에서는 자신이 관심이 있는 활동에 참여함으로써 흥미가 점점 더 커지게 되고 이로 인한 경험이 나중의 직업과 경력선택에 있어서 어떠한 관련성이 있는지를 설명한다.

○ 4단계-내적 과정과 능력(4수준): 이 단계는 대략 만 11세 정도에 시작되는데 이 무렵에는 어떤 과제는 잘 수행하지만 또 다른 어떤 과제는 수행하는 데 어려움이 있음을 인식하게 된다. 또한 특정 직업을 가지려면 어떠한 특정 기술이 요구되는지를 인식하게 된다. 예를 들어, 수학을 잘하면 수학을 사용하는 직업으로 이어질 수 있음을 알게 되고 이에 따라 3수준인 흥미 단계와 4수준인 내적 과정과 능력 단계에서 함께 수반되어 일어나는 시퀀스(sequence)가 작용하게 된다. 즉, 특정 활동이나 사건이 경력의 선택이나 획득으로 이어진다는 것을 이해하게 된다.

○ 5단계-상호작용(5수준): 대략 만 14세에 이르게 되면 직업의 가치를 차별적으로 이해하게 되며 직업적 명성의 수준이 다름을 인식하게 되는 시기가 된다. 이 단

계는 사회적 가치의 인식이 강조된다. 이 시기의 청소년들은 자신의 능력과 역량, 특성, 신체적 특징 등에 대해 인식하게 되고 직업추론을 바탕으로 잠정적 경력선택을 하게 된다.

○ 6단계-체계적 상호작용(6수준): 이 단계에서는 복잡한 경력에 대한 결정을 내릴 수 있는 수준이 된다. 자신이 추구하는 직업에서 특별히 요구되는 능력이나 가치가 무엇인지 식별할 수 있으며 이를 개발하는 방법을 찾을 수 있게 된다. 또한 자신이 보유한 능력이나 가치, 흥미 등을 평가할 수 있으며 자신에게 요구되는 것들을 어떻게 충족시킬 수 있는지에 대해 탐색하고 이를 추구하게 된다. 직업세계와 자신이 관심을 두고 있는 작업에 대해 비교적 정확한 지식을 길러 나가게 되며 그러한 경력 분야에 진입하기 위한 높은 수준의 경력준비도를 발달시켜 나간다(Sharf, 2014).

Erikson의 생애발달 모델

Erikson의 생애발달 모델은 개인이 성장해 가면서 직면하게 되는 과제들이 어느 정도 예측 가능한 순서로 나타난다는 가정을 전제로 한다. Erikson은 성인은 8개의 사회 심리적 발달의 단계를 거쳐 성장하는데, 처음의 5단계는 영아에서부터 청년기까지의 발달을 나타내고 마지막 3단계는 성인기의 발달 단계를 나타낸다. 각 단계에서 성공적인 발달을 마치고 나면 다음의 단계로 넘어가게 되는데, 각 단계에서의 발달이 온전히 이루어지지 못했을 경우 긍정적 경험과 부정적 경험에 따라 그 단계의 상태가 결정된다. 예를 들어, 첫 번째 단계는 태어나서부터 1세 미만의 영아기에 해당하는 신뢰 대 불신의 발달 단계다. 이 단계에서 갓 태어난 영아는 자신의 생존을 전적으로 타인에게 의존하게 되는데 긍정적인 상황의 경우 자신을 양육하는 부모나 타인에게 신뢰감을 갖게 되고 부정적인 상황의 경우 세상에 대한 근본적 불신감을 갖게 되는 경험을 하게 된다.

　Erikson 생애발달 모델의 마지막 3단계는 성인의 발달 단계로 그중 성인 초기 단계인 6단계는 친밀감 대 고립의 단계다. 이 단계에서 개인은 다른 사람과의 관계 속에서 친밀감 생성과 의미 있는 관계로 발전시키는 상황에 직면하게 되는데 만약 이를 성공적으로 발달시키지 못할 경우 고립상태에 빠지게 된다. 성인 중기의 단계에는 생산성 대 정체의 발달 단계를 겪게 된다. 이 단계에서는 다음 세대들에 영향력을 미칠 수 있도록 역량을 개발하고 이러한 사회적 과제에 더욱 집중하게 되며 이때 후배들을 위한 멘토로서의 역할을 기대하게 된다. 그러나 이 단계에서의 부정적인 경험이나 실패는 이후의 세대에게 아무런 기여도 할 수 없다는 인식으로 정체감을 경험하게 된다. 마지막으로 성인 말기에서 개인은 자아의 통합을 위한 발달 단계에 도달하게 된다. 이 단계에서 개인은 자신의 일생 동안의 과거의 선택들에 대하여 인정하고 수용을 하게 된다. 이 단계에서 긍정적인 경험은 한 개인이 평온한 죽음을 맞이할 수 있도록 해 주지만 부정적인 실패의 경험은 자신의 존재에 대한 무의미함, 낙담으로 이르게 한다.

〈표 1-2〉 Erikson의 생애발달 단계

발달 단계(이슈)	연령범위
신뢰 대 불신	영아기
자율성 대 의구심	1~3세
주도성 대 죄의식	4~5세
근면성 대 열등감	6~11세
정체성 대 역할 혼동	사춘기 및 청소년기
친밀감 대 고립	성인 초기
생산성 대 정체	성인 중기
자아 통합 대 낙담	성인 말기

　Erikson 생애발달 모델은 경력개발과 관련하여 2가지 측면에서 기여했다고 볼 수 있는데, 첫째, 개인이 성장해 가면서 직면하게 되는 과제들이 어느 정도 예측 가능한

순서로 나타난다는 것을 제시한 점, 둘째, 개인의 경력선택에 영향을 미칠 수 있는 요인들 친밀감, 생산성, 자아 통합 등의 이슈들을 밝혀냈다는 점이다(Greenhaus, et al., 2009). 조직은 개인으로 하여금 이러한 과제들을 성공적으로 해결할 수 있는 장을 제공하는 기능을 담당한다. 예를 들어, 멘토링 프로그램을 통해 성인 초기의 한 개인은 다른 사람과의 관계에서 친밀감을 형성할 수 있으며 성인 중기에 해당하는 개인의 경우는 후배 세대에게 의미 있는 무언가를 제공할 수 있다는 점에서 긍정적인 생산성의 경험을 할 수 있다. Erikson의 생애발달 모델은 또한 조직으로 하여금 개인이 생애 과정을 통해 직면하게 되는 도전들에 대한 이해를 바탕으로 각 단계에 직면한 개인들에게 맞는 프로그램이나 지원을 통해 체계적인 인력관리를 하는 데 도움을 준다(Werner & DeSimone, 2009).

Levinson의 성인기 발달이론

Levinson과 그의 연구팀은 장기간에 걸쳐 개인의 생애에 관한 전기적인 방대한 정보를 수집하여 그 이론을 집대성하고 그것을 계절(season)에 비유하여 성인의 생애 발달 과정을 설명했다. Erikson과 마찬가지로 Levinson은 생애주기(life cycle)라 불리는 성인의 생애에 있어서 공통적으로 설명되는 근본적인 순서가 존재한다고 주장한다. Levinson 역시 다른 학자들과 마찬가지로 개인의 삶의 단계가 연령과 밀접한 관련이 있음을 발견했다. 개인마다 연령에 있어서 어느 정도 편차는 있지만 전반적인 단계에 있어서는 어느 정도 공통된 일관성을 갖는다는 것이다. 그는 개인의 삶에 있어서 주요 국면들은 다음과 같은 이유에 있어서 계절과 유사하다고 비유하였다.

○ 각 계절은 질적으로 다르다.
○ 변화는 각 계절 안에서 일어난다.

○ 각 계절 사이에는 양쪽 계절의 일부인 과도기적 혹은 전환기적 기간이 있다.

○ 어느 한 계절이 다른 계절보다 우월하거나 열등하지 않다.

○ 각 계절은 생애에 있어서 어떠한 의미 있는 기여를 한다.

○ 개인의 생애에는 사계절 혹은 연대(eras)가 존재한다.

Levinson의 성인발달 연대(Eras)

Levinson은 성인기 전, 성인 초기, 성인 중기, 성인 후기의 총 4가지 연대(eras)를 제시했다. 각 연대에는 일련의 안정기와 전환기가 포함되어 있다. 안정기는 대략 6년 간 지속되며 이 시기에는 자신에게 중요한 삶의 가치를 성취하기 위한 목표를 추구한 다. 안정기는 반드시 안정적인 상태를 의미하는 것만은 아니며 사람들이 바람직하다 고 생각하는 생애구조를 추구한다는 점에서 안정적임을 의미한다. 전환기는 4~5년 간 지속되는데 지속적으로 생애구조를 확립하는 데 있어서 자신을 재평가하고 그에 대한 의문을 제기하고 변화를 추구하기 위한 시기라고 할 수 있다. 사람들은 이 시기 에 그들이 가진 문제들을 처리할 수 있는 새로운 다른 방법들을 찾게 된다. 각 연대 사이의 전환기는 교차 전환기(cross-era transition)라고 명명하며 약 5년간 지속되는데 한 연대의 끝과 새로운 연대의 시작의 접점에 걸쳐 있게 된다.

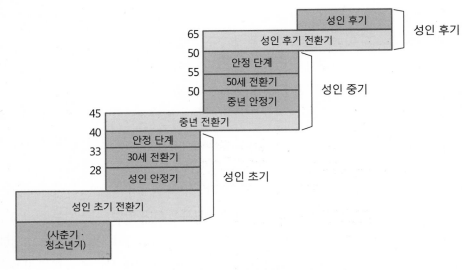

[그림 1-3] Levinson의 성인발달 연대 모델

출처: Levinson et al.(1978). *Seasons of a man's life*. New York: knopf. (재인용 Werner, J. M., & DeSimone, R. L.(2009). *Human resource development*(p. 390). Mason, OH: Cengage Learning.)

성인 초기

성인 초기에서의 주요 과제는 앞으로 개인이 자신의 인생을 어떻게 살아갈 것인지에 대해 설계하며 이를 위한 목표를 추구하는 것이다. 이때 개인의 꿈은 직업적인 목표일 수도 있고 다양한 자신의 역할에 대한 것일 수도 있다. 처음의 생애구조는 안정기(22~28세)로서 성인세계에 들어가게 되면 2가지 과제에 직면하게 된다. 첫째는 자신의 역할을 유지하면서 다른 역할을 시도하여 성인기를 탐색하는 것이고, 둘째는 정착해서 안정적인 생애구조를 만드는 것이다. 이 시기를 거쳐 전환기(28~33세)에서는 자신의 현재 생애를 되돌아보고 재평가하고자 한다. 자신의 삶에 변화를 일으키고자 하면 지금 해야 한다고 생각하며 아니면 너무 늦을 수 있다는 생각을 하게 된다. 전환기를 거치면 다시 성인 초기의 두 번째 안정 단계(33~40세)에 들어서게 된다. 이 시기는 전체 성인 초기 중에서 정점의 시기로 개인은 자신의 중요한 영역 내에서 자신의 위치를 확고히 자리매김하게 되며, 더 나은 미래를 향해 계획에 따라 더욱 정진하고

자 한다. 특히 직업적 성공에 매진하게 되며 일반적으로 30대 중반에서 말기가 경력 성공을 위한 생산적인 시기라고 할 수 있다. 이 시기의 사람들은 궁극적인 목표가 무엇이든 사다리를 올라가서 완전히 성숙한 성인이 되고자 한다.

여성의 경우 성인 초기에 유사한 발달 단계를 거치게 되나 남성과 다르게 전통적인 주부로서의 상과 비전통적인 경력여성으로서의 상 사이에서 갈등이라는 어려움을 차별적으로 경험하게 된다. 전통적인 주부로서의 상은 과거 TV 드라마에서 흔히 볼 수 있는 전업주부 어머니를 떠올리게 하는데 Levinson이 당시 조사한 표본 중에서 모든 전업주부들은 성인 초기에 바로 이러한 여성상을 자신들의 롤모델로 따르고자 하였다. 반면 직장 등에서 자신만의 경력을 추구하고자 하는 여성들은 남성들이 직면하는 유사한 과제에 직면하게 되나 남성에 비해 여성의 역할모델이 많지 않으므로 자신이 가야 할 길에 대하여 정보를 얻기가 용이하지 않으며 또한 여성의 경우 전통적인 전업주부와의 역할 갈등으로 인해 남성에 비해 보다 많은 어려움을 겪게 된다고 보았다. 그러나 이는 1980년대 연구자료로써 현재 사회환경의 변화와 함께 여성의 태도도 변화될 수 있음을 인식할 필요가 있다.

성인 중기

성인 중기는 중년 전환기(40~45세)에서 시작되며, 사람들은 이전 시기에 치열하게 추구하여 왔던 자신의 생애구조에 대하여 의문을 가지고 재평가하며 혼란에 빠지게 된다. 지금까지 자신이 추구했던 목표와 자신의 다양한 역할들에 대한 의미를 찾으려 하고 자신이 진정으로 원하는 것이 무엇인가를 다시 생각하고자 한다. Levinson의 연구결과 표본에서 남성의 80%와 여성의 85%가 이 시기에 고통스러운 재평가를 거치며 위기를 경험했다는 사실을 밝혀냈다. Levinson은 이러한 원인을 다음과 같이 설명하였는데, 40세 정도가 되면 신체적으로 여러 기능이 이전에 비해 감소하게 되면서 자신의 죽음에 대해 가깝게 인식하게 되며, 40대 이전의 젊은 층들은 40대 이후부터 구세대로 치부한다. 젊음의 상징과는 거리가 멀어지게 된 것이다. 그러나 현재까지의 다양한 경험이 성인 초기부터 자신의 목표를 위한 현재까지의 과정을 평가할 수 있을 만큼 충분해졌다는 것을 의미하기도 한다. 중년의 전환기를 경험하면서 개인은 자신뿐만 아니라 주변의 타인들을 수용하는 데 있어서 더 관대해지고 현명해지면서 분별력을 갖추게 된다. 그러나 이 전환기를 성공적으로 겪어내지 못할 경우는 큰 고통과 침체를 경험하게 된다. 중년 전환기를 거쳐 안정기(45~50세)가 찾아오게 되는데 이 시기는 중년의 만족스러운 인생을 설계하기 위해 노력하는 시기라고 할 수 있다. 경험으로 축적된 융통성과 자율성을 바탕으로 자신의 경력을 설계해 나가며 나이나 경험이 적은 직원들에 비해 더 많은 대안을 가지고 추구할 수 있다. 이후 50세 전환기(50~55세)는 중년 전환기에 새로이 제시된 목표를 위해 노력하고자 하는 시기라고 할 수 있으며 이후에는 중년의 끝으로 이끄는 또 다른 안정기(55~60세)에 도달하게 되며 이 시기에는 성인 중년기의 남은 기간에 대한 생애구조를 설계하게 된다.

성인 후기

성인 후기는 성인 후기의 전환기(60~65세)로부터 시작된다. 이 시기에는 대부분의 사람들이 퇴직, 신체적인 기능들의 쇠퇴, 가족이나 주변 사람들을 잃는 경험 등을 하게 된다. 이 기간에서의 주요 과제는 자신이 살아온 생애를 그대로 받아들이며 이와 타협을 함으로써 단순한 성취가 아니라 생애 전반에 걸쳐 통합감을 얻는 것이라고 할 수 있다. 이 시기를 성공적으로 거쳤다면 성인 후기를 고통 없이 행복하게 보내게 되나 자신의 생애에서 의미나 가치를 찾지 못하게 되면 고통이나 좌절을 경험하게 될 수도 있다.

Levinson 이론의 시사점

Levinson은 4개의 계절로 이루어진 인간의 생애 모형을 제시하였으며 이는 안정기와 전환기가 교차하여 연속적으로 진행되며 각 시기에는 그 시기만의 중요한 발달 과제가 있다고 설명한다. Levinson의 이론은 성인 초기, 성인 중기, 성인 후기가 어느 정도 예측 가능하고 보편적인 발달 과제나 생활 사건을 보인다는 개념을 바탕으로 하는데 이러한 개념은 경력개발과 관리의 측면에서 유용한 의미를 지닌다. 경력은 개인의 전체적인 생애를 구성하는 일부분이고 다양한 생활 사건에 의해 영향을 받게 된다. 따라서 조직의 인사 분야 전문가들은 개인이 조직에서 직면하게 되는 특별한 쟁점이나 문제들을 이러한 개념을 활용하여 예측할 수 있고 이를 경력개발 프로그램을 계획하는 데 활용할 수 있다고 설명한다.

　　Levinson 이론은 이러한 모형의 유용성에도 불구하고 다음의 몇 가지 질문을 받았다. 첫째, 안정기와 전환기는 연령과 밀접하게 연관되어 있는가에 대한 질문에 Levinson은 개인이 직면하는 각 시기들은 연령과 밀접하게 관련되어 있다고 주장한다. 연구 표본을 대상으로 한 결과를 보면 각 시기가 시작되고 종료되는 시점은 대략 그 변화의 폭이 2년 안팎으로 나타났다. 따라서 그는 모든 개인이 완전하게 일치한다고는 할 수 없지만 연령과 생애발달 시기에는 어느 정도 밀접한 관계가 있다고 주장한다. 둘째, 연속적인 시기는 고정되어 있는지 아니면 건너뛸 수도 있는 것인지에 대한 질문에 Levinson은 사람들은 고정된 연속과정을 통해 각 시기를 거쳐 간다고 설명했다. 남성 표본만을 대상으로 수행된 초기 연구와 여성 표본으로 다시 연구를 수행하여 자신의 모형이 성립함을 재차 검증하였으며 발달 과제와 생애 사건들이 일정한 순서를 거쳐서 일어난다는 사실도 증명했다. 다만 발달 과제를 특정시기에 잘 해결하지 못하면 다음 단계에 어려움을 겪을 수도 있다고 설명했다. 셋째, Levinson 모형을 모든 사람들에게 일반화하는 것이 가능한가에 대한 질문에 고대의 문명에 관한 문헌을 인용하여 사람들은 역사적으로 적소를 거쳐 발달해 왔음을 설명하며 어느 정도 보편적으로 적용할 수 있다고 주장한다. 마지막으로 가장 논란의 소지가 될 수 있는 부분은 성인 생애발달에서 성역할에 관한 것으로 Levinson이 주장한 발달 시기는 남성과 여성에게 동일하게 적용 가능한 것인가에 대한 문제다. 이에 대해 Levinson은 특정한 일부 문제를 제외하고 일반적으로 동일한 발달 시기를 거치는 것으로 설명했지만 다른 학자들은 경력 추구와 양육 문제와의 갈등과 같은 이슈는 매우 중요한 문제임을 제시하며 이러한 문제로 인해 남성과 여성의 생애 발달이 근본적으로 다르다고 볼 수 있음을 주장한다. 또한 Levinson이 제시한 발달 과정에서 여성의 경우에는 여러 다양성의 이슈들로 인해 바뀌는 경우도 있을 수 있다. 일반적으로 성인 초기의 남성들은 자신의 경력 성공을 추구하는 데 가장 큰 노력을 하지만 성인 초기 전환기에 있는 여성들의 경우 경력과 가정 사이의 균형을 맞추는 데 큰 관심을 가지게 될 수 있다. 30대에 경력을 추구하는 여성의 경우에도 여러 역할 간의 균형을 맞추는 문제에 큰 관심을 가질 수도 있다가 다시 가정이나 양육으로부터의 여유가 어느 정도 생기는 성인 중기가 되면 오히려 전보다 더 활발하게 경력 추구를 위한 활동에 매진하게 될 수도 있다. 이렇듯 여성의 경우 성인의 생애구조가 남성보다 예측하기 어려운 방향으로 전개될 수 있기 때문에 경력유형의 다양한 특성을 가지고 있다고 할 수 있다. 이와 관련된 연구결과가 나오고는 있지만 성(sex)과 관련된 경력개발 및 경력 단계 문제에 대한 더욱 확장된 후속 연구가 필요하다(Greenhaus et al., 2009).

참고문헌

이종성(1999). 직업교육훈련대사전. 서울: 한국직업능력개발원.

Amundson, E. N., Harris-Bowlsbey, J., & Niles, G. S.(2014). *Essential elements of career counseling: Processes and techniques*(3rd ed.). Upper Saddle River, NJ: Pearson.

Astin, H. S.(1984). The meaning of work in women's lives: A sociopsychological perspective. *The Counseling Psychologist, 12*, 117-126.

Betz, N. E.(2008). Advances in vocational theories. In S. D. Brown & R. W. Lent(Eds.), *Handbook of counseling psychology*(4th ed.). (pp. 357-374). Hoboken, NJ: Wiley.

Brown, D.(2016). *Career information, career counseling, and career development*(11th ed.). Upper Saddle River, NJ: Pearson.

Brown, S. D., & Lent, R. W.(2013). *Career development and counseling: Putting theory and research to work*(2nd ed.). Hoboken, NJ: John Wiley & Sons.

Fitzgerald, L. F., & Betz, N. E.(1994). Career development in a cultural context. In M. L. Savickas & R. W. Lent(Eds.), *Congruence in career development theories* (pp. 103-118). Palo Alto, CA: CPP Books.

Greenhaus, J. H., Callanan, G. A., & Godshalk, V. M.(2009). *Career management*(4th ed.). Los Angeles, CA: SAGE.

Hackett, G., & Betz, N. E.(1981). A self-efficacy approach to the career development of women. *Journal of Vocational Behavior, 24,* 326–339.

Hall, D. T.(1976). *Careers in organizations.* Santa Monica, CA: Goodyear Publishing Co.

Hartung, P. J.(2002). Cultural context in career theory: Role salience and values. *Career Development Quarterly, 51,* 12–25.

Hartung, P. J., Porfeli, E. J., & Vondracek, F. W.(2005). Child vocational development: A review and reconsideration. *Journal of Vocational Behavior, 66,* 385–419.

Niles, S. G., & Goodnough, G. E.(1996). Life-role salience and values: A review of recent research. *Career Development Quarterly, 45,* 65–86.

Savickas, M. L., & Hartung, P. J.(1996). The career development inventory in review: Psychometric and research findings. *Journal of Career Assessment, 4,* 171–188.

Sears, S.(1982). A definition of career guidance terms: A National Vocational Guidance Association perspective. *Vocational Guidance Quarterly, 31,* 137–143.

Sharf, R. S.(2014). *Applying career development theory to counseling*(6th ed.). Belmont, CA: Cengage Learning.

Sue, D. W., & Sue, D.(2000). *Counseling the culturally different*(3rd ed.). New York, NY: Wiley.

Pedersen, P. B.(1991). Multiculturalism as a generic approach to counseling. *Journal of Counseling and Development, 70,* 6–12.

Super, D. E.(1976). *Career education and the meaning of work.* Washington, DC: Office of Education.

Super, D. E.(1990). A life-space, life-span approach to career development. In D. Brown & L. Brooks(Eds.), *Career choice and development: Applying contemporary theories to practice*(pp. 197–261). San Francisco, CA: Jossey-Bass.

Super, D. E., & Sverko, B.(1995). *Life roles, values, and careers: International findings of the work importance study.* San Francisco, CA: Jossey-Bass.

Werner, J. M., & DeSimone, R. L.(2009). *Human resource development*(5th ed.). Mason, OH: Cengage Learning.

연합뉴스 기사(2016. 4. 26.). From http://v.media.daum.net/v/20160426110120136

Careers New Zealand(2016). Homepage from www.careers.govt.nz.

Future Workplace(2012). Homepage from http://workplacetrends.com/

제2장

특성요인이론
(The Trait and Factor Model)

　Frank Parsons는 1909년에 출간된 『직업의 선택(Choosing a vocation)』이라는 저서에서 직업지도라는 개념을 처음 소개했다. 이후 Parsons의 저서는 특성요인이론이 발전하는 데 기반이 되었다. 특성(trait)은 검사도구를 통해 측정할 수 있는 개인의 특징을 의미하며, 요인(factor)은 직무수행을 원활히 하기 위해 요구되는 특징을 의미한다. 특성과 요인이라는 용어를 통해 특성요인이론이 개인과 직업의 특징에 대한 평가에 대해 접근하는 이론임을 알 수 있다. Parsons는 특히 직업의 선택 및 의사결정에 대한 접근에 있어서 특성에 대한 평가를 첫 번째 단계인 동시에 가장 중요한 단계임을 강조한다. 이 단계에서는 주로 개인의 성격, 흥미, 적성, 가치 등을 탐색하고 측정한다. 두 번째 단계에서는 직업세계에 대한 정보를 획득하는 것이다. 카운슬러들은 여기서 개인들로 하여금 직업정보를 수집하도록 돕는 역할을 하게 된다. 이때 직업 정보에 대한 많은 자원을 활용하는 것은 아주 중요하다. 특히 직업정보의 유형(직무 내용, 근로조건, 임금 등), 직업분류체계, 직업별 특성과 요건 등에 대한 정보들을 수집해야 한다. 직업에 대한 정보수집이 끝나면 마지막으로 앞서 측정했던 자신에 대한 평가와 함께 직업정보를 통합하여 추론한 결과를 가지고 분석할 필요가 있다. 이 이론의 핵심은 개인과 직업 세계 간의 매칭에 초점을 두는 것이다.

　특성요인이론에서 가장 큰 위험요인은 평가를 지나치게 강조한다는 점이다. 특성과 요인의 측정 시 신뢰할 만한 검사도구가 이용되기는 하지만 반드시 검사 결과가 경력선택과 의사결정에 있어서 절대적 결정요인은 될 수 없다는 것이다. 이러한 위험성을 가졌음에도 불구하고 특성요인이론은 경력개발 이론 중에서 역사적으로 가장 오래된 이론이며 지금까지도 경력의 선택과 의사결정에 있어서 가장 기초가 되는 이론으로 관련 분야에 널리 적용되고 있다. 특성요인이론의 성격을 기반으로 한 대표적인 이론으로는 Holland의 이론과 Dawis와 Lofquist의 직업적응이론이 있다(Sharf, 2014).

Holland의 직업선택이론

Holland 이론의 가정

Holland는 1959년부터 그의 이론과 그에 대한 연구를 지속적으로 발표해 오면서 자신의 이론을 개발시켜 왔다. 그의 목표는 카운슬러나 사용자들이 실질적으로 사용할 수 있는 이론적 프레임을 개발하는 것이었다. 너무 복잡한 이론은 사용자들이 이해하기가 어렵고 말 그대로 복잡할 수 있기에 Holland는 좀 더 간결하면서도 정확하게 내용들을 이해하도록 이론들을 정립했다. 그 결과 Holland의 이론은 지금까지도 경력 카운슬링과 실제 업무에 가이드를 제시하는 이론 중 가장 영향력이 큰 이론으로 평가받고 있다. Holland의 이론은 개인과 환경 모두 각 성격 유형에 따라 6개의 유형으로 분류해 볼 수 있다는 것이 핵심이다. 개인과 환경의 유형 간 상호연관성은 사람들이 어떤 경력을 선택하고, 자신의 일에 어떻게 만족하는지, 직무를 어떻게 수행하는지의 직업선택과 관련된 의사결정 등에 대한 예측에 있어서 기초자료를 제공한다. 그의 이론은 다음의 가정을 바탕으로 한다.

○ 개인의 성격은 경력선택에 있어서 가장 주요한 요인이다.

○ 흥미는 사실상 성격을 반영한다.

○ 개인은 직업에 대해 자신과 심리적으로 연관된 부분을 기초로 그 직업에 대한 전형적인 관점을 발전시킨다. 이러한 전형적인 관점은 직업 선택에 있어 중요한 역할을 한다.

○ 장래 직업에 대한 꿈을 꾸는 것은 직업선택에 있어서 가장 먼저 이루어지는 행위로 볼 수 있다.

○ 정체성(identity)은 자신의 목표와 특성에 대해 정확히 인지하는 것으로 분명한 직업적 목표를 갖는 것과 관련이 있다.

○ 일관되며 변별되는 성격의 유형은 직업선택과 선택에 대한 만족에 있어서 가장 중요한 예측 변수다. 일관성은 Holland의 육각형 모델에서 첫 3개의 알파벳 글자가 육각형 내에서 인접해 있을 때 발생된다.

○ 자신의 경력에서 성공하고 만족하기 위해서는 자신의 성격과 일치하는 직업을 선택할 필요가 있다. 일치하는 직업이란 같은 직업환경에 있는 다른 사람들이 자신과 같거나 유사한 특성을 보유한 것을 말한다.

Holland 이론의 성격 유형

성격은 타고난 유전적인 특성 및 각 개인이 노출된 환경적 요인들로 인해 경험되는 것으로 여러 행위들을 통해 육성되는 흥미와 역량의 상호작용을 통해 나타난 결과를 말한다. Holland에 따르면 사람들은 총 6가지 기본적인 성격 유형으로 분류해 볼 수 있다. 현실형(Realistic), 탐구형(Investigative), 예술형(Artistic), 사회형(Social), 진취형(Enterprising), 관습형(Conventional)이 그것이며, 이는 각 단어의 이니셜로 RIASEC이라 불린다. 각각의 유형은 선호되는 신념, 가치, 능력, 활동 등의 독특한 조합이라고 할 수 있으며, 그에 대한 자세한 설명은 다음 〈표 2-1〉과 같다.

〈표 2-1〉Holland의 6가지 성격 유형

현실형 (Realistic)	명확하고 체계적이며 질서정연한 일을 좋아하고, 기존의 가치와 신념 체계에 위배되지 않는 선에서 원리 원칙적으로 사고하고 명확한 방법을 사용하여 행동하는 경향이 강하다. 전기나 기계, 공학계열 분야와 같이 실제적이고 규칙적인 행동양식이 존재하는 분야를 선호하는 편이다. 사물을 다루고 조작하는 것을 좋아해서 손재주가 있다는 평을 듣는 경우가 많다. 스스로 사회적인 영향력을 발휘해야 하는 일과 학문적이고 창의적인 일에 서툴다고 여기는 편이다. 기계나 도구 등의 조작을 선호하고 현실적이고 신중한 성격을 보인다. • 가치: 눈에 보이는 성취와 이에 대한 물질적 보상 • 대표직업: 정비사, 농부, 소방관, 엔지니어, 경찰, 운동선수 등
탐구형 (Investigative)	현상을 비판적이고 분석적으로 관찰하고 체계적이고 창조적으로 탐구하는 것을 좋아하는 반면, 규칙적이고 반복적인 활동이나 리더십을 발휘해야 하는 활동은 별로 좋아하지 않는다. 인간적 감정이나 사회적 환경보다는 자연현상이나 사회현상에 대한 탐구활동에 관심이 많다. 독립적이고 개방적인 태도로 정보를 수집하고 자료를 분석하며 현상에 대한 결론을 내리는 과정을 거쳐 문제를 해결하는 방식의 일을 선호한다. • 가치: 지적인 활동 • 대표직업: 물리학자, 화학자, 생물학자, 심리학자 등
예술형 (Artistic)	창의적이고 유연한 사고를 즐기며 아름다움을 추구하는 경향이 강하다. 틀에 박힌 일이나 같은 패턴의 일, 변화가 없이 틀에 맞추어 해야 하는 일을 별로 좋아하지 않는다. 같은 사물이나 현상을 보고도 획일적으로 판단하지 않으며 상상력이 풍부하고 독창적인 편이다. 예술적 감수성이 뛰어나고 예술적 능력을 발휘하는 일을 즐긴다. 반면 명확하고 규칙적인 활동이나 객관적 사실을 추구하는 활동에는 약한 편이다. 개방적인 사고체계를 소유하고 있어 변화를 추구하며 자신의 직감에 의존하여 문제를 해결하려는 경향도 있다. • 가치: 아이디어, 감정 등의 창조적 표현 • 대표직업: 화가, 음악가, 작가, 예술가, 배우, 소설가, 무대감독 등
사회형 (Social)	타인의 문제를 듣고 공감하고, 도와주고, 치료해 주는 것을 선호하며 사람을 상대하는 활동에 능숙하다. 일반적으로 이타적이며 자애롭고 배려심이 깊은 인물로 평가받는다. 사물을 지향하기보다는 사람과 사람 사이의 관계에 주목하는 경향이 강하여 다른 사람들에게 어떤 사실을 가르쳐 주고 도와주거나 지원해 주는 활동을 좋아한다. • 가치: 타인의 복지와 사회적 서비스의 제공 • 대표직업: 사회복지사, 교육자, 간호사, 종교인, 상담가 등

(계속)

진취형 (Enterprising)	자신이 기획하고 목표로 설정한 것을 실행시키는 데 탁월한 능력을 보이는 유형이다. 개인과 조직의 목표를 달성하거나 경제적인 이익을 추구하기 위한 활동을 선호하며 타인에게 영향력을 발휘하는 일을 하고 싶어한다. 계획하고 목표설정하며 추진하고 있는 일을 성공적으로 이끌기 위해 다른 사람들을 설득하거나 협상하는 등의 일에 능숙하다. • 가치: 경제적 성취와 사회적 지위 • 대표직업: 기업경영인, 정치가, 판사, 변호사, 영업사원 등
관습형 (Conventional)	조직적이고 체계적이며 규칙과 시스템이 잡혀 있는 일을 선호하는 편이다. 반면 규칙이나 시스템 등이 없이 불확실하고 애매하며 시시각각 변화하는 일을 선호하지 않는다. 정립되어 있는 시스템에 적응하여 규칙에 맞게 성실하고 분명하면서도 체계적으로 일을 하는 것을 좋아하며 서류 작성 및 기록 등과 같은 사무적인 일에 능력을 발휘한다. 문제 상황에서 변화를 추구하거나 비판하기보다는 조심스럽고 체계적으로 해결계획을 세우는 편이다. • 가치: 금전적 성취와 안정의 추구 • 대표직업: 회계사, 은행원, 세무사, 법무사, 사서, 경리사원 등

Holland는 반드시 하나의 단일 유형이 개인의 성격을 대표하는 것은 아니지만 대부분의 개인은 지배적으로 나타나는 단일 유형을 가지고 있으며 한두 개의 부가적 유형이 여기에 더해질 수 있다고 설명한다. 따라서 6가지 유형의 순위에 따라 개인을 설명하는 방법이 있을 수 있다. 6개의 타입의 순위에 따른 모든 조합은 720가지의 다른 성격 유형의 패턴으로 도출될 수 있다. 실무에서는 이 중에서 가장 높은 수치를 기록한 3가지 유형을 자신에게 가장 적합한 유형으로 간주한다. 이것을 흔히 Holland code라고 부르는 3개의 이니셜 코드로 타입을 나타낼 수 있으며 가장 수치가 높은 코드가 첫 번째, 그다음이 두 번째, 세 번째 순으로 위치한다. 예를 들어, 어떠한 개인이 사회형(Social) 타입의 성향이 제일 높고 예술형(Artistic)과 진취형(Enterprising)의 성향이 그다음으로 높다면 그의 Holland code는 SAE라고 나타낼 수 있다. 이는 [그림 2-1]과 같이 육각형의 도형으로 나타낼 수 있다.

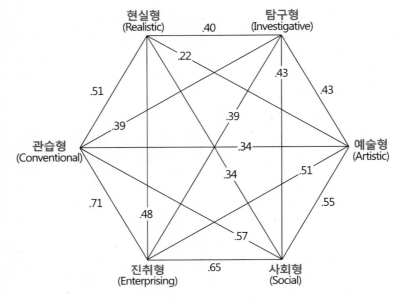

[그림 2-1] Holland 육각형 모델

출처: Brown, D. (2016). *Career information, career counseling, and career development* (11th ed.). Upper Saddle River, NJ: Pearson. (p. 48. 재인용)

RIASEC 타입을 측정하기 위해 여러 측정도구들을 사용할 수 있는데 VPI(Vocational Preference Inventory), SDS(Self-Directed Search) 등은 Holland에 의해 개발된 측정도구로 직업, 선호도, 자아효능지수, 활동 등의 영역이 6가지 타입으로 분류되어 있으며 이를 통해 RIASEC 유형 점수를 측정한다. SII(Strong Interest Inventory)와 같은 측정도구는 RIASEC의 흥미점수를 측정하는데 이것은 SDS 검사로, 보다 넓은 개념인 RIASEC 유형 점수보다 좁은 의미로 정의할 수 있다. 그러나 실무적으로 흥미 점수와 유형 점수는 같은 것으로 통용된다.

Holland 이론의 직업환경 유형

Holland에 따르면 6가지의 성격 유형과 함께 직업환경 또한 6가지로 분류될 수 있다고 한다. Holland는 모든 직업을 6개의 유형으로 분류함으로써 직업을 개념화하는 데 사용할 수 있는 준거의 틀을 만들었다. 그리고 환경의 유형을 결정하는 것은 그 환경 내에서 일하는 사람들의 성격 유형에 기초하고 있다고 설명한다. 일반적으로 사람들은 자신의 능력을 발휘하고 태도와 가치를 잘 표현할 수 있는 환경을 선호하기 때문에 각 환경에는 그 성격 유형에 일치하는 사람들이 일하고 있다. 따라서 자신의 성격 유형에 적합한 직업환경 속에서 각자는 직업에 대한 만족도와 성취를 극대화할 수 있다고 가정한다. Holland의 6가지 환경 유형의 특성은 다음과 같다.

○ **현실형**: 현실형 환경은 기계의 조작이나 신체적 활동을 동반하는 물리적 작업이 요구되며 물리적 대상을 상대로 하는 일이 많기 때문에 사람을 상대하는 능력은 크게 요구되지 않는다. 현실형 환경은 신체적 민첩성이나 강인함을 요구하는 위험한 환경일 수도 있다. 현실형 환경의 예로는 공장, 건설현장, 자동차 정비소 등이 있다.

○ **탐구형**: 탐구형 환경은 추상적이고 창조적인 능력을 요구하며 효과적인 수행을 위해서 상상력과 지적인 능력을 발휘해야 하는 일의 경우가 많다. 신중하고 비판적 경향, 문제 해결을 위해 개인의 지적인 능력과 논리적이고 정확한 사고체계를 필요로 한다. 탐구형 환경의 대표적인 예로는 연구소, 과학 실험실 등이 있다.

○ **예술형**: 예술형 환경은 창조적이며 자유롭고 개방적인 특성을 지니는 환경이다. 이러한 환경은 개인의 창작활동을 위해 자유를 부여하고 다양성을 존중하며 관습적이지 않은 성격을 지닌다. 물리적, 시간적으로 모두 유연하며, 논리적 능력이나 표현보다는 개인적이고 예술적인 주관적 관점이나 표현이 장려된다. 예술형 환경의 대표적인 예로는 극단, 댄스 스튜디오, 아트 스튜디오 등이 있다.

○ **사회형**: 사회형 환경은 타인의 문제를 이해하고 도와주거나 가르치며 치료해 주고 봉사하는 환경의 특성을 가진다. 기계적 능력보다는 대인 관계적 능력을 필요로 하며 이상주의, 친절, 박애 등의 가치가 중요시되며 타인의 복지와 사회적 서비스의 제공 등의 일이 장려된다. 사회형 환경의 대표적인 예로는 사회복지 기관, 교육기관, 병원 등을 들 수 있다.

○ **진취형**: 진취형 환경은 경제적 성취와 사회적 지위 등에 가치를 두며 조직의 목

적과 경제적인 이익을 위해서 계획하에 타인을 통제, 관리한다. 이 환경에서는 승진, 명예, 권위 등이 중요시되며 설득, 지시, 판매 등의 활동이 이루어진다. 경영 및 영업 능력 등이 요구되며 대담하고 사교적인 성격이 성공적인 업무수행에 크게 작용한다. 대표적인 진취형 환경은 기업 경영, 구매 및 영업 활동, 부동산 투자, 주식시장 등이 있다.

○ 관습형: 관습형 환경은 원칙과 계획이 중시되는 환경으로 모호한 것을 지양하고 통제하에 있는 환경이라고 할 수 있다. 자료를 기록하고 보관하고, 서류를 체계적으로 정리하는 사무환경을 예로 들 수 있으며 워드프로세서, 계산기, 복사기 등이 관습형 환경에서 볼 수 있는 용품이다. 꼼꼼한 사무적 능력, 성실하고 현실적인 성격, 규칙을 만들거나 잘 따르는 능력 등이 중요시된다. 은행과 같은 금융기관이 대표적인 예라고 할 수 있다.

Holland는 개인-환경 적합 모델을 바탕으로 직업 분류 시스템을 개발했다. 환경 유형 또한 RIASEC 유형과 유사하기 때문에 세 자리의 코드로 구분하는 Holland code는 환경 유형을 설명하기 위해서 사용될 수 있다. 예를 들어, CRE 성격 유형을 가진 근로자들이 많이 근무하는 환경은 CRE 유형이라고 정의할 수 있다. DHOC(The Dictionary of Holland Occupational Codes), Occupational Finder, Educational Opportunities Finder 등은 Holland 코드로 구성된, 직업 정보에 대한 내용을 제공하는 직업 정보 체계로써 아직도 널리 사용되고 있다. Holland 이론은 수많은 후속 연구들의 바탕이 되었으며 미국의 가장 대표적인 직업 분류 시스템인 O*net의 기본틀로 사용이 되고 있다.

Holland 모델의 구성개념

Holland 육각형 모델을 설명하고 개념화하기 위한 4가지 구성개념으로 일치성, 변별성, 일관성, 정체성이 있으며 각 개념에 대한 자세한 내용은 다음과 같다.

○ 일치성(congruence): 개인의 성격 유형과 직업환경 유형이 일치하는 정도를 의

미한다. Holland에 따르면 사람들은 자신의 스킬이나 능력을 잘 발휘하고 그들의 적성이나 가치를 발현할 수 있는 환경을 찾아 진입하기를 희망한다. 직업환경 역시 채용이나 선발 과정을 통해 기대에 잘 부합하는 인재를 찾고자 한다. 그렇게 자신의 성격 유형과 잘 맞는 환경 유형을 찾게 되면 자연히 일치성은 증가한다. RIA 성격 유형을 가진 개인이 RIA 성향의 직업환경에서 일을 하게 되면 일치성이 높은 것이다. 이러한 관점에서 Holland 이론은 개인-환경 적합 접근법에 해당하는 이론이라고 할 수 있다. Holland는 일치성을 개인의 경력 열망과 선택, 직무 만족, 직무 안정성, 직무 성과 등을 결정하는 요인이라 개념화했다. 일치성에 대한 Holland의 예측은 다음과 같다.

- 사람들은 자신의 성격 유형에 일치하는 직업적 또는 교육적 환경을 열망하며 이를 선택하려는 경향이 있다.
- 사람들은 자신의 성격 유형과 일치성이 높은 환경에 속해 있을 때 보다 만족하고 성공적이며 생애 전반에 걸쳐 안정성을 추구한다. 또한 오랫동안 그와 같은 환경에 머무르려고 한다.

○ **변별성**(differentiation): 특정 유형이 확연히 두드러지는 것을 의미한다. 개인의 성격을 분명하게 구분하는 정도를 변별성이라고 할 수 있다. 높은 변별성을 가진 개인은 하나의 특정 RIASEC 유형에 매우 유사한 성향을 보이고 다른 성격 유형과는 정반대의 성향을 나타낸다. 대부분의 사람들은 최소 한 2가지 이상의 유형이 우세하게 나타난다. 예를 들어, 음악이나 미술 등의 예술적 유형의 성향이 강한 사람들은 일반적으로 틀에 박힌 사무적인 일들을 기피하는 경향이 있다. 변별성 정도가 낮은 개인의 경우는 SDS와 같은 측정에서 6가지 영역에서 서로 비슷한 점수를 나타내는 것을 의미한다. 이런 경우가 흔하진 않지만 여러 방면의 다양한 활동을 즐기고 모두 다 잘 해내는 성향을 가지고 있다.

변별성은 VPI 검사나 SDS 검사에서 가장 높은 유형의 점수에서 가장 낮은 유형의 점수를 빼서 산출한다. 변별성의 정도가 높은 개인의 경우 직업환경 선택에 있어 자신의 성격 유형과 일치성이 높은 명확한 환경 유형을 선택할 확률이 높고, 변별성의 정도가 낮은 개인의 경우 다양한 선택 속에서 경력 의사결정을 하는 데 더 어려움을 겪을 수 있다. 개인뿐만 아니라 환경에서도 변별성의 속성을 찾아볼 수 있으며, 변별성이 높은 직업환경의 경우 쉽게 예측이 가능하다는 특성을 갖는다. 다시 말해 단순한 계산이나 데이터 입력 작업 같은 반복적으로 수행하는 직업환경의 경우 뚜렷한 관습형의 특성을 보인다. 이렇게 변별성이 높은 환경의 경우 뚜렷한 환경적 특성으로 인해 해당 환경과의 일치성이 높은 직원을 찾기에 보다 용이할 수 있다. Holland는 변별성과 관련해 다음과 같이 예측했다.

- 성격 유형의 변별성은 경력 의사결정의 용이함과 정(+)의 관련이 있다. 따라서 성격 유형에 있어 변별성이 높지 않은 개인은 경력선택에 대한 의사결정에 있어 어려움을 겪을 수 있다.
- 일치성과 직무만족, 성공, 안정감 간의 정(+)의 관련성은 변별성이 클 때 더 커지게 된다.

○ 일관성(consistency): 유형들 간의 유사성이나 상이성을 나타내는 개념이다. 육각형 모형에서 6개 유형들의 인접함은 유형의 유사성을 나타낸다. 인접한 유형들은 공통점이 많고 비슷한 일관성을 보여 준다. 반면 육각형의 반대쪽에 있는 유형들은 일관성이 가장 떨어진다. 예를 들어, 육각형 모형에서 예술형과 사회형은 인접해 있으며 이는 그 유형들의 특징에 다른 유형들보다 더 일관성이 있음을 의미한다. 또한 일관성은 환경에도 적용되는데 일관성이 없는 코드로 이루어진 직업은 드물다. 일관성이 없다는 것은 직업에서 서로 반대되는 유형의 흥미와 능력을 요구하는 것을 의미한다. 일관성이 높은 성격의 개인들은 그들이 가진 성격의 주요한 요소들을 발휘할 수 있는 다양한 직업을 고려하여 선택할 수 있다. 일관성이 높은 환경의 경우 역시 일관성이 높은 성격 유형의 넓은 인재 풀에서 직원을 채용할 수 있다. Holland는 일관성과 관련하여 다음과 같이 예측하였다.

- 일관성은 경력 의사결정의 용이함과 정(+)의 관련이 있다. 일관성이 낮은 성격유형의 사람들은 자신의 성격 유형과 일치성이 높은 환경을 찾기가 어렵다.
- 일관성은 일치성과 직무 만족, 직무 성과, 안정성 등의 변인과의 관계를 조절

한다. 일치성과 직무 만족, 직무 성과, 안정성과의 관련성은 일관성이 높을
경우 더 커지게 된다.

○ 정체성(identity): 개인의 정체성은 흥미와 적성, 현재 및 미래 목표 등이 명확하
고 안정되어 있는가를 말한다. 또한 정체성은 직업환경의 안정성도 의미하는데
정체성이 있는 조직은 고용주의 목표가 크게 변하지 않는다. 정체성은 Holland
모델과 직접적으로 관련이 있는 개념이 아니기 때문에 VPI나 SDS로 측정하지
않고 MVS(My Vocational Situation)라는 도구로 측정한다. 정체성이 높은 환경은
오랜 기간에 걸쳐 안정화되고 명확하며 통합된 목표, 과업, 보상체계 등을 가지
고 있다. 높은 수준의 변별성과 일관성을 가진 사람이나 환경은 명확하고 안정
된 목표를 추구하기 때문에 정체성은 변별성과 일관성과 이론적으로 매우 밀접
한 관계가 있는 개념이라 할 수 있다. Holland는 변별성, 일관성과 함께 정체성
에 관련하여 다음과 같이 예측했다.

- 잘 정립된 강한 정체성은 경력 의사결정이 용이하도록 촉진한다.
- 정체성은 일치성과 직무 만족, 안정성, 직무 수행과의 관계를 조절한다. 특히
  일치성은 정체성이 잘 발달되어 있을 경우 직무 만족, 안정성, 직무 수행과
  정(+)의 관련성을 가진다.

Holland 이론의 적용

경력 카운슬링에 적용

Holland 이론이 경력 카운슬링에 있어서 실무적으로 많은 변화를 이루어 냈다는
평가는 경력개발 관련 학자들 사이에서도 의심의 여지가 없다. Holland의 이론이 처
음 소개되기 전에는 경력상담을 받고자 하는 사람들은 먼저 흥미 검사를 하고 이에
대해 다양한 직업에 종사하는 직원들과의 유사성을 측정하여 이를 반영한 점수를 받
았다. 이때 카운슬러들은 개인의 흥미에 해당 직업들이 일관성 있게 적합한가를 이
해시키고 목록에 있는 대표적인 직업 외에 그 이상을 추론해 내는 역할을 해야 했다.

그러나 Holland 이론은 몇 가지 부문에 대한 측정을 통해 개인과 직업환경을 더욱 쉽고 간단하게 이해할 수 있도록 했다. Holland 이론에서 제시한 RIASEC 성격 유형, RIASEC 흥미 척도, RIASEC 직업환경 분류 체계 등의 도구들은 선택 가능한 직업의 통합적인 리스트를 개발해 내는 능력을 향상시키도록 했다. 결과적으로 이러한 사용 및 상담 시 적용의 용이성으로 인해 Holland 이론은 경력선택 및 개발을 대표하는 이론으로써 광범위하게 보편적으로 사용될 수 있게 되었다.

경력 의사결정에 적용

개인에 대한 Holland 코드를 산출한 뒤 카운슬러는 Occupation Finder, Educational Opportunities Finder, DOHC, O*net 등의 직업체계를 분류한 자료나 데이터베이스를 사용, 개인의 성격유형인 Holland code에 가장 적합한 직업들을 탐색하는 데 도움을 준다. 청소년기가 지난 후 대부분의 성인들의 Holland code는 변하지 않고 안정된 경향을 보이게 된다. 여기서 일치성의 개념은 직무 만족과 직무 성과가 관련이 있다고 예측되기 때문에 개인과 환경을 매칭시키는 Holland 이론과 같은 접근은 합리적이라고 간주된다. Holland 이론을 '최상의 경력의사결정을 위한 모델'로 적용하기 위해서는 다음과 같은 사항이 고려되어야 한다.

○ 직업환경 유형은 완벽히 개인의 성격 유형과 일치해야만 하는 것은 아니다. 예를 들어, ASI 유형의 성격 유형의 개인이라면 ASI 유형 혹은 이와 가장 근접한 코드의 조합으로 이루어진 직업(예: ASI, AIS, SAI, SIA)을 고려하도록 권장한다. 그러나 3자리 코드로 이루어진 직업 유형이 완전히 개인의 성격 유형과 상이하다면 해당 직업은 경력탐색 과정에서 잠정적으로 제외된다. 또한 일치성의 개념을 적용하기 위해 6가지 유형의 순위를 사용하는 방법도 고려될 수 있다.

○ 일치성은 직무 만족이나 직무 성과 등과 같은 개념과 정(+)의 연관관계가 있지만 그 연관성의 정도가 매우 밀접하다고 말할 수는 없다. 명백히 일치성은 직무 만족이라는 요인에 있어서 중요한 개념이긴 하지만 개인과 환경을 매칭할 때

사용해야 할 많은 정보들 중 하나의 요소라고 보는 것이 옳은 관점이다.

○ 사회화나 사회적으로 존재하는 편견 등의 요인들은 인종이나 성별에 있어서 전통적이라고 여겨지지 않은 분야에서 개인으로 하여금 제한된 경험을 하도록 한다. 이러한 현상은 SDS와 같은 측정도구에서 비전통적인 분야로 나올 경우 낮은 RIASEC의 원점수가 나오는 것으로 알 수 있다. 따라서 카운슬러는 RIASEC의 점수가 실제 자아를 정확히 반영한 것인지를 정확히 판단하기 위해 주의를 기울여야 한다. 만약 외적인 제한 요소가 경력개발에 있어서 방해가 된다고 판단되면 카운슬러는 개인으로 하여금 이러한 방해요소를 극복할 수 있는 방안을 제시함으로써 경력 의사결정에 있어 가능한 한 경력선택의 범위를 넓히도록 할 수 있다.

○ '다른 조건은 모두 동일한 경우'를 가정한 Holland 이론의 전제조건은 경제적인 요인, 가족의 기대 혹은 기타 다른 외적인 요인으로 제한을 받는 개인의 경우에 특히 중요하다. 개인은 상대적으로 RIASEC 일치성에 기초해 자유롭게 자신에게 맞는 환경을 선택할 수 있다고 가정하기 때문에 Holland 이론은 어느 정도 제한적이라고 볼 수 있다. 그러나 다른 한편으로는 RIASC 유형이라는 넓은 개념으로 개인과 환경의 그림을 그리기 때문에 이 이론은 매우 유연하다고 볼 수도 있다. 개인이 어떠한 선택을 하는가에 있어 자유도가 아주 높지는 않지만 이 이론은 일치성을 극대화시키는 것이 가장 효과적이라는 전제에 따라서 선택 가능한 대안 중 가장 일치성이 높은 대안을 선택해야 한다는 주장은 타당성이 있다. 필수 요구사항이 많은 직업들이 각 RIASEC 유형 안에 속해 있기 때문에 제한된 선택만이 가능한 상황에서도 일치성을 극대화시킨다는 것은 중요하게 고려해야 할 사항이다. 이때 제한된 선택 사항을 가진 개인들로 하여금 일치성을 극대화시키기 위해 장애요소를 식별하고 제거하는 것을 돕는 것은 직업적 가능성을 확대시키도록 돕는 한 방법이라 할 수 있다.

경력 실행에 적용

Holland 이론은 자신의 교육적 혹은 직업적 선택을 하고자 하는 개인에게 가장 직접적으로 활용될 수 있을 뿐 아니라 선택 이후 의사결정을 실행에 옮기는 데 있어서도 Holland 이론은 도움이 된다. Holland 이론을 실행하려는 개인에게 적용하는 카운슬러의 주요 목표는 일치성을 극대화시키려는 것을 방해하는 장애물들이 있으면 이를 식별하고 제거하는 것이다. 그러한 장애물은 경력선택에 대한 가족의 반대 등과 같은 외적인 요인일 수도 있고, 개인의 자신감 부족과 같은 내적인 요인일 수도 있다. 또한 Holland 이론은 개인이 자신이 원하는 경력에 지원할 때 고용주에게 어떻게 자신의 능력과 특성이 지원하는 포지션에 적합한지를 잘 설명할 수 있는 프레임을 제공함으로써 경력선택의 실행에 적용시킬 수 있다.

청소년기의 경력개발에 적용

경력선택의 의사결정과 선택한 바를 실행하는 것에 있어서 Holland 이론의 적용은 청소년 후기 혹은 성인에게 가장 적합하다. 실제로 이들이 Holland 이론의 주요한 타깃이라고 할 수 있다. 청소년 초기에는 아직 성장 및 발달의 단계에 있기 때문에 이들의 RIASEC 유형이나 흥미 점수가 아직 안정화되지 않는 점을 고려하면 이 단계에서 REASEC 점수를 경력선택에 있어서 범위를 좁히는 데 사용하는 것은 바람직하지 않다. 그렇지만 Holland 이론이 자신과 직업의 세계에 대한 충분한 학습의 필요성에 대하여 합리성을 제시한다는 점에서 어린 청소년들에게도 어느 정도 유용하다고 볼 수는 있다. 카운슬러는 어린 청소년들이 자기 자신과 직업의 세계에 대해 생각하는 것을 돕고 처음에는 관심이 없는 분야라 할지라도 RIASEC 분야와 관련하여 여러 기회를 찾는 것을 독려할 수 있다. 개념적으로 자신과 일치하지 않는 RIASEC 유형이 무엇인지를 아는 것은 성격의 변별성과 명확한 직업적 정체성의 발달에서 중요하다고 간주된다. 자신의 경력 흥미에 대하여 생각하는 것은 존재하는 경력 정보에 대해 잘 이해하도록 도와주며 더 나은 의사결정 시 이를 사용하도록 돕기 때문에 경력 의사결정 시 이점으로 활용된다. 그러므로 어린 청소년들에게 RIASEC 프레임을 자신과 직업의 세계에 대해 새로운 정보를 획득하고 적용시킴에 있어서 개요(schema)로 사용하도록 할 수 있다.

샤인(Schein)의 진로 정착지

개인은 자신의 욕구와 필요에 따라 자신의 능력에 맞는 진로에 있어 정착지를 찾으려 한다. 이에 카운슬러는 정착지를 찾도록 도와주며 조직 내에서 자신의 능력을 발휘할 수 있는 기회를 갖도록 해야 한다. 샤인이 제시하는 진로 정착지는 다음과 같다.

- 관리적 역량(managerial competency): 관리직이 되기 위해 대인 관계나 분석 등 관리직에 적합한 능력을 키워 성공하기를 희망한다.
- 기능적 역량(technical/functional competency): 자신의 전문 분야에서 성공하기를 희망한다. 이러한 사람들은 관리직을 원하지 않는다.
- 안정(security): 어느 한 지역 내 한 조직 안에 머물기를 희망한다. 직장을 옮기거나 지역을 이동하는 것에 많은 스트레스를 받는다.
- 창조성(creativity): 창조성을 추구하며 기업가적 자질을 가진다. 새로운 것들을 찾으려 하며 자기만의 것을 이루려 하는 모험심과 동기가 강하다.
- 자율성과 독립성(autonomy and independence): 제약이 따르는 조직을 떠나 독립하여 자유로워지기를 희망한다.

출처: Schein, E. H.(1971). The individual, the organization, and the career: A conceptual scheme. *The Journal of Applied Behavioral Science, 7*(4), 401–426.

직업적응이론

직업적응이론은 원래 특성요인이론을 바탕으로 파생된 것으로 Dawis와 Lofquist가 처음 주장했다. 이후 시간이 지남에 따라 이론이 점점 더 수정되고 발전되어 갔다. 제2차 세계 대전 후 직업적응(career adjustment, job adjustment)이 중요한 주제로 부각되었었지만 학문적 연구만 활발했을 뿐 실무에 적용되는 시도는 없었다. 그 이유는 당시 기업들의 무관심과 숙달된 전문가의 부재 때문이었다. 그 후 시간이 지나면서 많은 이론적 연구와 실무에 대한 시도들이 이루어졌다. 현재의 이론은 1964년 처음 발표된 초기 이론을 수정한 연구에 바탕을 두고 있다. 직업적응이론은 Holland 이론과 마찬가지로 개인-환경 적합성 관점에 기본 바탕을 두고 있는 개념이다. 개인-환경 적합성 관점은 개인과 환경 간의 상호작용의 관계가 있다는 가정에 바탕을 두고 있다. 즉, 개인은 환경에 영향을 미치고 환경도 개인에 영향을 미친다는 것이다. 직업환경은 개인이 속해 있는 수많은 환경요인 중 하나라고 할 수 있다. 직업적응이론에서는 개인-환경 적합성 관점에서 한 단계 더 나아가 개인과 직업환경과의 활발한 상호작용뿐만 아니라 상호작용 속에서 개인의 만족(satisfaction)과 충족(satisfactoriness)을 강조하고 있다. Dawis, England와 Lofquist(1964)는 직업적응을 개인이 직업환경과 조화를 이루고 이를 유지해 나아가기 위해 노력하는 지속적이고 역동적인 과정이라고 정의한다. 즉, 개인의 특성을 이루고 있는 가치와 욕구와 능력을 환경에서의 요구사항과 연관 지어 직무 수행과 직무 만족 등의 경력 행동을 설명하려는 이론이다. 개인의 능력과 가치를 직업능력 패턴, 직업 강화요인 패턴과 매칭함으로써 개인이 직업에서 갖는 만족과 충족의 가능성을 높이고자 하는 것이 직업적응이론의 주된 논점이다. 개인의 욕구와 환경의 요구조건은 시간이 지남에 따라 달라지게 된다. 그러는 동안이 2가지가 조화롭지 못한 상태가 되면 개인이나 환경은 스스로의 욕구를 변화시켜 조화상태에 이르고자 하는데 이러한 행동을 적응(adjustment)이라고 한다. 직업적응이론은 주로 직업환경에 적응해가는 과정에 초점을 맞추고 있지만 직업적 선택을 위한 과정에 도움이 될 수도 있다. 직업적응이론은 기본 명제와 추론으로 구성되어 있으며 각 명제는 직업적응의 예측을 목표로 한다. 직업적응을 예측하는 2가지 중요한 개념은 만족(satisfaction)과 충족(satisfactoriness)으로 이는 직업적응이론의 핵심지표라고 할 수 있다. 만족은 수행하는 일을 통해 개인의 욕구와 환경의 요구조건이 충족되는 정도라고 정의할 수 있으며, 충족은 개인이 자신에게 주어진 일을 완수하는 정도에 대한 환경의 평가라고 정의할 수 있다. 직업적응이론의 초기 기본 명제는 다음과 같다.

○ 특정시점에서의 직업적응은 개인의 만족(satisfaction)과 충족(satisfactoriness)의 수준의 정도로 예측할 수 있다.
○ 만족은 개인의 가치와 직업환경의 강화요인의 부합의 정도에 따라 예측된다.

○ 충족은 개인의 능력과 환경의 능력에 대한 요구조건의 부합의 정도에 따라 예측된다.

○ 개인의 만족에 대한 예측은 충족의 정도에 따라 조절된다.

○ 개인의 충족에 대한 예측은 만족의 정도에 따라 조절된다.

○ 개인이 직업환경을 떠날 것인지의 여부는 개인의 만족의 정도와 부(−)적인 관련이 있다.

○ 직업환경이 개인을 해고할지의 여부는 충족의 정도와 부(−)적인 관련이 있다.

○ 개인의 재직기간은 그의 만족과 충족의 정도에 따라 예측할 수 있다.

○ 개인−환경 적합성은 개인의 재직기간이 길수록 증가한다.

○ 개인의 성격 유형과 환경 유형 간의 적합은 개인의 가치와 환경의 강화요인 간의 부합의 정도에서 오는 만족과, 개인의 능력과 환경의 능력 요구조건 간의 부합의 정도에서 오는 충족을 예측하는 과정을 조절한다.

○ 개인의 유연성(flexibility)은 강화요인과 가치의 일치로부터 오는 만족을 예측하는 것에 영향을 미친다.

○ 환경의 유연성(flexibility)은 능력과 요구조건의 일치로부터 오는 충족을 예측하는 것에 영향을 미친다.

○ 개인이 직업환경에 적응 행동을 시작할 확률은 개인의 만족과 부(−)의 관련이 있다.

○ 직업환경이 적응 행동을 시작할 확률은 개인의 충족과 부(−)의 관련이 있다.

○ 개인이 직업 환경을 떠날 확률은 개인의 끈기(perseverance)와 부(−)의 관련이 있다.

○ 환경이 개인을 해고시킬 확률은 환경의 끈기(perseverance)와 부(−)의 관련이 있다.

○ 개인의 재직기간은 개인의 만족, 충족, 끈기와 환경의 끈기에 관련이 있다.

직업적응이론의 근간이 되는 개념 요소로는 개인−환경 적합성, 만족, 충족, 재직기간을 들 수 있다. 많은 직업적응이론과 관련된 후속 연구들은 만족, 충족, 적응 유형, 재직기간을 예측하는 데 초점이 맞춰져 있다. 위의 명제 중에서 만족과 충족은 개인과 환경 적합성의 정도로 예측할 수 있다는 초기 이론의 가정들은 후속 연구를 통해 실증적으로 지지되었지만 이후에 발표된 10번 이후의 명제들은 개인의 성격 유형, 적응 유형, 개인과 환경의 유연성과 같은 요인이 어떻게 작용하는지에 대해 가정한 것으로 아직까지도 실증적 연구의 필요성이 요구되는 것들이다(Swanson & Schneider, 2013).

직업적응이론은 예측 모델과 프로세스 모델로 구성되어 있는데 각 모델에 대한 자세한 내용은 다음과 같다.

예측 모델(Predictive Model)

예측 모델은 개인이 자신의 직업환경에 만족하는지, 개인이 직업환경에 충족되는지를 설명하는 변인에 초점이 맞추어져 있다. 직업적응이론은 2가지 가정을 바탕으로 한다. 첫째, 개인은 직업환경으로부터 충족되는 욕구와 가치를 가지고 있다. 둘째, 직업환경은 개인이 가지고 있는 스킬과 능력으로 충족시킬 수 있는 요구조건을 가지고 있다. 이러한 상호 관계가 잘 충족되면 개인과 환경이 조화로운 상태에 이르렀다고 할 수 있으며 그렇지 못할 경우 부조화 상태가 된다. 만약 개인의 욕구가 환경 속에서 충족되면 만족(satisfaction)이라고 말할 수 있으며 환경의 요구조건에 개인의 능력이 부합하면 이를 충족(satisfactoriness)이라고 표현한다. 개인과 환경 간에 만족과 충족이 이루어지면 조화로운 평형상태가 유지된다. 그러나 개인이 환경에 만족하지 못하거나 환경의 요구조건에 충족되지 못하면 불균형 상태가 발생하며 이러한 불균형은 어떠한 변화를 야기시키는 원동력이 될 수 있다. 직업적응이론에서 불만족이라는 개념은 중요한 변화에 동기를 부여할 수 있는 주요한 역할을 담당한다. 개인이든 환경이든 어느 한쪽의 불만족은 개인과 환경의 시스템에서의 불균형 상태를 의미하고 조화로운 상태로 가기 위한 적응을 위한 기제로 작용한다. Dawis는 만족은 유지를 위한 행동을 촉진시키고 불만족은 적응을 위한 행동을 촉진시킨다고 설명했다. 만약 개인이 자신이 처한 환경에 불만족한다면 그들에게는 환경을 변화시키고 싶어하거나 혹은 자신이 스스로 변화하고자 하는 2가지 옵션이 있다. 예로 임금 인상을 요구한다든가 직무의 변경을 요구하는 등의 강화요인을 통해 환경의 변화를 꾀하는 것을 들 수 있다. 혹은 임금에 대한 스스로의 기대수준을 변화시킨다거나 불편한 동료와의 관계를 재정립하는 등의 자신의 욕구 자체를 변화시키려 할 수도 있다. 궁극적으로 개인은 현재의 직업환경에 계속 적응해 나갈 것인지 아니면 다른 직업환경을 찾아 떠날 것인지를 반드시 결정해야 한다. 만약 개인이 환경의 요구조건에 충족되지 못한다면 다음의 2가지 옵션이 있을 수 있다. 환경의 요구조건에 맞도록 자신의 능력이나 스킬을 발전시키고 확대시켜 나가는 것과 아니면 환경의 기대수준을 변화시키려 하는 것이다. 궁극적으로 직업환경은 이러한 개인을 최상의 직무 성과를 이끌어내도록 계속 유지시킬 수도 있고 해고할 수도 있다. 이러한 면에서 근속(tenure)은 개인이 환경에 만족하면서도 직업환경의 요구조건에 충족될 때 지속될 수 있다.

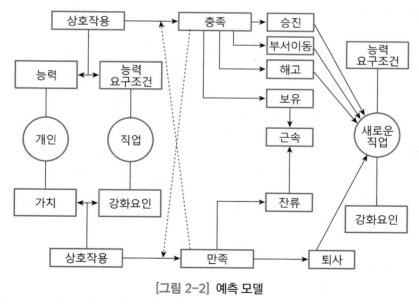

[그림 2-2] 예측 모델

출처: Swanson, J. L., & Schneider, M.(2013). Minnesota theory of work adjustment. In S. D. Brown & R. W. Lent(Eds.), *Career development and counseling: Putting theory and research to work*(2nd ed.)(pp. 29-54). Hoboken, NJ: John Wiley & Sons.(p. 33 재인용)

프로세스 모델(Process Model)

프로세스 모델은 개인과 환경의 조화가 어떻게 이루어지고 유지되는가에 초점을 맞추고 있다. 개인의 적응 유형은 그들이 부조화의 상태에서 어떻게 반응하는가에 따라 특정화된다. 적응 유형은 유연성(flexibility), 주도적 행동(active)과 반응적 행동(reactive), 끈기(perseverance)라는 4가지의 변인으로 구성된다. 유연성(flexibility)는 사람들이 불만족의 한계에 도달하기 전에 얼마나 부조화의 상태를 견딜 수 있는가의 정도를 나타내는 것으로 만약 부조화가 개인이 감당할 수 있는 수준을 넘어서게 되면 적응 모드로 변화하게 된다. 여기서 적응 행동은 주도적(active) 행동과 반응적(reactive) 행동으로 나누어진다. 주도적 행동이란 개인이 직업환경에서 변화를 꾀하기 위하여 취하는 적극적인 행동이라고 말할 수 있으며, 반응적 행동이란 직업에 적응하기 위해 개인이 스스로를 변화시키려는 행동이라고 할 수 있다. 주도적 적응 행동에서는 개인은 부조화를 줄이기 위해 보상을 줄인다든지 환경이 요구하는 바를 변화시키려는 등의 환경의 변화를 꾀하는 행동을 하게 된다. 반면 반응적 적응 행동에서는 개인은 부조화의 줄이기 위해 자신의 욕구나 스킬을 변화시키는 등 스스로에 대한 변화를 꾀한다. 끈기(perseverance)는 자신에게 맞지 않는 직업환경 속에서 얼마나 오래 견뎌낼 수 있는가를 의미하는 개념으로 직업환경과의 부조화 상태에서 별다른 시도 없이 직업을 그만두는 개인의 경우는 끈기가 적다고 할 수 있으며 반대로 길고 반복적인 시도를 하는 사람의 경우는 끈기가 많다고 할 수 있다.

환경의 요구조건에 개인이 충족되지 않는다고 판단하기에 앞서 환경이 얼마나 개인의 능력과 환경이 요구하는 능력 간의 차이를 용인할 수 있을지는 각각의 환경에 따라 다르다. 환경 유연성의 한계가 넘어설 경우 환경 또한 주도적 혹은 반응적 행동을 취하게 된다. 환경에 따라 어떤 환경은 환경이 요구하는 조건에 충족되지 못한 개인을 용인하는 데 있어서 더 유연하기도 하고 그렇지 않기도 하다. 이렇게 개인과 환경의 주도적이거나 반응적인 적응 유형은 개인과 직업환경에 따라 모두 다르다고 볼 수 있으며 적응 행동을 예측하는 데 중요한 요인임을 알 수 있다. 주도적, 반응적 행동모드와 유연성, 끈기는 개인이 자신의 직업에 만족하지 못할 경우의 다음 행동을 예측하는 데 매우 중요한 개념이다. 또한 카운슬러나 개인들의 직무 만족 수준을 향상시키기 위해 고려해야 할 옵션을 제공하는 데 도움이 되기도 한다.

예측 모델과 프로세스 모델의 개념은 서로 연결되어 있다. 직업 이론에서 개인의 만족의 정도는 그 개인이 중시하는 가치들과 환경이 제공하는 강화요인에 얼마나 부합되는가에 달려 있다. 그러나 개인의 만족의 정도는 개인의 충족과 유연성의 정도에 따라서 달라질 수도 있다. 다시 말해 만약 개인이 충족하지 못하면 개인의 만족은 가치와 환경의 강화요인 간의 조화에 의해 예측되지 못한다. 개인이 유연성의 정도가 높을 경우 환경은 개인을 만족시키기가 더 용이하다. 비슷한 맥락으로 개인의 충족은 개인의 능력이 환경의 요구조건에 얼마나 부합되는가에 달려있다. 그러나 개인의 충족은 개인이 얼마나 만족하고 있는가와 환경의 유연성에 따라서 달라질 수도 있다. 즉, 개인이 만족하지 못하면 개인의 충족은 예측될 수 없다.

직업적응이론에서의 측정 및 진단

직업적응이론은 개인적 변인들과 환경적 변인들 간의 적합성에 초점이 맞추고 있기 때문에 이를 측정할 수 있는 도구라면 직업적응이론의 구조 안에서 사용될 수 있다. 직업적응이론에서의 측정 및 진단은 크게 3단계로 나누어 설명된다.

1단계: 개인의 능력, 가치, 성격, 흥미 평가

직업적응이론은 개인의 특성과 환경의 매치를 위해 능력과 가치의 측정을 강조한다. 직업적응이론은 특성요인 이론을 바탕으로 하기 때문에 개인의 능력과 가치, 성격, 흥미에 대한 평가를 수행한다. 특히 능력과 가치는 직업적응이론에서 중점이 되는 개념으로 이 이론에서 정의하는 능력과 가치에 대한 자세한 내용은 다음과 같다.

○ 능력: 수많은 직업에서 요구되는 기술은 셀 수 없이 많기 때문에 기술의 공통요소를 결합하여 능력이라는 개념을 도출했다. 능력을 측정하기 위해 일반적으로

미국 노동부에서 개발한 일반직업적성검사(GATB: General Aptitude Test Battery)를 사용한다. GATB는 많은 직업에서 요구하는 능력을 반영하고 기본적으로 다음의 9가지 능력을 측정한다.

- G: 전반적인 일반 학습능력(general learning ability)
- V: 언어능력(verbal ability)
- N: 산수능력(arithmetic reasoning)
- S: 공간능력(spatial ability)
- P: 형태지각(form perception)
- Q: 사무능력(clerical perception)
- K: 눈과 손의 협응력(eye and hand coordination)
- F: 손동작의 민첩성(finger dexterity)
- M: 수공능력(manual dexterity)

○ 가치: 개인은 수많은 욕구를 가지고 있는데 Dawis와 Lofquist는 가치를 다양한 욕구를 의미 있는 방식으로 묶는 개념으로 보았다. 가치와 욕구를 측정하는 도구로 미네소타 중요도 질문지(MIQ: Minnesota Importance Questionnaire)를 개발했는데 MIQ는 직업적응이론 전반에 걸쳐 매우 중요한 측정도구로써 중요한 직무 관련 개념인 20개의 욕구척도와 이에 대한 진술문으로 구성되어 있고 경험에서 드러나는 욕구의 중요도를 측정하는 도구다. Dawis와 Lofquist는 20가지 욕구로부터 6가지의 가치를 도출하였는데 이는 서로 상반되는 가치와 짝을 이루게 된다. 각 가치에 대한 설명은 다음과 같다.

- 성취(achievement): 개인의 능력을 활용하고 성취감을 얻는 일을 하고자 하는 욕구를 반영
- 편안함(comfort): 직업을 통해 스트레스를 완화해 주는 측면들과 관련된 다양한 욕구를 반영
- 지위(status): 개인이 다른 사람들에게 어떻게 인식되는가와 개인이 받는 인정에 대한 욕구를 반영
- 이타주의(altruism): 지위와 상반되는 개념으로 타인을 돕거나 그들과 함께 일

하고자 하는 욕구를 반영
- 안전(safety): 위험한 상황을 피한다는 좁은 의미가 아닌 넓은 개념으로의 질
  서정연함과 예측 가능성을 중요시하는 욕구를 반영
- 자율성(autonomy): 자신의 창의성을 발휘하고 스스로 결정을 내리려는 욕구
  를 반영
○ 성격 유형: Dawis와 Lofquist는 성격 유형은 특정한 능력과 가치를 지닌 개인이
  직업환경과 어떻게 상호작용하는가와 관련된 개념으로 민첩성(celerity), 페이스
  (pace), 리듬(rhythm), 지구력(endurance)의 4가지 특성으로 파악할 수 있다고 설
  명하였다.
- 민첩성: 개인이 업무에 접근하는 속도
- 페이스: 개인이 일을 하는 데 들이는 노력
- 리듬: 개인의 노력의 패턴
- 지구력: 얼마나 오랫동안 과제 수행을 계속할 것인가와 관련
○ 흥미: 능력과 가치의 표현으로 간주하여 부차적인 개념으로 보기 때문에 흥미에
  대해서는 따로 측정하지 않는다.

위의 4가지의 성격 유형은 같은 가치와 능력을 가진 개인이 동일한 환경 속에서 왜
다른 행동 특성을 나타내는지를 설명할 수 있는 변인이 된다. 따라서 성격 유형은 개
인-환경 간 적합성을 고려할 때 중요한 요인 중 하나라고 볼 수 있다. 그러나 직업적
응이론에서 이 4가지 특성을 포함하는 성격 유형을 측정할 수 있는 척도는 별도로 개
발되지 않았다.

2단계: 직업의 요구사항과 조건 평가

두 번째 단계로 직업환경의 요구사항과 조건에 대한 측정을 하고 직업이 요구하는
능력 및 개인의 욕구의 강화요인에 대해 논의한다. 1단계에서 개인의 가치와 능력을
측정했었다면 2단계에서는 많은 직업에서 요구하는 능력과 가치를 측정하게 된다.

○ **능력패턴:** 직업능력 패턴(Occupational Ability Patterns)은 미국 노동부에 의해 개발된 것으로 다양한 직업에서 요구하는 중요한 능력을 방대하게 기술했다. 각 직업에 종사하는 사람에게 GATB 능력 요건을 실시, 직업별 3~4개의 GATB 능력 요건을 도출했다. 컷오프 점수(cutoff scores)를 기준으로 이보다 높은 점수를 받으면 직무를 성공적으로 수행한 것으로 평가한다.

○ **가치패턴:** Dawis와 Lofquist는 직업이 개인의 가치를 어느 정도 강화하는지를 평가하기 위한 직업 강화요인 패턴(Occupational Reinforcer Patterns)을 개발했으며, 이를 측정하기 위해 미네소타 직무기술 질문지(MJDQ: Minnesota Job Description Questionnaire)를 개발했다. 이 측정도구는 특정 직업이 20개의 욕구를 얼마나 잘 강화하거나 충족시키는지를 평가한다. MJDQ는 MIQ와 같은 욕구를 사용하며 개인의 욕구는 직업이 제공하는 강화요인과 매칭된다.

직업능력 패턴과 직업 강화요인 패턴의 정보를 결합하면 직업에 대한 중요한 정보를 얻을 수 있게 된다. 미네소타 직업분류 체계(MOCS: Minnesota Occupational Classification System)는 개인적 패턴과 직업적 패턴을 매칭시킬 수 있는 도구로써 최근 개정판에는 약 1,700개 이상의 직업에 대한 직업능력 패턴과 직업 강화요인에 대한 내용이 수록되어 있다.

3단계: 능력, 가치와 강화요인 매칭하기

세 번째 단계에서는 개인의 능력과 가치를 직업이 요구하는 능력, 직업이 제공하는 강화요인과 매칭하게 된다. Dawis와 Lofquist는 다른 학자들에 비해 개인의 특성을 측정하고 이를 직업과 매칭하는 것을 매우 강조했는데 이때 MIQ(Minnesota Importance Questionnaire), GATB(General Aptitude Test Battery), MOCS(Minnesota Occupational Classification System)를 사용한다. MIQ는 개인의 가치와 욕구를 측정하는 측정도구로써 각각 직업 유형과 일치하는 직업의 목록을 제공하며 GATB는 개인의 능력을 측정한다. 반면 MOCS는 직업 강화요인 패턴과 직업능력 패턴에 대한 내용을 제공한다.

이를 통해 GATB로 측정된 개인의 능력 점수와 MIQ로 측정된 욕구패턴을 직업과 매칭해 볼 수 있다.

만족과 충족의 측정

만족의 개념은 개인의 가치와 욕구와 직업의 강화요인과 적합한 정도로 개념화할 수 있다. 다시 말해 가치와 강화요인의 적합도가 높을수록 만족도가 커지게 됨을 의미한다. 만족을 측정할 수 있는 방법으로는 개인에게 자신의 직업환경에 대한 만족도를 직접 묻는 방법이 있을 수 있다. 직업적응이론의 초기 단계에서 연구자들은 직무만족을 측정하기 위한 도구인 MSQ(Minnesota Satisfaction Questionnaire)를 개발했는데 이는 직무 만족과 관련된 20가지 측면의 점수를 제공하고 3개의 합산 점수로 측정하게 된다. MSS(The Minnesota Satisfactoriness Scales)는 28개의 직업 충족 변인의 측정을 위해 개발되었으며, 수행(Performance), 적합(Conformance), 신뢰성(Dependability), 적응(Personal adjustment), 충족(General satisfactoriness)의 총 5개 분야로 구성되어 있다.

> 미네소타 중요도 질문지(MIQ), 미네소타 직무기술 질문지(MJDQ), 미네소타 만족도 질문지(MSQ), 미네소타 충족도 질문지(MSS)와 질문지 사용방법 등 관련 상세한 정보는 미네소타대학의 직업심리학 연구실 홈페이지 http://vpr.psych.umn.edu/tests.html에서 찾아볼 수 있다.

직업적응이론의 적용

직업적응이론은 현재의 직업 동향, 경력개발 단계, 문화적 배경이 다양한 인종에 대한 경력 적응성 등의 개념을 이해하는 데 적용된다. 현대 조직들은 급격한 환경의 변화에 당면해 있으며 이러한 외부 환경의 변화들은 조직에 속해 있는 개인에게도 영향을 미치게 된다. 환경적인 변화는 조직의 팽창 혹은 축소, 자원과 재화의 변화를 의미한다. 이러한 변화는 직업환경을 특징화시키는 강화요인과 요구조건들을 변화시킬 수 있다. 그러므로 환경은 변화를 통해 기존의 직원들과 유지해 오던 적합성을 점점 잃게 될 수도 있다. 변화의 또 다른 측면을 개인에게 적용해 볼 수도 있다. 예를 들어 기존의 개인에게 강화요인으로 작용하지 않았던 요인들이 결혼과 양육, 건강, 삶의 전반에 걸친 다양한 사건들, 가치관의 변화 등과 같은 개인 차원의 변화들을 통해 새로운 강화요인이 될 수도 있다. 이러한 변화를 통해 개인과 환경 간의 불일치가 일어나게 되면 만족과 충족을 찾기 위해 개인이나 환경은 이에 대한 적응 행동을 취하게 된다. 직업적응이론은 현대 경력의 트랜드 안에서 끊임없는 변화의 과정을 이해하고 이러한 변화가 어떻게 개인과 환경 그리고 이 둘 간의 상호작용에 영향을 미치는가를 이해하는 데 매우 유용한 프레임이 될 수 있다.

직업적응이론은 긍정 심리학과도 연관되는데 이는 긍정 심리학이 정신적 건강, 웰빙, 삶에 대한 만족도와 같은 개념에 초점을 맞추고 있으며 이 중 삶에 대한 만족도는 직무만족과 밀접한 관계가 있다. 직업적응이론의 주요 개념 중 하나가 만족이기 때문에 이러한 점에서 직업적응이론이 긍정 심리학과 관련이 있다고 보는 것이다. 직업에 불만족하는 사람의 경우 직업적응이론을 적용함으로써 정신적 스트레스를 경감시키고 삶에 대한 만족도를 높임으로써 결과적으로는 긍정 심리학 운동의 주요한 목표를 달성할 수도 있다.

경력 생애 전반에 적용

직업적응이론은 경력 초기 단계인 경력 탐색과 개발 단계에서 개인이 직업적 가능성을 식별하는 데 유용하게 적용된다. 청소년기나 성인 초기 단계에서 가장 중요하게 간주되는 것은 개인의 직업과 관련된 가치, 욕구, 스킬, 능력 등과 함께 직업적 선택의 가능성을 탐색함으로써 개인이 최대한 만족스러운 선택을 하도록 하는 것이다. 따라서 현재 자신의 직업환경에 만족하지 못하는 개인이나 혹은 직업이 요구하는 환경에 충족되지 못하는 개인의 경우, 상담 시 직업적응이론을 적용할 수 있다. 직업적응이론은 불만족이나 불충족에 대한 명확한 가설을 제시하기 때문에 카운슬링의 방향을 제시하는 데 큰 도움을 준다. 개인의 가치와 능력, 직업환경이 요구하는 강화요인과 능력의 요구조건 사이의 불일치를 탐색하고 그에 대한 최선의 해결책을 제시하는 것이다. 예를 들어, 카운슬러는 직업환경에 만족하지 못하는 개인과의 상담에서 개인 자신이 중요시하는 직업과 관련된 가치를 탐색하고 어떻게 직업환경 속에서 불만족스러운 부분이 충족될 수 있는지를 찾을 수 있다. 또한 개인이 중시하는 가치와 환경이 제공하는 강화요인 사이에 불일치가 식별될 경우 조화를 이루기 위한 다른 주도적 혹은 반응적 행동을 탐색하고 실행할 수 있다. 만약 이러한 전략도 실패할 경우 카운슬러는 개인의 가치에 더욱 부합될 수 있는 다른 직업을 탐색해 볼 수 있다. 여기서 개인의 유연성의 정도를 고려할 필요가 있다. 만약 유연성이 적은 개인의 경우, 자신의 가치와 환경과의 작은 불일치에도 불만족을 느끼게 될 확률이 더 크기 때문에 다른 직업적 대안을 탐색할 경우에도 보다 세심한 주의를 기울여야 한다.

한편 자신의 직무에 있어서 제대로 수행을 하지 못하는 개인의 경우에도 직업적응이론의 적용이 가능하다. 이 경우 이론에서 제시한 바와 같이 개인이 지닌 능력과 직업환경이 필요로 하는 능력의 요구조건이 얼마나 부합하는지를 탐색한다. 불일치가 명확하다면 카운슬러는 충족을 위한 주도적 혹은 반응적 전략들을 탐색하여 환경과의 일치를 극대화하기 위한 다른 직업적 대안들을 고려해야 한다.

최근 직업적응이론을 퇴직자들을 위한 상담에 적용하려는 연구들이 활발하다. 퇴직할 시기를 앞둔 개인에게 새로운 환경에 대한 적응은 피할 수 없는 상황이다. 퇴직을 앞둔 사람들은 직업적응과 경력선택의 요소가 내포된 문제에 직면하게 된다. 퇴직 후의 삶이 어떤 삶인지 관계 없이 모든 사람들의 궁극의 목표는 퇴직 후에도 만족스러운 삶을 사는 것이다. 따라서 직업적응이론은 어떻게 개인의 주요 욕구와 가치가 퇴직 후의 삶 속에서도 만족될 수 있을지, 개인의 능력을 발휘시킬 수 있을지를 탐색함으로써 퇴직을 계획하고 있거나 퇴직 후 어려움을 겪고 있는 사람들에게 적용될 수 있다. 예를 들어, 현재의 직업환경에서의 강화요인이 개인에게 만족스러웠다면 퇴직 후의 환경에서도 이와 유사한 강화요인을 찾도록 돕는 방안을 모색하는 것이다.

직업적응이론은 조직 차원에서도 적용할 수 있다. 예를 들어, 직무 수행 평가와 같은 부분에서 특히 유용하게 사용된다. 대다수의 직무 수행 평가에서는 개인의 수행

능력만을 측정하는 것에 초점이 맞추어져 있다. 그러나 직업적응이론의 경우 직무수행을 개인의 능력과 직업환경의 요구조건과의 상호작용의 결과로 보기 때문에 직무수행을 개인의 작업 수행의 능력에만 초점을 맞추는 것이 아니라 실제 직무환경 내에서의 평가 등의 방법들을 모색한다. 또한 직업적응이론은 보다 긍정적인 직업환경을 조성하기 위한 조직적 리더십이나 관리 부분에 적용되기도 한다.

참고문헌

Brown, D. (2016). *Career information, career counseling, and career development*(11th ed.). Upper Saddle River, NJ: Pearson.

Brown, S. D., & Lent, R. W. (2013). *Career development and counseling: Putting theory and research to work*(2nd ed.). Hoboken, NJ: John Wiley & Sons.

Dawis, R. V., England, G. W., & Lofquist, L. H. (1964). A theory of work adjustment. *Minnesota Studies in Vocational Rehabilitation No. XV.* Minneapolis, MN: University of Minnesota.

Holland, J. L. (1959). A Theory of vocational choice. *Journal of Counseling Psychology, 6,* 35-45.

Nauta, M. M. (2013). Holland's theory of vocational choice and adjustment. In S. D. Brown & R. W. Lent(Eds.), *Career development and counseling: Putting theory and research to work*(2nd ed.)(pp. 55-82). Hoboken, NJ: John Wiley & Sons.

Schein, E. H. (1971). The individual, the organization, and the career: A conceptual scheme. *The Journal of Applied Behavioral Science, 7*(4), 401-426.

Sharf, R. S. (2014). *Applying career development theory to counseling*(6th ed.). Belmont, CA: Cengage Learning.

Swanson, J. L., & Schneider, M. (2013). Minnesota theory of work adjustment. In S. D. Brown & R. W. Lent(Eds.), *Career development and counseling: Putting theory and research to work*(2nd ed.)(pp. 29-54). Hoboken, NJ: John Wiley & Sons.

제3장

사회인지진로이론
(SCCT, Social Cognitive Career Theory)

사회인지진로이론(이하 SCCT)은 진로와 관련한 교수학습이론으로써 비교적 최근의 접근법이다. 이 이론은 Super, Holland, Krumboltz, Lofquist와 Dawis와 같은 다양한 초기 경력 연구 학자들이 공통적으로 파악한 요인들을 종합했다. 사람들이 어떻게 직업적인 흥미와 관심을 계발시키고, 직업을 선택하는지, 다양한 수준의 직업 성공과 안정성을 어떻게 성취하며, 직장에서 만족과 행복을 어떻게 경험하고 있는지를 설명하는 통합된 모형을 제시하고자 했다.

 ## 사회인지진로이론의 배경이론

Bandura의 사회인지이론(Social Cognitive Theory)

SCCT는 A. Bandura의 일반적인 사회인지이론과 J. D. Krumboltz의 학습이론에서 시작되었다. Bandura의 사회인지이론에서 개인은 환경적 영향요인에 단순하게 반응하지 않고 오히려 능동적으로 정보를 찾고 해석한다고 주장한다. 즉, 환경적 영향요인들의 상호작용 범위 안에서 개인은 자신의 동기와 행동 그리고 발전에 기여한다 (Bandura, 1997). 비록 사회인지이론이 도덕적 판단이나 생리학적 각성과 같은 많은 주제들을 다루고 있지만, 결국 실제 연구에서는 업무나 목표를 성공적으로 완성시키 는 개인의 능력에 관한 믿음 또는 자기효능감에 초점을 맞추고 있다(Locke & Latham, 2002).

사회인지이론은 인지적, 행동적, 개인적, 그리고 환경적 요인들이 동기부여와 행동 을 결정하는 데에 어떻게 상호작용하는지를 강조한다(Crothers, Hughes, & Morine, 2008). Bandura의 삼환상호결정론(Triadic Reciprocal Determinism model)에서 주장하 는 것처럼, 인간의 기능은 인지적, 행동적, 환경적인 3가지 요인들의 상호작용으로 일어나는 결과라고 본다. 그것은 하나의 요인이 주요 원인이 되거나 다른 원인을 이 끄는 것처럼 보일 수도 있지만, 인간의 행동에서 중요한 역할을 하는 요인들은 여러 가지다. 게다가 영향을 미치는 요인들이 항상 동등한 힘을 발휘하는 것도 아니며, 모 두가 동시에 영향을 주는 것도 아니다(Wood & Bandura, 1989). 예를 들어, 직원의 성 과(행동적 요인)는 조직의 전략(환경적 요인)에 의해 어떻게 영향을 받는가(인지적 요인) 에 따라 달라지기도 한다.

Bandura에 따르면, 사회인지이론은 변화, 개발 및 적응에 주체자(agent)와 같은 관 점을 가진다. Bandura는 주체자는 의도적으로 자신의 역할수행과 삶의 환경에 영향 을 미치는 사람으로 설명한다. 즉, "이러한 관점에서 사람들은 스스로 조직하고, 조절 하며, 상황을 앞서서 주도하고 스스로를 반추한다. 사람들은 단지 삶의 환경의 결과 물이 아니라 그 환경을 조성하는 자이기도 하다(Bandura, 2005, p. 1)."

Krumboltz의 사회학습이론(Social Learning Theory)

SCCT는 Bandura의 사회인지이론뿐만 아니라 Krumboltz의 사회학습이론에도 개 념적인 기초를 두고 있다. Krumboltz는 개인의 경력선택과 개발을 개인이 학습할 수 있는 행동의 반복이라는 관점에서 보았다. 개인의 행동이나 가지고 있는 기술을 누 군가로부터 배울 수 있는 것처럼, 사람들은 자신의 경력개발에 도움이 된다고 여겨지는 새로운 것들을 배울 수 있다. 이러한 관점에서 경력에 대해 상담을 하는 사람의 중요한 역할은 경험적 행동을 장려하고, 새로운 기술을 가르치고 그리고 새로운 학습으로 생길 수 있는 경험들이 가능하도록 도와주는 것이다.

　Krumboltz의 개인의 성장과정과 경력선택 과정에 영향을 미치는 4개의 요인을 도출하였으며, 이는 다음과 같다.

○ 유전적 자질과 특별한 능력(genetic endowments & special ability): 사람들은 특별한 능력을 타고나는데, 이러한 유전적 자질은 개인의 여러 능력을 촉진시키기도 하고, 지능이나 여러 능력이 계발되는 한계를 결정짓기도 한다. 유전적 자질과 능력에는 미술, 작문, 음악 등과 함께 인종, 성(sex), 신체적인 특징 등의 물리적 능력도 포함된다. 개인의 타고난 유전적 자질이 클수록, 더 많은 가능성과 함께 학습과 교육에 대한 성과로 나타난다. Krumboltz는 성격이나 흥미, 가치관 등은 이 유전적 자질에 포함하지 않는다고 하였으나, 많은 다른 학자들의 연구에서는 유전적 요인이 성격에도 영향을 미친다고 보고하고 있다.

○ 환경적 조건과 사건(environmental conditions & events): 개인이 통제할 수 없는 사회, 정치, 경제, 문화와 같은 환경으로부터의 영향과 지리나 기후 등 자연적인 환경으로부터의 영향 모두를 포함한다. 이러한 환경적 영향은 개인의 교육과정과 직업선택 과정에 영향을 주는 사건을 유발시킨다. 예를 들면, 직업교육의 기회, 교육생을 선정하는 사회적 정책이나 절차, 여러 직업의 급여, 기업의 변화, 노사관계법, 대지진이나 홍수, 석유 등 천연자원의 유무, 기술의 발달, 가족의 직업배경, 이웃의 영향 등이다. 사회의 변화는 가능한 직업선택에 영향을 끼치고, 일자리 수와 특성을 통해 직업조건이 제어된다. 교육의 가용성은 사회적, 개인적 요인 모두에 의해 영향을 받고, 학교가 가진 시스템과 교사의 교육 또한 영향을 준다.

○ 학습경험(learning experiences): 모든 학습경험은 개인의 직업선택과 교육에 영향을 미친다. 학습경험은 그 자체가 매우 복잡하므로, Krumboltz는 하나의 예시로써 학습경험을 2개의 형식으로 분류했다. 그것은 도구적 학습경험(instrumental learning experiences)과 연관 학습경험(associate learning experiences)이다. **도구**

적 **학습경험**은 개인이 특정한 결과를 창출하기 위한 것으로 어떤 행동을 취하게 되는 환경에서 일어나는 경험으로 선행요인(antecedents), 행동(behavior), 결과 (consequences)의 3가지 구성요소로 설명할 수 있다. 선행요인은 어떤 조건이든지 그에 반응해서 사람들을 행동하게 한다면 그것을 선행요인으로 본다. 이러한 선행요인으로 인한 사람들의 행동은 명백하게 혹은 미묘하게 다른 사람에게 영향을 미칠 수 있다. 사람들의 행동으로 인한 영향의 결과 또한 명백하게 혹은 미묘하게 나타나게 된다. 예로 어떤 학생이 피아노를 연주해서 상을 타게 되면 계속해서 피아노를 열심히 연습하며 연주할 가능성이 있다. **연관 학습경험**은 외부의 자극에 대한 개인의 반응을 통해 학습하는 경우를 의미한다. 연관 학습 경험에서 개인은 어떤 사건이나 문제에 관련된 긍정적, 부정적, 중립적 이 3가지의 감정을 가지고 있을 때 이러한 감정들 중 한가지 혹은 2가지 이상의 감정적인 자극을 경험하게 될 때 발생하는 것을 의미한다.

○ 과제 접근 기술(task approach skills): 성과 표준이나 가치를 포함한다. 개인은 새로운 과제나 문제를 해결하기 위해 과제 접근 기술을 적용한다. 과제 접근 기술의 예로 일하는 습관이나 인지적 과정을 들 수 있고, 과제 접근 기술을 적용해서 얻어지는 결과는 다시 과제 접근 기술에 피드백을 줘서 수정하도록 작용한다.

위의 4가지 요인들은 상호작용하며 개인의 성장과 궁극적으로 경력결정 과정과 선택에 영향을 미친다(Krumboltz, 1996). Krumboltz는 경력에 대해 상담을 하는 사람이 유전적 자질이나 환경적 조건에는 어떠한 영향도 미칠 수 없지만, 학습경험이나 인지적인 의사결정 기술과 같은 과제 접근 기술에는 영향을 미칠 수 있다고 주장한다. 또한, 경력선택과 개발에 있어 비논리적인 신념을 가지고 있는 것은 목표를 설정하고 만족스러운 선택에 있어 큰 장애물이 될 것이라고 말한다. 뿐만 아니라 개인은 사건과 정보를 자기 관찰과 세계관의 일반화를 통해 걸러 낸다. 따라서, 현실 혹은 세계에 대한 시각은 환경에서 학습한 개인적인 신념의 영향을 받게 된다고 주장한다. 마지막으로, 긍정적인 지지와 역할모델(role model)은 학습과 자기 관찰 일반화에 커다란 영향을 미친다. 즉, 개인은 자신의 태도나 행동에 긍정적인 지지를 받거나 역할모델의 행동을 통해 학습하게 된다.

결과적으로, 인간은 인종, 성, 신체적 특성, 재능이나 장애 등 특정한 유전적 자질을 지니고 태어난다. 그리고 시간이 지남에 따라 개인은 경제, 사회, 문화 등 다양한 환경적 사건과 조건에 맞닥뜨리게 된다. 개인은 이러한 맞닥뜨림과 자신 스스로를 관찰함, 그리고 새로운 환경이나 조건에 과제 접근 기술을 적용함으로써 무언가를 학습하게 된다. 이러한 과정에서의 성공과 실패는 학습경험에 따라서 개인이 어떤 행동을 취할지 영향을 미친다. 성공적 경험을 이끈 행동은 비슷한 선택을 하도록 영향을 미치고, 실패를 이끈 행동은 같은 선택은 피하도록 영향을 미친다. 이 과정 전체는 불안정성에 의해서 매우 복잡할 수밖에 없다. 왜냐하면 문화적, 사회적, 환경적 특성은 지속적으로 변하고 개인의 학습도 생애에 걸쳐 지속적으로 일어나면서 개인 자체도 계속 변하기 때문에 안정적으로 일관성을 가질 수 없기 때문이다.

SCCT(사회인지진로이론)

SCCT는 대표적인 학자 Lent, Brown, Hackett에 의해 발전되고 설명되어 왔다. 이 장에서 다루는 SCCT 이론의 대부분의 내용은 이 학자들의 연구물에 의존해서 기술되었다. SCCT는 사람들이 경력 경로를 만들어 가는 데에 있어 자기효능감 같은 인지적인 변인을 강조하고, 다른 인간적, 환경적인 요소들에 따라 어떻게 작용하는지 고려한다. SCCT는 경력개발에 있어 어느 정도의 개인 의지를 행사하지만, 학업과 직업에 영향을 미치는 능력을 제한시키거나 강화시키는 조건들 또한 인지한다. 요약하면 자기효능감, 결과기대, 목표와 같은 인지적, 행동적인 요인들이 다양한 성(sex)과 인종을 가진 사람들의 경력선택과 개발 과정에서 직면하게 되는 문제들이나 장벽과 같은 환경적인 요소들과 어떻게 상호작용하는가를 설명하는 것이다.

SCCT는 여성의 경력개발 관련 연구에서도 적용된다. Hackett과 Betz의 연구는 여성들이 진로 선택을 넓히지 못하는 이유에 관심을 가지고 여성의 진로 선택 영역이 제한되는 과정에서 Bandura가 제안한 자기효능감의 역할에 대해 주목하면서 시작되었다. SCCT를 구성하기 위해, 흥미 개발, 진로 선택 그리고 실행의 과정과 가장 많은 연관성이 있어 보이는 Bandura의 일반적인 사회인지이론을 확장시키고 발달시켜 적용했다. 또한, Krumboltz의 사회적 학습이론의 경력결정(진로 선택)에 개념적인 기초를 두고 있다.

SCCT는 사람들의 직업적 관심과 흥미, 가치, 선택을 형성하게 하는 직접 혹은 간접적인 학습경험을 강조하는 Krumboltz의 이론을 공유한다. 또한, 진로 선택에 있어 유전적 요인들, 특별한 능력 그리고 환경적인 조건의 영향을 인정하는 Krumboltz를 비롯한 여러 다른 학자들의 의견을 따른다. 그러나 Krumboltz의 이론은 사회적 학습이론에 뿌리를 두고 있는 데 반해, SCCT는 사회인지이론에 보다 직접적인 영향을 받고 있다. 이는 학습과 훈련의 기본적인 문제들의 범위를 넘어서는 인지적, 자기 조절적, 동기 유발적인 과정을 더 강조하는 것을 반영했다. 2가지 이론 모두 경력 행동에 있어 강화 역사(reinforcement history)의 영향을 인정하지만, SCCT는 학습 경험이 진로 행동을 안내해 주는 과정을 통한 인지적 매개 변인을 고려했다. 또한, 흥미와 능력, 가치와 같은 변인들이 서로 밀접한 연관을 갖는 방법과 사람과 환경적인 요인들이 진로 결정에 어떤 영향을 미치는지에 대한 구체적인 이론적 모형들에 관심을 가졌다.

SCCT의 핵심 구성 요소

SCCT는 사람과 그들의 행동 그리고 환경이 서로 상호 간에 영향을 미치는 복합적인 방식을 강조하는 Bandura의 일반적 사회인지이론에 기초를 두고 있다. 앞의 내용에 따르면 사람은 어느 정도의 실행 의지와 자제력을 가지고 있으며 개인의 의지를 강화하거나 약화시키거나 심지어 무시하는 많은 요소들(환경적인 지원 또는 장애물 등)과 씨름하고 있다고 가정한다. SCCT는 경력개발의 실행 의지를 어느 정도 가능하게 하는 3가지 변인들(자기효능감, 결과기대, 개인적인 목표) 사이에서의 상호작용을 강조한다. 3가지 인지적 변인에 살펴보면 다음과 같다.

자기효능감(Self-Efficacy)

자기효능감은 "자신의 능력에 대한 믿음으로, 목표한 결과를 성취하기 위해 필요한 일련의 행동을 조직하고 실행할 수 있는가에 대한 스스로의 능력에 관한 믿음(Badura, 1986, p. 391)"이다. 이 믿음은 Bandura의 이론(1986)에서 생각과 행동을 결정하는 가장 중요한 요인 중 하나다. 자기효능감은 자아존중감(self-esteem)과 같이 통합적이거나 전반적인 기질이 아니다. 자기효능감은 특정 성과와 일정 범위 내에서의 행동들을 수행할 수 있다는 자신의 능력에 대한 믿음의 역동적 집합체다. 예를 들어, 한 개인이 축구를 하고 노래를 부르는 능력에 대해서는 강한 자기효능감을 가지고 있지만, 기계를 다루는 일에는 스스로가 덜 유능하다고 느끼는 것이다.

개인의 역량에 대한 이러한 믿음은 다음의 4가지 주요한 학습경험의 유형 또는 정보의 원천에 의해서 수정되고 습득된다. ① 개인의 수행 성취, ② 간접적인 학습, ③ 사회적인 설득, ④ 심리학적이고 정서적인 상태(Bandura, 1997).

개인의 역량은 미래의 경험에 의해 변할 수도 있고, 환경적인 상황에 빠르게 대응할 수도 있다. 단순한 예로 "축구 시합에서 상대팀이 얼마나 강한가? 성악 선생님이 얼마나 격려하며 지지해 주는가?"를 들 수 있다. 이런 경험적인 원천이 자기효능감에 영향을 미치는 정도는 "개인이 얼마나 노력을 들이는가, 어떻게 이해하는가?"와 같은 다양한 요소들에 의해 달라진다. 과거의 성취경험들은 종종 자기효능감에 가장 큰 영향을 미친다. 특히 특정 영역 또는 주어진 업무에서의 성공적인 경험을 계속하게 되면, 그 특정 업무 또는 그 영역과 관련된 자기효능감을 강화시키게 된다. 이와는 반대로 반복적인 실패는 자기효능감을 약화시킨다.

결과기대(Outcome Expectation)

결과기대는 특정 행동을 수행하게 되면 나타나는 결과에 대한 믿음이다. 자기효능감이 개인의 역량에 관한 것이라면, 결과기대는 특정한 일련의 행동들로부터 예견되는 결과를 의미한다. 자기효능감은 "내가 이것을 할 수 있을까?"에 관한 것이지만,

결과기대는 "만약 내가 이것을 한다면, 어떤 일이 발생하는가?"에 관한 것이다. Bandura(1986)는 결과기대의 3가지 유형(물리적인 기대, 사회적인 기대, 자기 평가적인 결과의 기대)에 대해 설명했다. 그는 자기효능감과 결과기대는 인간의 행동에 있어 수많은 중요한 결정에 도움을 준다고 주장한다. 자기효능감은 복잡한 기술이 필요하거나, 잠재적으로 비용이 많이 들거나, 어려운 일련의 행동이 기대되는 상황에서 더 영향을 미치는 결정요인이다. 이러한 복잡한 능력이나 기술이 요구되는 상황에서도 사람들은 일반적으로 긍정적인 결과기대를 가지게 되지만, 그 일을 성공적으로 수행하는 데 필요한 역량을 가지고 있는지 의심이 든다면, 이 선택은 피하게 된다. 예를 들어, 의사가 될 것인가를 고민하면서 다른 사람들을 도와줄 수 있고 명성도 얻을 수 있다는 결과기대에 대해서는 긍정적인 생각을 갖게 된다. 하지만 과학을 잘하지 못한다는 자기효능감은 의사가 될 경력선택을 피하게 만든다. 그러나 이와 반대로, 어떤 사람들은 자기효능감이 높지만 결과기대가 낮은 상황에 처하기도 한다. 예를 들어, 한 남학생이 간호 분야에 자신이 있음에도 불구하고, 친구나 가족들의 부정적인 반응(남성의 간호 분야의 종사에 대한 부정적 이미지 등)을 예상하여 선택하기를 꺼릴 수 있다.

사람들은 여러 유형의 직접 혹은 간접적인 학습경험을 근거로 다양한 전공이나 직업 분야에 대한 결과기대를 만들어 나간다. 다른 이들로부터 전해들은 정보나 자신의 과거 관련 분야의 경험을 통해 특정 전공이나 직업에 대해 인식하게 되는 결과기대다. 간접 경험은 가족이나 친척, 이웃을 관찰하거나 혹은 미디어에서 보이는 다양한 직업의 모습들을 보게 되는 것 등을 의미한다. 또한 자기효능감은 결과기대에 영향을 미칠 수 있다. 특히, 결과가 수행의 질과 가깝게 연관 되어 있는 상황일수록 더 큰 영향을 미치는데, 이는 스스로 특정 업무에 대해 유능하다고 느끼면서 업무를 수행할 때 사람들은 부정적인 결과에 대해서는 제외하게 되고 긍정적인 결과를 얻을 것이라 기대하기 때문이다. 예로 과제 수행에서 높은 성적을 받게 되면 최종적으로 높은 성적과 추가적인 긍정적 결과가 나타날 것이라고 기대하는 것을 들 수 있다.

개인목표(Personal Goal)

개인목표는 특정 활동을 수행하거나 특정 결과를 창출하려는 의도를 의미한다. 목표는 "내가 이것을 어느 정도로 그리고 얼마나 잘하기 원하는가?"라는 질문에 대한 대답이다. SCCT는 내용선택목표(choice-content goals)와 성과목표(performance goals)를 구별한다. 전자는 간단히 선택목표라고 부르기도 한다. 추구하고자 하는 직업이나 활동의 유형을 의미하며, 후자는 주어진 과업이나 범위 내에서 달성하려고 계획한 성과의 수준을 의미한다. 목표는 개인의 학업이나 직업과 관련된 활동을 수행하도록 의지를 갖게 하는 중요한 도구적 역할을 한다. 심지어 장기적으로 부수적인 보상 없이 개인적으로 목표를 세움으로써 행동을 조직하고 지시하며 지속시킬 수 있다. 목표를 달성하기 위해 쏟고 있는 자신의 노력을 인지함에 따라 만족 또는 불만족과 같은 중요한 정서적 경험을 할 수 있고, 이런 정서적 경험은 미래의 선택을 수정하도록 영향을 주기도 한다.

사회인지이론은 사람들의 선택목표와 성과목표가 자기효능감과 결과기대의 영향을 받는다고 주장한다. 예를 들면, 음악 연주와 관련된 강한 자기효능감과 긍정적인 결과기대는 음악과 관련된 목표를 세우게 한다. 연습하는 데 시간을 쏟게 하며, 연주할 수 있는 기회를 찾고, 아마도 결국 음악 분야에서 직업을 찾을 것이다. 결국 목표를 이루기 위한 진전 혹은 후퇴는 자기효능감과 결과기대와 상호적인 관계를 갖는다. 성공적인 목표 달성은 긍정적인 순환과정 안에서 자기효능감과 결과기대를 더 강화시킬 것이다.

SCCT의 4가지 모형

SCCT는 흥미개발, 선택, 성과의 영향요인과 결과, 학업과 직업 영역에서의 만족스러운 경험에 초점을 맞추고 있는 4개의 모형으로 구성되어 있다. 이 모형들은 개념적으로는 구별되어 있지만 실제로는 겹치는 부분이 있다. 각각의 모형에서 기초적인 인지-사람 요소들(자기효능감, 결과기대, 목표)은 ① 학업과 진로 개발의 윤곽을 잡히도록 하는 학습경험과 ② 성(sex), 인종과 같은 중요한 개인적 특성, 그리고 ③ 주변 환경과 협력하며 작용한다.

흥미개발 모델(Interest Development Model)

가정, 교육, 이웃, 지역사회 등의 환경에서 어린이와 청소년들은 예술, 스포츠, 수학, 교제(socializing), 컴퓨터 등과 같은 일련의 활동에 노출된다. 이런 활동은 나중에 직업이나 여가생활의 선택을 위한 기질을 형성한다. 젊은 세대는 부모나 교사, 동료들, 그리고 의미 있는 타인들에 의해 각각 어떤 특정한 행동을 잘 수행하기 위한 격려를 받게 된다. 각양각색의 활동들을 수행하고 그 성과 수준에 관한 긍정적이고 부정적인 피드백을 즉각적으로 받음으로써, 어린이와 청소년들은 점차 스스로의 능력과 기술을 발전시키고, 개인의 수행기준을 개발시키며, 여러 업무와 행동 영역에서 자기효능감과 결과기대를 형성시킨다. 예를 들면, 운동능력에 대한 질책을 받거나 수학능력에 대해 칭찬을 계속적으로 받는 것은 각각 수행 영역에 관련한 자기효능감과 결과기대의 발달에 반영될 것이다.

SCCT의 흥미개발 모델에 따르면, 특정 활동에 관한 자기효능감과 결과기대는 진로에 대한 흥미를 형성에 나가는 데 도움을 준다([그림 3-1] 참조). 진로에 대한 흥미로는 직업과 관련된 업무에 대한 개인의 호불호와 무관심을 예로 들 수 있다. 특정 활동에 대한 흥미는 개인이 스스로 그 활동을 잘한다고 여기거나 또는 가치 있는 결과(긍정적인 결과기대)를 가져온다고 기대할 때 더 발달되고 지속된다. 반면 개인이 스스로의 능력에 대해 의심하고 부정적인 결과를 예견한다면 개인은 그 특정 활동을 향해 무관심과 심지어는 혐오감을 느끼게 될 것이다.

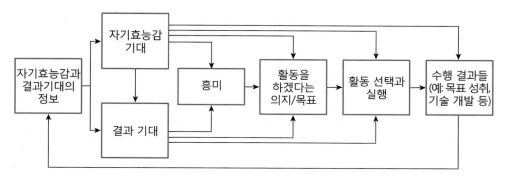

[그림 3-1] 흥미개발 모델

출처: Lent, R. W. & Brown, S. D., & Hackett, G.(2002). Social cognitive career theory. In D.
　　　Brown(Ed.), *Career choice and development*(pp. 255-311). Hoboken, NJ: John Wiley &
　　　Sons.(p. 266)

　　일단 흥미가 생겨나면, 흥미는 자기효능감, 결과기대와 함께 특정 활동에의 몰입을
증가 또는 유지하기 위해 의도와 목표를 자극한다. 결국 목표는 특정 활동의 실천 가
능성을 증가시킨다. 또한 차후에 실천하려는 노력은 성과를 달성하는 데 특정 패턴
을 만들어 내고, 이 특정 패턴은 지속적인 피드백 과정 안에서 자기효능감과 결과기
대를 수정하도록 유도한다. 이런 기본적인 과정은 직업을 갖기 전까지 지속적으로
반복된다. 환경-인간 적합성 이론에 따르면, 많은 사람들에게 있어 경력과 관련한
흥미는 시간이 지나면서 점차 안정화되기 때문에 청소년기 후반 혹은 성인 초기에 이
르면 꽤 안정적이 된다.

　　SCCT에서는 자기효능감과 결과기대가 얼마나 명확한지에 따라 흥미의 안정성이
결정된다고 본다. 그러나 성인의 흥미는 고정되어 있지 않고 변한다. 원래 좋아하던
활동들을 수행할 때 제한을 받았는지 여부는 성인의 흥미를 감소 또는 강화시키기도
한다. 또한 개인이 자원봉사 활동이나 리더십 수행 등의 흥미로운 경험을 통해 자신
의 능력이나 일의 성과가 상황에 따라 달라질 수 있는가에 대해 생각하고 고민해 보는
과정에서 흥미는 강화 또는 감소하게 된다. 이에 따라 SCCT에서는 만약 흥미가 변한
다면, 그것은 자기효능감과 결과기대가 변했기 때문이라고 가정하고 있는 것이다.

　　또한 SCCT는 흥미가 생기거나 변화하는 데 영향을 미치는 인간의 여러 요소와

환경적인 여러 요소를 고려한다. 환경-인간 적합성 이론의 주요 요소인 능력과 가치를 SCCT 또한 중요하게 생각한다. 능력과 가치가 흥미에 영향을 미치기는 하지만 그 미치는 영향의 정도는 자기효능감과 결과기대에 따라 달라진다. 즉, 능력이나 가치가 흥미의 수준을 직접적으로 결정하는 것이 아니라 시험 점수, 수상 경력 등이 반영된 객관적인 능력이 흥미에 영향을 미치는 자기효능감을 증가 또는 감소시킨다고 여기는 것이다. 다시 말해, 자기효능감은 능력과 가치와 흥미의 사이에서 연결기능을 한다.

경력과 관련하여 가치는 SCCT의 결과기대 개념에 포함되어 있다. 전통적으로 가치는 특정 직업의 조건이나 강화요인(지위, 돈, 자율성 등)에 대한 사람들의 선호에 의해서 측정된다. 결과기대는 특정 활동 혹은 직업을 계속하는 것이 개인의 가치를 얼마나 충족하게 되는가에 대한 기대를 확인함으로써 측정된다(예: 쇼호스트라는 직업에 있어 내가 가장 가치를 두는 강화요인이나 직업 조건을 제공하는 것이 가능할까?).

자기효능감과 결과기대는 사회적 정지상태(social vacuum)에서는 일어나지 않으며, 또한 이 2개 요소만으로는 흥미나 경력결과(career outcomes)를 만들어 내지는 못한다. 오히려 자기효능감과 결과기대는 인간적 그리고 환경적 특성이 제공하는 맥락 안에서 형성되고 그 역할을 수행한다. 이 특성에는 성별, 인종, 유전적 자질, 신체적 건강 상태, 사회경제적인 환경 등이 될 수 있으며, 이들은 모두 경력개발 단계에서 중요한 역할을 한다. [그림 3-2]에서는 SCCT에서 개인, 환경, 학습 또는 경험적 변인들이 흥미와 여러 경력결과에 어떻게 영향을 미치는지 전체적인 과정을 보여 주고 있다.

SCCT는 생물학적 특성인 성(sex)과 인종(race)보다는 성별(gender*)과 민족(ethnicity)의 사회적, 심리적 영향에 더 관심을 두고 있다. 성별과 민족은 경력개발 과정에 관련이 매우 깊은데, 이는 특히 개인이 노출될 수 있는 경험적 기회와 사회문화적 환경이 성별과 민족적 특성에 연관되어 있기 때문이다. 예를 들어, 성별과 민족적 특성으로 인해 개인은 특정 직업의 역할모델에 접근할 수 있는 기회나 특정 업무를 수행할 기

---

* Sex는 생물학적, 신체적 특성으로 남자와 여자를 구분하는 '성'을 의미한다. Gender는 사회적으로 구성되는 남녀의 정체성, 즉 사회문화적으로 남자와 여자로 적절하다고 여겨지는 역할, 행동, 활동, 특질로 구분하는 '성'을 의미하며, 그래서 남자와 여자로 구분하기보다는 여성다움과 남성다움으로 통칭된다.

회를 갖게 된다. 우리나라는 그 동안 단일민족 국가로 살아왔기에 민족적 특성은 크게 다르니 않으나, 성별은 경력개발의 사회구조적 기회 노출에 영향을 미쳐 왔다. 즉, 성별은 아이들이 자기효능감과 결과기대를 습득하게 되는 환경에서 영향을 미쳐 왔다는 의미로 예를 들어, 성역할 사회화 과정은 남자아이에게 적절한 행동이나 여자아이에게 적절한 행동과 연관되어 아이들이 각자의 성역할에 맞는 분야에 자기효능감을 쌓아가고 긍정적 기대를 갖도록 편향된 격려와 노출의 기회를 제공한다. 이런 과정을 통해 아이들은 각자의 성별에 따라 사회문화적으로 적절하다고 보여지는 분야에서 능력과 흥미를 개발해 나간다. 그에 따른 흥미와 경력선택은 결국 성별 분리 직업 군이 지속적으로 뚜렷한 양상을 유지하도록 영향을 미친다.

대체적으로, 성별, 민족과 같은 변인들은 사회적으로 구조화된 과정을 통해 흥미개발과 여러 경력결과에 영향을 미친다. 이런 변인들은 간접적으로 배경적인 영향을 미치고 있음에도 불구하고, 매우 강력하게 학습경험에도 영향을 미침으로써 자기효능감과 결과기대에 영향을 준다. 이로써 여성이나 남성에게 적절하다고 여겨지는 진로나 흥미에 대해 편향적인 시각을 주게 된다. 또한 성별, 민족, 문화, 사회경제적 지위 그리고 신체적 조건 등은 사람들이 경력선택 과정의 후반기에서 경력목표를 정하고 실행하는 순간에도 기회 구조(opportunity structure)와 관련되어 영향을 미친다.

선택 모델(Choice Model)

경력경로(career path)를 선택하는 것은 단번에 일어나는 고정된 사건이 아니라, 크고 역동적인 한 프로세스의 일부분으로 이해된다. SCCT의 흥미개발 모델이 설명한 것처럼, 다양한 수행 영역에서의 자기효능감, 결과기대, 흥미 그리고 능력의 개발이 선행되어야 경력선택을 할 수 있다. 시간이 지남에 따라, 이 과정은 개인으로 하여금 특정 경력경로 선택이 더 매력적으로 보이거나 성공할 수 있다는 생각이 들게 하고, 다른 선택들이 덜 끌리거나 혹은 더 추구하게도 만든다. 물론 처음에 한 경력경로를 선택하더라도 사람과 환경의 가변적인 특성 때문에 향후 수정이 될 수밖에 없다. 최초의 선택 단계나 경력 진입 단계에서 예견하지 못했던 사건과 상황은 늘 발생할 수 있다. 새로운 경로의 기회 또는 현재 경로에서 연관 발전된 다른 경로의 기회가 열릴 수도 있고, 유리 천장(glass ceiling)과 같은 장애물이나 실직과 같은 일이 발생할 수도 있고, 삶의 변화에 따라 가치와 흥미의 우선순위가 변할 수 있다. 따라서 여러 가지의 영향력과 선택으로 이루어진 과정으로 경력선택을 정의하는 것은 중요하다.

SCCT는 개념적으로 최초의 선택 과정을 다음과 같이 3개 부분으로 나눈다. ① 특정 분야로 진입하겠다는 최초의 선택(목표)의 표현, ② 목표를 실행하기 위해 취하는 행동(예: 교육 프로그램을 등록하거나 전공을 선택하는 것), ③ 미래 경력 형성에 영향을 미칠 피드백 과정을 포함한 수행 경험들(예: 성공 또는 실패 경험). 이러한 구분은 개인이 경력선택을 준비하는 과정에서 적정한 준비활동이 무엇인가에 대해 논리적으로 도출할 수 있고, 경력결정에서의 어려운 문제를 잘 다룰 수 있도록 도와준다.

Holland의 이론과 공통적으로, SCCT는 개인은 자신의 직업적 흥미로 인해 특정 경력선택을 지향하는 경향이 있다고 가정하는데, 그 특정 경력에서 개인은 선호하는 행동을 취할 수 있고 유사한 직무 성격을 가진 사람들과 교류할 수 있기 때문이다. 예를 들어, 주요 흥미가 사회적 영역에서 높게 나타나는 사람은 타인을 돕는 능력으로 타인과 함께 일할 수 있는 사회 지향적인 직업에 자연스럽게 끌리게 될 것이다. 그러나 SCCT에서 환경이 언제나 개인의 선호에 도움이 되는 것은 아니며, 개인이 항상 자신의 흥미를 마음대로 추구할 수 있는 것은 아니라고 설명한다. 예를 들어, 선택은 가족들의 기대, 당장 임금을 벌어야 하거나 등록금을 부담하기 어려운 경제적 현실, 자신의 과거 학력수준 등에 의한 제한이 따른다. 이런 상황에서 개인의 흥미는 경력선택에서 최소한의 역할만 하기도 한다. 그러므로, SCCT는 선택 과정에 영향을 줄 수 있는 변인을 흥미와 함께 고려해야 한다고 주장하고 있다.

SCCT의 선택 모델은 직업적 선택에 있어서 전후 과정을 보여 주고 있다([그림 3-2] 참조). 언급한 바와 같이, 자기효능감과 결과기대는 경력과 관련된 흥미에 공동으로 영향을 미치고, 이때 개인은 흥미와 일치되는 경력선택 목표를 그려 나간다. 그리고 목표는 선택하는 행동이나 목표를 위한 노력에 동기를 부여한다. 이러한 과정이 끝나면 행위들의 결론으로 성공이나 실패의 특정 패턴이 나타난다. 예를 들면, 엔지니어로 일할 목표로 관련 교육으로 공대에 입학한다. 이후 학생은 수학과 물리학 등 공대에서의 필수 과목을 수강하는 데 어려움을 겪을 수 있다. 또한 공학 분야에서 졸업 후 가능한 직업의 업무 조건과 보상이 처음에 예상한 것보다 덜 적합하다는 것을 알게 된다. 이러한 학습경험은 학생의 자기효능감과 결과기대를 수정하도록 만들 것이고, 이렇게 변화된 자기효능감과 결과기대는 결과적으로 흥미와 목표가 수정되도록 유도할 것이다. 이에 따라 새로운 전공으로 변경을 하거나 엔지니어가 아닌 다른 진로로 수정할 수 있다.

다음으로는 알아볼 것은 개인의 환경이 선택 과정에 어떻게 영향을 미치는가에 대한 것이다. 각 사람들은 경력개발을 설계하면서 환경적인 형편이 어떠한가를 고려한다. 즉, 사회적 혹은 물질적인 자원이 충분하지 부족한지 고려한다(Vondracek, Lerner, & Schulenberg, 1986). SCCT에서 이러한 환경적 영향은 선택 과정의 두 단계에서 다른 유형으로 영향을 미친다. 첫 번째 유형은 배경(background)으로써의 환경적 영향으로 문화적 성역할 사회화, 접근가능한 경력역할 모델, 기술 개발 기회 등으로 '먼 환경적 요인'으로 불린다. 이는 자기효능감과 결과기대, 나아가 흥미를 형성하는 데 영향을 미친다. 이 부분은 SCCT의 흥미개발 모델에서 이미 다루었다. 두 번째 유형은 '가까운 환경적 요인'으로 선택 결정 단계에서 영향을 미친다. 다음 [그림 3-2]에서는 이러한 '먼 환경적 요인'(좌측 하단)과 '가까운 환경적 요인'(우측 상단)을 보여 주고 있다.

SCCT의 선택 모델에서는 특히 직업목표를 선택하고 성취하는 과정에 중요한 영향을 미치는 '가까운 환경적 요인'의 2가지 역할을 강조한다. 첫 번째 역할은 특정 조건이 개인의 목표 선택과 행동 선택에 직접적인 영향을 미친다는 것이다. 이러한 직접적인 영향은 [그림 3-2]에서 실선 화살표로 나타냈다. 예를 들면, 어떤 문화권에서는 개인의 직업 결정을 가족 중 중요한 구성원이 내리도록 미루기도 하는데, 심지어는 그 경력경로가 해당 개인에게는 전혀 흥미가 없을 수도 있다. 한국의 경우도 가부장적 문화가 많은 가정에서는 자녀의 직업을 자녀의 선호도와 무관하게 부모의 권유나 간섭이 큰 비중을 차지한다. 또한 개인이 가장 선호하는 직업에 환경적으로 지원을 받거나 장애를 만날 수 있다. 희망하는 직업을 선택하는 데 정서적 또는 재정적 지원을 받거나, 자신이 좋아하는 분야에 채용공지가 나거나 또는 차별과 같은 사회구조적 장애물 등이 예시가 될 수 있다.

또 하나의 역할은 개인의 흥미를 목표로 전환하고 그 목표를 행동으로 전환하려는 능력이나 의지에 영향을 미칠 수도 있다는 것이다. 즉, '가까운 환경적 요인'의 첫 역할이 선택을 하는 행위에 직접적인 영향을 주는 것이라면, 두 번째 역할은 흥미가 목표 선택으로 전환되는 과정, 그리고 목표 선택이 행동 선택으로 전환되는 과정에 간접적으로 영향을 미친다고 보는 것이다. 다음 [그림 3-2]에서 이러한 영향은 점선으로 표시되어 있다. 이 간접적 영향을 설명하면 다음과 같다. 환경적 지원이 우호적이고 장애물이 상대적으로 미약할 때, 흥미는 경력 목표 안에서 더 발전되고 실현되도록 영향을 미치게 된다. 반면 환경적 조건이 불리하거나 제약이 많이 있는 상황이라면 흥미는 경력 목표로 발전되지 못하거나 발전되더라도 매우 더디게 발전될 것이다.

SCCT는 많은 사람들이 종종 경제적인 제약을 포함한 여러 이유들로 인해 직업적 흥미를 실제 경력으로 발전시키는 데 지지를 받지 못하는 것을 고려하고 있다. 그래서 이런 지지나 지원이 부족한 사람들은 차선책으로 그 다음으로 호감이 가는 경력선택 옵션 중에서 직업을 선택하게 된다. 예를 들어, 공장의 생산라인에서 단순하고 반복적인 작업을 하는 것이 개인의 직업적 흥미에 맞아서 일하는 것은 아닐 수 있고, 오히려 흥미와 매우 벗어나 있을 수 있다. 그러나 때로 대다수 사람들에게 재정적 필요가 직업을 선택하는 데 가장 우선순위가 될 수 있다.

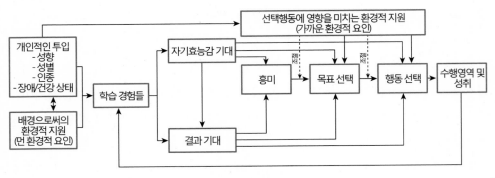

[그림 3-2] 선택 모델

출처: Lent, R. W., Brown, S. D., & Hackett, G.(2002). Social cognitive career theory. In D. Brown(Ed.), *Career choice and development*(pp. 255-311). Hoboken, NJ: John Wiley & Sons.(p. 269에 나온 모델을 수정하였음)

[그림 3-2]에서 보이는 것처럼, 자기효능감과 결과기대는 목표와 행동을 선택하는 데 흥미와 별도로 영향을 미치고 있음을 알 수 있다. 즉, 사람들이 여러 환경적인 제약이나 장애물로 인해서 직업적 흥미를 추구하지 못하고 타협해야 한다고 느낄 때, 사람들은 흥미로 인한 영향을 덜 받고 구조적인 환경요인이나 자기효능감, 결과기대의 영향을 더 고려하여 직업 선택을 결정한다.

결론적으로 SCCT는 개인의 학업이나 직업 선택에서 항상은 아니지만 종종 흥미와 연결된 의사결정을 한다고 본다. 경제적, 문화적, 사회적 여건들은 때로 개인의 흥미를 타협하기를 요구하기도 하고, 직접적인 주변환경의 지원이나 장애물은 개인의 결정을 촉진시키거나 지연시키는 역할을 하기도 한다. 즉, 어떤 일자리가 현재 존재하는가, 가족이나 가까운 지인으로부터 지원을 받는 정도는 어떠한가, 내 선택과 관련하여 필요한 자원이 충분한가에 대한 것뿐 아니라 개인의 자기효능감과 결과기대 등이 복합적으로 '선택'의 행위에 영향을 미친다.

수행 모델(Performance Model)

SCCT 수행 모델은 2가지 면에 초점을 맞추고 있다. 하나는 학업과 직업 영역에서의 성취수준이고, 다른 하나는 장애물을 만났을 때도 특정 업무나 경력경로를 지속하려는 수준이다. SCCT의 선택모델이나 수행 모델 모두 이 지속성에 공통적으로 초점을 맞추고 있는데, 그 이유는 지속성은 선택의 안정성 또는 수행의 타당성과는 보완적인 개념으로 여겨지기 때문이다. 일반적으로 유능한 사람들은 더 오랜 기간 지속적으로 학업을 수행하거나 업무에 임하기 때문에 환경적인 관점에서 지속성은 성공적 수행의 지표(indicator)로 여겨질 수 있다. 그러나 개인이 능력 부족의 이유가 아닌 다른 이유들로 인해 학업이나 경력계획을 변경할 수 있기 때문에 지속성은 수행의 타당성을 나타내기에는 불완전한 지표로 보이기도 한다. 예를 들어, 등록금의 부담으로 학교를 중퇴하거나 회사의 구조조정으로 인해 퇴사하게 되는 경우, 지속성은 중단되는 것으로 볼 수 있지만 그렇다고 해서 수행의 타당성이 없었던 것은 아니기 때문이다.

SCCT에서는 학업 수행과 직업 수행이 개인의 능력과 자기효능감, 결과기대, 수행목표 사이에서 상호작용한다고 보고 있다. 개인의 능력은 수행성취에 직간접적으로 영향을 미치는데, 이때, 능력은 성취, 적성, 혹은 과거 수행의 지표로 측정된다. 다음 [그림 3-3]에 보이는 바와 같이, 업무 지식과 수행 전략을 개발하는 등의 수행성취에 능력이 직접적으로 영향을 미치고, 한편으로는 자기효능감과 결과기대를 통해 간접적으로 수행성취에 영향을 줄 수 있다. 사람들은 자기효능감과 결과기대를 인지할 때, 현재 자신이 보유하고 있다고 인지하는 능력에 근거를 두며, 과거 비슷한 수행 상황에서 얼마나 성취했는지, 결과는 어떠했는지에 또한 근거를 둔다. 그리고 자기효능감과 결과기대는 순차적으로 수행목표의 수준을 정하는 데 영향을 미친다. 그리고 높은 자기효능감과 긍정적 결과기대는 더 큰 목표를 세우도록 촉진하며, 더 큰 목표는 수행의 지속적인 노력으로 이끈다.

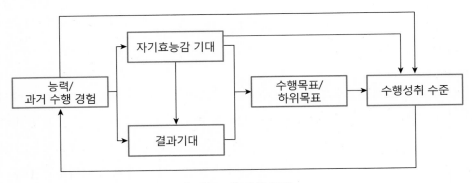

[그림 3-3] 수행 모델

출처: Lent, R. W. & Brown, S. D., & Hackett, G. (2002). Social cognitive career theory. In D. Brown(Ed.), *Career choice and development*(pp. 255-311). Hoboken, NJ: John Wiley & Sons. (p. 277)

일반 사회인지이론과 마찬가지로 SCCT는 수행성취와 차후 행동의 사이에서 피드백 과정을 둔다. 그리고 성공과 실패는 이 역동적인 피드백 과정 안에서 자기효능감과 결과기대를 수정하고 확정하는 개인의 수행 역사이자 학습경험이 된다. 비록 수행 모델은 개인적 변인에 초점을 맞추고 있지만, 개인은 재능과 자기효능감, 결과기대, 목표를 더 큰 교육적, 경제적, 사회문화적 맥락 안에서 발전시킨다. [그림 3-2]

과 같이, 개인의 학습경험과 수행을 통해 성취한 결과는 개인이 처한 환경의 특징과 가깝게 연관되어 있다.

SCCT의 수행 모델에서 자기효능감은 객관적으로 능력을 측정하기 위한 상호보완적 요인이다. 복잡한 수행일수록 필요한 능력으로만 가능한 것이 아니라 이를 잘 수행할 수 있다고 믿음으로써 자신의 능력을 잘 활용하고 조직할 수 있도록 하는 긍정적 자기효능감이 있어야 한다. 개인의 성취는 자신의 능력을 어떻게 적용하고 활용하는가에 따라 좌우된다. 그렇기 때문에 능력이 비슷한 경우라 할지라도 결과는 그에 따라 달라질 수밖에 없다. 자신의 능력을 의심하고 자신감이 결여된 사람들은 자신의 능력을 주저하다 보면 효과적으로 적용하기 어렵고 어떤 문제에 봉착했을 때 이를 해결하기 위해 더 파고들지 못하는 경향이 있다.

자기효능감이 높다고 항상 좋은 것은 아니다. 자기효능감의 영향은 자신의 능력을 얼마나 객관적으로 볼 수 있느냐에 따라 좋을 수도 있고 나쁠 수도 있다. 개인이 자기효능감을 긍정적으로 너무 높게 갖고 있거나 부정적으로 너무 낮게 갖고 있는 것 모두 문제의 소지가 있다. 자기효능감이 자신의 능력을 과대평가하고 있다면 스스로를 과신하여 준비가 덜 된 상태에서 일을 수행하게 만들고 결국 실패와 좌절의 위험을 지게 된다. 반대로 자신의 능력을 과소평가하여 실제 능력보다 낮은 자기효능감을 갖고 있다면 실제 수행에서 노력을 적게 들이게 하거나 목표를 낮게 잡거나 또는 불필요한 불안감을 갖게 하고 도전 가능할 일까지도 회피하게 만든다(Bandura, 1986). 오히려 현재 능력에 어느 정도 맞추면서도 조금 높은 수준의 자기효능감이 최상으로 자신의 능력이 활용되도록 촉진하며 향후의 능력개발에도 동기부여가 된다.

만족 모델(Satisfaction Model)

만족 모델은 SCCT의 가장 최근 모델로 학업과 직업환경에서 개인의 만족과 행복의 경험에 영향을 주는 요인에 초점을 맞추고 있다(Lent & Brown, 2006). 만족은 앞서 언급된 SCCT의 모델들과 중복적인 변인에 영향을 받는 것으로 보인다. 예를 들면, 개인은 가치 있다고 여기는 활동을 하거나 개인의 목표를 향해 의미 있는 발전을 보였을 때, 그리고 필수적인 업무에서 높은 자기효능감을 갖고 있거나 혹은 자신이 추구하는 목표를 지지해 주는 충분한 환경적 자원을 갖고 있을 때 더 큰 만족감을 느낀다.

직무 만족은 인지적, 행위적, 환경적인 여러 요인들에 의해 영향을 받는다고 알려져 왔다. 특히 전통적 연구들에서 성격 5요인(Big Five Personality factors, 예: 개방성, 성실성, 외향성, 친화성, 신경성)과 만족감에 관련이 있다고 보고되었으며, 이러한 연구들을 근거로 만족이나 행복감은 필수적으로 정서적 상태를 반영한다고 보고 있다. 그러나 성격이나 정서적 기질이 만족을 설명하는 유일한 요인이 아니며, 성격적 특질이 기계적으로 만족감을 결정짓는 것은 아니다. 따라서 이 모델에서는 성격과 정서적 특성이 인지적, 행위적, 사회적 경로를 통해서 직무 만족에 영향을 준다고 가정하고 있다. 예를 들면, 부정적 정서나 신경성과 같은 특질은 자기효능감과 환경적 자원에 대해 편견을 갖게 함으로써 간접적으로 직무만족에 영향을 미칠 수 있다. 왜냐하면 부정적 정서를 갖고 있는 사람은 자신의 능력이나 사회적 지지에 대해서도 긍정적 정서를 갖고 있는 사람에 비해서 덜 우호적으로 보려는 경향이 있다. [그림 3-4]에서 나타난 바와 같이, 성격이나 정서적 특질은 자기효능감이나 환경적 지원에 대한 영향을 미침으로 직무만족에 간접적으로 영향을 미치고 있다.

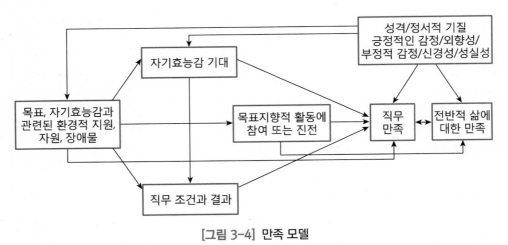

[그림 3-4] 만족 모델

출처: Lent, R. W., & Brown, S. D. (2008). Social cognitive career theory and subjective well-being in the context of work. *Journal of Career Assessment, 16*, 6-21. 10.

이 모델에서는 만족에 영향을 주는 부분으로 인지적 그리고 행위적 과정을 들고 있다. 목표지향적 활동은 이 2개 과정의 핵심적인 활동이면서 동시에 전반적인 만족에 영향을 주는 것으로 보인다. 만족에 영향을 주는 목표가 의미하는 것은 여러 모양이 될 수 있다. 예를 들면, 단순히 목표를 갖는 것, 가치 있는 목표를 갖는 것, 목표에 전적으로 헌신하는 것 등이다. 이 중에서도 특히 개인적으로 가치가 있다고 생각하는 직무 목표에 전적으로 헌신하고 전진하는 활동으로 인해 진보가 있다고 인지하는 경우 직무 만족에 긍정적으로 영향을 준다. 이때 목표 자체가 본질적이고 핵심적이며 도전적인 것이긴 하지만 성취가능할 때 더욱 만족에 영향을 준다.

일반적인 사회인지이론에서도 만족은 부분적으로 개인의 자기효능감과 결과기대에 달려 있다고 본다. 앞서 언급된 여러 SCCT 모델에서도 자기효능감은 결과기대의 부분 결정요인이며, 따라서 높은 자기효능감은 가치 있다고 느끼는 결과를 더 긍정적으로 기대하는 데 영향을 준다고 보는 것이다. 이 모델에서 결과기대는 직무의 조건과 결과에 대한 기대이며, 직무 조건은 수많은 연구에서 직무 만족과 관련 있다고 증명되어 왔다. 즉, 개인의 욕구(또는 가치)와 직무가 제공하는 강화요인 사이에 일치되는 정도는 직무만족과 긍정적 관계가 깊다. 역할 스트레스, 조직적 지원, 정서적으로 영향을 미칠 만한 직장에서의 이벤트 등 이러한 여러 유형의 직무 특성이나 조건은 직무만족과 관련 있다.

자기효능감과 직무 조건은 직무 만족에 직접적으로도 영향을 미치지만, 목표지향적 활동을 촉진시켜 직무 만족을 높이는 방식의 간접적 영향을 미치기도 한다. 예를 들면, 높은 자기효능감과 우호적인 직무 조건은 개인의 직무적 목표를 달성하기 위한 노력을 지속하도록 도와주고, 목표를 추구한 결과로써 다시 만족에 영향을 준다.

앞에서 언급한 바와 같이 환경에 대한 개인의 반응과 실제 인지하고 있는 정도는 직무 만족에 중요한 원인을 제공한다. 환경적 변인 중에서도 특히 개인의 목표 추구를 촉진하거나 방해하는 요인, 자기효능감을 높이는 환경적 변인들은 만족에 있어서 매우 중요하나 이는 어디까지나 변인이다. 개인의 핵심 목표를 지원하는 사회적 또는 물리적 지원은 만족을 높이는 경향이 있고, 반대로 목표를 향한 진전을 늦추는 요인은 만족을 낮춘다. 만족 모델에서 보이는 여러 간접 경로들이 모델 자체를 더 복잡하게 만들지만, 사람과 환경의 변인들이 만족에 함께 영향을 미친다는 방법을 보여주기 위한 꼭 필요한 부분으로 여겨진다.

SCCT는 자기효능감과 같은 인지–사람의 변인들을 강조하고, 다양한 인간과 환경의 변인들(성, 문화, 장애물, 지원 등등)에 따라 개인의 직업관련 경로를 만들어 가는 과정에서 어떻게 기능하는지를 고려하는 발전적 모델이다. 개인은 자신의 경력개발에 있어 다양한 정도의 실천 의지를 수행한다고 가정하고 있으나, 동시에 학교생활과 직장 생활에 영향을 미치는 능력을 강화하거나 제한시킬 수 있는 조건들을 살펴보았다. 이 이론은 학문적 모형과 직업적 흥미와 선택, 실행 그리고 만족의 모형으로 구성되어 있다.

SCCT에 대한 연구 동향

많은 연구자들은 SCCT의 4가지 모델과 모델이 설명하고 예측하는 내용에 매우 많은 관심을 갖고 있다. SCCT와 관련된 연구를 전체적으로 알아보기에는 광범위하기 때문에 주요한 연구 동향과 결과들을 간단히 정리해 보면, 대부분의 결과들은 사회인지 변인들이 입사 이후 혹은 입사 전의 학업적 그리고 직업적 행동의 이해를 돕는다고 보고 있다. 사회인지 변인들 사이에서 특히 자기효능감은 전통적인 양적 연구에서 많이 사용되고 있고, 다음과 같은 결론을 이끌어 낸다.

첫째, 자기효능감의 특정한 영역별 측정값(domain-specific measures)은 경력과 관련된 흥미, 선택, 성취, 지속성, 망설임, 탐색 행동 등을 예측하고 있다. 둘째, 개입, 경험, 경로 분석적인 연구들은 자기효능감과 수행, 흥미 간의 특정한 인과관계가 있음을 실증하고 있다. 마지막으로 자기효능감에서의 성별 차이는 직업을 고려할 때 성별의 차이를 부분적으로 설명한다(Bandura, 1997; Hackett & Lent, 1992; Swanson & Gore, 2000).

여러 독립 연구들을 통합적으로 살펴볼 수 있는 메타 분석을 통해 4가지 모델의 가설들을 검증하였고, 그 결과는 다음과 같이 이론적인 가정과 일치했다. 자기효능감과 결과기대는 흥미의 좋은 예측변인이 되었으며, 자기효능감은 능력과 흥미의 관계에서 매개적 역할을 한다고 밝혀졌다. 또한, 자기효능감과 결과기대는 흥미와의 연관을 통해 직접적으로 그리고 간접적으로 경력과 관련된 선택을 예측한다. 마지막으로, 수행 성공은 자신의 능력을 조직할 수 있으며, 좌절에도 불구하고 지속할 수 있는 능력과 자기효능감에 의해서 가능하게 된다.

SCCT는 인종과 문화, 성별, 사회경제적 위치, 나이, 장애와 같은 요소들을 고려하며 학생들과 조직원의 다양한 경력개발의 이해를 돕고자 만들어졌다. Hackett과 Betz는 자기효능감이 여성의 경력개발에 어떻게 영향을 미치는지에 초점을 두고 사회인지이론을 경력 행동으로 연결시킨 첫 번째 학자다. 성 역할 사회화 과정들은 소녀들과 젊은 여성들에게 자기효능감 정보의 원천에 편견을 가지고 접근하게 한다. 이러한 경험은 전통적인 여성적 활동을 위해 자기효능감을 키우고, 비전통적인 경력 분야에서는 자기효능감을 제한하도록 작용한다. 또한 여성들은 전통적으로 여성들이 대다수인 직업을 수행할 때 자기효능감이 더 높아지는 것을 발견하였다. 이후의 많은 후속 연구들에서도 성별과 관련하여 사회인지 변인들이 조사되었다. 결론은 여성과 남성의 경력 추구는 환경적으로 유도된 학습경험들, 특히 그러한 경험을 할 수 있다는 자기효능감과 결과기대의 유형에 의해 제약되거나 확장된다고 주장하고 있다.

SCCT는 성별 외에도 인종이나 민족과 같이 다양한 샘플에서도 연구를 진행하여, SCCT의 가설과 모델이 최근의 문화 간의 그리고 국가 간의 연구들에서 실행 가능한 것으로 밝혀졌다. 흥미개발모델과 선택 모델을 히스패닉, 아프리카계 미국인, 아시아계 미국인 학생들을 대상으로 적용했을 때도 이 모델의 문화적 관련성을 지지하는 것으로 나타났다(Lent & Sheu, 2010). 또한, LGBT의 성 정체성을 가진 직원들과 장애인이 선택이나 적응과 같은 경력개발과 관련된 행동에서 SCCT 모델이 유의하게 작용하는 것을 밝혀냈다(Szymanski et al., 2003; Fabian, 2000; Morrow et al., 1996).

SCCT는 학업적 흥미, 직업적 흥미와 역량 개발을 촉진시키고, 경력과 관련된 어려움들을 사전에 예방하고, 직장을 찾고 선택하고 적응하는 데 있어서 발생하는 문제들을 개선할 수 있도록 도와주는 다양한 아이디어들을 제안하고 있다. 대표적으로 SCCT의 기본 모델, 특히 자기효능감과 다른 사회인지 변인들이 유아기와 청소년기에 어떻게 발전되는지를 고려하는 어플리케이션을 만들고 기존의 진로상담 방법들을 조정하기 위해 그리고 새로운 개입도구(intervention tool)를 만들 때 사용될 수 있다.

참고문헌

Bandura, A.(1986). *Social foundations of thought and action: A social cognitive theory.* Englewood Cliffs, NJ: Prentice Hall.

Bandura, A.(1997). *Self-efficacy: The exercise of control.* New York, NY: Freeman.

Bandura, A.(2005). The evolution of social cognitive theory. In K. G. Smith & M. A. Hitt(Eds.), *Great minds in management*(pp. 9–35). Oxford, UK: Oxford University Press.

Betz, N. E., & Hackett, G.(1981). The relationship of career-related self-efficacy expectations to perceived career options in college women and men. *Journal of Counseling Psychology, 28*, 399–410.

Crothers, L. M., Hughes, T. L., & Morine, K. A.(2008). *Theory and cases in school-based consultation.* New York, NY: Routledge.

Fabian, E. S.(2000). Social cognitive theory of careers and individuals with serious mental health disorders: Implications for psychiatric rehabilitation programs. *Psychiatric Rehabilitation Journal, 23*, 262–269.

Hackett, G., & Betz, N. E.(1981). A self-efficacy approach to the career development of women. *Journal of Vocational Behavior, 18*, 326–336.

Hackett, G., & Lent, R. W.(1992). Theoretical advances and current inquiry in career psychology. In S. D. Brown & R. W. Lent(Eds.), *Handbook of counseling psychology*(2nd ed.) (pp. 419–451). New York, NY: Wiley.

Krumboltz, J. D.(1979). A social learning theory of career decision making. In A. M. Mitchell, G. B. Jones & J. D. Krumboltz(Eds.), *Social learning and career decision making*(pp. 19–49). Cranston, RI: Carroll.

Krumboltz, J. D.(1996). A learning theory of career counseling. In M. Savickas & B. Walsh(Eds.), *Integrating career theory and practice*(pp. 233–280). Palo Alto, CA: Consulting Psychologists Books.

Krumboltz, J. D., Mitchell, A. M., & Jones, G. B.(1976). A social learning theory of career selection. *The Counseling Psychologist, 6*, 71–81.

Lent, R. W.(2013). Social cognitive career theory. In S. D. Brown & R. W. Lent(Eds.), *Career development and counseling: Putting theory and research to work*(pp. 115–146). Hoboken, NJ: John Wiley & Sons.

Lent, R. W., & Brown, S. D.(2006). Integrating person and situation perspectives on work satisfaction: A social-cognitive view. *Journal of Vocational Behavior, 69*, 236–247.

Lent, R. W., & Brown, S. D.(2008). Social cognitive career theory and subjective well-being in the context of work. *Journal of Career Assessment, 16*, 6–21.

Lent, R. W., Brown, S. D., & Hackett, G.(1994). Toward a unifying social cognitive theory of career and academic interest, choice, and performance [Monograph]. *Journal of Vocational Behavior, 45*, 79–122.

Lent, R. W., Brown, S. D., & Hackett, G.(2000). Contextual supports and barriers to career choice: A social cognitive analysis. *Journal of Counseling Psychology, 47*, 36–49.

Lent, R. W., Brown, S. D., & Hackett, G.(2002). Social cognitive career theory. In D. Brown(Ed.), *Career choice and development*(pp. 255–311). Hoboken, NJ: John Wiley & Sons.

Lent, R. W., & Sheu, H.(2010). Applying social cognitive career theory across cultures: Empirical status. In J. G. Ponterotto, J. M. Casas, L. A. Suzuki & C. M. Alexander(Eds.), *Handbook of multicultural counseling*(3rd ed.) (pp. 691–701). Thousand Oaks, CA: Sage.

Locke, E. A., & Latham, G. P.(2002). Building a practically useful theory of goal setting and task motivation: A 35–year odyssey. *American psychologist, 57*(9), 705–717.

Mitchell, L. K., & Krumboltz, J. D.(1996). Krumboltz's learning theory of career choice and counseling. In D. Brown, L. Brooks, & Associates, *Career choice and development*(3rd ed.) (pp. 233–280). San Francisco: Jossey–Bass.

Morrow, S. L., Gore P. A., & Campbell, B. W.(1996). The application of a sociocognitive framework to the career development of lesbian women and gay men. *Journal of Vocational Behavior, 48*, 136–148.

Swanson, J., L. & Gore, P. A.(2000). Advances in vocational psychology theory and research. In S. D. Brown & R. W. Lent(Eds.) *Handbook of counseling psychology*(3rd ed.) (pp. 233-269). New York, NY: Wiley.

Szymanski, E. M., Enright, M. S., Hershenson, D. B., & Ettinger, J. M.(2003). Career development theories, constructs, and research: Implications for people with disabilities. In E. M. Szymanski & R. M. Parker(Eds.), *Work and disability: Issues and strategies in career development and job placement*(2nd ed.) (pp. 91-153). Austin, TX: Pro-Ed.

Vondracek, F. W., Lerner, R. M., & Schulenberg, J. E.(1986). *Career development: A life-span developmental approach*. Hillsdale, NJ: Erlbaum.

Wood, R., & Bandura, A.(1989). Social cognitive theory of organizational management. *Academy of management Review, 14*(3), 361-384.

제4장

구성주의 경력이론과 혼돈이론
(Career Construction Theory & Chaos Theory)

 ## 구성주의 경력이론

　구성주의 경력이론(Career Construction Theory)은 비교적 최신의 경력개발의 이론으로 포스트모더니즘의 개념을 바탕으로 한 심리학적 접근이다. 포스트모더니즘은 과학적인 증거와 지식을 절대적인 것으로 보고 이를 인식하는 사람과는 분리된 개념으로 보는 합리주의적인 접근인 모더니즘에 반기를 들고 시작되었다. 개성, 자율성, 다양성을 중시한 포스트모더니즘에서는 개인들은 자신만의 구성개념이나 관점을 가질 수 있다고 인식하며 모든 사람들에게 일반화되는 진리는 존재하지 않는다고 본다. 따라서 구성주의는 개인은 자신의 경험을 기초로 자신이 아는 것을 구성해 간다는 가정을 바탕으로 한다. 즉, 경력개발에서 개인과 환경, 직업 등과의 적합성을 강조하던 앞의 이론들과는 달리, 구성주의 경력이론에서는 각기 다른 개개인의 경험이 경력을 구성해 나가는 가장 중요한 요인이 된다. 또한 구성주의에서 현실은 우리와 별도로 존재하는 것이 아니며 다양한 사회화 과정과 타인과의 관계들을 통해 현실이 구성되는 것으로 규명한다. 그러나 Savickas의 구성주의 경력이론은 모더니즘의 이론으로 대표되는 Holland의 이론과 Super의 이론을 부정하며 비판하는 것이 아니라 확장시키고 발전시켜 자신의 구성주의 이론으로 가져왔다. 따라서 Holland의 이론과 Super

의 이론을 바탕으로 한 메타이론이라고 할 수 있다. 메타이론이란 기존의 이론을 대상으로 하여 도출된 포괄적인 이론을 뜻한다.

전통적인 경력 개념에서는 경력이 선형적(linear)으로 진행되고 어느 정도 예측 가능한 평생직장의 개념에 가까웠으나 이러한 개념은 오늘날은 이제 더 이상 유효하지 않게 되었다. 현대사회의 다양하고 급격한 변화에 따른 조직과 직원과의 새로운 사회적 계약관계는 전통적인 경력의 의미를 재개념화하도록 촉진시켰다. 그 결과 무경계 경력이나 프로티언 경력 개념이 선진국, 선진기업에서 일반화되었고 개인이 빈번하게 직업을 바꾸는 것이 당연시 되면서 이러한 현실 속에서 개인과 경력의 매칭이라는 개념은 점점 그 의미가 퇴색되고 있다. 조직은 더 이상 개인의 고용안정을 보장해주지 않게 되었으며 따라서 개인은 스스로 자신의 경력을 관리해 나가는 주체가 되어야 한다. 이러한 사회적 맥락 속에서 개인이 자신만의 경력을 구성해 나간다고 보는 구성주의 경력이론은 급격히 변화하는 현대사회와 경력시장의 흐름을 반영하는 이론이라고 볼 수 있다.

구성주의 경력이론에서는 경력의 개념을 개개인 각자가 자신의 직장 생활(working life)에 대해 서술하는 이야기(story)라고 간주한다. 개인은 자신의 직업적 행동(vocational behavior)에 의미를 부여하면서 자신만의 주관적인 경력을 형성해 나간다. 이런 맥락에서 주관적인 경력의 형성은 자아의 형성과 관련이 있다고 할 수 있다.

자아 형성(Self-making)

자아를 형성하고 경력을 구성하는 것은 인생 전반에 걸친 복잡한 과정이다. 인간은 언어를 사용하며 사고를 하고 이를 통해 의미를 형성하여 현실 속에서 사회적 자아를 형성하게 된다. 따라서 자아를 구성하기 위해서는 언어와 더불어 다양한 관계를 통한 외부로부터 발생되는 경험도 필요하게 된다. 즉, 언어를 도구로 사용하면서 인간은 행동과 사회적 관계들을 조화시킴으로써 자아를 형성해 나가게 되는 것이다.

Savickas는 자아 형성의 개념과 관련하여 3요소로 구성된 McAdams(1995)의 성격이론을 적용시켰다. 객체로서의 자아(self as object), 주체로서의 자아(self as subject),

프로젝트로서의 자아(self as project)가 그것인데 Savickas는 각 자아의 개념이 직업적 행동과 경력의 구성에 있어서 각기 다른 유용한 방법을 제공한다고 주장한다. 객체로서의 자아(self as object)는 관찰될 수 있고, 평가될 수 있으며, 자아에 대한 비슷한 관점을 가지고 있는 타인과 비교할 수 있다는 관점으로 설명된다. 따라서 개인과 환경 간 적합성을 바탕으로 개인을 특정 직업들에 매칭시키는 객관적인 관점이 주를 이룬다. 이러한 관점은 20세기 초기에 등장하면서 직업적 자아에 대한 기초적 관점을 형성하였으며, 직업적 선택을 위한 Holland의 RIASEC 모델을 위한 근거가 된 개념이라고 할 수 있다. 주체로서의 자아(self as subject)는 목표를 설정하고, 자기 자신과 경력에 대해 정보를 수집하며, 결정을 내리기 위해 스스로 행동하는 자아를 의미한다. 주체로서의 자아는 경력 단계와 과업의 발달을 설명하는 Super의 이론에 적용할 수 있다. 프로젝트로서의 자아(self as project)는 불안정한 조직 구조와 디지털 혁명으로 인해 만들어진 새로운 개념이다. 정보화 사회, 글로벌 경제와 같은 급격히 변화하는 현실 속에서 평생 직장이라는 개념이 사라지면서, 평생 학습과 경력 전환 등으로 불확실한 경력 시장에서 여러 가능성에 유연하게 대처해 나가야 하는 경력개발의 과정 속에 있는 자아를 의미한다.

경력 구성(Career Construction: Actor, Agent, Author)

Savickas의 이론에서는 자기 개발의 과정을 크게 3부분으로 나누었는데, 자기 구성을 먼저 행위자(actors)로 시작하여 행위를 지시하는 주체자(agents)로, 그리고 마지막에는 그 행위를 설명하는 작가(authors)로 발전하게 된다고 설명하며, 행위자, 주체자, 작가로써 자기 자신에 대한 경력 서사(career narrative)를 형성하는 것을 주요 개념으로 한다. 구성주의 경력이론은 행위자로서의 개인의 행동(behaviors), 주체자로서의 노력(strivings), 작가로서의 서술이나 이야기(explanations)에 초점이 맞추어져 있다. 이를 위에서 언급한 자아 형성(self-making)의 개념과 연결하여 살펴보면 다음과 같다. 행위자에 대한 객관적인 관점은 학교생활로부터 직업에서의 은퇴에 이르기까지의 전반에 걸쳐 부여된 역할들의 결과에 대한 내용을 설명한다. 주체자에 대한 주관적인 관점은 직업적인 것과 관련된 개인의 노력이나 적응에 관해 초점을 맞춘다. 작가에 대한 프로젝트적인 관점은 일의 경험을 의미 있는 경력 스토리로 구성하는 자전적 회상의 성격을 나타낸다.

행위자인 자아(Self as Actor)

인간은 태어남과 동시에 가족이라는 공동체에 속하게 되며 가족 구성원이 되어 사회적 행위자로서의 역할을 시작한다. 유아는 자신이 속한 가족의 세계를 가장 먼저 파악하게 되며 자신을 둘러싼 가족 내의 문화적 담론을 빠르게 습득해 나간다. 이렇게 가정에서 형성된 성격의 기초는 이후 성장해 나감에 따라 학교에서 또래와의 관계, 이웃과의 관계 등 외부 환경적인 요소와의 상호작용을 통해 더욱 발전되고 정교화되며 이러한 성격은 시간이 지날수록 더욱 뚜렷해지게 된다. 이렇게 형성된 성격의 기초는 개인이 향후 자신만의 경력 주제(career theme)를 만들어 나가는 데 있어 바탕이 된다.

행위자로서 자아를 구성하는 과정에는 두 개의 방법이 작용하는데, 첫 번째는 내적인 동화(introjection of guides)로 부모나 다른 가족 구성원들의 가이드나 영향이 무의식적으로 자아에 받아들여지거나 내면화될 수 있다는 것이 내적인 동화다. 또 다른 하나는 모델의 통합(incorporation of models)이다. 개인은 자신의 욕구를 충족시키고, 목표를 추구하고, 갈등을 해결하는 방법을 찾게 되는데 사람들은 그들의 부모나 타인과의 관계에서 생기는 문제와 갈등을 풀기 위해 비슷한 문제를 경험하고 해결하던 역할모델을 찾게 된다. 역할모델은 유년 시절뿐만 아니라 청소년기와 성인기에 걸쳐 우리의 자아를 만들어가는 특별한 자원으로써 작용하게 된다. 이러한 과정이 바로 모델의 통합으로 자아를 구성하는 두 번째 방법이라고 할 수 있다. 인간은 의식적으로 롤모델을 선택하고, 동일시와 모방을 통해 역할모델과 비슷하게 자아를 형성해 나간다.

직업적 성격 유형(Vocational Personality): 구성주의 경력이론에서는 사회적으로 구성된 태도, 흥미, 능력이 한데 어우러져서 성격 유형을 형성한다고 본다. 따라서 개인의 성격을 타인의 성격과 비교하여 어떻게 다른지에 관심을 두기보다는 개인이 어떻게 그러한 성격을 자신만의 삶의 맥락 속에서 형성해 왔는가에 더 관심을 둔다. 구성주의 경력이론에서는 자신의 성격 유형에 어떤 직업이 적합한지를 알아보는 데 있어서 Holland 이론이 주장한 성격의 6가지 유형이 개인의 성격을 설명하며; 사회적 구성원으로서의 성격과 태도를 나타내는 데에 유용할 수 있다고 설명한다. 또한 직업세계를 설명하고 이러한 직업세계를 자신의 직업적 성격과 매칭하는 데도 도움이 될 수 있다고 인식한다. 그러나 Holland 모델을 이용한 개인의 흥미나 성격에 대한 측정의 결과는 개인의 직업적 성격을 설명함에 있어 하나의 가능성으로만 간주될 뿐 이 결과가 개인의 경력 구성의 절대적인 기준이나 척도가 될 수는 없다고 주장한다. Savickas의 관점은 Holland의 6가지 유형을 개개인의 성격을 이해하고 어떻게 자아가 구성되었으며, 경력개발을 해 왔는지를 이해하기 위한 하나의 도구로서 사용한다는 점에서 Holland의 관점과는 차이가 있다. Holland는 개인의 성격을 6가지 유형의 성격으로 구분하고 이를 측정하여 분석하는 것에 초점을 두었다면, Savickas는 Holland 유형을 활용함으로써 개개인의 가능성을 고려하고 탐색하는 데에 보다 초점을 맞추었다. Holland 모델에서의 측정의 결과인 Holland 코드는 단지 개인의 현재의 상황을 나타낼 뿐 과거의 경력이나 경험과 혹은 미래에 이들이 추구하는 경력을 반영하지는 않는다. 구성주의 경력이론에서는 직업적인 성격은 삶의 맥락 속에서 형성된다고 보는 관점이기 때문에 개인의 경력에 대한 서사를 통해 이를 이해하고자 한다.

주체자인 자아(Self as Agent)

인간은 유년시절이 어느 정도 지나면서 가족이라는 울타리를 벗어나 학교나 공동체 속으로 자아의 범위를 확장시켜 나가게 된다. 그 속에서 청소년들은 자신의 크고 작은 목표들을 세우고 이를 추구하기 위한 어떠한 노력들을 해 나가며 적응을 하게 된다. 이 과정에서 지금까지 단순한 행위자였던 개인은 주체자로서 자아를 구성해가는 과정을 거치게 된다. 이는 각자 자신이 추구할 목표를 정하고 선택한 목표를 추구하며 자신의 행동을 조절하는 주체자가 되는 과정이라고 할 수 있다. 이러한 관점에서, 주체성(agency)은 여러 변화나 전환의 상황에 적응하는 데 매우 중요한 요소가 된다. 특히 주체성은 경력의 과정에서 정지되거나 절망적인 상황, 미래가 막막하고, 좌절의 경험과 같은 어렵고 힘든 상황에서 매우 중요하게 작용한다. 왜냐하면 주체성은 스스로를 주체적으로 움직여 새롭게 앞으로 전진하게 하는 동력이 되는 자신의 의지와 노력이라고 할 수 있기 때문이다. 예를 들어, 기존의 경력에서 새로운 경력으로의 전환을 시도할 때 개인은 자신에게 익숙한 직장을 떠나 자신의 목표를 수정하고 새로운 목표를 추구하며, 익숙하지 않은 새로운 곳으로 진입함으로써 많은 어려움에 직면하게 되는데 이때 주체성은 이와 같은 어려움들을 극복하는 데 매우 중요하게 작용한다.

인간은 자신에게 익숙한 것에 편안함을 느끼는 경향이 있기 때문에 변화에 저항하려는 본능을 가지고 있다. 그러나 개인의 의지와 상관없이 외부적인 요인에 의해 변화에 적응해야 할 때가 있다. 구성주의 경력이론에서는 이러한 외부적인 요인으로 3가지 주요한 사회적 변화는 직업적 발달과업(vocational development tasks), 경력의 전환(occupational transition), 직업적 트라우마(work traumas)로 제시되었다. 직업적 발달과업은 청소년이 직업에 대해 중요하게 인식하고 자신에게 맞는 직업적 분야를 탐색하며 자신의 직업적 선호도를 결정함으로써 적합한 직업 분야에 진입해 전진과 발전을 이루어 나가고 또는 향후 다른 경력으로의 전환을 이루기도 하는 등 직업과 관련해 극복해 나가야 할 과업에 있어서 일련의 과정을 의미한다. 경력의 전환은 한 직업에서 다른 직업으로의 전환을 의미하며, 직업적 트라우마는 산업재해나, 계약 위반, 작업환경에서의 부상 등 예측할 수 없고, 누구도 원치 않는 직업적인 고통스런 사건을 뜻한다. 구성주의 경력이론에서는 개인이 변화의 맥락 속에 진입하면서 이러한 과업, 전환, 트라우마에 적응하는 과정이 성장(orientation), 탐색(exploration), 확립(establishment), 유지(management), 쇠퇴(disengagement)의 다섯 가지 구성적인 행동들(constructive activities)을 통해 주기적으로 반복되면서 적응의 사이클을 형성한다고 설명한다.

경력 적응성(Career Adaptability): 개인이 직면하고 있거나 앞으로 직면하게 될 발달과업과 그 과정을 설명할 때, Super의 발달과업이나 경력 적응성 등의 개념들이 사용되었다. 경력 적응성은 직업환경의 변화에 적응하기 위해 필요한 태도, 행동, 능력을 의미하는 것으로 사람들이 각자 자신의 경력을 어떻게 구성하고 관리하는가와 관련이 있으며 이는 개인의 대처 행동과 태도에 따라 달라진다고 할 수 있다. 개인이 현재의 발달과업과 직업에서의 위기를 어떻게 다루고 극복해 나가는가를 보여 주는 구성개념으로 이를 잘 극복하는 데 필요한 개인의 준비도와 자원을 의미한다. 개인이 현재 하고 있는 일과 관련된 요구사항들을 다루면서 자아개념을 구현하도록 돕는다. 예를 들어, 개인이 학교나 직장에서의 변화에 어떻게 적응해 나가며, 어려움을 어떻게 다루는가에 대한 논의는 경력 적응성과 관계가 있다고 할 수 있다. 즉, 개인 내적인 문제뿐만 아니라 사회나 직업 세계와 관련된 문제에 대응해 나가는 것을 모두 포함한다. Savikas는 4가지 경력 적응성의 부문으로 경력 관심(career concern), 경력 통제(career control), 경력 호기심(career curiosity), 경력 자신감(career confidence)을 제시했다. 각각의 부문들은 개인이 자신의 경력을 구성해가는 과정에서 대면하는 직업적 발달과업, 전환, 트라우마에 대처하고 관리할 수 있는 적응을 위한 자원과 전략을 나타내며 자세한 내용은 다음과 같다.

○ **경력 관심**(career concern): 미래의 경력에 대해 관심을 가지는 것은 경력 적응성에서 일차적이면서도 가장 중요한 부문이라고 할 수 있다. 경력 관심이란 앞으로의 경력을 준비하려는 미래 지향적인 개념이라고 할 수 있다. 계획적이고 긍정적인 태도는 경력 준비를 더욱 활성화시키는데, 이러한 태도를 가진 개인은 당장 긴박하거나 혹은 긴박하지 않더라도 향후에 대면하게 될 직업적 발달과업과 경력 전환을 잘 인식하게 되기 때문이다. 경력의 구성은 우선 과거의 경험들이 쌓여 형성된 자신이 현재 당면한 경력적 상황을 정확히 파악하는 것에서부터 시작되며 이러한 현재 상황을 미래의 경력으로 연결시키는 것으로 설명된다. 이러한 연속적인 특성은 개인으로 하여금 어떻게 현재의 노력이 미래의 경력 성공에 바탕이 되는지에 대한 구상을 가능하게 한다. 경력 관심이 부족한 경우는 경력 무관심(career indifference)으로 명명하며 경력에 대해 비관적이고 무계획적인 성격을 보인다.

○ **경력 통제**(career control): 미래의 경력에 대한 통제의 부분은 경력 적응성에서 두 번째로 중요한 부문이라고 할 수 있다. 경력 통제의 가장 기초적인 기능은

독립성, 자신의 내부 통제, 자율성, 주체성 등과 같이 통제와 유사하면서 이와 연관된 많은 연구주제들과 함께 생각해 볼 수 있다. 구성주의 경력이론에서는 통제를 타인과의 관계에서가 아니라 자기 규제를 강화하는 개인의 내적인 프로세스에 대한 측면을 강조한다. 즉, 통제는 경력의 발달과업을 수행하고 경력 전환을 경험함에 있어 개인이 스스로에게 적용하는 자기 규율을 의미하며, 그 과정에서의 성실성, 확고함, 정교함 등의 특성을 수반한다. 통제가 부족한 경우, 경력 미결정(career indecision)이라고 불리고 이러한 경우, 개인은 일의 수행을 자꾸 미루고 지연시키는 경향이 있으며 직업적 발달과업이나 경력의 여러 상황에서 혼돈스러워하거나 충동적인 특성을 보인다.

○ 경력 호기심(career curiosity): 경력을 구성함에 있어 경력 호기심은 자신과 직업 세계에 대해 알고 싶어하고, 이 둘 사이의 적합성을 탐구하고자 하는 특성을 의미한다. 경력 호기심은 자신과 자신의 상황에 적합한 경력적 의사결정과 선택을 하기 위해서 풍부한 지식이나 정보를 양산하게 되며, 다양한 불특정 경험에 대한 체계적인 탐구와 평가를 통해 개인으로 하여금 직업의 세계가 어떻게 구성되는지를 인식하도록 한다. 이를 통해 개인은 보다 현실적이고 객관적인 정보를 더 많이 습득할 수 있고, 자신의 흥미와 능력, 가치를 잘 파악할 수 있게 되며 이는 궁극적으로 합리적이고 현실적인 경력 의사결정으로 이어질 수 있다. 경력 호기심이 부족한 경우, 자아에 대한 부정확한 인식과 직업 세계의 이해 부족으로 비현실성(unrealism)의 특성을 보이게 된다.

○ 경력 자신감(career confidence): 구성주의 경력이론에서는 경력 자신감을 자신에게 적합한 직업적 선택을 하고 이를 잘 실행하기 위해 필요한 일들을 성공적으로 수행해 내는 개인의 능력에 관련된 자기효능감으로 설명한다. 경력 자신감은 복잡한 문제들을 해결하는 과정과 관련이 있다. 만약 어떤 분야에 어려움을 느끼고 그 분야의 경험을 의도적으로 피했던 사람이라면 이와 관련된 스킬이나 능력을 필요로 하는 경력 분야로의 진출에 있어 경력 자신감이 결여될 것이다. 개인적인 차원에서뿐만 아니라 간혹 우리 사회에서는 성별, 인종, 사회적 역할에 대한 잘못된 인식이 경력 자신감의 발달에 방해가 되는 내·외부적인 장애

물을 양산해 내기도 한다. 예를 들어, 남성이 여성보다 어떠한 분야에 우월할 것이라는 막연한 인식이 지레 여성들이 그러한 분야를 경험하게 하는 시도를 막는 장애가 되기도 하는 것이다. 경력 자신감이 부족한 경우는 어떠한 역할을 수행하거나 목표를 달성해 가는 데 있어 쉽게 좌절하게 되며, 이는 경력 저해(career inhibition)라 명명할 수 있다.

이상 살펴본 위의 경력 적응성의 4가지 부문을 종합하면, 구성주의 경력이론에서 개인은 자신의 미래 경력에 대한 관심과 통제력을 가지고, 자신을 둘러싼 다양한 기회들에 대해 실험해 보려는 호기심과, 미래를 잘 설계하고 이를 실현하기 위한 계획을 잘 실행해 나갈 수 있다는 자신감을 가지고 경력의 발달과업들과, 경력의 전환, 트라우마에 접근해야 한다고 주장한다.

작가인 자아(Self as Author)

사춘기를 지나 후기 청소년기에 이르게 되면 사회는 이들로 하여금 그들의 행동과 주체성을 통합하여 정체성을 형성하고 자신만의 삶을 구성하고 추구해 나갈 것을 기대한다. 개인은 행위자로서 자신에 대해 학습을 하고, 동기가 부여된 주체자가 되는 과정을 거쳐 자신의 꿈과 목표를 일관되며 신뢰할 만한 이야기로 구성해갈 수 있는 작가로서 성장하게 된다.

Savickas는 오스트리아의 정신의학자인 알프레트 아들러(Alfred Adler, 1870~1937)의 영향을 많이 받았다. 그는 생활양식(lifestyle)이라는 용어를 만들었는데, 이는 자신 스스로뿐만 아니라 타인과 세계를 이해하고 인식하는 데에 필요한 생각과 감정, 행동 양식들의 총체적인 것을 의미한다. 아들러는 이러한 생활양식이 5~6세에 형성되는 것으로, 이는 사람마다 각각 다르며 서로를 이해하는 수단으로 사용할 수 있다고 주장한다. Savickas는 생활양식의 개념을 빌려 정체성 서사(identity narrative)와 경력 주제(career themes)라는 용어를 사용하는데 이는 Savickas의 진로 구성주의의 중요한 부분이다.

○ **정체성 서사(Identity Narratives)**: 경력의 주요 내용과 경력의 구성은 개인이 대면하게 되는 과업, 전환, 트라우마에 대해 자신이 기술하는 이야기 속에 나타나게 된다. 행위자로서의 자아는 자신의 경력 이력서에 일어난 일의 내용에 대해 이야기하고, 주체자로서의 자아는 자신의 경력에서 그러한 일들의 원인을 설명하고, 작가로서의 자아는 경력 주제와 함께 원인에 대해 해석을 한다. 정체성 서사를 구성하고 경력 스토리를 만들어 내기 위해 작가로서의 자아는 어떠한 사건이나 에피소드를 선택하고 분류해야 한다. 그리고 자신의 목표를 정교화하고 이를 추구하기 위한 실천과 이러한 행동에 의미를 부여함으로써 정체성의 서사에 있어 자신만의 독특한 맥락들을 형성해 나간다.

○ **경력 주제(Career Theme)**: 경력 주제는 개인의 경력 스토리 안에서 일관되게 나타나는 줄거리를 찾는 것으로 도출해 낼 수 있다. 이러한 주제들은 경력과 관련되어 해결해야 할 문제나 추구해야 할 가치를 반영한다. 개인에게 중심이 되는 주제는 개인에게 중요한 문제와 이를 구성하는 이슈들을 나타내며 이를 통하여 개인의 정체성과 자아개념을 표출한다. 또한 개인이 하고 있는 일에 의미를 부여하고, 일과 관련되지 않은 다른 생애 역할에도 의미를 부여하게 된다. 구성주의 경력이론에서의 상담과정은 개인의 경력과 관련된 경험들을 담은 경력 스토리를 통합하여 경력 주제를 찾는 과정이 된다. 따라서 구성주의 경력이론을 활용하는 상담가들은 개인이 생애 주제(life theme)를 인식하고 주제를 경력에서 잘 구현해 낼 수 있는 방법을 찾으며, 이를 통해 사회에 기여하는 것을 궁극적인 목표로 한다.

구성주의 경력이론을 활용한 경력 상담(Career counselling)

Savickas는 생애설계(life designing)라는 개념을 제안하면서, 개인이 자신의 경력 스토리를 가지고 경력개발을 할 수 있도록 도울 수 있는 접근법을 제시했다. 이는 구성하기(constructing), 해체하기(deconstructing), 재구성하기(reconstructing), 상호구성하기(co-constucting), 행동(action)의 5가지 단계를 거쳐 자신의 경력 스토리를 구성하도록 한다. 이 과정을 통해 자기 자신과 자신의 정체성 및 경력에 대한 견해를 어떻게 조직화하는지 알아볼 수 있다. 먼저 구성하기는 문제를 정의하고 관심사를 알아보는 것으로 시작한다. 교육이나 경력과 관련된 경험들, 가족 관계, 친구 관계, 취미, 경력에 대한 환상, 롤모델에 대한 이야기를 환기시키고, 왜 그 이야기를 선택하게 되었는지 논의함으로써 주제를 찾아간다. 이러한 이야기들은 내담자가 자기 자신과 자신의 정체성 및 경력에 대한 견해를 어떻게 조직화하는지를 상담자가 파악하는 데 도움이 된다. 구성은 소서사(microstories)라고 불리는 작은 이야기들로 시작한다. 해체하기 단계에서 상담자는 이야기 속에서 자기 비판과 자기 제한을 나타내는 부분에 귀 기울임으로써 이야기를 해체한다. 그리고 이야기 속에서 꾸며낸 내용을 식별하고 이야기의 모순적인 부분을 파악하여 이야기를 해체한다. 이야기와 연관된 감정들도 파악해야 하는데 스스로를 제한하는 생각들은 감정을 동반하기 때문이다. 재구성하기 단계에서는 이야기 속의 사실을 통해서가 아니라 그 속에 내재되어 있는 복잡한 요인들과 모순을 파악함으로써 경력 주제를 식별한다. 그리고 소서사들(microstories)을 하나의 대서사(macrostory)로 해석한다. 상호 구성하기 단계에서 상담자는 내담자로 하여금 주제의 맥락 속에서 문제를 해석하고, 주제를 변경하거나 수정하고, 미래로 확장시켜 나가도록 돕는다. 마지막 단계는 새로운 목표를 정하고 행동으로 옮기는 것이다.

혼돈이론

혼돈이론(Chaos Theory)은 수학이나 자연과학 영역에서 많이 사용되고 있는 것으로, 복잡성과 비예측성, 비선형성이 특징이다. 날씨나 주식시장, 세계 경제와 같이 급격하게 변화하는 환경이나 현상들을 기존에 존재하는 이론이나 규칙으로 설명할 수 없을 때, 혼돈이론이 유용하게 사용되는 것을 볼 수 있다. 경력개발에서도 고용 불안

정과 새로운 조직 구조의 등장으로 기존의 이론으로는 설명할 수 없는 부분들이 많아
졌다. 예측할 수 없는 일들이 경력개발 과정에 영향을 미치기 시작하면서 계획적이
고 합리적으로 경력개발을 주장하는 것은 오히려 부정적인 결과를 가져올 수 있다는
인식이 대두되었다. 불확실성과 모호함에 적응하며 변화에 능동적으로 반응하는 태
도가 경력개발에서도 필요하게 된 것이다. 이러한 상황에서 혼돈이론은 보다 유연한
태도로 경력개발에 접근할 수 있도록 하는 접근 방법이라고 할 수 있다.

혼돈이론의 가장 대표적인 가정은 작은 영향이 큰 반응을 일으킬 수 있다는 것이
다. 이는 나비효과라 불리기도 하는데, 나비효과란 미국에서 나비가 일으킨 날갯짓
이 중국의 바다에서 태풍을 일으킬 수 있다는 것이다. 또한 이러한 가정은 티핑 포인
트(tipping point)라는 용어로 표현할 수 있다. 티핑 포인트란, 비교적 작은 투입(input)
이 예기치 못한 거대한 결과를 야기한다는 것으로 나비효과와 일맥상통한다. 또 다
른 가정은 격동적이고 복잡한 오픈 시스템의 구조나 환경은 예측할 수 없다는 것이
다. 특히, 나비의 날갯짓과 같은 초기 조건을 알지 못하기 때문에 더 예측하기 어렵
고, 개방 시스템 속에서의 피드백을 주고받는 것은 새로운 혼란을 야기하는 원인이
된다. 혼돈이론에서 프랙털(fractal)이라는 개념을 살펴볼 수 있는데 프랙털은 부분과
전체가 크기만 다를 뿐 똑같은 모양이 무한히 계속되는 자기유사성을 가진 기하학적
구조다. 즉, 프랙털은 스스로를 계속해서 반복하는 복잡한 패턴으로, 부분이 전체와
같은 구조를 하고 있다는 것이며 따라서 새로운 패턴은 이전의 것에서 나온다고 설명
한다.

경력개발에서의 혼돈이론

혼돈이론을 경력개발에 적용한 대표적인 학자로는 Bloch(2005)와 Bright과 Pryor
(2005)가 있다. Bloch(2005)는 경력을 복잡한 적응개체(complex adaptive entity)라고
정의하며 이러한 적응개체는 인간의 프랙털 구조이기도 하다고 설명한다. 즉, 경력
은 인간이 계속해서 만들어 가는 반복적이고 복잡한 패턴이라는 것이다. 또한 인간
개개인을 복잡하고 역동적인 시스템으로 정의하며, 결국 경력은 사람과 상호작용하

며 나타나는 새로운 속성으로 간주한다. 이러한 복잡한 적응개체가 가지고 있는 특징들을 경력개발에 적용했다. 적응개체는 외부 환경 변화나 구성 요소 혹은 형태가 바뀌더라도 스스로를 유지하고 조직해나가는 능력을 가지고 있으며, 이는 개방성을 지닌 상호작용이 일어나기 때문이다. 이러한 관점에서 경력과 사람은 모두 개방적으로 주위 환경과의 자유로운 교환관계에 포함되며, 경력개발은 너무나 당연하고 자연스러운 과정이 될 수밖에 없다. 또한 경력은 교육, 직업, 산업, 고용주, 공동체, 지역 및 세계 경제, 문화 등과 같이 우리를 둘러싸고 있는 여러 네트워크들의 일부분이며, 이렇게 속해 있는 네트워크들과 서로 계속하여 영향을 주고받는다.

  적응개체는 질서와 혼돈 사이에서 발생하는 위상 변이(phase shifts, 과도기)라는 단계를 겪는다. 이는 경력개발 과정에서 일어나는 변화를 가장 잘 설명하는 것으로, 졸업, 해고, 질병, 성공에의 열망 등을 비롯한 대부분의 사건들이 경력 변화의 출발점이 될 수 있다. 위상 변이 단계를 겪는 동안, 적응개체는 살아남기 위한 가장 최고의 기회를 잡고자 한다. 이와 마찬가지로 경력개발 과정에서 변화를 겪을 때, 개인은 자신에게 가장 적합하며, 최상의 것을 선택하고자 하는 것이다. 이 외에도 혼돈이론의 가장 두드러지는 특징으로 비선형성과 나비효과를 들 수 있는데 이는 경력개발에 있어 예기치 못한 사건이나 작고 사소한 원인들이 큰 변화나 새로운 것을 가져다줄 수 있으며, 그 결과로 나타날 모습과 상태는 예측할 수 없다는 개념이다. 이는 또한 변화를 겪으며 나아가는 경력개발 과정 속에서 행동을 설명해 주는 유인(attractors)을 제시한다. 또한 Bloch는 적응개체가 지닌 영성(spirituality)이라는 개념을 경력개발에 제시했는데, 이는 분리될 수 없으며, 상호의존적이고 연결되어 있는 특성을 나타낸다. 경력 혹은 경력개발 역시 인간의 삶에서 분리될 수 없음을 의미하는 것이다.

  Bright와 Pryor(2005)도 혼돈이론의 특징을 경력개발에 적용시키면서, 앞서 살펴보았던 구성주의를 지지하고 있다. 그들은 혼돈이론의 특징으로 복잡성(complexity), 창발성(emergence), 비선형성(nonlinearity), 비예측성(unpredictability), 위상 변이(phase shifts) 그리고 유인(attractors)을 들었다. 이러한 특징들을 경력개발에 적용하여 살펴보면 다음과 같다.

  먼저 경력개발이 다양한 원인들에 의해 영향을 받는 과정인 것을 인지해야 한다.

다양한 원인들과 과정을 이해하고, 이들이 어떻게 개개인의 경험을 만들어 가는지 파악하는 것이 중요한데, 이는 앞서 살펴보았던 구성주의 경력이론을 따른다. 전통적인 경력이론에서 주장하는 인간-환경 적합성에서의 인간이나 환경에 집중하기보다는 경력을 구성하는 것에 초점을 맞추는 구성주의는 경력에서의 과정과 패턴의 이해를 강조하는 혼돈이론과 일치한다고 볼 수 있다. 경력에 영향을 미치는 다양한 원인들의 복잡성은 단순히 경력과 관련된 행동을 설명하거나 인과관계를 찾는 전통적인 접근을 벗어나 삶의 전체에서 경력의 패턴과 과정을 이해하는 것이 중요하다고 주장한다. 또한, 창발성(emergence)은 '전체는 부분의 합보다 크다'는 의미로 부분에 포함되지 않은 새로운 무언가가 작용한다는 것이다. 이러한 창발성은 경력개발에서 과거의 행동을 이해하도록 하여 이를 현재의 행동 패턴으로 연결시키며, 미래의 경력 탐색에 중요하게 영향을 미친다. 앞서 살펴 보았던 혼돈이론의 비선형성과 비예측성은 경력 행동을 잘 설명하는 특징으로, 작거나 사소한 것처럼 보이는 사건이 경력에 중요한 영향을 미치며, 개인의 경력에 있어 예측할 수 없는 우연한 사건들 역시 경력에 큰 영향을 준다고 설명한다.

사람은 경력의 흐름에 있어 급진적인 변화를 겪을 수 있다. 이는 직장에서의 커다란 사고와 같은 중요한 외부 사건에 의한 것일 수도 있고, 사소한 사건일 수도 있다. 이를 혼돈이론에서는 위상 변이(phase shifts)로 설명한다. 마지막으로, Bright와 Pryor가 가장 강조한 유인(attractors)은 경력과 관련된 행동의 특정한 방향을 제시해 주거나 혹은 제한하는 것이다. 혼돈이론에서는 4가지의 유형의 유인으로, 목표 유인(point attractor), 진동 유인(pendulum attractor), 패턴 유인(torus attractor), 우연 유인(strange attractor)을 제시하며, 이를 통해 경력 행동의 패턴을 설명하고자 했다. 목표 유인은 가장 간단한 것으로 조직 내에서의 승진과 같은 특정한 직업적 목표를 의미한다. 이러한 목표 유인은 동기 부여에 효과적일 수도 있지만, 복잡하고 예측 불가능한 현실에서 사람들로 하여금 좌절하게 하거나 행동에 제한을 가져다줄 수 있음을 주의해야 한다. 진동 유인은 마치 추가 좌우를 반복적으로 움직이는 모습이 선택의 갈림길에서 고민하는 사람들의 모습을 잘 반영한다. 경력선택과 관련하여 우유부단하거나 망설이는 행동으로 꼽을 수 있는 대표적인 예로는 대학생이 전공을 선택할 때에 부모가 원하는 전공을 선택할 것인지 혹은 본인이 흥미 있는 전공을 선택할 것인지를 두고 고민하는 경우를 들 수 있다. 패턴 유인은 조금 더 복잡하지만 궁극적으로 제한 되는 반복적인 행동을 의미한다. 사람들은 반복적인 일상업무에 지루함을 느끼고 좌 절하는데, 이는 결국 변화의 기회와 가능성을 간과하고 있는 것으로 볼 수 있다. 따라 서 현재 단계에 있는 장애물이나 제약들을 자극하고 변화를 가져올 도전정신과 열정 이 있어야 한다고 강조한다. 마지막으로 우연 유인은 가장 복잡한 반직관적인 행동 으로 혼돈이론을 가장 잘 설명하는 것이라고 볼 수 있다. 처음에는 일정한 패턴이 없 거나 행동 사이의 관계성이 존재하지 않는 것처럼 보이지만, 시간이 흐르고 특정한 관점에서 보기 시작하면 패턴을 파악할 수 있게 된다. 이러한 일들은 절대 반복되지 는 않지만, 자기 유사적인 성격을 가지고 있어 프랙털이라고도 한다. 이는 일반적인 우연을 의미하는 개념이라고 봐도 무방하다. 이런 우연적인 행동을 파악하는 것은 경력개발 과정에서 과거와 현재를 이해하고 미래를 준비하는 데 큰 도움이 된다.

이와 같이 불확실성과 계속적인 변화 그리고 변화에 대한 적응을 강조하는 혼돈이 론을 사용하여 경력개발을 살펴보는 것은 전통적이고 고정적인 접근보다 현대사회 에 더 적합하고 타당한 것으로 보인다. 경력을 선택하고 개발해가는 과정에서 예측 할 수 없는 사건들이나 우연 등은 상당히 현실적인 요소다. 혼돈이론은 간과될 수 있 는 이러한 현실적인 요소들을 드러내어 역동적으로 변화하고 있는 현대사회에서 경 력개발을 보다 능동적으로 준비할 수 있도록 도와주는 역할을 한다.

참고문헌

Amundson, E. N., Harris-Bowlsbey, J., & Niles, G. S.(2014). *Essential elements of career counseling: Processes and techniques*(3rd ed.). Upper Saddle River, NJ: Pearson.
Bloch, D. P.(2005). Complexity, chaos, and nonlinear dynamics: A new perspective on career development theory. *The Career Development Quarterly, 53*(3), 194–207.
Bright, J. E., & Pryor, R. G.(2005). The chaos theory of careers: A user's guide. *The Career Development Quarterly, 53*(4), 291–305.

Bright, J. E., Pryor, R. G., & Harpham, L.(2005). The role of chance events in career decision making. *Journal of Vocational Behavior, 66*(3), 561-576.

Brown, D.(2016). *Career information, career counseling, and career development* (11th ed.). Upper Saddle River, NJ: Pearson.

Brown, S. D., & Lent, R. W.(2013). *Career development and counseling: Putting theory and research to work*(2nd ed.). Hoboken, NJ: John Wiley & Sons.

McAdams, D. P.(1995). What do we know when we know a person? *Journal of Personality, 63*, 365-396.

Pryor, R. G., Amundson, N. E., & Bright, J. E.(2008). Probabilities and possibilities: The strategic counseling implications of the chaos theory of careers. *The Career Development Quarterly, 56*(4), 309-318.

Pryor, R. G., & Bright, J. E.(2005). Chaos in practice: Techniques for career counsellors. *Australian Journal of Career Development, 14*(1), 18-28.

Pryor, R. G., & Bright, J. E.(2008). Archetypal narratives in career counselling: A chaos theory application. *International Journal for Educational and Vocational Guidance, 8*(2), 71-82.

Savickas, M. L.(2002). Career construction. In D. Brown, L. Brooks, & Associates (Eds.), *Career choice and development*(pp. 206-252). San Francisco, CA: Jossey-Bass.

PART 2
자기탐색과 진로준비

제5장
자기탐색
(Understanding the Self)

사람의 욕구, 가치, 흥미, 적성, 성격, 능력 등은 개인에 따라 모두 다르다. 그러므로 이러한 각 요소들에 따르는 개인에게 적합한 경력은 모두 다르다고 할 수 있다. 특정 직업은 그에 맞는 특성을 지닌 사람들에게 더 적합한 경향이 있다. 따라서 이러한 특성에 적합한 직업을 찾는 것은 중요하다. 이와 관련해 가장 기본적으로 고려해야 할 요소는 능력, 흥미, 가치, 성격에 대한 분석이다. 자신의 업무를 잘 수행하기 위해서는 이에 필요한 능력과 성격적인 특성에 적합해야 하는 것은 기본이고 그 외에 그 일에 대한 흥미나 긍정적인 자세도 필요하다. 소수이기는 하지만 어떤 사람들은 자기탐색을 통해 어린 나이에 자신에게 적합한 진로를 찾아 일찌감치 그 일을 통해 만족을 느끼기도 한다. 그러나 대부분의 사람들은 잘할 수 있다고 생각하는 일과 해야 한다고 느끼는 일, 그리고 하고 싶은 일의 3가지의 생각 사이에서 많은 고민과 갈등을 하게 된다.

대부분의 사람들은 완벽히 준비되지 못한 상태에서 경력에 대한 의사결정을 하게 된다. 인생 초기에 이루어진 이러한 의사결정은 우리의 삶 전체에 영향을 미치게 되는 연속적인 사건의 발단이 된다. 대부분은 어린 나이에 경력과 관련된 의사결정을 하기에 충분한 경험을 가지고 있지 않기 때문에 이상적인 열정만을 좇으려 하거나 미래에 발생할 여러 가지 현실적인 문제들에 대한 준비가 부족한 상태에서 선불리 이상적인 의사결정을 하게 된다. 대부분 현실적으로 다양한 환경과 상황을 경험하고 실험해 볼 수 있을 만큼의 충분한 기회를 가지지 못하기 때문에 부모나 선생님, 혹은 친구들과 같은 주위의 잘못된 조언에 쉽게 흔들리게 되기도 한다. 그러나 이런 주변인들의 조언은 당사자의 특성이나 능력을 고려한 것이 아니기 때문에 이런 경우 경력의 시작이 성공적이지 못한 경우를 많이 보게 된다. 따라서 경력의사결정 이전에 자신에 대한 전반적인 보다 깊은 이해와 성찰이 무엇보다 중요하다(Tieger et al., 2014).

이 장에서는 진로상담학에 기반을 둔 특성요인이론에 근거하여 성격진단, 가치진단, 능력진단의 전통적인 자기진단 기법과 최근 대두되고 있는 다중지능을 통한 자기진단과 이와 관련된 직업군을 탐색하고, 이 외에도 스토리텔링 기법을 이용한 자신의 강점과 약점 찾는 방법들을 소개한다.

성격 진단

성격(Personality)은 인간의 여러 특성 가운데 중요하게 여겨지면서 동시에 가장 흔하게 언급된다. 성격은 수많은 사람들이 각자의 것을 가지고 있는 것이기 때문에 쉽게 정의 내리기 어렵다. 때문에 이를 연구하는 학자들 사이에서도 성격의 명확한 정의에 대한 견해의 일치를 이루고 있지 않다. 성격(personality)이라는 용어는 라틴어에서 유래하는데 per(~을 통하여: through)와 so-nare(말하다: speak, sound)를 합한 것으로 고대 그리스어로는 연구배우들이 연극할 때 사용하는 가면을 뜻하는 말이었다. 가면 혹은 탈이라는 뜻이었던 페르소나(personare)는 로마시대에는 고귀한 기질을 지니고 있는 개인이라는 의미로 사용되었으며, 오늘날에 이르러서는 Carl Jung이 제시한 바와 같이 겉으로 사람들에게 보이는 개인의 모습이나 특징 또는 원형이라는 개념으로 진화하게 되었다. 학자들마다 주장하는 성격에 대한 각기 다른 수많은 정의들 중, 가장 많은 설득력을 얻고 있는 Allport는 "성격은 각 개인의 정신적·신체적 체계 안에서 그의 특징적 사고와 행동을 결정해 주는 역동적 조직"이라 정의한다. 그는 성격이 성품(character)과 기질(temperament)과 동의어로 자주 사용되기는 하지만 성품(character)은 개인의 행동의 평가에 있어 도덕적 기준이나 가치체계로서의 윤리적 개념으로 사용되므로 성격은 성품(character)이 탈가치화(devaluated)된 것이라는 점에서 다르다고 덧붙였다. 그리고 기질은 지능이나 신체적인 것과 같은 성격을 구성하는 원재료(raw material)적인 것으로 성격과는 차별된다고 주장한다(강봉규, 2009). 성격의 형성에 영향을 미치는 대표적인 요인으로는 유전적 요인과 환경적 요인을 들 수 있다. 신생아들도 각기 다른 기질을 가지고 태어나며 그에 따른 각각의 성격특성과 행동양식을 보이게 되는데 이는 유전적 요인에서 기인하는 것으로 볼 수 있다. 또한 인간의 행동은 환경이란 유기체가 인간에게 미치는 직간접적인 모든 자극이 상호작용을 통해 학습되어 이는 개인의 성격 형성에 결정적인 영향을 미치게 된다. 이런 내용들을 종합해 보면 일반적 성격은 "개인이 환경에 적응해 가는 방법을 결정해 주는 독특한 사고방식이나 그에 따른 일관된 행동 양식"이라 정의할 수 있다(김원형, 남승규, 이재창, 우석봉, 2013).

인간은 누구나 타고난 청사진과 같은 자신만의 분명한 성격을 보유하고 있다. 또한 인간은 성격을 가지고 태어나며 평생 이러한 성격을 가지고 살아가게 된다. 그러나 우리는 상황이나 장소, 만나는 사람에 따라 다르게 행동하기도 하는데 이는 기본적인 성격이 변한 것이 아닌 개개인이 처해 있는 환경적인 상황요인에 따른 처세로 해석한다. 또한 더 나은 혹은 더 부족한 성격유형이 있다는 개념은 적용할 수 없다. 다만 어떤 부분에 더 동기부여되며 어떤 일에 더 열정을 느끼는 경향이 있는지 등을 파악하고 이를 개인의 일에 적용을 하면 경력과 관련된 의사결정에 큰 도움이 될 수 있다.

MBTI(Myers-Briggs Type Indicator)

사람들 사이에 비슷한 유형과 매우 다른 유형이 존재함을 인식하고 이러한 차이를 이해하고 분류하기 위한 많은 시스템과 모델이 개발되어 왔는데 성격 유형을 진단하는 가장 대표적인 검사도구로는 MBTI가 있다. 성격유형에 대한 이론을 처음으로 제안한 학자는 스위스의 심리학자인 Carl Jung이다. 그는 인간의 행동은 매우 무질서하고 종잡을 수 없는 것처럼 보여도 실제로는 질서정연하고 일관된 경향을 띠고 있다고 주장한다. 1921년 Carl Jung의 성격에 대한 이론은 『**심리 유형**(Psychological Types)』이란 제목의 서적으로 출간되었다. 이후 미국의 학자인 Katharine Briggs와 그녀의 딸인 Isabel Briggs Myers는 Carl Jung의 심리유형론을 접하고 이 모델을 적용해 이론적, 실제적 적용에의 연구를 더욱 확대해 나갔다. 그에 따른 연구의 결과로 4가지의 성격의 선호경향(personality preference)과 이에 따라 도출된 16개의 성격 유형으로 분류했다 1940년대부터 Katharine Briggs와 Isabel Briggs Myers는 성격 유형을 진단하기 위한 MBTI(Myers-Briggs Type Indicator) 테스트 검사도구를 개발하기 시작했으며, 연구는 시간이 지나면서 지속적으로 점차 발전되고 정교화되었다. 과거 검사로 축적된 데이터를 분석함으로써 MBTI 검사와 그 결과에 대한 과학적 유효성을 입증해 나갔다. 그러나 이러한 유형화가 각각의 개인이 자신만의 독특한 특성을 가지고 있다는 사실을 부인하는 것은 아니다. 만약 같은 성격 유형으로 분류된 100명의 사람이 있다고 가정했을 때 그들은 모두 다 다른 유형의 사람들처럼 보일 수 있다. 각 개인이 처한 상황, 경험, 흥미, 가족 관계, 유전적인 요소 등의 환경적 요소들이 각기 다를 것이기 때문이다. 그럼에도 불구하고 큰 틀에서의 상당한 성격적인 공통점을 보유하고 있다는 것이 성격 유형의 기본 전제다.

　MBTI는 4가지의 성격의 양극적 선호경향으로 이루어져 있다. 에너지의 흐르는 방향에 따른 외향형(Extraversion)과 내향형(Introversion), 정보를 수집하는 방법에 따른 감각형(Sensing)과 직관형(iNtuition), 의사결정과 판단의 유형에 따른 사고형(Thinking)과 감정형(Feeling), 외부 세계와 관계하는 이행양식에 따른 판단형(Judging)과 인식형(Perceiving)의 선호경향으로 분류된다. Carl Jung은 심리유형론에서 교육이나 환경의 영향을 받기 이전, 인간에게는 원천적으로 잠재되어 있는 심리경향이 있다고 주장했다. 개인은 타고난 기질이나 성향에 따라 다음의 4가지 양극 지표 중 한 가지 범주에 속하게 된다는 것이다. 예를 들어, 외향과 반대의 선호경향인 내향 중 외향에 더 치우쳐 있다면 외향적 성격 선호경향을 가지고 있다고 말할 수 있다. 각 선호경향은 반대되는 성격의 특성을 가지고 있기 때문에 총 8가지의 선호경향이 있다고 할 수 있으며 각각은 영문 앞자리로 표시된다. 다음은 성격 유형을 구성하는 각 성격 선호경향에 대한 설명이다.

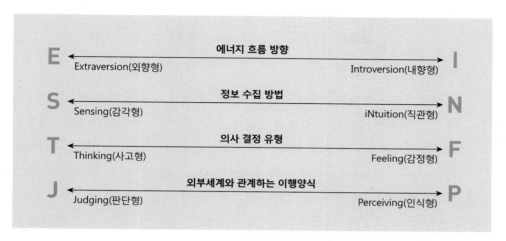

[그림 5-1] MBTI 4가지 선호경향

○ 외향형(Extraversion): 폭넓은 대인 관계를 유지하며 외부적인 관계를 통해 에너지를 얻는다. 사교적이고 활동적인 경향을 나타낸다. 자신이 외부의 주목을 받는 것을 선호하며 외부활동에 적극성을 보이고, 정열적이고 활동적인 성향을 가지고 있다. 생각하기보다는 행동이 앞서고 주로 듣기보다는 말하는 경우가 많다. 개인적인 생각이나 느낌을 자유롭게 표현하며 반응이 빠르고 전반적으로 빠른 페이스를 선호한다.

○ 내향형(Introversion): 혼자 있는 시간을 통해 에너지를 얻는다. 자신이 주의집중의 대상이 되는 것을 선호하지 않으며, 먼저 생각하고 행동한다. 내적으로 사고하며 자신의 개인적 생각이나 정보를 공개적으로 공유하는 것을 선호하지 않으며 주로 말하기보다는 듣는 경향이 있다. 열정이 표현되기보다는 내적으로 잠재하고 있으며, 어떠한 사물이나 현상에 대하여 충분히 생각할 시간을 가진 후 반응하며 전반적으로 여유로운 페이스를 선호한다.

○ 감각형(Sensing): 오감에 의존하여 실제의 경험을 중시하며 지금, 현재에 초점을 맞추고 순차에 따라 정확하고 철저하게 일을 처리한다. 현상을 사실적으로 바라보고 묘사하며 숲보다는 나무를 보려는 경향이 강하다.

○ 직관형(iNtuition): 육감이나 영감에 의존하며 미래재향적이고 가능성과 의미를

추구하며 신속하게 일을 처리한다. 새로운 기술을 배우는 것을 선호하지만 한 번 습득하면 쉽게 싫증을 내는 경향이 있다. 현상을 비유적, 암시적으로 묘사하며 나무보다는 숲을 보려는 경향이 강하다.

○ **사고형(Thinking):** 한걸음 물러나는 객관적인 분석을 문제에 적용한다. 논리, 정의 등의 가치를 중시하고 하나의 기준을 모두에게 공평하게 적용한다. 결점을 찾아내고 비판적인 경향이 있으며, 냉정하고 무감각해 보일 수 있다. 요령이나 재치보다는 사실적이고 정직한 것을 중시한다. 논리적인 것을 가치 있게 여기며 특정 성취를 위한 욕구에 의하여 동기부여된다.

○ **감정형(Feeling):** 다른 사람과의 관계를 중시한다. 공감이나 조화 등의 가치를 중시하고 특정 규칙이나 상황에 따라 예외를 적용하기도 한다. 다른 사람을 즐겁게 하는 것을 좋아하고 감사를 종종 나타낸다. 때때로 감정적, 비논리적으로 보이기도 한다. 사실뿐 아니라 상황적인 요소도 중요시한다.

○ **판단형(Judging):** 목표를 세우고 정해 놓은 기간 안에 달성하려는 성향이 강하다. 정리정돈과 계획에 능하고, 먼저 주어진 일을 끝내고 시간의 여유가 있을 경우 여가를 즐긴다. 결과를 중시하고 주어진 일을 마치는 것에 초점을 맞춘다. 어떠한 프로젝트를 끝냄으로써 만족감을 느낀다. 시간을 제한된 재화로 보고 마감기한을 준수하는 것을 중요하게 생각한다.

○ **인식형(Perceiving):** 상황적 여건에 따라 목표를 변경하기도 하는 융통성을 중시하고 먼저 유유자적 여가를 즐기고 일을 나중에 하는 경향이 있다. 새로운 상황에 열려 있는 개방성을 중시하고 일을 어떻게 완성해 나가는가의 과정에 초점을 맞춘다. 일을 시작하는 데서 만족감을 느끼고 시간을 충분한 재화로 인식하고 유연하게 마감기한을 적용한다.

위의 8가지의 양극 선호경향 중에서 개인별로 자신에게 가장 적합한 4가지 선호지표를 조합해 총 16가지의 성격 유형을 도출할 수 있으며 이는 다음과 같이 나타낼 수 있다. MBTI의 검사결과에 대한 해석은 보통 숙련된 전문가에 의해 이루어진다. 이 책에서는 8가지 선호경향에 대한 자기평가를 통해 MBTI 성격 유형을 측정하고 이에 대한 이해를 도모하고자 한다.

성격 진단 도구

성격을 진단하기 위한 Lore(2011)에 나온 성격 측정도구는 다음과 같다. 단계에 따라 성격을 진단해 보자.

○ 단계 1: 8가지의 각 선호경향 중, 자신에게 해당되는 설명에 대한 내용의 개수를 살펴본다. 이때 자신이 바라는 이상향이 아닌 현재 자신의 행동이나 선호하는 방향을 기준으로 선택한다.

체크	외향형(Extroversion)	내향형(Introversion)	체크
☐	• 외향적인, 분출하는	• 내향적인, 내면의 심오한 세계	☐
☐	• 다양한 사회관계	• 소수의 깊은 개인적 관계	☐
☐	• 표현하는	• 조용한 관찰자	☐
☐	• 공공의, 공적인	• 개인적인	☐
☐	• 사람들과 잘 어울리는	• 일대일 대화를 선호	☐
☐	• 도서관에서 다른 사람 옆자리를 선호	• 도서관에서 독립된 사적 공간 선호	☐
☐	• 혼자 있으면 외로움	• 혼자만의 시간을 선호	☐
☐	• 새로운 관계를 쉽게 시작	• 천천히 새로운 사람을 알아감	☐
☐	• 모든 것을 사람들과 상의 혹은 토론	• 친밀한 경우만 개인적 삶을 공유	☐
☐	• 생각보다 말이 먼저	• 말보다는 생각이 먼저	☐
☐	• 사물의 중심에 있는 것을 선호	• 사무실 문을 닫고 있는 것을 선호	☐
☐	• 행동을 먼저	• 심사숙고	☐
☐	• 생각을 실행시킴	• 내적으로 사고함	☐
☐	• 듣는 것보다 말하는 것을 선호	• 말하는 것보다 듣는 것을 선호	☐
☐	• 관심의 중심이 되는 것을 즐김	• 관심의 중심이 되는 것을 꺼림	☐
☐	• 외부적	• 내부적	☐
☐	• 객관적인	• 주관적인	☐
☐	• 현실은 현재 당면한 환경	• 현실은 내면의 생각과 이해	☐
☐	• 파악이 용이함	• 파악이 용이하지 않음	☐
해당 개수:		해당 개수:	

체크	감각형(Sensing)	직관형(iNtuition)	체크
☐	• 현재의 에너지에 초점을 둠	• 향후 어떻게 될지에 초점을 둠	☐
☐	• 현실, 현재를 중시	• 가능성을 중시	☐
☐	• 현재지향적	• 미래지향적	☐
☐	• 현실적인, 직접적인	• 개념적인	☐
☐	• 세부적인	• 일반적인(general)	☐
☐	• 사실, 실제 사례, 증거	• 통찰, 추론, 예감	☐
☐	• 문자 그대로의, 직역의	• 추론하는	☐
☐	• 세부적인 정보	• 비유, 유추	☐
☐	• 실제 적용이 가능한 새로운 아이디어 선호	• 새로운 아이디어를 선호	☐
		• 미래의 사건을 기대	☐
☐	• 실제 일어난 사건에 관심	• 영감을 찾는	☐
☐	• 즐거움을 추구	• 공상에 잠기는	☐
☐	• 실제적인	• 발명가, 개척자	☐
☐	• 즐거움을 추구, 소비자	• 자주 들썩거림(가만히 있지 않음)	☐
☐	• 잘 만족하는	• 본연의, 원래의	☐
☐	• 모방의	• 미래의 발전을 추구	☐
☐	• 소유를 추구	• 미래의 발전가능성을 위하여 현재의 즐거움을 희생하는	☐
☐	• 미래의 목표를 위해 현재 즐거움을 희생하기를 꺼림		
☐	• 현재를 살고자 함	• 미래를 위해 목표를 추구	☐
☐	• 편안함, 고급스러움, 즐거움, 아름다움 추구	• 개척, 리더십, 사업가 정신을 추구	☐
		• 새로운 기술을 배우고자 함	☐
☐	• 기존의 기술을 제련함		

해당 개수:　　　　　　　　　해당 개수:

체크	사고형(Thinking)	감정형(Feeling)	체크
☐	• 객관적인	• 주관적인	☐
☐	• 원칙 중시	• 개인적 가치 중시	☐
☐	• 분석적인	• 배려하는, 동정하는	☐
☐	• 논리적인, 냉철한	• 열정적인, 따뜻한	☐
☐	• 분석하다	• 배려하는	☐
☐	• 비교하다, 강조하다	• 감상하다	☐
☐	• 설명하는	• 이해하는	☐

(계속)

☐	• 나누다	• 포함하다	☐
☐	• 탐구하다	• 포용하다	☐
☐	• 법, 규칙, 방침을 준수	• 정상 참작해야 할 상황을 고려	☐
☐	• 비인간적인	• 인간적인	☐
☐	• 사려 깊은	• 감상적인	☐
☐	• 인간관계보다 사물에 관심	• 인간관계에 관심	☐
☐	• 사실적인	• 요령 있는	☐
☐	• 간결하고 사무적	• 친근한	☐
☐	• 정의	• 조화, 자비	☐
☐	• 성취	• 감상	☐
☐	• 경작	• 양육(돌봄)	☐
☐	• 대조하다, 나누다	• 포함하다, 관련짓다	☐
해당 개수:		해당 개수:	

체크	판단형(Judging)	인식형(Perceiving)	체크
☐	• 확실한 결정을 내리는 것을 선호	• 개방적인 결정을 선호	☐
☐	• 명확한 목표를 세우고 스케줄에 맞게 달성하는 것	• 목표는 변경 가능하고 개방적임	☐
		• 유연한, 충동적인	☐
☐	• 명확, 결정된	• 마감기한은 변경 가능하다고 생각	☐
☐	• 정해진 마감기한이 있는 프로젝트를 선호	• 현재를 즐김	☐
		• 모호한, 결정되지 않은, 무정형의	☐
☐	• 일을 먼저 하고 여가를 즐김	• 새로운 프로젝트의 시작을 즐김	☐
☐	• 계획된, 구조화된, 정확한	• 과정 중심, 어떻게 일이 완성되는지를 중요시	☐
☐	• 일이나 프로젝트 완성을 즐김		
☐	• 결과 중심, 일의 완성을 중요시	• 변화하는 환경에 유연하게 적용	☐
☐	• 무엇을 하는지를 미리 아는 것을 선호	• 불규칙한 노력	☐
☐	• 꾸준한, 지속적인 노력	• 결정을 미루는 경향	☐
☐	• 결정적인	• 규칙, 관습, 계획들은 변화하는 상황에 유연하게 적용할 수 있음	☐
☐	• 규칙, 관습 계획 등을 따라야 함		
☐	• 계획되지 않거나 기대하지 않은 경험들을 피하려는 경향	• 계획되지 않거나 기대하지 않은 경험들을 재량껏 처리하기 위한 능력에 의존	☐
☐	• 올바르고 정확한 결정을 내리고 행함	• 최대한 많은 경험을 선호	☐

(계속)

	• 학생의 경우 순서가 있고 체계적인 학습 계획을 선호	• 학생의 경우 최후의 순간까지 공부를 미루는 경향	
해당 개수:		해당 개수:	

○ 단계 2: 앞의 선호경향 중 개인별로 자신에게 가장 적합한 4가지 선호지표를 조합한다. 이렇게 조합된 4자리 코드가 자신의 성격 유형에 해당한다. 예를 들어, 외향형(Extroversion), 직관형(iNtuition), 사고형(Thinking), 인식형(Perceiving)이 자신에게 해당하는 4가지 선호지표라면 자신의 성격 유형은 ENTP에 해당한다.

16가지 성격 유형에 대한 해석

다음의 16가지 성격 유형에 대한 설명은 강봉규(2009), 최정윤(2016), Tieger 등(2014)에서 참조하여 기술했다.

○ ISTJ: 신용가, 절약가, 보수파, 준법자

높은 현실감각을 가지고 있어 실제 사실에 대해 정확하고 체계적으로 일을 처리하고 신중하며 책임감이 강하다. 직무가 요구하는 이상으로 열심히 일하는 편이다. 위기 상황에서 침착한 편이며 충동적이지 않다. 반복되는 일상에 인내심이 강하고 보수적이며 일관성이 있다. 어떠한 상황이나 일에 대해 개인적인 표현을 잘하지는 않지만 상황을 매우 개인적으로 받아들인다. 과거의 경험을 활용해 현재의 문제를 해결하며 일의 세부적인 사항에 집착하는 경향이 있다. 업무를 수행함에 있어서나 어떠한 일에 대처할 때 매우 확고하고 분별력이 있으며 정확하다.

○ ISTP: 낙천가, 소비가, 모험가, 개척자

열정적이지만 조용하고 호기심이 강하며 자신의 관심거리에 매우 깊이 몰두한다. 대인 관계는 친한 사람들 외에는 수줍어한다. 논리적이고 분석적이며 객관적 사실에 기초한 추론에만 확신을 가진다. 일상생활에서 적응력이 강하며 일과 관계없다면 어떠한 상황이나 사람들과의 관계에도 직접적으로 관여하지 않는다. 사실적인 정보를 조직하기 좋아하고 과학, 기계, 엔지니어링 등의 분야에 관심이 많으며 손재주가 뛰어난 편이다.

○ ESTP: 활동가, 주창가, 수완가, 촉진자

개방적이며 선입견 없이 있는 그대로 보고 일을 받아들인다. 호기심 많고 날카로운 관찰력으로 현실적으로 야기되는 문제의 해결에 뛰어난 능력을 발휘한다. 추상적인 개념들에 흥미가 없고 이론적으로 배우기보다 직접적으로 경험함으로써 학습하는 것을 선호한다. 현재 상황에 필요한 것을 잘 판단하여 많은 사실들을 쉽게 기억한다. 이 유형은 우호적이고 적응력이 뛰어난 현실주의자들이므로 정해진 규칙이나 원칙보다는 상황에 따라서 다수에게 긍정적인 해결책을 모색하고 타협하고 적용하고자 한다. 따라서 긴장을 완화하거나 갈등상황에서 화합을 이끌어 낼 수 있다. 외향적이며, 긍정적인 에너지로 주변의 분위기를 유쾌하게 만들어 낸다.

○ ESTJ: 행정가, 운영자, 사업가, 추진가

일을 계획하고 조직하며 완수시키는 능력이 뛰어나다. 책임감이 뛰어나며 자신의 약속에 신의를 지키고자 한다. 체계적인 것을 선호하며 세부사항을 잘 조직하고 기억한다. 자신의 과거 경험을 바탕으로 의사결정을 이끌어낸다. 이 유형은 매우 논리적, 객관적, 분석적이며, 논리적으로만 이들을 설득할 수 있다. 추상적인 이론이나 아이디어보다는 실제적인 것에 흥미가 있으며 실제적인 적용이 가능하지 않은 주제들에는 관심이 없다. 미래의 가능성보다는 자신의 주변에 일어나는 일들에 관심이 많다. 이 유형은 일관된 원칙이나 규칙을 중요시하고 관습적이며 제도들을 잘 유지하는 것에 관심이 많다. 외향적이며 사교적이고 직접적이고 친근하다. 이들은 겉으로 보이는 그대로이기 때문에 친근해지기 쉬운 편이다.

○ ISFJ: 보호자, 관리자, 공급자, 봉사자

헌신적이고 온정적이며 다른 사람의 사정이나 상황을 잘 고려하며 자신과 타인의 감정의 흐름에 민감한 편이다. 위기 상황에서 매우 침착하고 안정적이다. 반복적인 성격의 일을 완성해내기 위해 열심이며 세부적인 사항과 절차에 민감하다. 모든 일이 안정적이며 명확한 것을 선호한다. 매우 강한 직업에 대한 윤리를 가지고 있기 때문에 임무를 완수하는 것에 강한 책임감을 느끼고 업무처리에 있어서 매우 정확하고 체계적이다. 행동에 분별력이 있으며 조용하고 겸손하며 진지하고 성실하다. 젠틀하고 동정적이고 타인을 잘 배려하고 실질적인 방법으로 도와주고자 한다. 자신의 감정을 직접적으로 드러내지 않으나 상황이나 사건을 매우 개인적인 것으로 받아들이는 경향이 있다.

○ ISFP: 예술가, 온정가, 낙천가, 연기자

부드럽고, 온정이 많으며, 감정적으로 민감한 편이다. 자신의 이상이나 가치를 보유하고 있지만 말로 표현하기는 꺼린다. 말보다는 행동을 통해 자신의 내면 깊숙이 있는 열정을 드러낸다. 겸손하고 온정적이나 상대방을 온전히 알고 친숙해지기 전까지는 이러한 면을 잘 드러내지 않는다. 인내심이 많고 유연하고 다른 사람을 지배하거나 통제하려 하지 않으며 원만히 잘 지내는 경향이 있다. 다른 사람을 판단하려 하지 않고 있는 그대로 타인의 행동을 받아들인다. 미리 계획하고 준비하기보다는 현재를 즐기고자 한다. 어떤 일을 완수 또는 목표 도달에 조급하지 않고 느긋한 편이다.

○ ESFP: 낙천가, 현실가, 접대자, 사교가

삶에 대한 열정이 가득하고 타인을 잘 수용하며 사람들을 즐겁게 한다. 따뜻하고, 다정하며, 관대하다. 또한 어떠한 상황에도 잘 적응하며 타협적이다. 매우 사교적이고 열정적이고 협동적으로 활동이나 게임에 참여한다. 현실적인 관찰자로 있는 그대로 사물을 보고 받아들이며 실제 경험을 통하여 학습한다. 이 유형은 이론적 설명보다는 그들이 듣고 보고 느끼고 맛보는 그대로를 믿는 경향이 있다. 논리적 분석보다는 인간 중심의 가치에 따라 결정을 내리는 편이며, 자신이나 타인에게 관용적, 수용적이며 선입견이 별로 없고 개방적이다.

○ ESFJ: 사교가, 봉사자, 친선도모자, 협조자

이들은 직접적 방법을 통해 실제 다른 사람들을 돕는 것으로 동기부여된다. 다른 사람과의 관계를 가장 중요시하기 때문에 매우 친절하고 말이 많은 편이며 인기가 많다. 다른 사람과의 관계를 조화롭게 잘 발전시키고 유지하고자 한다. 이 유형은 타인의 존경을 받는 것을 중요시하기 때문에 다른 사람의 무관심이나 비판에 매우 민감하다. 다른 사람의 견해를 매우 중요시 여기며 비판력이나 객관성 없이 다른 사람의 견해에 동의하는 경향이 있다. 매우 현실적이며 실제적이고 일상적인 일에 잘 적응하며 물질적 소유를 즐긴다.

○ INFJ: 예언가, 현자, 예술가, 신비가

아이디어가 풍부하고 본질적인 사고를 하며 확고한 신념과 뚜렷한 원리원칙과 개인적인 존엄을 지니고 있다. 이들은 자신의 사고와 결정을 매우 신뢰한다. 내면의 비전을 최상의 가치로 삼고 그로부터 동기부여된다. 심오한 의미를 추구하며 어떠한 상황에 대한 직관적인 통찰력을 지니고 있다. 이들은 공동의 선을 위한 최상의 것이 무엇인지에 대한 명확한 비전과 강한 확신 및 신념을 가지고 있기 때문에 위대한 정신적 지도자들이 많다. 타인의 존경을 받으며 남에게 강요하기보다는 자신의 행동으로 사람들의 마음을 움직여 따르게 만드는 지도력이 있다. 행동하기 전에 충분히 사고하고 상황을 고려하여 매우 사려 깊은 의사결정을 한다.

○ INFP: 탐색가, 예술가, 신념가, 이상가

내면의 조화를 최상의 가치로 여긴다. 세심하며 이상적이고, 책임감이 강하며 성실하다. 자신이 가치 있다고 여기는 것에 헌신하고 개인적 신념에 의해 동기부여가 된다. 현실적으로 알려진 이상의 가능성에 관심을 가지고 자신의 꿈이나 이상, 비전과 같은 것에 에너지를 집중한다. 일상적인 문제에 관해서는 매우 유연하고 관대하며 적응력을 가지고 있지만 내면으로는 확고하고 높은 수준의 기준이나 비전을 세운다. 타인에게 동정심과 이해심이 많으며 세심하고 관대하다. 이 유형은 자신의 내면의 가치가 문제되지 않는 이상 갈등을 피하며 다른 사람을 지배하려 하거나 강한 인상을 주려고 하지 않는다. 이들의 목표나 가치를 이해하고자 하는 사람들을 매우 귀중히 여긴다.

○ ENFP: 열성가, 작가, 참여가, 외교술가

열정과 새로운 아이디어로 가득차 있다. 낙천적이며, 충동적이고, 창의적이며, 이들에게 있어서 인생이란 흥미진진한 드라마와도 같다. 이 유형은 매우 생기 있고 뛰어난 통찰력을 바탕으로 새로운 방식으로 어떠한 일이나 상황에 접근하는 데 뛰어나다. 새로운 가능성을 추구하는 데 매우 흥미가 있고 관심 있는 일은 무엇이든 재빠르게 해내는 열성파이지만 반복되는 일상적인 일에는 흥미를 느끼지 못하고 세부적인 일에는 지루함을 느낀다. 창의적이고 상상력을 요하는 문제해결이나 새로운 프로젝트를 선호하며 다른 사람들을 잘 도와주고 협력하여 일을 수행해 나간다. 이들은 갈등을 피하고 조화를 선호하며 다양한 종류의 인간관계를 유지해 나가는 경향이 있다.

○ ENFJ: 지도자, 교사, 언변가, 협조자

동료애가 많으며 사람과 인간관계를 가장 중요시하고 주위 사람들에게 관심을 갖는다. 이상적이고 자신의 가치를 신조로 살기 때문에 자신이 존경하고 우러러보는 인물이나 제도 혹은 이념에 충성하는 경향이 있다. 이 유형은 매우 에너지가 풍부하고 열정적이며, 책임감이 뛰어나고 참을성이 많으며 끈기가 있다. 사교적이며 다른 사람의 의견을 존중하고 공동의 선을 위해 좀처럼 공공의 의견에 대해 비판하지 않는다. 인화를 매우 중요하게 여기기 때문에 능숙하게 계획을 제시하거나 조직을 이끄는 능력이 있다. 외교적 능력이 뛰어나 사람들 간의 조화를 이끌어 내고 타고난 리더의 자질을 가지고 있다. 의사소통에 능숙하고 글보다는 말로써 자신의 생각이나 능력을 표현하는 경향이 있다. 실제 상황 자체보다는 자신이 그 상황을 느끼는 것에 근거하여 의사결정을 한다. 현 상황보다는 미래의 가능성에 의미를 둔다.

○ INTJ: 과학자, 이론가, 발명가, 독창가

이들은 완벽주의자로 매우 강한 내적인 신념과 가치관을 가지고 있다. 매우 논리적이며 비판적이고 독창적이어서 새로운 아이디어나 시스템을 실제로 적용할 경우의 결과를 예측할 수 있는 통찰력을 지니고 있다. 타인의 비판이나 무관심을 그다지 개의치 않으며, 자신이 하는 수준만큼 다른 사람들도 해낼 것을 요구한다. 이 유형은 이미 확립된 권위에 개의치 않고 자신만의 방식으로 일을 수행하며 자신의 큰 목적 달성을 위해 강한 결단과 인내심을 가지고 노력한다. 독창적인 마인드와 뛰어난 통찰력과 비전을 가지고 냉철한 혁신을 추구한다. 타인의 감정을 고려하고 타인의 관점에서 상황을 바라보는 능력이 상대적으로 부족하다.

○ INTP: 건축가, 철학자, 과학자, 이론가

이들은 직관적인 문제 해결자로서 매우 지적이며 논리적이고 창의적인 능력을 가지고 있다. 비판적이고 회의적인 경향이 있으며 매우 독창적인 사고형으로 논리적인 근거로만 이들을 설득할 수 있다. 외적으로는 조용한 편이나 자신이 관심 있는 분야에서는 매우 적극적으로 대화에 참여한다. 실제를 있는 그대로 받아들이기보다는 그 가능성에 보다 초점을 둔다. 인간관계나 사교적인 일보다는 어려운 문제를 해결하거나 상황을 개선시키기 위한 새로운 모델을 개발하는 일에 흥미를 느낀다. 복잡한 개념이나 아이디어를 통찰하고 고안하는 것을 선호한다.

○ ENTP: 창의자, 활동가, 능력가, 해결사

도전과 새로운 시도를 좋아하며 열정적이고 영리하다. 또한 다방면에 재능이 많고 자신의 역량을 향상시키기 위해 끊임 없이 노력한다. 진취적이며 항상 새로운 아이디어에 열광하고 독창적인 영감에 큰 가치를 두고 창의적인 아이디어를 실현시키기 위해 노력한다. 도전적이고 이론적인 문제를 해결하는 데 다재다능하고 적응력이 강하며 에너지가 풍부하다. 분석적인 능력과 전략적인 사고력을 보유하고 있으며 한계에 도전하는 것을 좋아한다. 자유롭게 살고자 하며 일상생활에서 다양한 재미를 추구한다. 다양하고 폭넓은 인간관계를 가지고 있으며 유머와 낙천적 성격을 보이고 타인을 판단하기보다는 이해하려고 노력한다.

○ ENTJ: 지도자, 통솔자, 정책자, 활동가

이들은 뛰어난 지도자고 의사결정자다. 모든 상황에서 가능성을 보고 자신의 비전을 실현시키기 위해 다른 사람을 움직이는 것을 좋아한다. 거시적인 안목을 가지고 계획하며 논리적, 분석적 능력이 탁월하기 때문에 지적인 능력을 요구하는 일에 뛰어나다. 어떠한 상황에서 오류를 빨리 발견하고 그것을 즉각적으로 개선시킬 수 있으며 복합한 문제해결을 즐긴다. 다른 가치들보다 사실과 진실을 중요시하므로 논리적인 인과관계로만 이들을 설득할 수 있다. 지식추구에 관심이 많으며 현재 상황 보다는 미래에 초래될 결과에 관심이 많다. 솔직하고 건강한 스타일의 리더로서 자신이 속해 있는 어떠한 상황이든 책임감 있게 통솔한다.

부족/거장 오리엔테이션(Tribal/Maestro Orientation)

다음의 질문지에서 자신을 잘 설명하는 문장을 선택하여 체크한다. 각 문장의 의미를 깊게 분석하지 말고 빠르게 읽으면서 실제의 자신을 잘 설명하는 내용을 선택한다. 만약 어느 쪽도 자신에게 해당되지 않는다고 생각되면 다음 내용으로 넘어가며, 양쪽 내용에 다 해당된다고 생각되면 양쪽에 다 체크한다. 만약 양쪽에 체크한 문항이 많다면 다시 해당 내용을 읽고 되도록이면 한쪽을 선택하도록 한다(Lore, 2011).

체크	부족(Tribal)	거장(Maestro)	체크
☐	나는 다른 사람들과 비슷한 생각을 가지고 있다.	나는 남들과는 다른 나만의 생각을 가지고 있다.	☐
☐	나는 팀의 일원이 되는 것을 선호한다.	나는 나만의 방식으로 독자적인 일을 하는 것을 선호한다.	☐
☐	나는 그룹의 일원이다.	나는 여러 그룹 중 필요에 따라 떠돌아다닌다.	☐
☐	나는 내 동료들이 즐겨 듣는 비슷한 음악을 듣는다.	나의 음악취향은 다른 동료들의 취향과 다르다.	☐

(계속)

☐	나는 특정 분야의 독서에 심취하는 편은 아니다.	나는 특정 분야에 매우 심취해서 독서를 한다.	☐
☐	나는 여러 면에서 다른 사람들과 유사하다.	나는 나를 다른 사람들과 다르고 독특하다고 생각한다.	☐
☐	나는 나의 흥미 분야에 대해 어느 정도 알고 있다.	나는 다른 사람보다 나의 흥미 분야에 깊이 빠져든다.	☐
☐	나는 팀 스포츠나 그룹활동을 좋아한다.	나는 혼자서 하는 스포츠나 활동을 좋아한다.	☐
☐	나는 다른 사람들과 함께 협동으로 아이디어를 내는 것을 좋아한다.	나는 나만의 독자적인 아이디어를 선호한다.	☐
☐	나는 나 자신을 일반적인 직장인이라고 생각한다.	나는 나 자신을 특정 분야의 전문가라고 생각한다.	☐
☐	나는 TV쇼나 영화 등의 일반적인 취향을 가지고 있다.	나는 TV쇼나 영화 등에 나타나는 사람들과 다른 취향을 가지고 있다.	☐
☐	나는 다른 사람들과 비슷하게 옷을 입는다.	나는 매우 독특하고 개인적인 옷의 취향을 가지고 있다.	☐
☐	나는 자연스럽게 잘 어울린다.	나는 내가 노력할 경우에만 잘 어울린다.	☐
☐	나는 다른 사람들을 잘 관리한다.	나는 다른 사람들을 관리하고 싶지 않다.	☐
☐	나는 모든 종류의 사람들과 편안하다.	나는 나를 좋아하는 사람들과만 편안하다.	☐
☐	인생에서 중요한 것은 친구와 가족이다.	인생에서 중요한 것은 어떤 것을 매우 잘하는 것이다.	☐
☐	나는 다른 누군가의 리드를 따르는 것을 선호한다.	나는 나 자신의 생각을 따르는 것을 선호한다.	☐
☐	나는 쉽게 지시를 주고받는다.	나는 지시를 받는 것을 좋아하지 않는다.	☐
☐	나는 상당부분 다른 사람들과 유사하다.	나는 다른 사람과는 다르다.	☐
☐	나는 협동한다.	나는 도전한다.	☐

(계속)

☐	때로 나는 군중으로부터 도드라져 보이길 바라기도 한다.	때로 나는 평범하길 바라기도 한다.	☐
☐	나의 미래의 꿈은 친구들의 꿈과 비슷하다.	나는 남들과는 매우 다르고 개인적인 라이프스타일을 꿈꾼다.	☐
부족(Tribal)에 표시된 총 개수:		거장(Maestro)에 표시된 총 개수:	

양쪽의 설명 중 한쪽에 체크된 개수가 상대적으로 훨씬 많다면 자신은 부족(Tribal) 혹은 거장(Maestro)의 성향을 가지고 있다고 할 수 있다. 만약 양쪽의 개수가 비슷하다면 중간의 성향을 가지고 있다고 볼 수 있다. 자신의 부족–거장스케일(Tribal-Maestro scale)에 대한 이해는 자신에게 이상적인 경력 분야나 다른 사람과 관계를 맺는 방식에 있어 유용한 정보를 제공한다. 따라서 정확히 부족–거장스케일의 어디에 해당하는지 알지는 못하더라도 몇 퍼센트의 부족과 거장의 성향을 가지고 있는지를 아는 것은 자신에게 적합한 경력을 선택하는 데 도움이 될 것이다. 각 성향에 대한 특징은 다음과 같다.

거장 성격(Maestro Personality)

거장(Maestro) 성향을 가진 인구는 전체의 약 25%에 해당한다. 매우 개인적이고 자신의 특정 분야에 대한 전문성에 가치를 두는 성향을 가진 사람들이라고 할 수 있다. 이들의 성공은 자신이 선택한 특정 분야에서의 특별한 훈련이나 재능에 달려 있다. 이 유형은 일에 있어서 자신의 분야에서의 전문성, 지식, 탁월함 등으로 인정받기를 바라며, 타인의 눈에 띌 수 있는 직업에 이끌린다. 아동기에는 개인의 특정 흥미 분야나 취미에 심취하는 경향이 있다. 자신의 남들과는 다른 사고방식을 어린 나이에 깨닫게 되며 이러한 경향은 일생을 통해 지속된다. 거장(Maestro) 성향을 가졌지만 부족(Tribal)경력을 잘못 선택한 사람들은 자신의 일에 대해 종종 '누구라도 할 수 있는 일'이라고 평가한다.

외향적인 성향의 거장들은 자신의 전문성에 대하여 사람들과 직접적으로 원활히 의사소통한다. 이러한 성향의 대표적인 직업으로는 세미나나 수업 등을 이끌기 좋아하는 대학교수, 법정 변호사, 정치가, 배우, 개그맨, 무용가, 컨설턴트 등이 있다. 내향적인 성향의 거장들은 내적으로 자신의 전문성과 관련된 정보를 처리하는 것 등을 선호한다. 대표적인 직업으로는 과학자, 예술가, 연구원, 회계사, 시인, 애널리스트, 경제학자, 소설가, 발명가 등이 있다.

부족 성격(Tribal Personality)

부족(Tribal) 성향을 가진 인구는 전체의 약 75%에 해당한다. 이들은 어떠한 조직이나 그룹의 일원으로 타인과 함께 협동하여 일하는 것에 만족감을 느낀다. 이들은 너무 전문적이거나 한 방면으로 특화된 성격의 일에는 쉽게 지루함을 느끼는 경향이 있으며 넓은 범위의 일반적인 성향의 일을 선호한다. 조직의 목표에 기여하는 일에 최선을 다하며 대체로 다른 사람들과 유사한 생각을 가진다. 그룹의 결정이나 움직임에 따르며 조직의 가치, 목표, 관점으로부터 영향을 받는다. 이들의 성공은 이들의 인간관계적 능력이나 조직의 문화에 쉽게 어우러지는 재능에 달려 있다고 할 수 있다. 부족 성향의 사람들은 대부분 경영이나 관리, 인사, 교육, 훈련, 감독, 세일즈, 광고, PR, 은행업 등의 분야의 경력을 선택한다.

외향적 성향의 부족들은 사교적이고, 사람들과 잘 지내며 많은 사람들과 함께 시간을 보내며 외부적으로 일하는 것을 선호한다. 대표적인 직업으로는 세일즈맨, 리셉셔니스트, 로비스트, 관리자, 오피스 매니저, 웨이터, 승무원 등이 있다. 내향적 성향의 부족들은 어느 정도 사적인 공간을 가지고 좀 더 조용한 분위기에서 일하는 것을 선호하며 조직의 목표를 위하여 내부적으로 일한다. 대표적인 직업으로는 프로젝트 매니저, 기업의 회계사, 기업 변호사, 사무직, 변리사, 보험사 등이 있다.

가치 진단

　사람들은 종종 자신에게 가장 중요한 가치가 무엇인가라는 질문을 받는다. 가치 (value)의 사전적 의미는 개인이나 그룹, 사회가 가지고 있는 어떠한 원칙과 기준, 혹은 속성이다. 인간이 중요하다고 간주하는 가치들은 그들의 문화, 종교, 민족, 인종, 성 정체성 등에 의해 영향을 받고 형성된다. 예를 들어, 대부분의 사회는 개인의 평등한 권리, 표현의 자유, 정의, 공평한 경쟁 등의 가치들을 신조로 삼는 반면 어느 문화권의 사회에서는 이와는 다른 성격의 가치들을 우선시하기도 한다. 또한 그리스 문화에서는 교육을 많이 받은 사람이 전통적으로 존경을 받아 왔다. 높은 학위를 받은 사람은 왕이나 운동선수보다 더 존경받는 경향이 있었는데 이러한 문화에 따라 그리스의 어린이들은 교육의 가치에 대해 중요시 여기게 되었다. 다른 예로 달라이 라마와 오프라 윈프리는 자신들의 분야에서 삶의 에너지를 사용하는 데 있어 매우 성공적인 예지만 그들의 선택은 인생에 있어 각기 다른 가치를 반영하고 있다. 우리는 달라이 라마의 경우 영성적인 가치를 중시하고 오프라 윈프리의 경우는 리더십이라는 가치를 중요시함을 유추해 볼 수 있다. 이렇게 이들의 선택이 자신의 가치를 반영하듯 우리가 어떠한 일을 직업으로 선택한다는 것은 그 일에 자신의 삶의 에너지를 상당 부분 사용하기로 결정했다는 것을 의미한다. 그리고 그 일이 자신이 중요하고 가치 있는 일이라고 생각하는 것이라면 자신이 그 일을 하면서 더욱 더 만족감을 얻게 될 것이다. 한 가지 흥미로운 점은 가치의 정의는 개인이나 그룹 혹은 사회가 실제로 가치를 추구하며 이를 신조로 하는지는 언급하고 있지 않다는 점이다. 사람들이 이상적으로 중시하는 가치들을 조사해 보면 그들이 실제로 신조로 삼은 삶의 가치와 차이를 보이기도 한다. 따라서 자신의 가치에 대한 명확한 인식을 가지고 경력과 관련된 올바른 의사결정을 하는 것은 쉽지 않다고 할 수 있다. 자신의 가치와 일치하는 일을 한다는 것은 직무 만족과 지속적인 개인의 발전을 위해 매우 중요하다. 따라서 자신의 어떠한 가치가 자신의 삶을 향상시킬지, 살아가면서 어떠한 가치를 계속 유지하고 어떠한 가치를 포기할지에 대해 올바르게 인지하기 위해서는 여러 카테고리로 분류하는 작업이 필요하다(Lore, 2011).

가치측정(Value Chart)

Lore(2011)가 그의 책에서 소개하고 있는 다음 표에 단계별 설명에 따라 표시하여 가치를 진단해 보자.

가치(Value)	이상적 가치 (Ideal)	준거적 가치 (Standard)	선호하는 가치 (Want)	삶의 가치 (True value)	일 가치 (Work value)	우선순위 (Priority)
성취						
인정						
발전						
모험						
애정						
활력						
예술						
자율성						
지배되지 않음						
고통을 피함						
종교인의 일원으로서의 역할						
부모 혹은 자식으로서의 역할						
팀의 일원으로서의 역할						
통제하는						
올바른						
최고가 되는 것						
신뢰받는						
아름다움, 미						

(계속)

그룹에 속하는 것						
사업 구축(build a business)						
배려						
도전						
현재의 상태에 도전						
경쟁						
관계						
기부						
환경을 통제						
협동						
용기						
창의성						
문화						
대담						
존엄						
선행을 베푸는 것						
올바른 일을 하는 것						
자신의 방식으로 일을 하는 것						
우아						
권한 이양						
깨우침, 이해						
사업가 정신						
평등						
공평						
존경						
뛰어남, 탁월함						
흥분, 열광						
섹슈얼리티의 표현						

(계속)

명성						
가족의 행복						
쾌감						
경제적 안정						
고장난 것의 수리						
정직						
우정						
재미						
수행, 완수						
앞서 나감						
자신을 희생						
선량함						
행복						
열심히 일하는 것						
말과 행동의 조화						
건강						
도움						
가난한 사람을 돕는 것						
정직						
유머						
우상타파						
과시						
포용						
독립						
내면의 조화						
혁신						
진실성						
재미있는 경험						

(계속)

	친밀					
	발명					
	기쁨					
	정의					
	일관됨					
	리더십					
	학습					
	여가시간					
	사랑					
	충성					
	돈을 버는 것					
	결혼					
	숙달, 통달					
	기회					
	평화					
	인내					
	외모					
	자신의 발전					
	놀이					
	명랑함					
	즐거움					
	은퇴를 위한 준비					
	사생활					
	인식					
	신뢰감					
	안전					
	저축					
	자기 통제					

(계속)

자존감						
자기 표현						
자존심						
간결함						
사교성						
문제 해결						
영적인 발전						
영적인 가치						
즉흥						
강인함						
시너지						
팀 정신						
유일함, 독특함						
재능의 활용						
부						
승리						
지혜						
젊음						
기타:						
기타:						
기타:						

○ 단계 1: 앞의 표에 나온 각 항목에서 자신에게 중요하다고 생각되는 가치의 앞 빈칸에 체크(√) 표시한다. 만약 자신에게 중요한 가치가 앞의 리스트에 없다면, 기타 란에 자신이 중요하다고 생각하는 가치를 적어 넣는다.

○ 단계 2: 자신에게 중요하다고 표시한 가치들을 다음의 이상적 가치, 준거적 가치, 선호하는 가치, 삶의 가치, 일 가치인 다섯 카테고리의 해당하는 박스에 체크(✓) 표시를 한다. 각 카테고리는 다음의 내용에 해당한다.

- 이상적 가치(Ideals): 완벽하며, 현실이 아닌 이상적 개념으로써 궁극적 목표이지만 우리는 실제적으로 그렇게 살아가기 힘든 경향이 있고 추구하기 어렵다.
- 준거적 가치(Standards): 이 가치가 현실에서 실제 실현되고 있다기보다는 이 가치의 방향으로 나아가야 한다(should)고 생각하는 것이다. 예를 들어, 사회가 때로는 공평하지 않지만 공평해야 한다(should)고 생각하는 것을 의미한다.
- 선호하는 가치(Wants and preferences): 본인이 원하거나 선호하는 가치를 의미한다.
- 삶의 가치(True Values): 개인의 삶에 있어서 신조로 삼고 그러한 신조에 헌신하며 살고자 하는 가치를 의미한다.
- 일 가치(Work Values): 특히 일과 직접적으로 연결된 가치라고 할 수 있는데 이는 보편적인 삶의 가치일 수도 있으며 오직 일에만 적용되는 가치일 수도 있다.

자신의 가치에 해당하는 카테고리를 분류할 때 다음의 경우를 유의한다. 만약 저축이 경제적으로 좋지 않을 경우를 대비하는 자신의 가장 중요한 가치(삶의 가치)라고 생각하지만 실제로는 저축을 하지 못해 괴로운 상황이 현실이라면 저축은 실제로 준거적 가치나 혹은 이상적 가치에 해당한다.

○ 단계 3: 자신이 삶의 가치라고 표시한 가치이면서 동시에 중요한 일 가치가 되는 가치들을 살펴본다.
○ 단계 4: 자신의 일 가치들의 우선순위를 정해 본다. 우선순위(Priority)란에 순서대로 숫자를 매긴다. 가치는 단계로 나뉠 수 있는 개념이기 때문에 사람들은 매우 중요한 최상의 가치를 추구하기 위하여 때로는 하위의 가치를 희생하기도 한다. 어떠한 상황에서도 포기하거나 희생할 수 없는 자신의 가장 중요한 '진정한 일에서의 가치(true work value)'는 무엇인가를 도출해 보도록 한다.

직업가치평가(Work Value Survey)

다음은 간략하게 자신의 삶과 일에 있어서 중심이 되는 가치를 알아볼 수 있는 표다(Ducat, 2012).

항 목	전혀 중요하지 않다	별로 중요하지 않다	다소 중요하다	매우 중요하다
예 시 (중요도를 화살표로 표시)				
1. 자기개발				
2. 성취				
3. 창의성				
4. 기술의 활용(Use of skills)				
5. 다양성				
6. 자율성				
7. 모험, 위험 추구				
8. 신체적 활동				
9. 리더십				
10. 타인을 돕는 것				
11. 명예				
12. 심미				
13. 관계				
14. 안정				
15. 금전				
16. 균형				
17. 가족				
18. 영성				

자신에게 가장 중요한 상위의 3가지 가치를 나열해 보자:

스킬 진단

스킬(skills)은 어떠한 것을 유능하게 수행하기 위한 학습된 능력이라고 할 수 있다. 스킬은 한번 습득되면 이후 곧 자연스럽게 느껴지게 된다. 따라서 특정 스킬을 이미 보유하고 있는 사람은 그 스킬이 없는 사람들이 왜 이를 필요로 하는 업무를 수행하면서 어려움을 겪는지를 잘 이해하지 못하기도 한다. 예를 들어, 수학을 잘하는 사람이라면 왜 사람들이 단순한 수 계산을 어려워하는지를 의아해할 수 있다. Campbell에 따르면 재능(talents)은 음악적, 수학적, 운동 재능과 같은 일반적 능력(general abilities)을 포함하며 스킬(skills)은 다수의 고객에게 마케팅 메일을 보내기 위하여 메일머지 기능을 사용할 수 있다거나 혈액검사를 위한 채혈을 할 수 있는 등의 특정한 능력(specific abilities)을 말한다. 이러한 스킬들은 학습을 통하여 습득될 수 있다. Campbell은 어떤 스킬이 향후 자신이 하고자 하는 일에 필요한지를 잘 살펴서 자신의 타고난 재능과 더불어 스킬을 습득해 나가는 것을 추천한다(Ducat, 2012).

범용적 스킬 vs. 직무내용적 스킬

스킬의 범주는 크게 직무내용적 스킬(job-content skills)과 범용적 스킬(portable skills) 두 부분으로 나누어 생각해 볼 수 있다. 직무내용적 스킬은 특정한 직무나 직업과 관련된 특화된 지식이나 노하우를 의미한다. 예를 들어, 스포츠 마케팅 스페셜리스트가 되기 위한 특정 지식이나 노하우 혹은 변호사가 되기 위한 법률적 특정 지식이나 스킬은 직무내용적 스킬에 해당한다. 범용적 스킬은 특정 직업이나 직무가 아닌 다양한 종류와 범위의 일에 적용할 수 있는 유용한 스킬들을 의미한다. 과학기술의 발전과 새로운 직종의 출현 등의 변화무쌍한 현대사회에서 범용적 스킬은 언제 어디서 어떤 직업을 가지든지 꼭 함양해야 할 필수적 자산이라고 할 수 있다.

"난 심리학 전공이기 때문에 조직에서 아무것도 할 수 없어."라고 말하는 학생이 있다. 이 학생은 조직에서 원하는 스킬이 직무 관련 특정 지식이라고 생각하는 경향이 있기 때문이다. 그러나 대부분의 조직에서 원하는 직원은 직무내용적 스킬보다는 범용적 스킬을 보유한 사람이라 할 수 있다. 직무내용적 스킬은 보통 직업세계에 입문한 이후에 직무로부터 학습되거나 습득될 수 있다. 그 이전의 단계에서는 범용적 스킬을 보유함으로써 우리는 더 유연하게 직업세계에 대처할 수 있으며 경쟁력을 가질 수 있다. 예를 들어, 뛰어난 의사소통 스킬을 보유하고 있다면 언제 어디서든 다른 종류의 일에 이 스킬을 활용할 수 있기 때문이다. 범용적 스킬은 〈표 5-1〉과 같이 협동 스킬, 의사소통 스킬, 테크놀로지 스킬, 문제해결 스킬, 변화관리 스킬, 전문가적 스킬(Professionalism Skills)의 6개 부문으로 분류할 수 있다.

〈표 5-1〉 범용적 스킬

6가지 범용적 스킬	
협동 스킬 (Collaboration Skills)	협동 스킬은 대인 관계 스킬로 다르게 표현할 수 있다. 다양한 유형의 사람들과 원만하고 좋은 관계를 맺고 유지할 수 있어야 한다. 협동 스킬은 설득하고, 협상하고, 동기부여하고, 가르치고, 조언하고, 이끌고, 갈등을 해결하는 등의 내용을 포함한다.
의사소통 스킬 (Communication Skills)	숙련된 의사소통 스킬을 보유하고 있는 사람들은 다른 사람의 말을 경청하며 자신이 말하는 데 있어서도 어려움이 없는 사람이다. 구두, 서면, 일대일 소통, 전화, 온라인, 많은 사람들로 구성된 그룹 내의 소통과 같은 모든 종류의 의사소통이 능숙함을 의미한다.
테크놀로지 스킬 (Technology Skills)	테크놀로지 스킬은 신뢰할 만한 원천으로부터 정보를 얻고 관리하고 공유하며, 의사소통이나 네트워크를 위한 디지털 기술을 사용하며, 인터넷이나 전자 데이터베이스들을 사용하여 검색을 하고, 다양한 컴퓨터 소프트웨어 프로그램들을 사용할 수 있는 스킬을 의미한다.
문제해결 스킬 (Problem-Solving Skills)	문제해결 스킬은 문제점을 정확히 진단하여 해결책에 대한 정보를 찾고, 선택 가능한 대안들을 비교분석 및 의사결정을 하며, 해결안을 실행할 수 있음을 의미한다. 이는 비판적 사고의 스킬이라고도 할 수 있다.
변화관리 스킬 (Global awareness and Change-management Skills)	일터에서의 급격한 변화에 맞춰 빠르게 적응하는 능력은 꼭 배양해야 하는 중요한 스킬이다. 과학기술 부분, 조직 구조적 부분, 프로젝트 할당 등의 부분에서의 변화들에 대처할 수 있어야 하며, 이를 위해서는 유연하고 적응력이 뛰어나야 한다.

(계속)

전문가적 스킬 (Professionalism Skills)	전문가적 스킬은 시간과 계획, 목표를 철저히 관리하고, 윤리적으로 행동하며 책임감 있는 자세로 타인을 대하고, 약속을 성실히 이행하는 것을 의미한다.

범용적 스킬 프로파일

다음의 단계에 따라 표하여, 자신이 보유한 능력을 알아보고 능력 프로파일을 작성해 보자.

⟨Scale⟩ 5: 매우 잘함, 4: 다소 잘함, 3: 보통, 2: 다소 못함, 1: 매우 못함

협동 스킬(Collaboration Skills)	1	2	3	4	5
1. 사람들과 친절하고 열린 태도로 관계를 유지한다.					
2. 자신보다 높은 지위의 사람들과 편안하고 효과적으로 일한다.					
3. 동료들과 협동한다.					
4. 내가 책임져야 할 사람들(고객 등)과 편안하고 효과적으로 일한다.					
5. 공적인 관계의 사람들과 편안하고 효과적으로 일한다.					
6. 상사로 하여금 일이나 문제에 대하여 인식하도록 시기적절하게 알린다.					
7. 직장에서의 네트워크를 잘 형성하고 활용한다.					
8. 약속을 잘 이행함으로써 타인들과 신뢰를 쌓는다.					
9. 배경이나, 문화, 인종, 종교, 나이, 성별, 라이프스타일 등에 관계없이 타인을 존중한다.					
10. 어떠한 상품이나, 서비스, 아이디어 등의 가치에 대하여 타인을 설득한다.					
11. 다른 사람이 어떤 행동을 취하거나 성취하고 더욱 잘할 수 있도록 동기부여한다.					
12. 다른 사람을 가르치거나 훈련시킨다.					

(계속)

	1	2	3	4	5
13. 다른 사람을 코치한다.					
14. 다른 사람에게 조언한다.					
15. 다른 사람을 감독한다.					
16. 다른 사람들을 이끈다.					
17. 다른 사람을 옹호한다.					
18. 갈등을 건설적인 방법으로 대처한다.					
19. 어떠한 이슈에 동의하지 않더라도 원만한 업무관계를 유지한다.					

의사소통 스킬(Communication Skills)	1	2	3	4	5
1. 타인의 아이디어나 의견, 질문에 주의를 기울인다.					
2. 주의 집중하여 경청한다.					
3. 나와 견해가 다르더라도 타인의 의견을 주의 깊게 고려한다.					
4. 나의 의견이나 견해를 설명한다.					
5. 사교적인 대화를 한다.					
6. 일대일 대화에서 나를 잘 표현한다.					
7. 대화에서 적절한 용어를 사용한다.					
8. 표준어를 구사한다.					
9. 프로페셔널하고 적절하게 전화에 응대한다.					
10. 전화상으로 정확한 정보를 제공한다.					
11. 정확하고 자세하게 메시지를 받는다.					
12. 명확하지 않은 내용을 확인하고 오해를 방지하기 위해 질문을 한다.					
13. 전자상이나 서면상 의사소통에서 정확한 문법을 구사한다.					
14. 그룹 내 의사소통에서 경청한다.					
15. 그룹 내 의사소통에서 주의를 집중하고 타인을 존중한다.					
16. 팀의 멤버로서 기여한다.					
17. 적절한 경우 책임을 지고 팀을 이끈다.					

(계속)

18. 그룹에서 효과적인 프레젠테이션을 준비하고 발표한다.					

테크놀로지 스킬(Technology Skills)	1	2	3	4	5
1. 정보를 수집하고 관리하고 공유하기 위하여 첨단 기술을 활용한다.					
2. 전문적인 질문에 답을 찾기 위하여 검색 엔진이나 전자 데이터베이스를 활용한다.					
3. 문서작성을 위하여 MS-Word와 같은 워드 프로세싱 프로그램을 활용한다.					
4. MS-Excel을 활용한다.					
5. 주어진 주제에 대하여 효과적인 멀티미디어 프레젠테이션을 제작한다.					
6. 웹 페이지, 비디오 제작 등 다양한 멀티미디어 기법을 활용한다.					
7. 의사소통의 채널로 각종 소셜미디어(SNS)를 활용한다.					
8. 첨단기술의 활용에 있어 알아야 할 법적, 윤리적 이슈들을 인식한다.					
9. 새로운 첨단기술들이 출현함에 따라 이를 찾아내고 학습한다.					

문제해결 스킬(Problem-Solving Skills)	1	2	3	4	5
1. 회피하거나 타인에 의존하지 않고 주도적으로 문제를 해결한다.					
2. 가능한 해결방안에 열린 태도를 가진다.					
3. 표면에 머무르지 않고 문제의 본질에 깊게 파고든다.					
4. 다양한 관점으로 문제와 상황을 바라보고 문제를 주의 깊게 분석한다.					
5. 각종 데이터베이스와 도서관 자료를 수집하고 잘 알려지지 않은 주제와 이슈를 조사한다.					
6. 다양한 서적과 매뉴얼을 사용하여 문제해결을 위한 효과적인 학습 능력을 활용한다.					

(계속)

	1	2	3	4	5
7. 문제에 대한 타인의 생각을 적극적으로 구한다.					
8. 문제를 최대한 잘 이해하기 위해 올바른 질문을 한다.					
9. 포기하거나, 최선이 아닌 해결책을 수용하지 않는다.					
10. 해결책을 찾기 위해 실험을 하는 등의 다양한 시도를 한다.					
11. 통계적, 산술적 정보를 이해하고 적용한다.					
12. 그래프, 차트, 테이블 등의 정보를 이해하고 사용한다.					
13. 의사결정을 하기 전 각 대안의 장단점을 따져 본다.					
14. 의사결정을 하고 필요한 액션을 취한다.					
15. 해결책을 계획하고 실행한다.					
16. 해결책이 잘 적용되는지 관찰하기 위한 이정표를 세운다.					

변화관리 스킬(Global Awareness and Change-Management Skills)	1	2	3	4	5
1. 여러 프로젝트를 동시다발적으로 수행한다.					
2. 프로젝트의 계획, 목표, 팀원들 등의 변화에 빠르게 적응한다.					
3. 빠른 업무환경의 속도 안에서 마감기한을 준수한다.					
4. 다른 문화나 세계관을 가진 동료로부터 배운다.					
5. 새로운 문제들에 투지를 가지고 도전한다.					
6. 새로운 정보를 활용하여 프로젝트에 유연하게 변화를 적용시킨다.					
7. 세계에서 일어나는 여러 변화들이 어떻게 나의 일이나 경력에 영향을 미칠지 생각하기 위해 세계의 뉴스를 관심 있게 본다.					
8. 종사하는 분야, 산업, 조직에 영향을 미치는 과학기술의 혁신을 인식하기 위해 정기적으로 독서를 한다.					
9. 나의 경력을 관리한다.					
10. 시장에서 활용될 만한 자신의 스킬 포트폴리오를 지속적으로 만들어 나간다.					

전문가적 스킬(Professionalism Skills)	1	2	3	4	5
1. 시간을 잘 관리한다.					
2. 목표를 설정하고 해야 할 일들의 목록을 준비한다.					
3. 우선순위를 정하고 가장 중요한 일부터 수행한다.					
4. 업무를 완수하고 목표 달성을 위해 현실적으로 계획한다.					
5. 미루지 않는다.					
6. 미팅이나 약속에 정시나 혹은 미리 도착한다.					
7. 위기상황이나 긴급상황에 침착하게 대응한다.					
8. 믿음직스럽게 업무를 수행한다.					
9. 적극적으로 업무를 수행한다.					
10. 도전적인 업무를 맡고 주도적으로 수행한다.					
11. 장애물이 있어도 지속해 나간다.					
12. 거짓되지 않게 정직하고 품위 있게 행동한다.					
13. 윤리적 기준을 가지고 업무를 수행한다.					
14. 업무에 맞는 단정하고 프로페셔널한 용모를 지닌다.					
15. 가정과 일이나 공부 등의 균형을 유지한다.					
16. 건강, 수면, 식생활 등과 관련하여 자신을 잘 관리한다.					

- 단계 1: 각 문항에 대하여 자신이 보유한 스킬을 잘 나타내는 정도에 표시한다.
- 단계 2: 범용적 스킬 프로파일을 분석한다.

A. 자신의 경력목표를 기술한다.

　　내 경력목표는: ＿＿＿＿＿＿＿＿＿＿＿＿＿＿＿＿＿＿＿＿ 이다.

B. 위의 6가지 스킬 부문을 살펴보고 자신의 강점 스킬과 약점 스킬 부문이 무엇인지 파악한다.

　　가장 강한 스킬 부문은: ＿＿＿＿＿＿＿＿＿＿＿＿＿＿＿＿＿＿ 이다.

　　가장 약한 스킬 부문은: ＿＿＿＿＿＿＿＿＿＿＿＿＿＿＿＿＿＿ 이다.

C. 위의 88문항 중에서 가장 높은 점수이면서 스스로 중요하다고 생각되는 자신의 5가지 능력 자산을 나열한다.
　　1)
　　2)
　　3)
　　4)
　　5)

D. 위의 88문항 중에서 가장 낮은 점수이면서 자신에게 부족하다고 생각되는 5가지 사항을 나열한다.
　　1)
　　2)
　　3)
　　4)
　　5)

다중지능

다중지능은 1983년 하버드대학교 교수인 Howard Gardner가 그의 책 『Frames of Mind』에서 처음으로 소개한 다중지능이론(multiple intelligence theory)에 근거한다. Gardner는 인간을 하나의 지능인 IQ(Intelligence Quotient)로 측정하는 것을 비판하며 지능에 대한 새로운 개념을 소개하고 있다. 다중지능이론에 의하면, 인간은 모든 범위의 지능을 가지고 있으나 똑같은 지능 프로파일이 아닌 사람마다 독특한 지능 프로파일의 혼합된 인지능력을 가지고 있다. 또한 지능이 높다고 해서 지적으로 행동하는 것은 아니다. Gardner는 개개인의 지능에 나타나는 각기 다른 특성으로 지능을 표현하기 위해서는 다중지능이 적합하다고 주장하며, 인지과학, 발달심리학, 신경과학의 연구결과에 기초해 인간의 지능이 복수로 구성되어 있다는 다중지능이론을 발표했다. 1983년 처음 다중지능이 소개될 때는 일곱 개의 다중지능이 소개되었고, 2006년에 후속연구를 통해 한 개의 지능을 더 추가했다. 현재도 끊임없이 연구하며 또 다른 지능을 찾아내기 위해 노력하고 있다.

8개의 다중지능에 대한 간략한 설명은 다음과 같다.

○ **언어지능**(linguistic intelligence)은 구어와 문어에 대한 민감성, 언어 학습 능력, 특정한 목표를 달성하기 위한 언어 활용 능력이 포함된다.

○ **논리수학지능**(logical-mathematical intelligence)은 문제를 논리적으로 분석하고 수학적으로 수치를 처리하고 과학적인 방법으로 문제를 탐구하는 능력이다.

○ **음악지능**(musical intelligence)은 연주를 하거나 음악적 양식을 이해하고 작곡하는 능력이다.

○ **신체운동지능**(body-kinesthetic intelligence)은 문제를 해결하거나 산물을 형성하기 위해 자신의 몸 전체 또는 손이나 입과 같은 신체 일부를 사용하는 능력이다.

○ **공간지능**(spatial intelligence)은 좁은 공간뿐 아니라 넓은 공간을 인지하고 다루는 능력이다.

○ **인간친화지능**(interpersonal intelligence)은 타인의 욕구와 동기, 의도를 이해하고 타인과 효과적으로 일할 수 있는 능력이다.

○ **자기성찰지능**(intrapersonal intelligence)은 자신을 이해하고 자신의 욕구, 두려움, 재능 등을 잘 다루어 효율적인 삶을 살아가게 하는 잠재력이다.

○ **자연친화지능**(natural intelligence)은 환경의 동식물군을 비롯한 방대한 종들에 대한 인식과 분류에 탁월한 능력을 포함한다.

다중지능에 대해 모든 학자들이 동의하는 것은 아니다. 기존의 심리학자들 중에는 다중지능의 측정이 어렵다고 하고, 어떤 학자들은 지능은 '학문적 지능'이라고 주장하기도 한다. 그러나 다중지능은 인간이 가진 모든 범위의 인지적 능력으로 지능의 범위를 확대적용하고 있고 또 기존의 단일 지능이 설명할 수 없는 인간의 다양한 능력을 총체적으로 더 설명할 수 있는 설명력을 확대했다는 데 그 의의가 있다.

다중지능과 진로탐색

다중지능에 기초한 자기인식이 진로탐색에 도움을 준다는 연구는 미국과 국내에서 최근까지 이어져 오고 있다. 대학생을 대상으로 한 진로탐색 프로그램에서도 다중지능을 활용한 경우, 참여학생들의 진로의사결정에 긍정적인 결과를 보였다. 이는 다중지능을 활용해 학생들은 강점지능을 이해하고 이를 바탕으로 자신의 진로탐색 과정에서 의사결정시 더 합리적으로 반응한다는 것을 알 수 있다. 〈표 5-2〉는 다중지능별로 잘할 수 있는 직무와 이 지능을 강점으로 필요로 하는 대표적인 직업군을 기술한 것이다.

〈표 5-2〉 다중지능에서 지능별 매칭 직무와 직업

다중지능	잘할 수 있는 직무	이 지능이 강점으로 필요한 직업
언어지능	소설 쓰기, 연설문 작성, 시쓰기, 안내서 작성, 기사 작성, 주장하기, 농담, 글자 맞추기, 각본 쓰기, 계약서 작성, 이야기하기, 연극하기, 논쟁하기, 재담 등	작가, 극작가, 사서, 방송인, 기자, 언어학자, 연설가, 변호사, 영업사원, 정치가, 설교자, 학원 강사, 외교관, 성우, 번역가, 통역사, 문학 평론가, 방송 프로듀서, 개그맨, 경영자, 아나운서, 시인, 리포터 등
논리수학지능	컴퓨터 프로그래밍, 수학적 증거 제시, 흐름도 작성, 대차대조표 관련 업무, 퍼즐 풀이, 의학 진단, 발명, 일정관리, 논리적 명제 제시 등	엔지니어, 통계전문가, 수학자, 물리학자, 과학자, 은행원, 컴퓨터 프로그래머, 구매 대리인, 공인회계사, 재무설계사, 회계감사원, 경리, 탐정, 의사, 수학 또는 과학 교사, 법조인, 정보기관원, 빅데이터 전문가 등
음악지능	노래 부르기, 악기연주, 청음, 작곡, 사운드 트랙 등	음악가(성악가, 연주가, 작곡가, 지휘자 등), 음악 치료사, 음향 기술자, 음악 평론가, 피아노 조율사, DJ, 무용가, 음악교사, 음반 제작자, 반주자, 음악공연 연출가 등
신체운동지능	운동, 게임, 춤, 연극, 몸짓, 표현, 신체 훈련, 연기, 조각, 보석 세공, 목재 가공 등	안무가, 무용가, 엔지니어, 운동선수, 스포츠 해설가, 외과 의사, 공학자, 물리치료사, 레크레이션 지도자, 배우, 무용교사, 체육교사, 보석세공인, 군인, 스포츠 에이전트, 마사지사, 산악인, 치어리더, 경찰, 경호원, 뮤지컬 배우, 조각가, 도예가, 사회체육지도사, 정비기술사, 카레이서, 파일럿 등
공간지능	그림 그리기, 줄긋기, 조각, 도형 그리기, 만화 그리기, 계획하기, 모형 만들기, 건물설계, 영화 · 비디오 · 사진 촬영하기, 항해, 지도제작, 체스게임, 색채배합, 패턴 및 디자인 등	조각가, 항해사, 디자이너(인테리어, 게임, 헤어, 웹, 무대, 컴퓨터 그래픽 등), 엔지니어, 화가, 건축가, 설계사, 사진사, 파일럿, 코디네이터, 공예가, 미술교사, 탐험가, 자동차 운전사, 요리사, 외과의사, 치과의사, 큐레이터, 일러스트레이터, 정찰병 등

(계속)

인간친화지능	타인의 감정에 대한 이해, 협력학습 전략, 일대일 대면, 공감, 분업, 피드백 주고받기 등	교사, 정치인, 카운슬러, 심리치료사, 사업가, 영업사원, 종교지도자 등
자기성찰지능	일기 작성, 예술 작업, 반성적 사고, 사고전략, 고도의 추론, 정신집중, 목표 설정, 영적인 활동 등	신학자, 심리학자, 작가, 발명가, 철학자, 정신과의사, 성직자, 작곡가, 기업가, 예술인, 심리치료사, 역술인, 자기인식훈련 프로그램 지도자 등
자연친화지능	사물의 특징을 잘 구별함, 곤충이나 애완견, 가축에 대한 관찰, 동식물 스케치, 여행, 하이킹, 동물기르기 등	유전공학자, 식물학자, 생물학자, 수의사, 농화학자, 조류학자, 천문학자, 고고학자, 한의사, 의사, 약사, 환경운동가, 농장운영자, 조리사, 동물 조련사, 요리평론가, 원예가, 생명공학자, 생물이나 지구과학 교사 등

　　Gardner는 인간이 하나의 지능만을 갖고 있거나 하나의 지능만 강점으로 갖고 있는 것이 아니라 여러 지능의 다양한 조합으로 인간의 지능을 이해하기 때문에, 하나의 지능과 하나의 직업이 매치되는 것이 아니라, 한 직업을 잘 수행하기 위해서는 여러 개의 지능이 복합적으로 필요하다고 주장한다. 위의 〈표 5-2〉를 보면 같은 직업군이 여러 개의 지능에 해당되어 나타나는 것을 확인할 수 있다. 예를 들면, 법조인이 되기 위해서는 논리수학지능과 언어지능이 강점으로 유효하며, 의사가 되기 위해서는 논리수학지능, 자연친화지능이 유효하고, 외과의는 의사가 되기 위해 필요한 지능에 신체운동지능이 추가적으로 더 중요하고 정신과는 인간친화지능이 강점으로 유효하다. 정치인이나 외교관, 변호사가 되기 위해서는 언어지능과 논리수학지능, 인간친화지능이 강점으로 유효하다.

　　우리나라 교육부에서 지원하고 한국직업능력개발원 진로교육센터에서 운영하는 커리어넷(www.career.go.kr)의 진로심리검사 중 하나인 '주요 능력 효능감' 검사에서도 Gardner의 다중지능을 적용하고 있다. 검사에서는 9개의 주요 능력과 관련된 활동들에 대한 자신감을 측정할 수 있는 도구로, 다중지능 8개에 창의력을 더해서 총 9개의 능력별 자기효능감을 측정할 수 있도록 하고 있다. 이 도구를 이용한 검사결과 외에도 9개의 능력별 자기효능감을 바탕으로 14개 직업군 중 어느 직업군에 적합한지에 대한 결과도 알 수 있다.

다중지능 측정도구

Gardner는 다중지능을 측정하는 도구를 개발하진 않았는데, 그 이유는 이러한 도구가 또 다른 새로운 꼬리표가 될 수 있기 때문이라고 했다. 그가 다중지능을 개발한 것은, 지능을 통해 사람에 대한 이해를 높이는 개념으로 활용하기 위한 것이며, 사람을 능력자나 실패자로 분류하는 데 사용하려고 한 것은 아니기 때문이다.

대표적으로 성인을 대상으로 사용할 수 있는 다중지능 측정도구는 다음과 같다(출처: http://www.multiiqtest.com/ 참조). 다음 단계를 따라 다중지능을 측정해 보자.

○ 단계 1: 다음의 각 문항을 읽고 적절한 답안을 맨 다음 답안지에 표시한다.

(1. 전혀 그렇지 않다 / 2. 별로 그렇지 않다 / 3. 보통이다 / 4. 대체로 그렇다 / 5. 매우 그렇다)

문 항	전혀 그렇지 않다	별로 그렇지 않다	보통이다	대체로 그렇다	매우 그렇다
1. 취미 생활로 악기 연주나 음악 감상을 즐긴다.	①	②	③	④	⑤
2. 운동 경기를 보면 운동선수들의 장단점을 잘 집어낸다.	①	②	③	④	⑤
3. 어떤 일이든 실험하고 검증하는 것을 좋아한다.	①	②	③	④	⑤
4. 손으로 물건을 만들고, 그림을 그리는 것을 좋아한다.	①	②	③	④	⑤
5. 다른 사람보다 어휘력이 풍부한 편이다.	①	②	③	④	⑤
6. 친구나 가족들의 고민거리를 들어주거나 해결하는 것을 좋아한다.	①	②	③	④	⑤
7. 나 자신을 되돌아보고, 앞으로의 생활을 계획하는 것을 좋아한다.	①	②	③	④	⑤

(계속)

8. 자동차에 관심이 많고, 각각의 공통점과 차이점을 알고 있다.	①	②	③	④	⑤
9. 악보를 보면 그 곡의 멜로디를 어느 정도 알 수 있다.	①	②	③	④	⑤
10. 평소에 몸을 움직이며 활동하는 것을 좋아한다.	①	②	③	④	⑤
11. 학교 다닐 때 수학이나 과학과목을 좋아했다.	①	②	③	④	⑤
12. 어림짐작으로도 길이나 넓이를 비교적 잘 알아맞힌다.	①	②	③	④	⑤
13. 글이나 문서를 읽을 때 문법적으로 어색한 문장을 잘 찾아낸다.	①	②	③	④	⑤
14. 직장 내 성희롱이 왜 발생하고 어떻게 해결하면 좋을지 알고 있다.	①	②	③	④	⑤
15. 나의 건강 상태나 기분, 컨디션을 정확히 파악할 수 없다.	①	②	③	④	⑤
16. 옷이나 가방을 보면 어떤 브랜드인지 바로 알아맞힐 수 있다.	①	②	③	④	⑤
17. 다른 사람의 연주나 노래를 들으면 어떤 점이 부족한지 알 수 있다.	①	②	③	④	⑤
18. 어떤 운동이라도 한두 번 해 보면 잘할 수 있다.	①	②	③	④	⑤
19. 다른 사람의 말 속에서 비논리적인 점을 잘 찾아낸다.	①	②	③	④	⑤
20. 다른 사람의 그림을 보고 평가를 잘할 수 있다.	①	②	③	④	⑤
21. 나의 어렸을 때 꿈은 작가나 아나운서였다.	①	②	③	④	⑤
22. 다른 사람들로부터 다정다감하다는 소리를 자주 듣는다.	①	②	③	④	⑤
23. 내 생각이나 감정을 상황에 맞게 잘 통제하고 조절한다.	①	②	③	④	⑤
24. 동물이나 식물에 관하여 많은 정보를 알고 있다.	①	②	③	④	⑤
25. 다른 사람과 노래할 때 화음을 잘 넣는다.	①	②	③	④	⑤
26. 운동을 잘한다는 말을 자주 듣는다.	①	②	③	④	⑤

(계속)

	①	②	③	④	⑤
27. 회사 생활에서 발생하는 문제를 해결하는 절차와 방법을 잘 알고 있다.	①	②	③	④	⑤
28. 내 방이나 사무실을 꾸밀 때, 어떤 재료를 사용해야 하고 어떻게 배치해야 하는지 잘 알아낸다.	①	②	③	④	⑤
29. 글을 조리 있고 설득력 있게 쓴다는 말을 자주 듣는다.	①	②	③	④	⑤
30. 직장 동료나 상사의 기분을 잘 파악하고 적절하게 대처한다.	①	②	③	④	⑤
31. 평소에 내 능력이나 재능을 개발하기 위해 노력하고 있다.	①	②	③	④	⑤
32. 동물이나 식물을 좋아하고 잘 돌본다.	①	②	③	④	⑤
33. 악기를 연주할 때 곡의 음정, 리듬, 빠르기, 분위기를 정확하게 표현한다.	①	②	③	④	⑤
34. 뜨개질이나 조각, 조립과 같이 섬세한 손놀림이 필요한 활동을 잘할 수 있다.	①	②	③	④	⑤
35. 물건의 가격이나 은행 이자 등을 잘 계산한다.	①	②	③	④	⑤
36. 다른 사람으로부터 그림 그리기나 만들기를 잘한다고 칭찬받은 적이 있다.	①	②	③	④	⑤
37. 책이나 신문의 사설을 읽을 때 그 내용을 잘 이해한다.	①	②	③	④	⑤
38. 가족이나 직장 동료, 상사 등 누구와도 잘 지내는 편이다.	①	②	③	④	⑤
39. 내 일정을 다이어리에 정리하는 등 규칙적인 생활을 위해 노력한다.	①	②	③	④	⑤
40. 나는 현재 동식물과 관련된 직업에 종사하고 있다.	①	②	③	④	⑤
41. 어떤 악기라도 연주법을 비교적 쉽게 배운다.	①	②	③	④	⑤
42. 개그맨이나 탤런트, 주변 사람들의 행동을 잘 흉내 낼 수 있다.	①	②	③	④	⑤
43. 어떤 것을 암기할 때 무작정 외우기보다는 논리적으로 이해하여 암기하곤 한다.	①	②	③	④	⑤

(계속)

44. 새로운 지식을 습득할 때 그림이나 개념지도를 그려가며 외운다.	①	②	③	④	⑤
45. 좋아하는 수업시간은 국어시간과 글쓰기 시간이다.	①	②	③	④	⑤
46. 내가 속한 집단에서 내가 해야 할 일을 잘 찾아서 수행한다.	①	②	③	④	⑤
47. 어떤 일에 실패했을 때 그 원인을 철저히 분석해서 다음에는 그런 일이 생기지 않도록 노력한다.	①	②	③	④	⑤
48. 동식물이나 특정사물이 갖는 특징을 분석하는 것을 좋아한다.	①	②	③	④	⑤
49. 빈칸을 주고 어떤 곡을 채워 보라고 하면 박자와 전체의 곡의 분위기에 맞게 채울 수 있다.	①	②	③	④	⑤
50. 연기나 춤으로 내가 전하고자 하는 것을 잘 표현할 수 있다.	①	②	③	④	⑤
51. 어떤 문제가 생기면 성급하게 결론을 내리기보다는 여러 가지로 그 원인을 밝히려고 한다.	①	②	③	④	⑤
52. 고장 난 기계나 물건을 잘 고친다.	①	②	③	④	⑤
53. 다른 사람이 하는 말의 핵심을 잘 파악한다.	①	②	③	④	⑤
54. 다른 사람들 앞에서 프레젠테이션(발표)이나 연설을 잘한다.	①	②	③	④	⑤
55. 앞으로 어떻게 성공해야 할지에 대해 뚜렷한 신념을 가지고 있다.	①	②	③	④	⑤
56. 환경문제를 잘 해결할 수 있는 방법들을 많이 알고 있다.	①	②	③	④	⑤

	A	B	C	D	E	F	G	H
문항	1	2	3	4	5	6	7	8
답안								
문항	9	10	11	12	13	14	15	16
답안								
문항	17	18	19	20	21	22	23	24
답안								
문항	25	26	27	28	29	30	31	32
답안								
문항	33	34	35	36	37	38	39	40
답안								
문항	41	42	43	44	15	46	47	48
답안								
문항	49	50	51	52	53	54	55	56
답안								
세로 항목별 총합계								
	A 음악지능	B 신체운동 지능	C 논리수학 지능	D 공간지능	E 언어지능	F 인간친화 지능	G 자기성찰 지능	H 자연친화 지능
총합								

○ 단계 2: 답안의 번호가 1인 경우는 1점, 2는 2점, 3은 3점, 4는 4점, 5는 5점을 준다.

○ 단계 3: 표의 세로 항목별로 점수합계를 낸다.

○ 단계 4: 세로 항목별로 총합점수를 다음 공식에 넣으면, 100점 만점으로 환산한 각 지능의 점수를 계산할 수 있다.

$$\text{각 지능의 점수} = ((\text{총합} - 7) / 7) \times 25$$

스토리텔링을 통한 자기인식과 진로선택

앞에 기술된 여러 도구들은 자신의 성격, 가치관, 능력, 지능, 선호도 등을 알아볼 수 있는 유용한 도구다. 자기 자신에 대한 인식이 없다면 이러한 도구들을 기반으로 자신에 대한 이해를 시작해야 한다. 이 도구들은 자신의 진로 방향이 기본적으로 어떤 산업군이나 직업군에 있는지 방향성을 결정하는 데 큰 도움을 줄 것이다. 그러나 이는 필요한 정보이지만 충분한 정보는 되지 못한다. 성격, 가치관, 능력, 지능 등이 어떤 성향을 가지고 있는지 알 수는 있으나, 그 성향의 조합을 가진 사람과 잘 맞는 직업군은 여러 개며 하나로 특정 지을 수 없다. 그리고 특정 성향의 사람이 꼭 특정 직업군에만 맞는 것은 아닌 만큼, 현실 경력에서는 다양한 성향의 사람이 한 직군으로 나타나는 경우가 자주 나타난다. 물론 직업마다 소위 '직업병'이라고 말할 만큼의 다른 직업과 구별되는 특성이 있을 수 있으나, 그 외 특징과 성향은 그 안에서 다양하게 존재한다. 자신의 성격과 가치관, 능력을 보다 심도 있게 파악하고 그밖에 자신이 원하는 일과 동기부여를 지속시키는 열정이 어디에 있는지를 파악하여 어떻게 조화로운 결정을 할 것인지에 대한 방법을 소개한다.

> 자신의 직업이 자신의 역량과 맞지 않는다는 것을 알게 되었다고 하자. 그 이유는 크게 4가지다. ① 직업을 잘못 선택했을 경우, ② 승진 등을 통해서 자신의 업무가 바뀌었을 경우, ③ 비즈니스 환경이나 업무 작업 환경의 변화, ④ 강점이 너무 강해서, 또는 다른 사람이 나의 약점을 덮으며 보완적으로 일하고 있어서다.
>
> 출처: 로버트 스티븐 캐플런(2013). 나와 마주서는 용기.

강점, 약점 진단

앞의 도구들을 사용해 자신이 어느 능력과 어떤 성격을 높은 수준으로 갖고 있는지 파악하고자 했으나, 정말 자신의 강점이 무엇인지 아직도 설명하기가 망설여지는가?

물론 강점을 파악하는 일은 매우 어려우며, 약점을 파악하는 일은 더더욱 어려운 일이다. 그렇기에 강점과 약점을 알아내는 데 더욱 치열한 노력을 기울여야 한다, 또한 시간이 지남에 따라 강점과 약점은 늘 같지 않고 변하기 때문에 강점과 약점을 알아내려는 노력은 경력개발 생애 전반에 걸쳐서 지속적으로 필요한 과정이다.

특히 약점을 알아내고 이 약점에 대한 대처 의지가 장기적으로 경력개발 성공의 열쇠가 된다. 약점을 스스로 알아내기란 쉽지 않은 일이지만, 일단 약점을 개선하게 되었을 때 이는 강점이 되기 때문이다. 먼저 약점을 알아가는 과정이 피상적이면 안 된다. 약점을 스스로 고민하기를 계속하는 것은 즐거운 일이 아니고, 일상에 지치다 보면 약점을 알아가려는 노력을 지속적으로 하기가 어렵다. 따라서 자신의 약점에 대해 진심으로 고민하고 성찰할 시간을 의도적으로 따로 가질 필요가 있으며, 이 성찰의 시간에 최대한 객관적인 관점에서 약점을 찾아내려고 해야 한다.

약점을 알 수 있는 가장 좋은 방법 중 하나는 다른 사람의 도움을 받는 것이다. 생애 전반에 걸친 경력개발 과정에서 개인은 수시로 많은 사람의 도움을 받아야 하는데, 특히 약점을 알아내는 데 다른 사람의 도움이 필요하다. 당신과 비밀을 지켜줄 신뢰할 만한 사람을 찾아, 당신이 듣고 싶어 하지 않는 진실인 당신의 약점을 말해 줄 수 있는 사람과 진정한 관계를 맺어야 한다. 약점을 쉽게 말해 주는 사람은 없다. 듣는 사람이 약점을 받아들이지 않고 방어하거나 부정적인 감정을 갖게 되기 쉽기 때문에, 굳이 관계를 불편하게 만들면서까지 다른 사람의 약점을 분명하게 말해 주고자 하는 사람은 드물기 때문이다. 따라서 당신을 아껴 주고 신뢰할 만한 사람에게 당신의 약점을 알려 달라고 요청해야 한다. 이런 경우에도 비슷한 이유로 사람들은 쉽게 말해 주지 않고 간접적으로 표현하기 쉽다. 자신의 약점을 상대방으로부터 듣지 못한다면 이는 본인에게 문제가 있는 경우가 많다. 대부분은 남의 약점을 말해 주고 싶어하지 않기 때문에 본인이 적극적으로 알아보려고 귀를 기울이고 건설적으로 받아들일 노력을 해야 한다.

좋은 멘토나 코치가 약점에 대해서 조언을 해 줄 수는 있지만, 그 사람들은 그들의 경험에 바탕을 두고 조언을 해 주는 것이기에 당신의 일상에서의 약점을 잘 모를 수 있다. 오히려 가까운 상사나 동료가 그런 역할을 더 잘할 수 있다. 따라서 자신의 약점을 스스로 고민하고 성찰할 필요도 있고, 신뢰할 만한 그리고 자신을 잘 아는 사람들로부터 약점에 대해 솔직한 이야기를 들을 수 있어야 한다.

강점을 알 수 있는 방법 중 하나는 새로운 곳에서 봉사나 다양한 활동을 통해 기존의 강점이라고 생각되었던 부분을 확인해 볼 수 있고 또 새로운 강점을 발견하거나 개발해 나갈 수 있다. 여러 경험을 종합적으로 성찰하며 가장 자신 있는 역량 또는 상대적으로 뛰어난 역량 3가지만 나열하는 방식으로 자신의 강점을 알 수 있다. 그럼에도 불구하고 자신의 강점을 파악하기 힘들다면, 다음의 열정, 열의 진단에서 제시하고 있는 방법을 사용하길 권한다. 이 방법은 자신의 강점과 열정이 어디에 있는지 알아볼 수 있는 통합적인 방법이다.

세상은 빠른 속도록 변하고 있다. 게다가 자신의 잠재력을 완전히 펼칠 수 있는 길은 여러 갈래다. 그러므로 우리가 해야 할 일은 그중에 어떤 길을 가더라도 계속해서 학습하고, 성장하고, 능력을 개발하는 것이다. 즉, 자신의 강점을 파악해서 이를 최대한 활용하고 동시에 자신이 좋아하는 일을 하는 와중에 새로운 역량들을 배우면 지속적인 자기개발과 발전을 이룰 수 있다.

강점과 약점을 알았을 때, 강점이 잘 활용되는 직업을 선택할 것인가? 아니면 약점이 개선될 기회가 많은 직업을 선택할 것인가? 약점을 개선할 계획이 있는지, 또는 그 부분을 다른 사람에게 위임할 수 있는지를 고민해야 한다. 사람들은 결코 혼자 일하지 않는다. 때문에 한 개인이 모든 분야의 모든 역량을 다 높은 수준으로 갖춰야 할 필요는 없다. 같은 부서의 팀원이 서로 보완적인 역할을 해 준다면 가능한 부분이 매우 많다. 팀플레이가 매우 중요한 것도 이 때문이다. 따라서 자신이 갖추고 내세울 강점은 무엇이며 개선할 약점은 무엇인지, 또 도움받을 약점은 무엇인지를 인지하는 것은 아주 중요하다.

열정, 열의 진단

사람들은 수년간에 걸쳐 사회적으로 어떻게 행동하고 결정할 것인지에 대해 교육받아왔고 길들여져 왔기에 열정을 선택하는 것이 옳은지 현실적인 직업군을 따를 것인지의 갈림길에서 대부분은 혼란스러워하며 고민에 빠진다. 선택에서 사람들 대부분은 고민한다. 그러나 대부분 성공한 사람들의 사례에서 열정을 따랐을 때, 즉 즐기면서 일할 때 성과도 더 많이 난다는 조사 결과가 있다는 것을 유의할 필요가 있다.

이제 처음 직업을 선택하려는 대학생들에게 주는 조언으로는 자신이 즐길 수 있으면서 배울 수 있는 직업을 선택하는 게 좋다는 것이다. 일반적으로 학생들은 자신들의 열정이 어디에 있는지, 자신이 진짜 무엇에 열정을 느끼는지 알지 못하는 경우가 많다. 경험 부족으로 인해 본인이 실제 어디에서 열정을 느끼는지, 관련 직업에서 실제 어떤 업무를 수행하는지 잘 알지 못하기 때문이다.

산업, 직무, 회사를 찾는 일 또한 어렵다. 이를 쉽게 시작하는 방법이 있다. 당신이 계획하는 또는 희망하는 직업을 나열하고, 그 직업별로 주된 업무 3~5개를 알아낸다. 이때 주된 업무는 가능한 구체적이고 상세하게 기술할수록 좋다. 그리고 나면 주된 업무를 수행하기 위해 필요한 역량을 나열한다. 직업편람이나 관련 도서, 정부나 지방자치단체에서 운영하는 취업진로지원 사이트, 뉴스 기사, 인터넷 블로그나 홈페이지 등 여러 정보의 원천(source)을 조사하면 이러한 정보를 수집할 수 있다. 마지막으로는 이렇게 찾아낸 업무와 역량 목록을 보며, 다음 몇 가지를 고려하여 나의 희망 직업군을 찾아나갈 수 있다. 내가 그 일을, 주된 업무들을 정말 즐기는가? 내가 그 업무들을 할 역량이 있는가? 내게 필요한 역량이 없다면 나는 부족한 역량을 기꺼이 개발하고자 하는가?

희망 직업 (Job Choice)	주된 업무 (Major Tasks)	업무별 필요한 주된 역량 (Major Competencies)	고려할 내용
경영 컨설턴트	산업환경 분석하기	수치분석 능력, 자료서치 능력	• 나는 이 업무를 수행하는 것을 즐기는가? • 나는 이 업무를 수행할 역량이 있는가? • 또는 부족한 역량을 기꺼이 개발하고자 하는가?
	기업현황 파악하기	기업경영지식, 자료분석 능력, 의사소통/토론 능력	
	전략 또는 해결방안 수립하기	전략기법지식, 창의성, 논리적 추론력	
	고객과 커뮤니케이션하기	구두 커뮤니케이션 능력, 발표 능력, PPT 제작 능력	

중요사건기법(CIT: Critical Incident Technique)을 이용해 자신의 열정 분야 찾기

CIT는 원래 질문자가 응답자로 하여금 어떤 특정 상황을 참여했거나 관찰한 경험에 대해서 이야기 형식으로 설명하도록 하는 인터뷰 기법이다. CIT의 장점은 과거 경험을 스토리텔링의 형식으로 풀어내면서 그 속에 담겨 있는 구체적인 정보를 수집할 수 있다는 것이고, 종종 이러한 정보는 응답자들이 오히려 쉽게 답하지 못하거나 간과했던 의미 있는 정보라는 것이다. 자신의 열정 분야를 찾기 위해 CIT를 활용한 다음의 단계를 따라가 보자.

- 단계 1: 자신이 가장 최고의 성과를 내었던 일, 가장 만족스러웠던 일이 무엇인지 스토리로 적는다. 이때 가장 성과를 잘 내었거나 만족스러웠던 경우가 여러 개라면, 가능한 많은 수의 스토리를 적는 것이 좋다.
- 단계 2: 각 스토리별로 다음의 순차적 질문에 따라 답을 한다.
  (1) 왜 그 순간이 그렇게 기억되는가?
  (2) 무엇이 그렇게 좋았는가? 환경, 일 자체, 같이 일했던 사람, 일의 특징 등
  (3) 나는 그때 무엇을 했는가?
  (4) 거기서 내가 배운 또는 발견한 나의 강점은 무엇인가?
  (5) 내가 어떤 부분에 의해서 동기부여되고 끈기 있고 성실하게 노력하는가?
- 단계 3: 위와 같은 질문에 대한 답변결과를 분석한다. 모든 스토리를 통해서 가장 빈번하게 나오는 나의 강점과 나의 열정은 어디에 있는지 분석한다.

CIT를 좀더 효과적으로 하기 위해서는 이 단계들을 혼자 하기보다는 친구나 선후배와 같이 질문자와 응답자의 역할을 나누어서 하면 더 많은 수의 다양한 스토리를 모을 수 있다. 이때 스토리는 구체적일수록 좋다.

출처: 백지연(2014). 인적자원개발실습.

자신이 어느 분야에 열의가 있는지 잘 모르겠다면 그래서 막연하게나마 희망 직업조차 생각하기 어렵다면, 진로선택을 위해 시작할 수 있는 첫 질문은 "나는 어떤 과목을 좋아하는가?"다. 좋아하는 과목을 기준으로 시작해서 자신이 궁극적으로 열정을 느낄 수 있는 분야를 찾아가는 것이다. 그러나 이때 자신이 높은 성적을 받았다고 해서 좋아하는지, 교수자가 잘 가르쳐서 좋아하는지, 그 과목의 내용이 정말 자신에게 흥미로운지에 대해서는 충분히 생각해야 한다.

　　캐플런(Kaplan, 2013)은 개인의 열정이 어디에 있는지 알기 위한 방법으로 "**모든 직업의 급여가 다 똑같이 충분하다면, 당신은 어떤 직업을 선택하겠는가?**"라는 질문을 권한다. 궁극적으로 일이라는 것이 경제적인 보상을 담보하는 것이기 때문에, 경제적인 보상에 얽매이지 않고 자신이 진정으로 원하는 일, 진심으로 열정을 느끼는 일이 무엇인지 알기 위해서는 이런 질문을 던져 답을 고민하라는 것이다.

　　그러나 이는 자신의 열정을 쏟을 수 있는 분야를 알기 위한 질문으로, 경제적 보상과 상관없이 열정에 따라서만 자신의 진로를 선택하라는 것은 아니다. 여전히 매일의 경제적 보상이 중요한 사람에게는 급여는 동기가 될 수 있다. 또한 최소한의 삶을 영위할 수 있는 수준의 급여는 동기가 되지 않더라도 최소한의 조건이 될 수 있다. 이는 장기적으로 급여 등의 경제적 보상은 직업을 지속적으로 영위하는 동기가 되기는 어렵다는 것을 전제하고 열정에 따른 진로선택의 중요함을 강조하기 위한 것이다.

　　열정과 상충되는 요인, 즉 외적 요인인 돈, 지위, 권력 등이 자신에게 중요한 가치로 여겨진다면 열정이 없는 일이라도 견뎌야 하겠지만, 일반적으로 열정이 없이 성취를 높은 수준으로 이루기는 쉽지 않다. 첫 직장을 다닌 뒤 2~3년이 지난 졸업생들이 가장 많이 하는 질문이, "현재 일이 만족스럽지 않은데 어떻게 해야 하는가?"다. 결국 처음에는 이 정도의 일이라도 안정적인 작업환경과 급여 등을 준다면 타협할 만했는데, 막상 더 이상의 외적 요인이 내적 필요를 만족시키지 못하는 경우가 많다는 것이다. 주변에서 일 가운데 지속적으로 발전하려고 노력하는 사람들을 보면 매우 존경스럽고 그런 근면 성실함이 어디서 나오는지 궁금할 것이다. 진정한 근면함은 사실 열정에서 나오는 것이다. 자신이 정말 좋아하는 일이라면 꾸준히 성실하게 그 일을 해 나갈 것이기 때문이다.

　　진로선택에 있어서 자신이 현재 선택한 결정을 정당화하기 위해 다른 사람의 기대나 현재의 환경적 상황을 변명으로 합리화하고 있지는 않은지 고민해야 한다. 여러 상충된 요인을 고려해 숙고 끝에 주체적으로 결정해야 한다.

　　대부분의 사람들은 가정환경, 특히 부모의 영향, 그리고 대중문화 전반에 걸쳐 나타나는 사회적 규범에 영향을 받는다. 특히 우리는 또래 집단에서 몇 등을 해 왔는지,

상대보다 더 좋은 결과를 만들어 냈는지를 항상 지속적으로 평가받으며 자라 왔다. 그래서 취업이나 경력개발 관련 의사결정에서도 내적인 만족감인 자아성취나 나의 열정이 동력이 아니라 외부적으로 보이는 사회적 지위나 급여, 권위, 브랜드 등에 더 영향을 받기도 한다. 부모나 친구들의 영향, 대중문화 등 사회적 기대 등이 내가 진짜로 원하는 게 무엇인지 찾는 것을 방해한다. 이러한 압력이나 기대를 핑계 삼아 더 이상 내가 진짜로 원하는 것이 무엇인지 고민하지 않으려고 한다. 왜 그럴까? 보통은 이런 고민이 너무 힘들기도 하고 또한 답이 없을 것 같은 느낌을 받기 때문이다. 가족의 기대나 내가 책임져야 할 의무를 저버리라는 의미는 아니다. 나의 열정을 갖고 일하면서도 이러한 기대를 최소한 충족시킬 만한 일이 무엇인지 치열하게 찾고 고민해야 최선을 결과를 얻을 수 있다는 것이다. 일단 무엇을 하고 싶은지 생각하라. 그리고 그다음에 어떻게 그것을 성취할 수 있는지 고민하라.

자신의 역량과 열정에 따라 직업을 선택하고 열심히 일하고 있어도 항상 즐겁거나 좋은 것은 아니다. 직무 내용 중에는 하기 싫은 일이 포함될 수도 있고 상사나 동료 등 함께 일하는 사람으로부터 스트레스를 받을 수도 있고, 내가 가정에서 감당해야 할 의무가 바뀔 수도 있고, 비즈니스 환경이 침체기로 어려워질 수도 있다. 또는 부당한 대우를 당할 수도 있다. 이때 어떻게 대처하는 것이 좋은지 정답은 없으나, 따라야 할 원칙은 있다. 일이 잠시 즐겁지 않더라도 지속적으로 영위할 만큼 가치가 있는지, 자신의 다른 역량을 배양할 기회가 되지는 않는지, 배움과 열정을 갖고 주도적으로 자신의 일에 자신이 주인이 되어 결정하고 일하되 장기적인 관점에서 경력을 고려해야 할 것이다.

특히 충분히 고민하고 검토한 후 선택한 직장에 들어간 지 얼마 되지 않아서 자신과 맞지 않는다고 생각한다면, 심각한 윤리적인 문제가 아니라면 최소한 1년은 지내면서 자신을 조직에 적응시키는 과정이 필요하다. 업무내용이나 일처리 방식뿐 아니라 조직 전체의 의사소통체계, 평가제도 등에 적응하고 자신의 역량을 충분히 발휘할 수 있는 시점이 되기까지는 어느 정도의 적응기간이 필요하다. 특히 신입직원으로 들어가면 매우 의미 있는 중요한 일을 처음부터 맡아서 하기란 쉽지 않다. 대부분 허드렛일, 보조적인 업무를 수행하다가 시간이 지남에 따라 조금씩 더 중요한 업무를

수행하게 되기 때문이다. 따라서 1년의 중간 시점에 직장을 계속 다닐지 그만둘지 소
모적으로 고민하기보다는 일단 집중해서 일하고 1년 뒤에 결정을 하고 다시 집중하
는 사이클을 돌린다면 더 건설적이고 효율적인 경력개발을 이루어 나갈 수 있을 것
이다.

참고문헌

강봉규(2009). 심리검사의 이론과 기법. 서울: 동문사.

김원형, 남승규, 이재창, 우석봉(2013). 심리학의 이해와 적용. 서울: 학지사.

김종운, 김말선(2012). 다중지능이론에 기초한 진로 집단상담이 대학생의 진로의사결정유형
과 진로자기효능감 및 진로성숙도에 미치는 효과. 진로교육연구, 25(3), 201−227.

로버트 스티븐 캐플런(2013). 나와 마주서는 용기(이은경 역). 서울: 비즈니스북스.

문용린, 김주현(2004). 다중지능이론에 기초한 진로교육 가능성 탐색. 진로교육연구, 17(1), 1−
19.

백지연(2014). 인적자원개발실습. Unpublished manuscript. 서울: 이화여자대학교.

최정윤(2016). 심리검사의 이해(3판). 서울: 시그마프레스.

하워드 가드너(2006). 다중지능(문용린, 유경재 역). 서울: 웅진지식하우스.

Ducat, D. (2012). *Turning points, your career decision-making guide* (3rd ed.). Boston, MA:
Pearson Education.

Gardner, H. (2011). *Frames of mind: The theory of multiple intelligences*. New York, NY:
Basic books.

Lore, N. (2011). *The pathfinder*. New York, NY: Simon & Schuster.

Tieger, P. D., Barron, B., & Tieger, K. (2014). *Do what you are* (5th ed.). New York, NY:
Little, Brown and Company.

제6장

진로준비전략
(Career Planning Strategy)

많은 사람들이 자신의 진로를 찾지 못하는 이유는 우선 자신이 무엇을 잘하고 또 무엇을 좋아하는지 스스로에 대해서 파악하지 못하고 또한 자신이 추구하고자 하는 진로나 직업에서 실제로 어떤 일을 하는지에 대한 정보의 부족 때문이다. 그리고 자신에게 적합한 직장을 어떻게 선택해야 하고 자신의 선택이 최선의 결정인지에 대한 확신이 없기 때문이기도 하다. 이 장에서는 실제로 진로를 탐색하기 위해 무엇을 알아야 하며 어떤 정보를 어떤 경로로 수집해야 하는지, 이렇게 수집한 정보를 바탕으로 어떤 의사결정을 해야 하는지, 그리고 준비해야 할 것은 무엇인지에 대해 실무적으로 다루고 있다.

진로준비과정

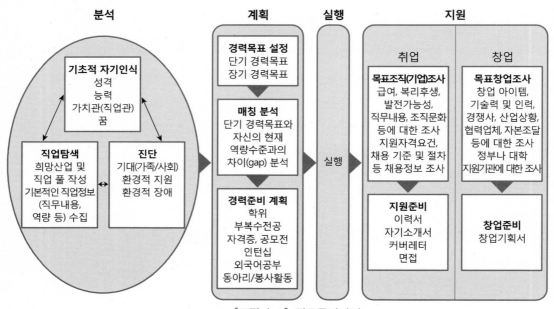

[그림 6-1] 진로준비과정

 생애 청년기를 거쳐 처음으로 직업의 세계에 진입하려면, 준비과정이 필요하다. 준비과정의 각 단계에서 의사결정을 해야 하며 이를 위해 다양한 종류의 자료를 수집하고 분석해야 한다. 이러한 전체 과정을 진로준비과정(career preparation process)이라 칭하며 [그림 6-1]이 이를 설명하고 있다.

 진로준비과정은 분석 단계, 계획 단계, 실행 단계, 지원 단계의 네 단계로 구분되어 있으며, 이 네 단계는 세부 하위 활동이나 하위 단계들로 구성되어 있다. 1단계인 분석단계의 하위 활동 1은 자신의 성격, 능력(기술), 가치관(직업관 포함), 꿈 등에 대해 이해하는 자기인식 단계다. 하위 활동 2는 주위 환경의 지원과 장애를 분석하는 진단 단계다. 가족과 사회적 지지 또는 기대, 그리고 이와 반대로 가족이나 환경 등에서 경력개발을 방해하는 장애요인 등에 대해 진단하는 단계다. 하위 활동 3은 자신이 처음 진입하고자 희망하는 산업이나 직업군의 여러 옵션(pool) 목록을 작성하고 개괄적인 정보를 수집하는 단계다. 예를 들면, 희망 산업의 현황이나 전망, 산업에 종사할 수 있는 인력의 유형 등을 조사할 수 있고, 희망 직업군에 대해서는 직무내용이나 직업의 전망, 필요역량 등에 대한 자료를 조사할 수 있다. 이 3개의 하위 활동은 순차적으로 자료를 수집하고 분석할 수도 있으나, 실제로는 동시 다발적으로 자료를 수집하고 진단하는 경우가 훨씬 많은 편이다. 특히 희망 산업이나 직업군을 조사하면서 자기 자신의 성격이나 역량, 가치관을 생각해서 다시 고려해 보기도 하고, 자신이 맞닥뜨리게 될 장애요인을 고려하기도 한다. 이 세 개의 하위 활동은 서로 영향을 주면서 정보를 분석하게 된다.

1단계인 분석 단계의 자료수집과 내용분석의 결과로 장기적인 경력목표를 세우게 된다. 2단계인 계획 단계의 하위 1단계는 바로 경력목표를 세우는 것이다. 장기적인 경력목표를 먼저 세우게 되고, 이를 바탕으로 사회 초기 진입을 어떻게 시작할 수 있을 것인지에 대해 단기적인 경력목표를 설정한다. 하위 2단계는 매칭(matching) 분석 단계로 단기 경력목표인 첫 직업에서 기대하는 역량과 자신의 현재 역량을 비교하여 그 차이(gap)를 분석하는 단계다. 하위 3단계는 하위 2단계에서 도출된 역량의 부족분을 채우기 위한 행동으로 향후 어떤 노력이 더 필요한가를 계획하는 준비활동계획 단계다. 관련 학위나 자격증을 취득하거나, 관련 지식을 습득하기 위한 공부 등의 진로를 위한 준비활동 내용을 계획하는 것이다.

3단계인 실행 단계는 앞선 2단계에서 계획한 준비활동을 실제로 실행하는 단계다. 예를 들어, 계획했던 교육과정에 등록하고 과정을 이수하거나 인턴십을 지원해서 인턴경력을 습득하는 등의 활동을 수행한다. 또한 2단계에서 마련한 계획안대로 실행되었는지 실행 여부를 평가한다. 실행하지 못한 활동은 어떻게 보완할지 다시 계획을 수정하고 추가적으로 수행하기도 한다.

4단계인 지원 단계는 실제로 경력진로로 진입하기 위한 지원단계다. 전통적으로 이 단계는 기업에 지원하는 단계로 일원화되어 있으나, 이는 창업을 진로로 선택한 사람에게는 맞지 않는다. 이 책에서 제시하는 모형은 취업을 선택하는 사람과 창업을 선택하는 사람의 진로를 나눠서 하위 단계를 설명하고 있다. 취업지원의 첫 하위 단계는 지원하려는 목표기업이나 조직에 대해 구체적인 조사 단계다. 이 단계에서는 목표기업의 지원 직무내용을 비롯해 조직문화, 발전가능성, 급여 및 보상체계 등에 대해 조사한다. 또한 지원자 자격요건과 채용기준, 채용절차 등 채용정보에 대해서도 조사하여, 최종 지원 여부를 결정한다. 두 번째 하위 단계는 목표기업의 지원기준에서 요구하는 이력서와 자기소개서 등을 준비하고 면접을 준비하는 단계다. 창업지원의 첫 하부 단계는 창업을 직접적으로 준비하기 위한 조사 단계로 창업 아이템, 기술력과 인력의 수급, 자본 조달, 경쟁사 등 산업의 현황을 조사하고, 정부나 대학 등의 창업을 지원하고 있는 기관에 대한 조사를 수행한다. 창업지원의 두 번째 하부 단계에는 창업을 위한 모든 계획을 담은 기획서를 작성하는 단계다.

　진로준비과정 전체를 간략히 살펴보았다. 이 전체 과정을 이론적인 과정으로 이해할 필요가 있다. 현실에서 진로를 준비하는 과정은 대체적으로 순차적으로 진행되지만, 때로는 새로운 경험 및 인식의 변화, 준비과정 중 영향을 주는 외부 환경적 요인 등에 의해 목표가 변경되거나 준비과정의 행동이 변경되는 경우도 있어 이전 과정으로 다시 돌아가기도 한다. 그리고 과정의 단계별로 분명한 결과가 나타나기 때문에 하위 단계로 구분은 되어 있으나, 각 하위 단계를 수행하는 기간은 개인과 상황에 따라 매우 짧을 수도 있고 상당히 긴 기간이 될 수도 있다. 이 과정의 1단계인 분석 단계 중에서 자기인식과 진단의 세부 활동내용은 앞 장에 설명되어 있다. 이 장에서는 1단계인 분석 단계의 직업탐색 활동부터 마지막 단계인 지원 단계까지 상세히 설명하고 있다.

분석 단계

직업탐색

　이 단계에서는 희망하는 산업이나 직업군의 여러 옵션(pool) 목록을 작성하고 이

산업이나 직업군에 관한 개괄적인 정보를 수집하는 단계다.

이 단계에서 첫 번째 할 일은 희망 산업이나 직업의 목록을 작성하는 것이다. 두 번째는 목록에 기록한 산업이나 직업에 관한 기본 정보를 수집하는 것이다. 산업 정보는 산업의 현황 및 전망과 해당 산업에 종사할 수 있는 직업의 종류에 대해 조사한다. 그리고 직업 정보는 희망 직업군을 조사하는 내용과 같은 내용을 조사한다.

산업의 현황은 대표적인 기업이나 조직, 이 산업에서 생산하는 제품이나 서비스, 제품의 서비스 생산에 필요한 투입 재료와 기술, 인력, 생산과정, 대표적인 고객의 특징, 산업의 경쟁 정도와 산업에서 가장 가치를 창출하는 포인트(기술, 자원, 유통, 홍보, 경쟁 등) 등에 대한 정보를 조사한다. 산업에 대한 정보는 각 산업의 협회나 관련 정부 기관에서 발간된 자료나 홈페이지, 대표적인 기업의 홈페이지, 경제연구소의 산업분석보고서, 신문기사 등에서 수집할 수 있다. 미국 노동부 주관 직업정보사이트 O*NET OnLine(https://www.onetonline.org/)에 들어가면 산업별로 해당 산업에 종사하는 직업종류를 찾아볼 수 있다.

직업군에 대한 조사는 직업의 직무내용이나 직업의 전망, 필요 역량 등에 대한 정보를 수집한다. 보다 상세하게는 직업에서 주로 하는 일(tasks), 직업을 수행하는 데 필요한 대표적인 지식, 기술, 능력, 직업이 추구하는 가치, 주로 이 직업에 종사하고 있는 사람들의 학력 및 라이프스타일, 자격증 유무, 평균적인 급여수준 및 일반적인 경력진로(career path), 이 직업군의 사람들이 일하는 대표적인 기업이나 기관 등에 대한 정보를 조사한다. 직업에 관한 정보는 각 직업 전문가들의 협회, 관련 교육기관 등의 홈페이지 등에서 찾아볼 수 있으며, 우리나라와 미국 정부에서 운영하는 대표적인 직업정보 사이트는 다음과 같다.

- 교육부 후원 한국직업능력개발원의 커리어넷 http://www.career.go.kr/cnet/front/main/main.do
- 한국고용정보원 사이버진로교육센터 http://www.work.go.kr/cyberedu/main.do
- 미국 노동부 주관 직업정보 사이트 O*net Online https://www.onetonline.org/

계획 단계

경력목표 설정

경력목표는 앞 단계에서 수집한 여러 정보를 바탕으로 향후 진로방향인 경력목표를 결정하는 단계다. 자기 자신에 대한 인식과 환경에 대한 분석 그리고 희망하는 분야의 직업에 대한 정보를 바탕으로 자신에게 가장 적절한 진로는 어떤 방향인지 결정한다. 진로의 방향을 결정하는 만큼, 세세한 그림보다는 큰 방향성을 갖고 결정하는 게 중요하다. 희망하는 분야의 산업이나 직업군을 설정할 수도 있고, 취업이냐 창업이냐의 방향을 결정할 수도 있다. 예를 들면, 직업 선택 단계에서 수집한 정보를 바탕으로 재무 분야를 선택했다고 가정해 보자. 재무 분야에서도 기업을 불문하고 재무 부서에서 일하고 싶은지(직업군), 아니면 투자회사나 은행과 같이 재무와 관련 있는 은행/보험산업에서 일하고 싶은지(산업) 결정해야 한다. 직업군을 선택했다면 이 시점에서 장기적인 경력목표를 그려 보게 된다. 예를 들어, 기업의 CFO(Chief Financial Officer, 재무담당최고임원)가 되는 게 장기적인 경력목표일 수 있다. 그다음 단계는 공공기관, 국내기업, 외국계기업, 벤처기업 등 대략적으로 어떤 성격의 기업군에서 재무직군의 전문성을 키우고 싶은지 선택한다. 이 단계를 마치면 자연스럽게 단기 경력목표는 선택한 기업군에 재무직군으로 취업하는 것으로 결정하게 된다. 재무 분야를 선택했으나 직군이 아닌 은행/보험산업 분야를 먼저 선택했다면, 여기서 장기적인 목표를 그려 본다. 투자은행의 최고전문가로 성장하고 싶다는 것이 장기적인 목표라면, 이 장기적인 목표로 가기 위한 여러 개의 선택의 길이 나누어져 있다. 투자은행에 취업해서 일단 신입에서부터 일하는 길, 대학원 등의 고급과정을 더 이수한 뒤에 취업하는 길, 일반 기업에서 산업 쪽 전문가로서 경력을 몇 년 쌓은 후에 대학원을 거쳐 투자은행에 경력직으로 취업하는 길 등, 다양한 선택을 할 수 있다. 그중, 본인의 역량과 환경적 지원, 방해요인 등을 고려해 가장 성취 가능한 진로를 선정했다면, 이것이 단기목표를 설정하는 데 기초가 된다. 투자은행에 신입으로 취업하는 진로를 선택했다면, 투자은행에 신입으로 취업 가능한 또는 취업을 희망하는 직군을 조사하여 단기 경력목표로 설정한다.

이와 같이 일반적으로는 장기적인 경력목표를 바탕으로 단기 경력목표를 세우게 된다. 그러나 장기 경력목표를 성취하기 위한 한 가지의 진로(career path)만 존재하는 것은 아니다. 여러 진로의 옵션 목록을 작성하고, 그중에서 성취가능성이 가장 높거나 필요한 자원과 능력이 더 충분한 진로를 선정한다. 진로선정은 자연스럽게 단기 및 중기의 경력목표를 설계하게끔 하는데, 물론 경력목표 설정은 한 번 확정되었다고 해서 변하지 않는 것은 아니다. Super의 생애주기 발달이론에 의하면, 사람은 생애의 주요 주기에 이르면 삶의 요구와 필요, 가치관, 역량 등의 변화에 따라 경력을 다시 점검하고 진로를 재설정한다. 또한 혼돈이론(Chaos theory)에 따르면 생애 주요 주기가 아니더라도 심리적 변화, 외부 이벤트의 영향 등으로 인해 진로는 예측하지 못했던 방향으로 재설정되기도 한다. 이렇게 경력목표는 한 번 설정된 뒤에도 준비과정과 성취과정 중에 여러 여건과 요인에 의해 재점검되고 재설정된다. 여러 연구에 의하면, 경력목표를 정하는 시기별로 청년기에는 경력성숙도와 장년기에는 경력적응도와 긍정적인 관계가 있으므로 경력성숙도와 경력적응도를 높이는 데 노력을 기울일 필요가 있다.

- 경력성숙도(career maturity): 경력성숙도란 개인이 경력을 계획하는 데 어느 정도 준비가 되어 있는지를 의미하는 것이며, 특히 청소년기에 직업세계로 나가기 위한 교육과 진로방향에 대한 의사결정을 얼마나 잘 수행하는지를 측정하는 것이다. Super의 발달이론에 근거해 개념화된 경력성숙도는 경력관련 의사결정과정에서 태도적인 면과 인지적인 면을 강조한다. 태도적인 면은 개인이 얼마나 경력에 관련해 충분히 탐색하고 계획적이었는지를, 인지적인 면은 직업에 대한 지식 습득과 의사결정을 잘 수행하는 것을 의미한다. 경력성숙도는 개인이 직업 선택에 있어서 의사결정하는 데 얼마나 잘 준비되어 있는지를 측정하는 것이며, 대표적인 측정도구로는 Crites와 Savickas가 제안하는 Career Maturity Inventory(http://www.vocopher.com 홈페이지에 이 측정도구가 나와 있다)와 Savickas와 Hartung이 제안하는 Career Development Inventory가 있다.

- 경력적응도(career adaptability): 경력적응도는 성인을 대상으로 한 개념으로, Super와

Knasel(1981)에 의하면 경력적응도는 변화하는 직무와 직업환경에 얼마나 잘 대처하도록 준비되어 있는지를 의미한다. 직업 자체뿐 아니라 직업을 둘러싼 환경이 끊임없이 변화하고 불안정하므로 개인은 지속적으로 자신의 경력관리를 관찰(monitoring)하고 변화에 맞서 대처하고 수정해 나가야 한다. 경력적응도는 크게 염려(concern), 통제(control), 호기심(curiosity), 자신감(confidence)이라는 4가지 측면에서 측정되는데, 개인은 교육과 직업적 경험을 바탕으로 이 경력적응도를 향상시켜 나가게 된다. 염려는 개인이 미래를 준비하는 데 얼마나 초점이 맞춰져 있고 열심히 노력하는지를 의미한다. 통제는 성실하고 책임감 있는 의사결정을 하도록 자신을 훈련시키는 정도를 의미한다. 호기심은 주변 환경에 대한 탐색과 기회를 모색하는 데 필요한 정보를 얼마나 적극적으로 찾는지의 정도를 의미한다. 자신감은 문제를 해결하고 장애요인을 극복할 수 있는 자신에 대한 믿음의 정도다.

출처: Rottinghaus, P. J., & Hauser, P. M. (2013). Assessing additional constructs affecting career choice and development. In S. D. Brown & R. W. Lent(Eds.), *Career development and counseling: Putting theory and research to work*(pp. 477–506). Hoboken, NJ: John Wiley & Sons.

매칭(Matching) 분석

매칭 분석은 단기 경력목표를 성취하기 위해 필요로 하는 기대 역량과 자신이 현재 보유하고 있는 역량과의 차이(gap)를 분석하는 단계다. 역량은 주어진 일을 성공적으로 수행하기 위해 필요한 개인의 능력을 의미하는 것으로, 크게 지식, 기술, 태도, 신념, 개인의 성향이나 성격 등으로 구분할 수 있다. 희망하는 단기 경력목표에서 필요로 하는 기대역량을 요목화하고 역량별 기대수준을 기록한 뒤, 역량별 자신의 현재수준을 기록해 비교 분석한다. 역량 외에도 단기 경력목표에서 요구하는 자격증이나 학력, 인턴십 경험 등도 기록하여 현재 수준과 비교 분석한다. 〈표 6-1〉은 매칭 분석의 예를 간략히 보여 주는 표다. 이 표를 살펴보면, 어떤 역량이 어느 수준으로 더 갖추어져야 하는지 알 수 있다.

⟨표 6-1⟩ 마케팅 직무 매칭 분석의 예

역량	기대 수준	현재 수준	Gap
마케팅 지식	마케팅 이론 및 전략 수립 지식	기본 마케팅 이론 지식	마케팅 전략수립 관련 지식 필요
컴퓨터활용 역량	MS Office 중급수준으로 다루고, Excel은 고급기능을 다루는 수준	MO Office Word 중급수준	Powerpoint 중급수준 및 Excel 고급 수준 필요
외국어 역량	영어 회화는 중상급 수준, 엉어 글쓰기는 이메일 작성 수준, 영어 읽기는 상급 수준	영어 회화 상급 수준, 영어 읽기 및 쓰기 중급 수준	영어 읽기 고급 수준 필요
커뮤니케이션 역량	비즈니스 상황에서의 원활한 구두 커뮤니케이션, 우리말로 보고서 작성 및 이메일 작성 능력	우리말 글짓기 능력	비즈니스 상황에 맞는 구두 커뮤니케이션 능력, 보고서 작성 능력 필요
태도 역량	적극성, 활발함, 대인관계 친근함, 성실함	활발함, 대인관계 무난함, 성실함	적극성을 더 개발할 필요
인턴십	관련 인턴십 경력 최소 3개월	인턴십 경력 없음	마케팅 관련 인턴십 3개월 이상 필요
학력	4년제 학사학위	4년제 대학 재학 중	학사학위 필요
자격증	마케팅 관련 자격증 1개	사회조사분석증 소지	충족

　　필요한 역량을 찾아서 요목화하고 적정한 기대 수준을 알아낸다는 것이 쉬운 작업은 아니다. 취업 사이트나 진로정보 사이트 등을 통해 단기 경력목표에서 하는 일이 무엇(직무내용)인지 알 수는 있으나, 그 직무가 어떤 역량을 필요로 하는지 또는 역량의 구체적인 수준은 어느 정도 인지를 알기란 쉽지 않기 때문이다. 이러한 정보를 수집하기 위해서는 관련 분야의 자서전이나 전기를 읽을 수도 있고, 역할모델(role model)을 찾아 볼 수도 있으며, 멘토링을 통한 방법들도 있다. 물론 관련 분야의 종사자들과 대면 면담(interview)을 한다면 가장 현실에 접근한 정보를 수집할 수 있을 것이다. 그러나 이러한 자료수집 행동은 꼭 이 단계에서만 사용되는 것은 아니다. 경력

계획 준비 단계 전 과정에서 이러한 대면 접촉을 통한 정보수집은 많을수록 유용하다.

> 역량이론에 따르면 관찰 가능하고 측정 가능한 역량인 지식역량이나 기술역량보다는 쉽게 측정할 수 없는 역량인 개인의 태도나 성격, 신념 등이 업무수행 성과에 더 큰 차이를 보이게 할 수 있다고 한다. 또한 관찰가능하고 측정 가능한 역량은 측정하기 어려운 역량보다 상대적으로 쉽게 얻어질 수 있다. 따라서 직업을 선택할 때는 쉽게 바꾸기 어려운 역량에 해당하는 개인의 신념이나 태도, 성격과 맞는 직업을 선택하고, 이에 필요한 지식이나 기술은 후천적 교육이나 경험을 통해 습득하는 것이 바람직하다. 기업에서 신입직원을 선발할 때는 관찰 가능한 역량인 지식이나 기술을 갖고 있는지 여부로 먼저 1차 스크린을 하는 경우가 많으나, 2차 이후의 스크린 과정에서는 면접을 통해 쉽게 관찰 가능하거나 서류상으로 볼 수 없는 역량을 보려고 한다.

필요한 역량을 찾기 위한 기본 정보를 수집하는 방법으로 최근 정부에서 새로 도입하고 있는 NCS 자료를 활용하면 편리하다. NCS는 국가직무능력표준(National Competency Standards)으로 '학벌이 아닌 능력 중심 사회 구현'을 목표로 청년들의 직업능력개발을 위해 구축한 자료다. NCS 자료는 산업 현장에서 직무를 수행할 때 필요로 하는 지식, 기술, 능력, 소양 등의 내용을 국가 차원에서 산업별·수준별로 체계화 및 표준화하여 인재 양성과 채용에 활용할 수 있도록 만든 자료다. 이를 바탕으로 교육기관은 학생들을 산업의 요구에 맞춰서 교육할 수 있으며, 산업체는 이 NCS 자료를 신입사원 채용이나 기존 직원의 평가에 활용할 수 있다. NCS는 직업인이 공통적으로 갖춰야 하는 '직업기초능력'과 직무 별로 갖춰야 하는 '직무수행능력'을 구분하여 제시하고 있다. 직업기초능력은 산업을 망라하고 신입직원이 갖춰야 할 공통적인 역량 10개, 하위 역량 34개로 구성되어 있다. 직무수행능력은 그 직무를 수행하는 데 갖춰야 할 직무능력(지식, 기술, 태도)을 기술한 것으로 크게 대분류 24개, 중분류 80개, 세분류 877개로 구분되어 분류된 직무 별로 직무수행능력을 기술하고 있다. 대분류 24개 분야는 〈표 6-2〉와 같다.

〈표 6-2〉 NCS 직군 대분류

1	2	3	4	5	6	7	8
사업관리	경영 · 회계 · 사무	금융/보험	교육/자연	법률/경찰	보건/의료	사회복지 · 종교	문화 · 예술 · 디자인
9	10	11	12	13	14	15	16
운전 · 운송	영업판매	경비 · 청소	숙박 · 여행 · 오락	음식서비스	건설	기계	재료
17	18	19	20	21	22	23	24
화학	섬유 · 의복	전기전자	정보통신	식품가공	인쇄 · 목재 · 가구	환경 · 에너지	농림어업

출처: 국가직무표준능력(2015년 7월 기준). http://www.ncs.go.kr

　　기존의 직원을 평가하거나 경력직을 채용할 때 직무수행능력으로만 평가하는 것은 아직 여러 현실적인 한계로 인해 전면적으로 사용되고 있지는 않고 있지만 점차 공기업 직원평가에 도입할 예정이다. 이에 반해 직업기초역량은 실무에서 채용기준으로 사용되고 있으며, 공기업과 공공기관에서 학력을 철폐하고 조직에서 필요로 하는 직업기초역량을 갖추었는가를 기준으로 신입사원 채용에 도입하고 있다. NCS에서 제시하는 직업기초능력은 직업인이라면 갖춰야 할 기본역량으로 다음 〈표 6-3〉과 같으며, 공기업에 신입지원을 준비하는 사람이라면 눈여겨볼 사항이다.

〈표 6-3〉 직업기초능력

직업기초능력	정의	하위능력
의사소통능력	업무를 수행함에 있어 글과 말을 읽고 들음으로써 다른 사람이 뜻한 바를 파악하고, 자기가 뜻한 바를 글과 말을 통해 정확하게 쓰고 말하는 능력이다.	• 문서이해능력 • 문서작성능력 • 경청능력 • 의사표현능력 • 기초 외국어 능력
수리능력	업무를 수행함에 있어 사칙연산, 통계, 확률의 의미를 정확하게 이해하고, 이를 업무에 적용하는 능력이다.	• 기초연산능력 • 기초통계능력 • 도표분석능력 • 도표작성능력

(계속)

문제해결능력	업무를 수행함에 있어 문제 상황이 발생할 경우, 창조적이고 논리적인 사고를 통해 이를 제대로 인식하고 적절히 해결하는 능력이다.	• 사고력 • 문제처리능력
자기개발능력	업무를 추진하는 데 스스로를 관리하고 개발하는 능력이다.	• 자아인식능력 • 자기관리능력 • 경력개발능력
자원관리능력	업무를 수행하는 데 시간, 자본, 재료 및 시설, 인적자원 등의 자원 가운데 무엇이 얼마나 필요한지를 확인하고, 이용 가능한 자원을 최대한 수집하여 실제 업무에 어떻게 활용할 것인지를 계획하고, 계획대로 업무 수행에 이를 할당하는 능력이다.	• 시간관리능력 • 예산관리능력 • 물적자원관리능력 • 인적자원관리능력
대인관계능력	업무를 수행함에 있어 접촉하게 되는 사람들과 문제를 일으키지 않고 원만하게 지내는 능력이다.	• 팀웍능력 • 리더십능력 • 갈등관리능력 • 협상능력 • 고객서비스능력
정보능력	업무와 관련된 정보의 수집과 분석을 통해 의미 있는 정보를 찾아내며, 이러한 정보를 업무수행에 적절하도록 조직하고, 조직된 정보를 관리하며, 업무 수행에 이러한 정보를 활용하고, 이러한 제 과정에 컴퓨터를 사용하는 능력이다.	• 컴퓨터활용능력 • 정보처리능력
기술능력	업무를 수행함에 있어 도구, 장치 등을 포함하여 필요한 기술에는 어떠한 것들이 있는지 이해하고, 실제로 업무를 수행함에 있어 적절한 기술을 선택하여 적용하는 능력이다.	• 기술이해능력 • 기술선택능력 • 기술적용능력
조직이해능력	업무를 원활하게 수행하기 위해 국제적인 추세를 포함하여 조직의 체제와 경영에 대해 이해하는 능력이다.	• 국제감각 • 조직체제이해능력 • 경영이해능력 • 업무이해능력
직업윤리	업무를 수행함에 있어 원만한 직업생활을 위해 필요한 태도, 매너, 올바른 직업관이다.	• 근로 윤리 • 공동체 윤리

출처: 국가직무표준능력 http://www.ncs.go.kr (하위능력별 정의와 세부요소 등 보다 상세한 내용은 국가직무표준능력 사이트에서 확인할 수 있다.)

준비활동계획

앞 단계에서 희망하는 직업의 역량의 기대 수준과 자신의 현재 수준을 매칭해 그 차이를 분석했다면, 이 단계는 그 차이를 줄여 기대 수준을 충족하기 위해 앞으로 자신이 취할 준비활동을 계획하는 단계다.

지식역량이나 기술역량이 부족한 부분은 다양한 방법으로 충족할 수 있다. 대학에서 필요한 과목을 수강하거나 관련 전공을 부복수전공으로 선택해 이수할 수 있다. 또한 학습센터, 정부지원의 훈련기관, 협회, 사설학원 등을 통한 온오프라인의 관련 교육과정을 이수하거나, 자기주도적 학습방법을 통해 독학으로 지식을 습득할 수도 있으며, 비슷한 관심을 가진 사람들과 스터디그룹을 결성하여 함께 관련 지식이나 기술을 습득할 수 있다.

태도역량이나 경험이 부족한 부분 역시 다양한 활동으로 충족할 수 있다. 리더십이나 의사소통능력, 진취적이거나 적극적인 태도 등은 동아리 활동이나 봉사활동 등을 통해 개발시킬 수 있다. 자격증이나 학위는 필수 여부에 따라 취득할 수 있도록 준비활동에 포함한다. 외국어 역량은 단기간에 습득되는 능력이 아니며, 명확하게 준비활동이 예측 가능한 역량도 아니다. 따라서 외국어 역량은 장기간 꾸준한 노력을 지속할 수 있도록 준비행동을 치밀하게 계획해야 하며, 이를 수행하기 위한 동기부여도 마련해야 한다.

이 단계에서는 자신에게 가장 잘 맞는 학습방법, 필요한 경제적·정서적 지원 여부, 시간 등의 여러 상황을 고려하여 역량을 잘 습득하면서도 자신에게 가능한 방법을 찾아 계획을 세우는 것이 가장 중요하다. 추가적으로 이미 보유하고 있다고 판단하는 역량이라도 이를 증명하기 위한 추가활동을 계획할 수 있다. 예를 들어, 영어능력이 뛰어나더라도 이를 나타낼 수 있는 관련 공인 영어 시험에서 고득점을 얻어냄으로써 이를 증명할 수 있으며, 글짓기 능력이 뛰어난 경우에도 이를 증명하기 위해 글짓기 대회에 참가해 수상경력을 쌓거나 글짓기 능력을 활용한 다양한 활동을 계획할 수 있다.

인턴십

인턴십은 취업을 준비하는 사회 초년생에게 필요한 여러 주요 역량을 직접 습득하도록 하며, 또한 책이나 강의로부터 얻을 수 없는 중요한 지식을 접할 수 있도록 지원한다. 학생에서 직업인으로 이행되는 과정이 단절되어 있는 현실에서 자신의 재능을 찾아내고 실험해 보는 과정은 큰 도움이 된다. 인턴십은 학교가 아닌 현장에서 직업과 관련해 얻는 경험으로 인턴십, 서비스 학습, 협력교육, 현장실습 등 다양한 용어로 사용되고 있다. 인턴십은 자신이 앞으로 나아가고자 하는 진로를 탐색하고 직접 경험해 보는 기회다. 학생들은 학교에서 배운 지식을 현장에서 실행함으로써 학습동기의 향상을 유발할 수 있고, 직업인으로서의 정체성을 갖게 되며, 이러한 경험들을 통해 자신의 진로결정에 도움을 얻을 수 있다. 인턴십을 수행하는 학생들은 조직이나 기업의 구성원으로 일하면서 운영방식과 조직생활에 필요한 경험을 얻게 된다. 인턴십을 통해 자신의 적성에 맞는 직업과 조직을 경험하게 되면 구체적인 진로 탐색이 가능해지고, 현장경험을 인정받아 채용 시의 이점이 있으며, 정규직으로 채용될 수 있는 기회를 얻기도 한다. 이는 취업을 위한 탐색시간을 줄일 수 있는 방법이기도 하다. 인턴십을 통해 졸업 후 갖게 될 직업에 대해 더 나은 준비과정을 가지게 되며, 경력목표를 명확하게 할 수 있다. 이는 인턴십을 수행하는 동안 자신의 적성과 능력을 검증할 수 있기 때문이다. 인턴십을 수행한 학생들이 경력개발을 조기에 설계하고 사회적 네트워킹을 통해 자신의 경력을 개척해 갈 수 있기 때문에, 보다 많은 학생들이 인턴십의 기회를 가질 수 있도록 교과과정의 도입이 필요하다.

인턴십을 통해 얻게 되는 구체적인 효과는 여러 가지가 있다. 인턴십에 참여하는 학생의 입장에서는 실무 경험을 통해 이론과 실제를 접목할 수 있는 기회를 제공받는 현장 학습의 효과가 있으며, 자신이 진출할 분야가 아니더라도 현장의 흐름을 파악하고 조직 문화를 이해할 수 있게 된다. 또한 관련 직업에 대한 자신의 취업 가능성이나 진로를 평가하고 현장적응력을 높일 수 있는 기회가 되며, 문제해결능력, 팀워크, 리더십, 의사소통능력 등을 배양할 수 있다.

인턴십 프로그램을 운영하는 기업이나 조직의 입장에서는 관련 분야의 인재들을 활용하고 미리 확보할 수 있는 기회가 되며, 자신의 분야에서 요구되는 내용이 교육 내용에 반영될 수 있도록 간접적인 영향을 미칠 수 있다. 인턴십을 장려하는 학교의 입장에서는 학생들이 소질과 적성에 맞는 직업에 취업할 수 있는 경쟁력을 갖추도록 할 수 있고, 학생 개인의 흥미와 관심, 적성에 맞는 교육을 제공할 수 있다. 또한 현장의 의견을 수렴하여 교과과정을 개선하고 학생들의 진로결정에 도움을 제공함으로써 취업의 기회를 증가시킬 수 있다.

인턴십 관련 연구의 결과를 보면, 기업이 인턴십을 운영하는 첫 번째 목적은 사회 초년생에게 실습의 기회 제공, 두 번째는 기업의 인력부족 해소, 세 번째로 정규직 채용을 위한 인재 발굴이다. 학생들의 인턴십 참여의 첫 번째 목적은 실무 체험 및 연습, 두 번째는 경력탐색, 세 번째로 정규직으로의 연계다. 실무체험 및 연습이 인턴십의 가장 큰 목적이었으나, 학생들이 실제로 인턴십 후에 얻은 것을 조사한 결과를 보면, 첫 번째로 조직에 대한 이해와 이에 맞는 태도에 대한 학습, 두 번째는 조직의 인간관계 이해, 세 번째로 직업인이 된다는 것을 이해하게 된 것이었다. 실무 분야 지식 향상과 장래 경력계획에 대한 이해가 그다음으로 나타난 것으로 보았을 때, 실제 학생들의 인턴십 참여 목적과 참여 후 학습된 부분의 차이가 꽤나 크다는 것을 알 수 있다. 그럼에도 불구하고 인턴십이 학생들의 직업인으로서의 정체성과 경력개발 계획을 세우는 데 매우 유용하다는 것은 여러 연구들의 일관된 결과이다.

인턴십 구직활동을 위해 학생들이 가장 많이 활용하는 것은 관련 인터넷 사이트를 검색하거나 학교차원의 취업지원센터의 공지였으며, 이 외에도 지인을 통하거나 관심 회사의 홈페이지를 참조하는 등의 다양한 구직활동 노력을 하고 있다. 실제로 채용되는 경로를 살펴보면, 인턴십 공채 채용과 더불어 학교의 취업지원센터 추천이나 교수추천, 지인의 추천 등이었다.

인턴십의 기간은 매우 다양하다. 이는 회사의 요구나 기대, 그리고 참여 학생의 여건이나 의지에 따라 달라지는 것을 알 수 있다. 일반적으로는 3~8주 정도로 방학기간을 이용한 짧은 인턴십이 유용하나, 6개월 정도의 상대적으로 장기간의 인턴십을 수행하는 사례도 종종 있다. 2개월 이내의 인턴십의 경우, 기업과 학생의 목적이 실무실습과 잠재적 회사-인재 탐색이 많으나, 6개월 이상의 인턴십을 운영하는 대부분

기업의 목적은 인력부족의 해소다.

학생들이 인턴십을 성공적으로 수행하기 위해서는 기업의 여러 지원이 필요하다. 실제 회사 적응에 가장 도움이 되는 것은 선임자의 관심과 배려, 그리고 인턴 자신의 의지라는 연구결과가 있듯이 같은 부서 내 상사나 선임자들의 개인적 지도와 피드백은 인턴십의 성공적 수행에 중요한 역할을 한다. 다수의 기업에서 인턴을 대상으로 오리엔테이션이나 강의식 교육 또는 OJT(on-the-job training)를 제공하는 등의 노력을 꾀하고 있으나, 이들 프로그램이 보다 효율적이 되기 위한 기업의 자체 노력도 더 필요하리라 본다.

물론 성공적인 인턴십 수행을 위해서는 본인의 의지가 매우 중요하게 작용한다. 미국에서 해외인턴십을 수행했던 국내 대학생을 대상으로 한 연구에 따르면, 인턴십을 성공적으로 수행한 경우, ① 사전 준비단계에서 참여의지가 높았으며, ② 인턴십 프로그램에 대한 목표가 분명했고, ③ 사전에 영어능력 향상과 구직준비를 위한 다양한 활동에 참여했고, ④ 수행하는 동안에는 철저한 업무수행으로 기업에서 매우 열성적인 직원으로 평가되었다고 한다.

실제로 인턴십을 찾는 노력을 하다 보면, 학생들은 구직활동이 매우 어렵다는 것을 절감하게 된다. 구직에 실패하며 현실의 벽을 절감하며 좌절도 하게 되기는 하지만, 이러한 인턴십을 위한 구직활동 또한 졸업 후 직업을 찾는 모의 과정으로 큰 학습과정이 된다.

인턴십을 마쳤을 때는 인턴십을 수행한 기관으로부터 인턴십 확인서를 여러 장 받아두는 것이 좋다. 향후 다른 인턴십이나 정규직 지원 시에 인턴십 확인서가 필요한 경우가 많은데 그때마다 확인서를 발급받는 것이 용이하지 않을 수 있다. 특히 인사부에서 주관한 공채형식의 인턴십의 경우, 인사부에서 발급받을 수 있지만, 부서에서 필요에 따라 고용한 파트타임 형식의 인턴십은 부서장의 확인서를 통해 발급이 가능하다. 그러나 부서장은 향후 바뀌는 경우가 발생할 수 있기 때문에 가능하면 인턴십을 마칠 때에 맞춰서 여러 장의 확인서를 발급받는 것을 추천한다.

실행 단계

실행 단계는 앞 단계인 준비활동계획에서 실제로 계획한 활동을 실행에 옮기는 단계다. 실제 계획했던 교육과정에 등록하고 과정을 이수하거나 공모전에 참여하거나 인턴십을 지원해서 인턴경력을 습득하는 등의 활동을 실행한다. 추가로 활동 실행 여부를 평가하고 보완이 필요한 부분은 계획을 수정하여 실행한다.

지원 단계

이 단계는 실제로 본인이 목표한 단기 경력목표에 도전하는 단계다. 이 단계에서는 전통적인 진로방향인 기존의 기업이나 기관에 취업하는 진로와 본인의 사업을 시작하는 창업 진로로 나누어진다.

목표조직(기업) 조사

앞의 조사와 계획, 실행에 따라 어느 정도 희망 직업군에 대한 정보의 인식과 그에 따른 경력준비 행동을 계획 및 실행했다면, 이제는 실제 취업을 지원할 목표기업(target organizations)을 선정해야 한다. 목표기업을 선정할 때 자신의 가치나 선호도가 분명히 개입하게 되므로 목표기업의 정보를 정확하게 수집 분석해야 할 뿐만 아니라 자신의 가치관이나 직업관에 대한 인식 또한 해야 한다. 먼저 희망하는 목표기업의 목록을 작성하고, 기업별로 중요한 정보를 수집하는 것이다. 기업별로 수집해야 할 정보는 자신이 희망하는 직업군의 실제 직무내용과 범위, 기업 내에서의 발전가능성(학습과 승진의 기회), 급여수준 및 복리후생, 조직문화, 고용안정성, 근무시간, 근무

지역, 근무환경 등이며, 이 외에 본인이 중요하게 가치를 두는 요인이 있다면 해당 정보를 추가로 얻는다. 이와 함께 각 기업의 지원자격, 채용 기준 및 절차, 최근 신입 합격자들의 특성 등의 채용정보를 수집해야 한다.

이 단계에서 필요한 일부 정보는 인터넷이나 신문기사 등의 공개된 정보를 통해 수집이 가능하지만, 일부는 수집이 어려운 경우도 있다. 이런 경우엔 보통 현재 목표기업에 다니고 있거나 최근까지 다녔던 사람들의 실제 경험이 매우 중요한 자료가 된다. 이 외에도 인터뷰 기사나 대면 면접, 취업박람회 등의 방법을 통해 필요한 정보를 얻을 수 있다. 그러나 목표기업의 현재 직원이나 직원이었던 사람으로부터 정보를 얻었다고 하더라도 그 정보를 맹신해서는 안 되며, 다양한 원천으로부터 정보들을 수집하여 가능한 객관적인 지표로 만들 필요가 있다.

지원준비

계획한 경력준비 활동을 통해 자신의 역량을 개발하고, 목표기업의 목록을 작성 후 필요한 정보까지 수집했다면, 다음은 최종으로 지원할 기업을 결정해야 한다. 최종 지원할 기업을 결정할 때는 본인이 가장 원하고 본인의 역량과 잘 맞는다는 기준만으로 판단해서는 안 된다. 이 경우 종종 기업과 지원자 간의 불일치(mismatch)가 일어날 수도 있다. 최종 입사까지는 다양한 요인이 작용한다. 정보의 수집이 충분하다고 해도 기업과 지원자, 양쪽의 기대와 수준이 서로 다를 수도 있으며, 경쟁률에 따라 결과가 달라질 수도 있다. 따라서 최종 지원할 기업을 결정할 때는 지원자에게 절대적으로 중요한 요인이 아닌 부분에 대해서는 최대한 너그럽게 고려할 필요가 있다.

2015년 한국경영자총협회 자료에 의하면 신입사원의 경쟁률은 평균 32.3:1로 상당히 높다. 대기업의 신입사원 경쟁률은 평균 35.7:1이고, 중소기업은 평균 6.6:1이다. 이는 결과적으로 100명의 지원자 중 약 3명 정도가 입사를 하게 되고, 100명 지원자 중에 16명이 면접기회를 갖게 되는 셈이다. 중복의 지원과 합격을 고려하면 100명 중 3명의 취업이 정확한 계산은 아니지만 분명한 것은 경쟁이 매우 치열한 상황이라는 것이다. 이에 따른 현상으로 대다수의 구직자들은 지원 가능한 범위 내에서 최대한 많은 기업에 지원하고 있다. 한국경영자총협회 자료에 따르면 채용에 가장 큰 영향을 미치는 것은 면접이었으며, 그다음으로 이력서 등의 지원서류다.

이력서

이력서는 주어진 틀 안에서 지원자의 정보를 최대한 잘 정리하여 잠재 기업에 지원자를 매력적으로 보이도록 하는 역할을 한다. 기업의 입장에서 이력서는 지원자의 대략적인 정보를 간략하고 빠르게 검토해 볼 수 있는 자료가 된다. 이력서는 자체 이력서 지원 양식에 맞춘 서류를 요구하는 기업이 있고 그렇지 않은 경우 대체로 공유되고 있는 양식을 따른다. 지정된 양식 또는 일반화된 양식을 따르면 기업에서 지원자의 이력을 항목별로 보다 쉽게 파악할 수 있다. 따라서 지원자는 이력서를 준비할 때 일반화된 양식을 따르는 것이 자신의 정보를 정확하고 빠르게 전달할 수 있어 유용하다.

지원자는 국문이력서와 영문이력서를 준비할 수 있다. 일반적으로 국내기업은 국문이력서와 자기소개서를 기본적인 지원서류로 요구하고 있고, 외국계 기업은 영문이력서와 제출 시 커버레터를 요구하고 있다. 물론 요즘 국내기업 중에서는 국문이력서 대신 지원시스템에 입력하는 형식으로 대신하기도 하며, 국문이력서에 영문이력서를 종종 추가로 더 요구하고 있기도 하고, 외국계 기업에서도 영문이력서와 함께 자기소개서를 요구하기도 한다. 중요한 것은 제출하는 서류들이 서로 보완하는 역할을 할 수 있도록 구성하는 것이다.

국문이력서가 사실을 나열하는 전형적인 체계가 있는 것과 달리, 영문이력서는 큰 틀 안에서 서술하여 이력서를 작성하는 것으로 더 많은 부분을 고려해야 한다. 그러나 이는 방식의 차이일 뿐 지원자의 정보를 정해진 서식에 따라 작성한다는 공통점을 가지고 있기에 이력서 작성 시 공통적으로 지켜야 하는 중요한 사항은 같으며, 그 내용은 다음과 같다.

○ 길이: 이력서는 보통 1~2쪽이 적당하나, 장기간에 걸쳐 다양한 경력을 가진 경

력자가 아니라면 1쪽에 모든 내용을 간결히 작성하는 것이 일반적이다.

○ 용지: 용지는 흰색이나 아이보리색 계열이 적정하며, 우리나라와 아시아, 유럽에서는 A4를 사용하므로 국·영문이력서 모두 A4 사이즈가 적당하다. 다만 미국 내 기업에 직접 지원할 때는 US Letter 사이즈로 전환해도 좋겠다. 용지의 여백은 기본 4면 1인치 정도가 적당하나, 내용이 많지 않은 경우에는 좀 더 여백을 크게 둘 수 있다.

○ 서체: 너무 개성 있거나 캐주얼한 서체보다는 일반적으로 가독성이 높고 많이 사용되는 서체를 사용하면 좋다. 한 장의 이력서 안에 여러 서체를 혼용하는 것도 좋지 않다. 타이틀과 본문을 구분하여 2개 정도의 서체를 사용하는 것이 적정하며, 내용을 구분하기 위한 굵은체(bold) 사용은 일관성을 가지고 사용하면 무방하다. 영문이력서 작성 시 반드시 영문서체를 사용하며, 영문에서는 내용의 구분을 위해 대문자나 기울임꼴(italic)을 사용할 수 있으나, 국문은 기울임꼴을 사용하지 않고 필요하다면 강조하고 싶은 단어에 밑줄을 긋거나 굵은체를 사용한다. 서체의 크기는 10포인트~12포인트가 적당하며, 내용의 양에 따라 서체의 크기를 조절해서 사용한다.

○ 내용: 이력서의 모든 내용은 반드시 사실을 바탕으로 정직하고 정확하게 작성해야 한다. 이력서의 내용에 허위 사실을 기재하면 이는 비윤리적인 행동으로 간주되고 심지어 입사가 취소될 수 있다. 또한 이전 직장의 기밀이나 중요한 정보는 포함하지 않는다.

○ 작성 도구: 이력서를 인쇄하여 제출할 때는 아래아한글이나 MS Office의 Word 어느 것을 사용해도 무방하나, 영문이력서를 외국계 기업에 제출할 때는 반드시 MS Office의 Word로 작성한다. 외국의 기관들은 아래아한글 프로그램을 사용하지 않는 경우가 대부분이다.

○ 교정: 이력서에 문법과 철자상의 오류가 없도록 반드시 검토하여 완성한다.

○ 제출: 이력서는 상황에 따라 인쇄하여 제출할 수도 있고 이메일로 보내거나 시스템을 통해 업로드할 수도 있다. 이메일이나 시스템을 통해 제출할 때는 이력서 파일을 pdf로 전환하여 제출하는 것이 중요하다. 이력서 파일의 제목에 기업

명이나 지원하는 직책 명을 삽입하지 말자. 이는 지원자가 여러 기업이나 여러 직책에 지원하고 있다는 것을 간접적으로 보여 주는 표시가 될 수 있다. 따라서 적정한 파일 이름은 'Resume_지원자 이름'이다.

국문이력서는 사실을 주로 나열하는 형식을 취하고 있다. 국문이력서는 증명사진, 지원자의 연락처, 학력(교명, 전공, 학점, 졸업시기 등), 경력(직장명, 부서명, 직위/직책, 근무시기 등), 외국어(TOEIC, HSK 등)나 자격증, 그리고 기타 활동경력을 간략히 적는다. 최근에는 영문이력서의 영향으로 인해 학력란에 교내 활동내역을 넣거나 경력란에 직무내용을 간략히 적어 넣기도 한다. 국문이력서는 영문이력서에 비해 사실 위주로 형식에 맞춰 적다 보니 작성하기가 어렵지 않다. 국문이력서 샘플을 참고해 자신의 이력서를 작성해 보길 바란다.

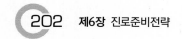

[국문이력서 샘플]

이   력   서

성 명	백 지 연 (白 知 姸)	
생 년 월 일	1990년 5월 24일	(증명사진 삽입)
현 주 소	서울시 마포구 마포대로 11길 72	
연 락 처	010-3333-7777 ● jeeyon.paek@gmail.com	

학   력

2014년 2월	**한국대학교 상경대학 졸업** (3.71/4.0)
	경제학 전공, 심리학 부전공
	성적 우수 장학금 2회 수여
2012년 5월-8월	**홍콩대학교 서머스쿨**
	중국문화 및 언어과정 수료

경   력

2013년 7월~8월	**한국대학교 총무처 학생인턴**
	- 교내 시설관리 지원업무
	- 총무처 자료 정리
2014년 1월 ~ 2015년 9월	**서울중소기업청 인사팀 사원**
	- 인사자료 DB 관리
	- 인사채용프로세스 지원업무
	- 인사팀 내 예산, 결산업무
2015년 10월 ~ 현재	**프로바이오 한국지사 총무팀 대리**
	- 신입, 경력직 채용업무
	- 기업 브랜딩 이벤트업무
	- 본사 연계 교육프로그램 지원업무

어학 및 자격사항

자 격	인적자원관리사 (2014년 12월)
영 어	TOEIC 910점 (2013년 12월)
컴 퓨 터	MOS 2003 Master (2009년 8월)
	Microsoft Word ● Excel ● PowerPoint ● 한글 ● Photoshop 능숙

위에 기재한 사항은 사실과 틀림이 없음

2016년 8월 1일

위   백 지 연

영문이력서는 Résumé(영어에서는 Resume라고 쓰이기도 한다) 또는 CV(Curriculum Vitae)라고 불리며, 둘의 양식은 조금 다르지만 흔히 혼용되기도 한다. Résumé는 프랑스어 어원으로 '요약(summary 또는 summarized)'이란 뜻으로 관련 경력과 학력의 요약을 의미한다. Résumé는 상대적으로 1~2쪽의 짧게 정리된 이력서라면, Curriculum Vitae는 라틴어 어원인 '인생행로(course of life)'라는 의미에서도 알 수 있듯이 학력을 비롯한 여러 성과나 업적이 상세히 나온 이력서다. CV는 일반적으로 학문 활동을 하는 과학자나 연구원, 교수 등이 많이 사용하는 이력서로 학력 외에도 연구실적, 논문, 저서, 학술대회 발표 등 전문적인 성과나 학술적인 활동을 상세히 기록하고 있어 보통은 수 쪽에서 수십 쪽에 이르기도 한다.

영문이력서는 서술식 작성이 기본이다. 외국의 경우 영문이력서는 일반적으로 사진을 넣지 않아도 되지만, 국내의 외국계 기업에서는 종종 사진을 포함한 영문이력서를 요구하기도 한다. 국문이력서와 마찬가지로 지원자의 연락처와 학력, 경력을 위주로 작성하나, 서술식 설명이 추가로 삽입된다. 예를 들면, 직업과 관련한 경력을 적을 때, 기본적인 정보인 직장명, 부서명, 직위/직책, 근무시기 등을 기술하고 추가적으로 지원자가 전 직장에서 수행했던 직무내용을 2~5개 정도 서술식으로 나열한다. 지원자가 학생이었다면 경력이 인턴십을 제외하고는 미비하기 때문에 종종 비교과 활동을 삽입하게 되는데, 이때도 역시 언제, 어디서, 어떤 역할을 맡아, 무슨 일을 했는지 서술식으로 기술한다. 그 외 항목별로 중요하게 기입할 내용은 다음과 같다.

○ Heading: 이름, 주소, 전화번호, 이메일 등 지원자의 개인정보를 기술한다. 이름은 상대적으로 큰 폰트 사이즈를 사용해도 좋겠다. 해외에 주재한 기업에 지원하는 경우 주소에 South Korea를 삽입하고, 전화번호는 +82(한국 국가번호)로 시작한다.

○ Sub heading: 'Career Objective', 'Summary of Skills', 'Applying for ABC Position' 등의 표제를 사용할 수 있다. 기업에서 여러 분야의 모집공고를 내는 경우 표제를 사용하는 것이 좋겠다. 채용담당자들이 긴 시간을 보내지 않고 지원자의 능력을 파악하기 위해 능력요약을 적어 주는 것도 좋겠으나, 사회 초년

생이라면 부각할 직업적 능력이 적은 편이므로 생략하는 것이 더 좋겠다.

○ Work experiences: 직장명, 부서명, 직위/직책, 근무시기, 근무지 등 기본정보를 보통 두 줄에 걸쳐서 기록한다. 이때 직장명이나 직위 등 강조하고 싶은 정보는 통일성을 가지고 굵은체(bold)나 대문자(all-capital), 기울임꼴(italic) 등을 사용할 수 있다. 직장명이 누구나 아는 잘 알려진 곳이 아니라면 기업에 대한 간략한 설명을 삽입하는 것이 좋다. 직장 경력이 여러 개 있다면 가장 최근 경력이 가장 위에 나오도록 배열하는 것은 꼭 지켜야 한다. 가장 최근 경력이 가장 중요하게 여겨지므로 이를 가장 먼저 보이도록 하게 하는 이유다. 직장별로 (또는 직장 내에서 직위나 직무가 바뀌었다면 직무별로) 상세한 업무내용을 2~5개 정도로 서술식으로 나열하는데, 자기주도적이고 직접적인 능력을 보여 줄 수 있는 내용이 좋겠다. 이때는 작은 글머리 기호를 사용하고, 적극적인 행위를 나타내는 동사나 단어를 사용할 것을 권장한다. 정식 직장 경력이 없는 경우, 대부분의 기업은 인턴십을 하나의 일과 관련한 경험으로 인정하므로 'Work Experiences (일 경험)' 항목에 기입하되 학력 아래에 배치한다.

○ Education: 교육받은 기관(학교 등), 전공명, 취득 학위나 수료 여부, 재학시기, 학교의 소재지 등 기본정보를 기록한다. 지원하고자 하는 업무와 관련한 직장 경력이나 기타 경험이 부족한 데 비해서 수강한 교과목이 지원하고자 하는 업무와 관련이 있다면 해당 교과목을 적는다. 비교적 최근 졸업자로 학점이 높은 경우에는 학점을 적어도 좋다. 여러 학교에서 수강했다면, 상대적으로 짧은 기간에 과목 몇 개를 수강한 학교명은 경우에 따라 생략할 수 있다. 정식 직장 경력이 없다면 학력을 먼저 배치하고, 그다음에 다른 내용을 기술하도록 한다.

○ Others: 자격증이나 어학실력, 컴퓨터 활용능력 등을 삽입할 수도 있고, 학생이라면 직장경력이 없는 경우가 대부분이므로 'Extracurricular Activities(비교과 활동)' 항목을 삽입할 수 있다. 비교과 활동에는 리더십이나 의사소통능력, 팀워크 등을 보여 줄 수 있는 동아리 활동이나 봉사활동, 공모전 입상 등을 넣을 수 있다. 취미활동은 직업과 무관한 경우에는 포함시키지 않아도 좋으나, 때로는 취미활동에 대한 생각이 채용담당자에 따라 달라질 수 있으므로 공간의 여유에

따라 그리고 지원하려는 기업이나 직무에 따라 삽입 여부를 결정한다.

○ References: 전 직장 상사나 대학교수 등 지원자에 대해 의견을 제공해 줄 수 있는 사람과 연락처를 기재한다. 그러나 보통은 'Available upon request'라고 적어서 기업에서 요청이 있는 경우에만 추천자의 이름과 연락처를 제공하는 경우가 일반적이다.

이력서의 개성을 어느 정도 부각하면 좋은지는 분야마다 다르다. 지원하려는 직책과 산업, 기업문화 등을 고려하여 지원자가 이를 결정해야 한다. 영문이력서 샘플을 보며 작성해 보자.

[영문이력서 샘플]

Jeeyon Paek

Tel: +82.10.3333.7777 · E-mail: jeeyon.paek@gmail.com
Address: 71 Mapodaero 11 gil, Mapo-gu, Seoul 04141, Republic of Korea

---

EDUCATION

FEB 2014   **Hankook University**, Seoul, Korea
Bachelor of Arts in Economics · Cumulative GPA 3.71/4.0
Minor in Psychology · First Group Scholar 2010 (Top 10% of class)

JUN-AUG 2012   **Hong Kong University International Summer School**, Hong Kong
Completed specialized course on Chinese culture and language.

EXPERIENCES

JAN 2015-PRESENT   *Talent Recruitment Specialist, Global HR*
GOOGLE KOREA, Seoul, Korea
- Collaborated with relevant stakeholders in creating staffing plans, developing strategies, and implementing agreed action plans.
- Analyzed final candidate's Compensation & Benefit proposed offer package, aligning with both the business and the candidate's expectations.
- Managed all data associates with the recruitment process (candidate information, interview process details, and offer information).
- Compiled and managed feedback on on-boarding and post-joining procedures.
- Coordinated hiring events such as "Google Day," Campus recruiting, Job Fair, and other career events.

JUN-OCT 2014   *Market Research & Administrative Intern*
KOTRA Korea Business Center, Hong Kong
- Prepared market research report bimonthly and published on KOTRA's globalwindow.org. (awarded KOTRA-headquarters performance score of 23.34/25 for improved quality)
- Coordinated meetings with Korean trade delegations to Hong Kong and other government visits.
- Managed import/export inquiries and provided up-to-date statistics and country information.
- Translated business reports, articles, documents, and letters in Korean and English.

JUL-DEC 2013   *Secretary to Senior Director (Intern)*
SANOFI-AVENTIS Korea, Seoul, Korea
- Assisted with coordinating work schedules and diary planning.
- Arranged meetings, conference calls, and video conferences.
- Supported expense reports and prepared documents for purchase.
- Made travel arrangements for executives and visitors.

SKILLS   **Languages:** Korean (Native), Fluent in English (OPIc AL / TOEIC: 930)
Computer: Proficient with MS-Word, Excel, and PowerPoint

OTHER ACTIVITIES   *Seoul Creative Academy for MICE,* Seoul, Korea (Feb–May 2014)
- Completed specialized course on MICE industry and planned and produced the Seoul Women Forum event.
Hankook University Archives Docent, Seoul, Korea (Mar–Dec 2013)
- Led tours explaining the University archives in Korean and English.

REFERENCES   Available upon request.

자기소개서

자기소개서는 국문이력서와 보완적인 자료로 서술 형식을 기반으로 지원자의 강점을 표현할 수 있는 서류다. 이력서처럼 형식을 요하지는 않지만, 국문이력서에서 충분히 설명하지 못한 지원자의 강점을 구체적인 사례를 기반으로 기술할 수 있는 서류다. 일반적으로 자기소개서는 글자수 제한이 있고, 정해진 주제에 맞춰 작성해야 하는 경우가 종종 있다. 지정된 양식이나 주제가 없는 경우는 성장과정, 성격의 장단점, 대학에서의 교과 및 비교과활동, 지원동기, 장래 희망 및 포부 등을 적는 것이 일반적이지만, 보다 매력적으로 보이기 위해서는 기업의 가치나 인재상, 지원하려는 직무와 연관해서 작성할 필요가 있다.

지정된 양식과 주제가 있는 경우, 기업이 지원자의 무엇을 평가하려고 하는지의 의도를 파악하여 내용을 작성, 기술한다. 기업이 주로 요구하는 일반적인 질문들은 '자신을 소개하라.' '리더십을 발휘했던 때를 기술하라.' '기업에 기여할 수 있는 본인의 역할과 공헌도를 기술하라.' '실패의 경험을 기술하라.' '창의성을 발휘했던 때를 기술하라.' '성격의 장단점을 기술하라.' '10년 후 미래의 자신의 모습을 기술하라.' '도전했던 경험을 기술하라.'와 같은 일반적으로 자신의 경험이나 계획 등을 기술하는 것이다. 그 외에도 기업의 특정 상품이나 서비스와 관련한 질문을 통해 기업에 대한 지원자의 열의, 창의성, 기획력, 표현력 등을 판단하기도 한다. 일반적으로 자기소개서 작성 시 유의할 사항은 다음과 같다.

○ **두괄식**: 채용 담당자가 쉽게 읽고 내용을 파악할 수 있도록 두괄식으로 기술할 것을 권한다. 글의 중심 주제를 먼저 기술하고 뒤에 그 이유나 구체적 사례를 기술하는 형식이다. 이 외에도 답변 간의 우선순위를 두는 방법도 사용할 수 있다.

○ **스토리텔링**: 진부한 표현이나 기술보다는 구체적인 내용으로 설득적으로 작성하는 게 중요하다. 최근 가장 추천되는 방법 중 하나가 스토리텔링 형식을 사용하는 것이다. 이를 위해서는 우선 자신의 경험이나 성과를 브레인스토밍을 통해 최대한 모두 나열한 후 그중에서 기업의 인재상, 가치관, 직무와 관련 있는

부분, 또는 자기소개서 질문과 관련 높은 것을 엮어 스토리텔링 형식으로 기술하는 것이다. 이를 통해 지원자의 과거 경험과 성과가 일관된 방향성을 가지고 기술되므로 읽는 이로 하여금 스토리에 쉽게 기억되고 설득되도록 한다. 이때 관련 활동을 최대한 많이 기술하기보다는 스토리텔링의 흐름을 방해하지 않는 선에서 질문의 응답에 영향을 줄 수 있는 몇 가지의 구체적 사례를 중심으로 이야기를 풀어나가는 것이 바람직하다.

○ 인재상, 기업가치관, 직무 관련성: 이 세 가지 부문에 연관되도록 기술하는 것이 좋겠으나 억지로 끼워 맞춘 듯한 기술이 되지 않도록 유의한다. 결국 진정성을 가진 글이 설득력이 높듯이, 억지로 끼워 맞추기보다는 자신이 지원 기업에 대해 열의를 갖게 된 동기를 바탕으로 기술하는 것이 좋겠다.

○ 단점: 사람은 누구나 장점이 있듯이 단점도 있다. 단점을 작성하라고 요구하는 질문에는 단점을 작성하되 그 단점을 어떻게 극복하려고 노력해 왔는지도 함께 적는다. 이때, 장점을 단점처럼 적는 것은 정직하지 못함을 오히려 나타낼 수 있고, 자신이 실제 단점이 없다고 생각한다면 이는 스스로에 대해서 성찰해 본 적이 없음을 의미할 뿐이다.

○ 검토: 이력서와 마찬가지로 제출하는 모든 서류의 맞춤법은 매우 중요하다. 맞춤법이나 오탈자가 없도록 검토한다. 여러 기업을 대상으로 자기소개서를 작성하다 보면, 흔하면서도 치명적인 실수가 본문 중에 언급되는 지원회사 이름 대신 다른 회사 이름을 적는 것으로 꼭 주의해야 하겠다.

커버레터

커버레터는 영문이력서와 보완적인 자료로 국문으로 된 자기소개서와 견줄 수 있다. 일반적으로 자기소개서보다는 짧게 한 쪽 이내로 작성되지만, 이력서에 적지 못한 강점이나 성격, 성향 등의 역량을 구체적 사례와 함께 기술할 수 있다는 점에서는 비슷하다. 커버레터는 형식 면에서 영문레터를 따르지만, 최근에는 이메일로 제출하는 경우가 많아 이메일의 본문에 커버레터의 내용을 갈음하기도 한다.

커버레터는 크게 세 부분으로 나뉜다. 머리말에는 지원동기와 자신의 강점을 간략히 언급한다. 본문에는 강점 중심으로 적되 이력서와 중복적인 내용은 피하고 사례 중심으로 어떤 역량을 갖추고 있는지 기술한다. 맺음말에는 해당 회사와 지원자가 어떻게 잘 맞을 수 있는지 등을 다시 한번 표현하며 개인 연락처와 함께 감사인사로 마무리한다. 커버레터는 자기소개서와 달리 그 내용에 따라 채용 여부가 크게 달라지지 않는다. 물론 내용에 따라서는 채용담당자의 흥미를 끌 수 있는 내용이 기술될 수도 있으나, 국문이력서와 달리 영문이력서에 구체적인 활동을 기입하고 있기 때문에 커버레터는 보다 일반적인 서류로 참고가 된다. 다만 커버레터는 전체적으로 지원자의 영어실력도 나타낼 수 있는 서류인 만큼 문법이나 철자의 오류가 없도록 꼼꼼히 검토하여 완성한다. 특히 단순한 한글식 표현의 문장을 영어로만 번역한 레터는 부정적인 영향을 끼칠 수 있다. 또한 커버레터에 지원회사명을 잘못 기입하는 등의 실수는 용납되지 않으므로 특히 여러 기업에 비슷한 커버레터를 작성해서 보낼 때는 주의를 기울여야 한다.

면접

면접은 지원서류로만 볼 수 없었던 지원자의 인성이나 태도, 역량 등을 알아보기 위해 실시하는 채용전형으로 실제로 대부분의 기업에서 채용전형과정에서 면접을 가장 중요하게 생각한다. 면접에서 기업들이 지원자의 어떤 부분을 평가하고자 하는지 알고 있다면 보다 효과적으로 면접에 응할 수 있게 된다. 다음은 기업이 주로 면접을 통해서 지원자를 평가하고자 하는 내용들이다.

○ 지원자의 성격 및 인성, 업무 태도: 기업은 지원 서류로는 명확히 파악하기 어려운 지원자의 실제 성격적 특성이나 인성을 면접을 통해 파악하고자 한다. 특히 적극적인 자세나 일에 대한 의지 등을 면접을 통해 확인하고자 한다.

○ 의사소통 능력: 함께 일할 때 가장 중요한 요소 중 하나가 의사소통능력이다. 오해나 어려움 없이 잘 소통할 수 있는지, 질문의 요지를 명확히 파악하고 이에 적

합한 응답을 하는지 등을 평가한다. 외국계 기업에서는 특히 외국어 의사소통
능력을 평가 하는데, 단순히 말을 잘하는 능력을 찾기보다는 직접 화법의 표현,
적극적인 의견개진, 토론 참여 등 그 기업의 문화에 맞는 의사소통능력을 찾고
자 한다.

○ **팀워크**: 모든 기업이 가장 중요시 하는 덕목이 바로 조직에 잘 적응하고 협조적
으로 일할 수 있는가의 여부다. 특히, 국내 기업의 경우, 기존 조직 문화에 순응
하고 원만한 인간관계를 영위할 수 있는지를 알아보고자 한다.

○ **직무수행능력**: 기업들은 지원서류상에 나타난 직무와 관련된 실제 능력을 점검
해 보고자 한다. 특히 상대적으로 적은 인력을 채용하는 외국계 기업은 업무에
관한 실무지식의 정도를 중점적으로 묻는다. 이와 반대로 국내 기업은 직군으
로 묶어서 선발하는 경우가 많기 때문에 상대적으로 실무지식보다는 전공지식,
과거 인턴경험이나 기타 활동에 기반한 조직이해력 등을 보고자 한다.

면접은 결국 기업에 자신을 잘 표현하고 또한 지원자가 기업에 대해 실제적으로 알
아볼 수 있는 기회도 된다. 자신의 실제 모습과 다른 모습을 준비하기보다는, 실제 모
습에서 조금 더 나은 면들을 보여 줄 수 있는 것이 장기적으로는 자신과 잘 맞는 기업
에서 일할 수 있는 가능성을 높인다. 따라서 면접을 준비할 때는 억지로 다른 모습이
되려 하기보다는, 자신의 있는 그대로의 모습을 조금 더 세련되고 준비된 자세로 보
일 수 있도록 하는 것이 바람직하다. 면접 준비 및 면접 실전에서 주의할 사항은 다음
과 같다.

○ **자신의 지원서류를 꼼꼼히 읽어 본다**: 면접관들은 크게 세 종류의 질문을 한다.
일반적으로 많이 하는 질문(예: "본인 소개해 보세요." "지원동기 말씀해 보세요." 등),
지원서류를 검토하면서 궁금한 질문, 상황(case)을 주고 반응을 보려는 질문이
다. 본인이 작성한 지원서류임에도 불구하고 면접장에 가면 잘 기억나지 않는
경우도 있는데, 그럴 경우에 면접관은 지원자의 경험이나 활동내역이 과대 포
장되었다고 믿기 쉽다. 따라서 본인이 작성한 이력서와 자기소개서의 내용을

잘 숙지해서 관련 질문이 나오면 구체적으로 대답할 수 있도록 준비해야 한다.

○ 예행연습(rehearsal)을 한다: 면접을 준비하면서 가상으로 면접을 연습해 보는 것은 매우 유용하다. 실제 면접장에 가면 많이 긴장하기 때문에 본인이 평소 잘 알던 내용도 대답하기 어려울 때가 많다. 대부분 면접관들은 지원자가 얼마나 긴장하고 있는지를 가늠하고 판단하지만, 단순한 질문에도 대답을 제대로 하지 못한다면 이는 준비성이 부족한 것으로 판단한다. 따라서 반드시 예행연습을 하고 면접장에 가길 바란다.

○ 인상: 대부분의 만남에서 첫인상이 중요하듯이 면접에서도 첫인상은 중요하다. 옷이나 화장, 머리꾸밈 등에서 보여지는 인상, 얼굴 표정을 통한 인상, 인사하는 태도, 면접장을 오가는 걸음걸이, 말할 때 보여지는 손동작이나 몸짓 등 다양한 면을 통해 인상이 전달된다. 업계에 따라 다르지만, 국내 기업이나 외국계 기업 모두 면접에서 보수적인 옷차림, 화장, 머리꾸밈을 선호한다. 본인의 외모와 인상에 잘 어울리는 깨끗한 정장이 일반적이다. 과한 표정이나 과한 인사보다는 자연스러운 인사와 공손한 태도가 일반적으로는 더 선호된다.

그 외

앞에 언급된 서류와 면접 외에 인적성고사, 발표(presentation), 합숙, 커리어포트폴리오 등 다양한 채용과정과 선발방식을 도입하고 있는 기업들이 있다. 따라서 지원하는 기업이 도입하고 있는 채용과정의 여러 채용 단계별 요구사항을 조사하고 이에 대한 준비를 한다.

창업준비

창업을 진로로 선택했다면 창업에 앞서 많은 조사와 준비가 필요하다. 경력준비계획에서부터 창업 관련 활동을 철저하게 계획하고 준비하고 조사해야 한다. 다음은 창업준비 과정에서 기본적으로 준비하거나 조사할 내용을 기술한 것이다.

○ **창업 아이디어:** 창업에서 가장 중요한 부분은 아이템이다. 어떤 아이템을 개발, 창업할지 결정하기 전에, 아이템 관련해서 매우 많은 요소를 고려해야 한다. 필요한 기술력이 있는지, 개발시기까지 필요한 인력, 자금력 등의 여부와 아이템의 고객층에 대한 선택, 그리고 가장 중요한 사업성이다. 이러한 요소들을 고려하여 창업 아이디어가 아이템이 되기까지 관련 상황과 요인을 조사하고 공부한다.

○ **인력:** 창업에서 아이템만큼 중요한 부분이 공동창업자다. 1인 기업으로 창업할 수도 있으나, 일반적으로는 분야의 전문성을 가진 사람, 창업 열정이 뛰어나거나 비슷한 가치관이 있는 사람 등 여러 사람이 함께 창업하는 경우가 많다. 학교 동창이나 선후배, 동아리 친구, 가족 등 보통은 평소에 잘 알던 사람들과 시작하는 경우가 많은데, 처음부터 서로의 역할을 명확히 하는 것이 중요하다. 시작 시점에 특별한 역할규정 없는 경우 일을 열심히 할 때는 괜찮겠지만, 사업이 확장되면 갈등의 원인이 될 수 있다. 따라서 대표, 생산, 자금 등의 역할 분담과 수익 배분 등에 대해 초기에 명확하게 해야 한다.

○ **사업계획서:** 창업 아이템이 사업성이 있다고 판단되면 사업계획서를 작성해야 한다. 사업계획서는 아이템을 구매할 잠재고객의 존재, 원료 공급자로부터 안정적으로 공급받을 수 있는가의 여부, 필수 기술력이나 특허, 실용 실안은 보유하고 있는지, 경쟁자의 존재, 잠재 경쟁자의 시장으로의 진입장벽, 공급망 확보, 자금 및 인력 공급 계획 등을 포함하게 된다. 창업자는 사업계획서를 기반으로 잠재 투자자들을 설득하여 투자를 이끌어 내야 하기 때문에 철저한 사전 준비가 필요하다.

○ **지원제도:** 각 지자체와 중앙정부, 기타 여러 단체와 대학교에는 청년 창업을 지원하는 프로그램이 많다. 창업자 교육부터, 창업 지도 또는 멘토링, 창업장소 및 지원금 제공 등 다양한 지원제도가 있으므로 이를 잘 활용하는 것도 좋은 방법이다. 대회 규모와 상관없이 여러 대회를 참여하다 보면, 창업 경진대회 참가 준비를 하면서 창업 아이디어를 더 구체화할 수 있으며 지원금 획득을 통해 창업의 기반을 마련할 수 있다.

첫 직장 후 경력개발 전략

여러 경력개발 이론들이 설명하는 것처럼 경력목표와 진로계획은 한 번 정해진 대로 변하지 않고 이어지는 것은 아니다. 시간이 지남에 따라 자신이 갖고 있는 강점과 약점들은 변하기 마련이고, 직업환경도 빠르게 변해가며, 자신의 꿈이나 포부도 변해 간다. 그러므로 새로운 변화의 시기마다 자신의 경력목표를 수정하고 이에 맞는 경력준비계획을 다시 세워 필요한 활동을 수행해 가는 여러 전략들이 필요하다.

전략 1. 경력계획 퍼즐

Hoffman과 Casnocha(2012)는 경쟁자산, 포부, 시장현실이라는 세 가지 퍼즐이 서로 잘 맞춰진 경력계획을 세워야 한다고 주장한다. 이 내용은 앞에서 소개하고 있는 경력계획의 분석 단계의 내용과 매우 유사한 내용으로 어느 정도 직업 경험이 있는 경우 간략하지만 지속적으로 자신의 경력을 성찰하고 평가하기에 유용한 모델이다.

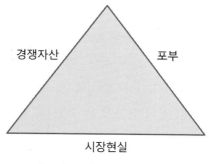

[그림 6-2] 경력계획 퍼즐

경쟁자산은 자신이 단순히 잘하는 것, 강점을 의미하는 것이 아닌 다른 사람과 비교해 경쟁적 우위에 있는 장점으로, 본인이 갖고 있는 약점을 포함한 종합적인 능력에서의 경쟁력을 의미한다. **포부**는 자신이 열정을 느끼는 특별한 일을 의미하는 것으로 자신의 열의와 꿈을 포함한다. **시장현실**은 고용시장의 현실적 상황으로 고용시장의 수요와 공급을 고려한 현실이다. 이 세 가지 퍼즐은 상호작용하며 변화하기 때문에, 정기적으로 평가하며 경력계획을 세워가야 한다. 예를 들면, 경쟁자산이 어느 수준 이상에 이른다 하더라도 이에 비해 높은 포부를 갖고 있다면 시장현실에서는 더이상 경쟁자산이 되지 않는다. 이처럼 시장현실을 고려한 경쟁우위의 경력을 결정하기 위해서는 세 가지 퍼즐의 관계를 반드시 고려해야 한다.

전략 2. 지속적 학습을 통한 플랜 B

지속적인 학습(learning)은 오늘날을 살아가는 모든 사람들의 경력에 필수불가결한 요소다. 특히 기술의 빠른 발달과 글로벌화에 따른 비즈니스 환경의 변화, 다변화되는 인구구조와 이에 따른 소비패턴의 변화와 노동시장의 변화 등으로 인해 기존의 지식이나 이해는 더 이상 유효하지 않게 되어 새로운 기술이나 능력을 습득해야만 하는 일들이 짧은 시간을 구간으로 반복적으로 일어나고 있다. 이러한 변화에 성공적으로 경력을 유지할 수 있는 가장 유효하면서도 지속 가능한 능력은 '학습'능력이다. 학습능력은 다른 역량을 경쟁적 우위에 유지할 수 있도록 자원을 제공해 주는 기초역량이라 볼 수 있다.

기존에 자신이 가지고 있던 계획을 플랜 A로 한다면 앞서 다룬 것처럼 생애 경력에서 대부분은 경력의 전환기를 맞이 하게 된다. 이때 플랜 B를 계획하게 되는데 무작정 플랜 B가 계획되는 것은 아니다. 플랜 B로 옮기는 것은 플랜 A를 준비하면서 가지게 된 지속적인 학습을 통해 진로의 전환이 용이해지기 때문이다. 지난 경력 동안 얼마나 많이 학습했는가의 여부는 플랜 B의 성공적 실행의 기초가 된다. 또한 학습한 내용을 기반으로 여러 플랜 B 중에서 보다 내게 적합한 진로를 택할 수 있고 보다 적정한 경력 전환 시기도 결정할 수 있다. 모든 결정은 과학에 근거하는 것도 아니고, 또 어떤 결정이 더 좋은 결정이었다고 판단하기도 쉽지 않다. 최대한의 현실적 고민과 사실, 조언들도 중요하지만 행운과 불운도 존재하기에 자신의 직관에 따라서 결정하기도 한다.

> **플랜 B란**, 원래 실행하려던 계획(plan A)이 실현불가능하거나 실패할 것이라고 예측되는 상황에서 대안적으로 실행할 전략이나 계획을 의미한다.

전략 3. 다양한 그러나 진정성 있는 네트워크

경력을 쌓아가면서 다양한 인적 네트워크를 구성하게 된다. 이러한 인적 네트워크는 여러 정보와 조언을 통해 경력개발에 도움을 주기 때문에, 발표되지 않는 정보나 진정성 있는 조언을 얻기 위한 인적 네트워크를 구축하는 데 노력해야 한다. 인적 네트워크는 네트워킹을 통해 맺어진 지인과의 관계, 멘토링의 관계, 직장 선후배의 관계 등 폭넓게 정의된다.

인적 네트워크는 온라인이나 오프라인을 통해 고지되지 않은 새로운 일자리에 대한 정보를 줄 수 있다. 또한 인적 네트워크에 속한 사람들은 자신의 관심사나 성향을 알기에 자신에게 유용한 정보 위주로 제공해 줄 것이다. 인적 네트워크는 이렇게 정보를 제공할 뿐 아니라, 여러 정보들의 사실 여부에 대한 판단이나 유용성 여부를 판단하기에 도움이 되는 조언을 해 줄 수도 있고, 또한 어떤 정보나 조언이 없더라도 단순히 자신에게 대화를 해 줌으로써 자신의 생각을 정리하고 올바른 판단을 내릴 수 있도록 도와줄 수 있다.

참고문헌

김세준, 최윤정(2009). 뽑고 싶어 안달 나게 하는 자기소개서 작성법. 서울: 북플래닛.
리드 호프먼, 벤 캐스노차(2012). 어떻게 나를 최고로 만드는가(차백만 역). 서울: 알에이치코리아.
민유주 외(2012). 왜 그녀들은 해외 취업을 선택했을까. 서울: 서울문화사.
박민정(2007). 공교육체제에서 인턴십 학습의 가능성 탐색. 교육연구논총, 28(1), 21-44.
백지연(2010). 여성인적자원의 전문성 확보를 위한 경력개발. 서울: 집문당.
쉬몽 뷔로(2014). 글로벌 취업을 원하면 시몽을 만나라(김정민 역). 서울: 라이온북스.

이경미, 홍아정(2011). 인턴십을 통한 대학생의 경력탐색과정과 경력인식의 분석과 함의. 직업교육연구, 30(3), 241-266.

이황원(2011). 글로벌 인재 양성을 위한 대학생 해외인턴십의 성공요인 분석. HRD연구, 13(1), 139-162.

조민혁(2014). 기적의 자소서. 서울: 조선에듀케이션.

Rottinghaus, P. J., & Hauser, P. M.(2013). Assessing additional constructs affecting career choice and development. In S. D. Brown & R. W. Lent(Eds.), *Career development and counseling: Putting theory and research to work*(pp. 477-506). Hoboken, NJ: John Wiley & Sons.

Tovey, J.(2001). Building connections between industry and university: Implementing an internship program at a regional university. *Technical Communication Quarterly, 10*(2), 225-239.

국가직무표준능력(2015). 홈페이지 From http://www.ncs.go.kr

PART 3
조직에서의 경력개발

제7장

조직경력관리
(Organizational Career Management)

 ## 조직에서의 경력관리

경력(career)에 대한 정의가 분야마다 다르게 존재하듯, 경력관리(career management) 또한 대상에 따른 여러 정의가 있다.

"개인이 경력목표와 전략을 개발 및 실행하고 점검하는 과정(Greenhaus, Callanan & Godshalk, 2010, p. 12)"은 개인을 경력관리의 주체로 보는 관점에서의 정의를 가지고 있다. 그러나 경력관리를 설명할 때 일반적으로 기업이나 조직이 행동적 주체가 되어 경력을 관리하는 것을 의미한다.

"경력관리는 조직이 조직원의 흥미와 가치, 강점 및 약점을 인지하고, 회사 내 직업 기회에 대한 정보를 수집하고, 경력목표를 결정하고, 경력목표를 성취하기 위한 과정을 지원하는 동시에 조직원의 경력기대와 조직의 인력요구를 충족하는 상호작용을 의미한다(Noe, 2010)."

경력관리의 필요성

조직의 경력관리 시스템 도입은 궁극적으로 개인의 능력과 경력개발을 통해 조직의 성과를 증진시키려는 인적자원관리 전략의 하나로 시작되었다.

경력관리는 조직과 조직 구성원인 개인에게도 매우 중요하다. 조직 내 직원들의 경력관리가 제대로 이루어지지 않는다면, 기업은 적재적소에 필요한 인재를 배치하는 것이 매우 어렵게 될 것이며, 직원의 직무몰입과 동기부여 또한 낮아질 것이다. 그리고 교육훈련에 투자한 인력과 비용, 시간에 비해 적은 효과를 불러올 것이다. 개인의 경우, 경력관리가 제대로 이루어지지 않을 경우, 조직에서 자신의 경력이 정체되어 있다고 느끼게 되며 자신의 위치에 대한 불안감을 가지게 된다. 결과적으로는 조직의 구조적인 변화, 사업의 변화에 적응하지 못하고 또한 이직이나 전직 등에 있어 적절하게 대처하지 못하게 된다.

개인 차원의 경력개발의 중요성은 시간이 지날수록 더욱 강조되고 있다. 그러나 개인 차원으로만 볼 수는 없는데 그 이유는 개인의 경력개발이 조직이라는 환경 안에서 이루어지고 있기 때문이다. 결국 이러한 조직 내 개인 차원의 경력개발은 조직차원의 경력관리가 뒷받침되어야 한다. 앞서 말한 것처럼 이러한 조직 내의 경력개발은 조직과 개인의 상호작용으로 결국 모두에게 이익이 되는 '윈-윈'의 결과를 낳게 된다.

개인의 경력개발 활동과 조직의 경력관리제도는 배타적이라기보다는 상호보완적인 관계에 놓여 있다. 시대가 바뀌면서 경력개발의 개념도 이전의 전통적인 개념과는 다르게 개인이 더욱 적극적으로 경력개발을 주도하는 시대가 되었다. 그럼에도 불구하고 조직이라는 환경 안에서 이루어지며 상호작용하기 때문에 조직의 경력 지원은 매우 중요하다. 조직의 경력 지원을 인지하고 있는 직원들은 조직의 경력관리 시스템을 자신의 경력개발에 보완적인 제도로 인식하고 개인의 경력개발 활동에서도 보다 활발하게 이용하고 그 혜택을 누린다.

개인의 경력개발 활동에는 진로나 승진 등 경력개발의 기회에 대해 정보를 수집하는 행동, 자신의 성과와 능력에 대한 피드백을 적극적으로 요청하는 행동, 경력개발의 기회에 노출되기 위한 네트워킹과 같은 여러 경력개발 기회를 창출하는 행동 등이 포함된다. 이를 통해 개인은 자신의 능력과 장점에 대해 조직의 평가를 통한 현실적 판단을 할 수 있다. 또한 자신의 이상이나 야망을 보다 구체적인 계획을 가지고 실행할 수 있으며, 여러 경력개발 활동들을 할 수 있게 되어 현재 속한 조직에서 승진이나 다른 회사로의 이직의 기회를 창출하게 된다.

자신의 경력개발에 주도적이고 적극적인 직원은 조직이 자신의 경력개발 과정에 어떻게 관여하고 조직의 결정이 이에 어떻게 영향을 주는지에 대한 관심이 높을 수밖에 없다. 이런 직원들은 조직의 경력관리제도가 자신의 경력개발에 많은 영향을 준다는 것을 인지하고 있으며 조직의 실질적인 경력관리 프로그램에 대한 기대 또한 높다. 조직으로부터 경력관리의 도움을 받는다고 인지하는 직원들이 조직에 대한 몰입도도 높을 뿐 아니라 **심리적 계약**에서의 만족감도 높은 것으로 알려져 있다.

심리적 계약은 개인과 조직 사이에서의 묵시적인 계약에 대한 개인의 믿음이다(Rousseau, 1995). 심리적 계약은 조직원이 조직과의 상호적인 의무에 대한 계약으로, 조직원은 의무를 다할 것을 약속하고 조직은 이에 대한 교환으로 조직으로서의 의무를 약속하는 것이다. 고용관계가 최근 변화됨에 따라 조직과 조직원 사이의 심리적 계약에 대한 의미가 주목받고 있다. 성실한 업무 수행의 대가로 주어지는 평생 고용안정에 대한 약속이 전통적으로 가장 일반적인 심리적 계약의 개념이었다면, 다운사이징(downsizing), 직계 간소화(delayering), 정리해고(redundancy) 등에 의한 조직 변화에 의해서 이러한 전통적 개념은 많이 퇴색되었다.

이제 심리적 계약은 조직이 조직원들에게 더 이상 평생 고용을 보장하지 않는다는 새로운 경력의 개념으로 변화되었고, 이에 따라 경력관리에 대한 책임이 개인에게 있다는 무경계(boundaryless) 경력이 경력개념의 주된 자리를 차지하게 되었다. 따라서 새로운 경력은 새로운 심리적 계약의 의미를 가져왔고, 새로운 심리적 계약은 조직과 조직원 사이에 자동적으로 주어진 생애 전반에 걸친 고용에 대한 약속이나 기대가 이제 더 이상 유효하지 않다는 것으로 변화되었다. 결과적으로, 평생 고용보장 대신 개인의 경력개발 활동이나 조직이 개인의 경력을 지원하기 위해 제공하는 경력관리 제도에 대한 기대나 약속이 심리적 계약을 구성하게 되었다. 이는 개인은 자신의 능력을 개발하고 지속적으로 경력개발을 위해 노력할 것이며, 이에 대해 조직은 개인이 능력을 개발하고 자신의 경력을 발전시키기 위해 필요한 제도적 지원을 제공할 것을 약속하는 심리적 계약을 의미하게 되었다.

출처: Sturges, J., Conway, N., Guest, D., & Liefooghe, A.(2005). The psychological contract as a framework for understanding career management, organizational commitment, and work behavior. *Journal of Organizational Behavior, 26*(7), 821–838.

따라서 조직은 경력관리 시스템을 조직의 상황에 맞게 적절히 개발, 운영하여 효과적인 인재를 확보하며 적절한 위치에 배치할 필요가 있고 이는 직원들의 장기적인 성취동기를 유발, 업무의 효율성 개선을 통한 조직의 성과를 증진시킬 수 있다.

전통적 경력 대 프로티언 경력

조직의 경력관리 기능을 이해하기 위해서는 경력에 대한 개념의 시대에 따른 변화와 이로 인한 조직과 직원의 고용에 따른 개념의 변화에 대해 먼저 알아볼 필요가 있다.

전통적 경력개념은 한 조직에서 열심히 일하며 충성도를 증명하게 되면 조직은 이에 상응하여 안정적인 일자리와 급여를 제공하는, 즉 평생고용의 개념이었다. 이에 반해, 새롭게 등장한 경력 개념이 **프로티언 경력**(Protean career)이며, 전 세계적으로 전통적 경력개념이 아직까지는 우세한 곳이 많이 있으나, 프로티언 경력 또한 오늘날 가장 대표적인 경력개념으로 받아들이고 있다. 프로티언 경력은 1장에서 소개된 바와 같이 개인이 원하는 대로 자신의 경력을 변화해 가는 경력을 의미한다. 프로티언 경력은 조직이 아닌 개인에 초점을 맞춘 개념으로 조직의 필요에 의한 경력개발보다는 개인의 기대나 요구에 맞는 경력개발에 중점을 둔 개념이다. 즉, 개인의 핵심 가치와 경력 의사결정의 주요 동인이 개인의 경력을 이끌며, 이때 목표하는 경력성공 또한 개인의 주관적 개념으로 심리적 성공을 의미한다. 이에 따라 경력관리의 책임이 조직보다는 개인에게 옮겨졌고, 개인이 보다 적극적으로 자기주도적 경력개발 활동을 이끌어야 하는 것으로 변화되었다. 프로티언 경력은 빠른 환경과 기술의 변화에 대응해야 하는 책임이 개인에게 주어지게 되고 두려움과 불확실성이라는 부정적 감정도 불러일으킨다는 부정적인 측면도 가지고 있다. 〈표 7-1〉은 전통적 경력과 프로티언 경력의 차이를 요약하였다.

〈표 7-1〉 전통적 경력 대 프로티언 경력

영역	전통적 경력	프로티언 경력
목표	승진, 급여 인상	심리적 성공
심리적 계약	고용 안정성 대 헌신	고용 대 탄력성
이동	수직	수평
경력관리 책임	조직	직원 개인
양상	직선형, 전문가형	나선형, 단기형
전문성	노하우(know how)	학습능력(learn how)
역량개발	공식 교육훈련에 의존	직무경험과 관계를 통한 개발

출처: Noe, R. A.(2010). *Employee training and development*(5th ed.). New York, NY: McGraw-Hill/Irwin.(p. 450)

전통적 경력의 개념에서 볼 때 개인이 경력의 목표로 삼고 있는 것은 조직 내 승진과 급여인상이다. 프로티언 경력은 승진과 급여인상의 2가지를 배제하지는 않지만 보다 심리적으로 만족감을 느끼는 경력목표를 주관적으로 세우고 있다는 점이다. 즉, 경력에 있어서 개인이 만족하는 심리적 성공을 경력의 목표로 삼고 있는데, 이때 심리적 성공이란 직장에서의 성취만을 의미하는 것이 아니라 삶 전체에 걸쳐 개인이 성취하고 자긍심을 갖는 느낌을 의미한다. 심리적 성공이 개인에 의해 결정되는 것이므로 개인에 따라 다양하게 나타날 수 있는데, 예를 들면, 도전적인 업무를 수행하며 성취감을 느낄 수도 있고, 개인의 흥미와 열의가 느껴지는 일을 수행하며 느낄 수 있으며, 또는 일과 가족의 양립을 통하여 일과 가족 모두 평안한 상태를 누리는 정도를 성공으로 느낄 수 있다. 프로티언 경력을 추구하는 사람들은 이러한 개인적·심리적 성공을 경력목표로 하기 때문에 보다 다양한 이유로 일에 대한 동기부여를 가질 수 있다.

개인이 조직에 속하게 되면 법률적인 계약을 맺지만, 그 이면에는 조직과 개인 사이에 암묵적인 **심리적 계약**이 자리하고 있다. 전통적인 경력을 추구하는 경우, 조직은 직원에게 고용의 안정성, 즉 은퇴까지의 고용을 보장하며 적절한 승진을 보장하는 대신, 직원이 직무에 몰입하여 일정 수준 이상의 성과를 지속적으로 창출하고 조직에 계속 머물기를 기대한다. 그러나 제한적인 승진의 기회나 글로벌 경쟁사회에서의 여러 요인으로 인해 조직은 더 이상 직원들에게 평생 고용을 보장하기가 어려워졌다. 그 대신 조직은 훈련과 개발의 기회를 제공하여 직원들의 능력향상을 통해 미래 직원들의 고용가능성을 높이도록 지원하고 있다. 이는 조직원들에게도 탄력적인 고용을 인정하고 보다 주도적으로 경력개발하도록 요구하는 것이다.

경력발전의 양상(pattern)은 상승형, 정체형, 하향형으로 나누어지기도 하나, 현대적 경력개념을 포함하면서 Brousseau, Driver 및 여러 학자에 의해 제안, 개발된 4가지 경력양상인 ① 직선형(linear), ② 전문가형(expert), ③ 나선형(spiral), ④ 단기형(transitory)이 경력을 구분하는 가장 대중적인 기준으로 사용되고 있다. 전통적 개념에서는 수직적 승진이나 전문가형의 경력양상이 주를 이루었다면, 프로티언 경력이 대두되면서 나선형이나 단기형 경력도 많은 사례로 나타나고 있다.

경력발전 양상

- **직선형**: 조직 내 계층에 따라 승진을 하고, 직급이 올라가면서 보다 큰 책무와 권한을 부여받게 되는 경력양상. 가장 일반적인 경력양상으로 여겨져 왔으며, 보통은 권력과 성취에 대한 큰 욕구에 의해 추구되는 경력이다.
- **전문가형**: 한 분야의 전문적 지식과 능력을 쌓는 것에 중점을 둔 한 직업에 몰입하는 경력양상. 일반적으로 상향식 이동의 기회가 적은 직업이 이에 해당하며 중세시대의 길드와 같은 장인이나 기능인이 이 분류에 해당한다. 전문적 능력과 안정성에 의해 추구되는 경력이다.
- **나선형**: 7~10년 정도의 일정 기간 동안 경력발전을 이룬 후에 다른 관련 있는 직업이나 분야, 전문성이 사용되는 곳으로 경력을 바꿔 가는 양상. 한 경력에서 다른 경력으로 이동하기 전에 그 경력에서의 전문성을 인정받을 정도의 충분한 기간의 경력몰입을 필요로 하며, 창의력이나 개인적 발전에 의해 동기 부여되어 추구되는 경력이다.
- **단기형**: 관련이 거의 없는 다른 분야의 직업으로 비교적 3~5년 정도의 짧은 기간에 이동하는 경력양상. 비전통적인 경력양상으로 다양한 동기에 의해 추구된다.

전통적인 경력에서 전문성은 직원이 갖고 있는 적정한 지식, 기술, 경력을 기준으로 판단되며, 이때 가장 큰 기준 중 하나가 '노하우'다. 조직의 목적을 달성하기 위한 필요한 지식과 기술이 축적되어서 효율적인 지식이나 기술로 전환되었을 때를 '노하우'라고 하는데, 현대에 와서는 이러한 노하우가 일정하게 고정된 지식(static knowledge)이 아니라는 점이다. 기술의 발달, 고객의 변화, 시장의 글로벌화로 인한 경쟁자의 변화와 의사소통 체계, 유통의 혁신 등으로 과거의 노하우로는 더 이상 조직의 목표를 달성하기 어려워졌다. 이에 따라 한번 습득한 지식은 시간이 지나고 나면 그 유용성이 점점 사라져 버리게 되었다. 따라서 고정된 지식을 습득하기보다는 지속적으로 변화하는 지식을 습득할 수 있는 지속적인 학습능력(learn how)이 현재의 직원에게 필요한 전문성이라 할 수 있다. 특히 자기주도적으로 경력 진로를 결정해 나가는 프로티언 경력자라면 더더욱 지속적인 학습능력으로 자신의 역량을 유지, 발전시켜야 할 것이다.

앞에서 서술한 전통적 경력과 프로티언 경력의 개념 차이를 요약하면, 전통적 경력의 조직원은 자신의 역량개발을 위해 조직에서 제공하는 교육훈련에 의존하는 경향을 보이는 반면, 프로티언 경력자는 공식적 교육훈련뿐 아니라 일상의 직무경험이나 네트워킹, 멘토링 등의 관계를 통해 역량을 개발하려는 자기주도적 학습 경향을 더 많이 나타낸다.

경력동기

조직은 경력관리를 통해 직원의 경력동기(career motivation)를 증대시킬 수 있다. 경력관리 시스템을 통해 제공되는 승진, 개발 기회, 공석에 대한 정보 등이 얼마나 충분하고 방대한지에 따라 직원들은 경력동기를 증대시키기 때문이다. 경력동기는 개인이 어떻게 경력을 선택할지, 자신의 경력을 어떤 시각으로 바라보며, 어느 정도의 기간 동안 자신의 경력을 머물게 할 것인가에 영향을 주는 매우 중요한 요인이다. 즉, **경력동기**란 조직원이 자신의 경력과 경력을 개발해 나갈 방향에 대해서 기꺼이 투자하려는 의지를 말하며, 장애물이 있더라도 나아가고자 하는 방향으로 경력을 개발할 의지를 지속하는 능력을 말한다. 경력관리에서 가장 중요한 목표는 경력동기를 촉진하는 것이다. 경력동기는 **경력탄력성**(career resilience), **경력통찰력**(career insight), **경력정체성**(career identity)의 3가지 요소로 구성되어 있다.

- **경력탄력성**: 직무에 영향을 미치는 문제가 발생했을 때, 이를 얼마나 잘 대처하는지 그 정도를 의미한다. 경력탄력성은 자신감, 성취에 대한 욕구, 위험을 감수할 의향, 때로는 독립적으로 때로는 협조적으로 일할 수 있는 능력으로 구성되어 있다. 경력탄력성이 높은 직원은 업무환경에서의 장애나 예기치 못한 변화 등에 적절하게 대처할 수 있는 능력이 있고, 지속적인 학습을 추구하고 능력개발에 관심이 많고 스스로의 경력관리에 책임감을 느끼고 주도적이다.
- **경력통찰력**: 직원 스스로 자신의 흥미, 능력, 강점, 약점에 대해 어느 정도 알고 있으며, 이러한 면들이 자신의 경력목표에 어떤 영향을 미칠지에 대해서도 인식하고 있는 정도를 의미한다. 즉, 경력통찰력은 자신 스스로와 경력에 대해 객관적인 시각과 판단을 유지하고 있고, 이를 바탕으로 현실적인 경력목표를 세우는 정도를 의미한다. 경력통찰력이 높은 조직원은 경력목표를 명확하게 규정하고 이 경력목표를 이루기 위한 다방면에 관심과 노력을 기울이며 정진하기 위해 최선을 다한다.
- **경력정체성**: 직업에 따라 개인적 가치를 규정하는 정도를 의미한다. 즉, 경력정체성은 직업과 조직, 전문 분야 등의 일 관련 테두리 안에서 스스로 어떻게 규정하는지를 의미한다. 경력정체성이 높은 직원들은 회사일에 몰두하는 경향이 높아서 맡은 일을 마치기 위해 장시간의 근무도 마다하지 않는다. 자신이 속한 조직에 대한 자긍심이 높고 자신의 전문 분야에 관련되어 있는 협회 등에서 활발히 활동하는 편이다. 경력통찰력과 경력정체성은 경력성공에 긍정적 영향을 미치는 것으로 알려져 있다.

출처: London, M., & Mone, E. M.(1987). *Career management and survival in the workplace*. San Francisco, CA: Jossey-Bass.

조직의 경력관리 시스템

경력관리 시스템

조직의 경력관리 시스템은 개인의 경력개발 계획과 서로 조정되어 조직과 조직원 양측의 경력관리 목표가 조화롭게 양립할 수 있도록 해야 한다. 그러나 조직의 경력개발 시스템이 개인의 경력개발 요구와 부합하지 않는다면 오히려 역효과가 날 수 있다.

경력관리 시스템은 개인의 경력을 관리하는 것이지만 주체 또는 경력 단계의 어느 단계를 강조하는가에 따라 여러 모델의 도입이 가능하다. 이 장에서는 조직이 주도적으로 제공할 수 있는 경력관리 시스템을 중심으로 기술하고자 한다.

직원의 경력을 관리하기 위해서는 조직과 직원이 공동의 책임감을 가지고 경력관리에 관련된 여러 활동을 수행하고 지원해야 한다. 이는 어느 한쪽만이 책임질 일은 아니다. 조직의 경력관리는 조직이 직원의 경력을 향상시키기 위해 계획적으로 설계하고 만든 여러 정책과 제도를 의미하며, 또한 직원들이 자신의 경력을 잘 계획하고 관리할 수 있도록 조직이 제공해 줄 수 있는 다양한 활동을 포함한다. 조직의 경력관리 시스템에는 다양한 범위의 프로그램과 조정의 역할을 수행하는 것이 동반되는데 궁극적으로는 조직과 개인의 경력 요구를 일치시키고자 하는 것이기도 하다. 이에 기반하여 조직은 교육훈련센터를 마련하기도 하며 멘토링 프로그램이나 경력조언 기능 등을 도입하기도 한다. 조직의 경력관리에는 이렇게 여러 가지 기능과 내용이 포함되기는 하지만 조직의 구조와 사업 성격에 따라 각기 달라진다. 그러나 조직의 경력관리는 각각의 다른 조직이라 할지라도 공통적으로 가지고 있는 목표는 일정하다. 이는 직원이 자신의 경력에 대해 기대하는 것을 이룰 수 있도록 적정한 경력승진이나 발전의 기회를 제공해 주고 어느 직원이 이러한 경력 기회에 적합한지 알려 주며 경력관리 프로그램의 결과물들에 대해 평가하는 기능을 포함한다는 점이다.

전통적 경력관리 시스템은 개인이 조직의 직급체계에서 안정적이며 승진하는 방향으로 경력을 발전시키는 데 주된 목적이 있었다면, 현재의 경력관리 시스템은 더 넓은 범위의 직원의 경력 이동 양상을 지원해야 하는 개념으로 전환되었다. 직원의 경력 이동은 평행적 이동이 될 수도 있고 단기적인 프로젝트 업무로의 전환도 될 수 있다. 조직 내에서 조직원의 이러한 다양한 경력 이동성을 지원하기 위해 조직의 경력관리 시스템은 더 다양한 제도와 정책을 수행하게 되는데, 대표적인 예로 더 강력한 커리어 카운슬링과 학습 프로그램, 성과에 대한 피드백 등을 들 수 있다. 이를 종합하면 오늘날의 경력관리 시스템은 직속 관리자와 인사담당자 모두 조직의 경력관리제도에 관여해야 하며 그 책임을 함께 공유해야 하는 제도다.

따라서 새로운 경력 개념이 개인에게 책임이 주어지는 것이라 하더라도 여전히 직원은 조직으로부터 경력관리에 대한 다양한 도움과 지원을 지속적으로 받아야 하는 것이 현실이다. 이는 새로운 개념의 심리적 계약을 통한 조직과 직원의 상호작용을 기반으로 했음을 상기시켜 주는 것이고, 직원은 심리적 계약의 만족을 통해 조직에 약속된 성과를 제공하게 된다. 이에 따라 직원은 자신이 조직 내에서 주도적으로 경력개발 활동을 수행하고 조직은 조직원과의 심리적 계약을 만족시킬 지속적인 지원제도 운영을 통해 성공적인 조직과 개인 차원의 경력관리가 조화를 이루게 되어 조직과 개인 모두의 목표에 도달하게 된다. 조직이 개인의 경력관리를 지원해 줄 수 있는 대표적인 제도적 모델은 자기 평가(self-assessment), 현실정보수집(reality information gathering), 목표설정(goal setting), 활동계획(action planning)의 네 단계로 구성된 경력관리 과제를 지원하고 있다.

○ 자기평가: 직원이 스스로 자신의 직무 흥미도, 가치, 태도, 역량 등을 진단하고 이에 대한 정보를 제공받는 단계다. 조직은 컴퓨터를 기반으로 한 자기진단 테스트 시스템을 제공할 수도 있고 전문 커리어 카운슬링을 통한 직원의 자기진단 과정과 진단결과 해석에 도움을 줄 수도 있다. 직원들은 이러한 과정을 통해 자신에게 부족한 역량을 인지하여 향후 교육훈련이나 개발을 위한 과제에 참여하고자 하기 때문에 직원의 경력개발에 중요한 기초정보를 제공받을 수 있다. 또한 자기진단 결과를 바탕으로 관리자는 직원의 향후 업무 부여의 기초 정

보로 활용할 수 있으며, 인사부서에서는 조직원의 역량진단 결과를 바탕으로 이에 맞는 부서에 배치할 수 있다.

○ 현실정보수집: 직원의 입장에서 조직이 자신을 어떻게 평가하고 있는가에 대한 정보를 수집하는 단계다. 일반적으로 이러한 정보들은 상사에 의한 업무평가를 통해 수집되며, 직원 개인에 대한 종합적인 성과평가 결과서는 조직이 결론적으로 현재 조직원을 어떻게 평가하고 있는가에 대한 정보를 담고 있다. 직원은 이를 통해 승진가능성이나 조직이 인지하고 있는 자신의 역량에 대한 현실적인 정보를 수집할 수 있다.

○ 목표설정: 직원의 경력목표를 설정하는 단계로 경력목표의 대상에는 직원이 기대하는 직위나 직책, 희망부서 및 역할, 업무 환경, 급여 및 보상 조건, 역량을 발전시킬 기대수준 등이 포함된다. 경력관리 시스템에서 이러한 목표설정은 조직원 스스로 혼자 하는 것이 아니라, 직속상사나 인사담당자와의 토의를 통해 현실가능성이 높은 목표를 설정하고, 이를 위한 향후 세부 교육목표 및 개발목표를 논의하게 된다.

○ 활동계획: 설정된 경력목표를 성취하기 위해 필요한 활동 계획을 세우는 단계이다. 계획을 세울 수 있는 대표적인 활동으로는 교육훈련 프로그램 참여, 정보수집을 위한 면담, 조직 내 공석에 지원하는 행위 등이 있다. 이 과정에서 특히 조직은 조직원에게 공석을 공개함으로써 조직원 스스로 자신의 현재 역량을 강화하면서도 동시에 새로운 역량 개발을 할 기회를 찾을 수 있도록 도울 수 있다.

조직원의 경력선택

조직이 운영하는 경력관리 시스템은 다음과 같이 조직원에게 경력 관련 기회 및 경력에 대한 정보를 제공해 준다. 경력관리 시스템은 직원들이 현재 직무 외에도 개인적 삶의 기대나 욕구에 따라 탄력적으로 경력을 선택할 수 있도록 여러 경력 기회를 제공한다. 조직은 현재 조직의 사업 분야와 미래 사업 분야에 대한 분석을 기반으로 현재 요구되는 직무와 미래에 필요하게 될 직무를 분석하고 이에 따른 경력 기회를 선택하도록 지원한다. 경력선택에는 여러 측면을 고려해야 하는데, ① 승진의 기회 및 속도, ② 업무의 질과 양,

③ 업무스케줄과 업무장소, ④ 직무나 책무를 선택할 수 있는지의 여부다. 이 4가지 측면은 서로 보완적인 측면이 있어서, 예를 들어, 업무의 양을 줄이면 승진의 속도가 줄어들 수 있고 대신 업무스케줄에는 보다 탄력적일 수 있다. 직원들은 생애를 통해서 삶에서 요구하는 기대가 변하기도 하고 이에 따라 대처해야 하므로 경력에 있어서 고려하는 요소도 생애 전반에 걸쳐 변하게 된다.

오늘날 정보통신 기술의 발달로 인해 조직은 온라인 경력관리 시스템을 도입하여 직원의 경력관리를 지원하고 있다. 온라인을 통한 자기진단 도구의 제공으로 직원 스스로 진단하는 것이 가능하며, 직업별 역량 프로파일, 교육훈련 프로그램 정보 및 일정, 직업이나 직책별 급여 및 보상수준 등 여러 경력 관련 정보를 제공할 수 있다. 이 외에도 경력 관련 조언이 가능한 기능을 첨부할 수 있다. 또한 인사부서를 통해 회사 내 경력진로(career path) 방향에 대한 정보를 제공하거나 커리어 워크숍을 통해 보다 직접적인 경력 관련 정보를 제공한다. 결과적으로 조직은 직원들 스스로 자신의 경력개발에 주도적으로 행동하고 새로운 심리적 계약에 의거한 프로티언 경력의 기반을 마련할 수 있도록 지원한다.

조직의 경력관리

개인적 관점의 경력개발 계획은 앞 장에서도 설명된 바와 같이, 자신 삶의 목표를 결정하고, 자신의 능력 및 흥미를 확인하고, 경력목표를 수립하며, 조직 내외의 대안 경로평가를 통해서 자신의 경력경로 계획을 수립하되, 인생주기에 따른 흥미와 목표가 변화할 것을 충분히 고려하며 계획하는 것을 의미한다. 조직 역시 조직의 관점에서 직원의 경력개발을 계획한다. 조직적 관점의 경력계획은 다음과 같다.

○ 현 조직 및 미래의 조직에 필요한 인력구조 특성 확인: 조직은 조직의 현 사업뿐 아니라 향후 변화될 미래 사업에 필요한 인력의 특성을 확인해야 한다. 사업에 따른 수행할 직무, 그 직무 수행에 필요한 역량을 확인하고, 역량을 갖춘 인력의 특

성을 파악한 후 정보를 바탕으로 조직 전반에 필요한 인력구조 계획을 세운다.

○ **경력사다리 계획**: 조직은 직원의 승진을 통한 경력사다리 계획을 동시에 세워야 한다. 한 특정 직무와 역량으로 일정기간 일하게 되면, 그 다음 단계의 직급은 어떻게 될지, 이렇게 다음 단계의 직급으로 이어주는 조직 전체의 직급체계를 설계한다.

○ **개인의 잠재력 및 능력평가**: 조직원 개개인의 현재 능력과 잠재역량을 평가한다.

○ **조직 차원의 경력개발 필요성 확인**: 조직 차원에서 직원을 경력사다리로 올라가도록 하기 위해, 그리고 필요한 인력구조를 맞추기 위해 현 직원의 경력개발을 어떻게 지원하고 어느 정도의 수준까지를 목표로 하고 있는지 다양한 방법을 통해 점검 및 확인한다.

○ **직원과의 면담을 통한 개인별 경력경로 수립**: 직원 개인과의 면담을 통해 조직의 인력수요와 개인의 능력, 조직의 경력사다리 계획 등에 의거해 개인에게 맞는 경력경로 계획을 수립한다.

조직은 경력관리를 통해서 향후 조직의 목표 달성에 필요한 인재를 육성할 수 있고, 직원들이 조직 내에서 경력목표와 희망을 갖도록 독려할 수 있으며, 이직률을 낮추고 조직에 필요한 인력을 원활하게 공급할 수 있다는 장점이 있다. 조직의 경력관리의 효과를 나열하면 다음과 같다.

○ 부문 간 인재 불균형 해소 및 부서 이기주의 해소
○ 경영환경의 변화에 대응
○ 인재의 다기능화 촉진 및 자질 향상
○ 조직원들의 작업동기 증대
○ 인재육성효과의 증대
○ 조직원들의 이직현상 감소

개인의 요구와 조직의 요구, 개인의 희망과 조직의 기대를 동시에 고려해야 하는 조직의 경력관리 프로세스는 통합적이고 체계적이어야 한다. 그리고 이 프로세스를 진행하는 동안 개인과 직원, 모두의 요구를 만족시키기 위해서는 반드시 지켜져야 할 원칙이 있다. 적재적소배치 원칙, 승진경로의 원칙, 후진양성의 원칙, 경력개발 기회 원칙이다. 조직의 필요에 따른 적재적소에 인력을 배치하는 원칙에 따라야 하며, 이는 조직 내 이미 설계된 그리고 조직원들의 이해에 바탕을 둔 경력사다리에 따른 승진경로의 원칙을 지켜야 한다. 동시에 후진을 양성하고 개인에게는 경력개발 기회가 주어지는 원칙에 따라서 조직의 경력관리제도가 운영되어야 한다.

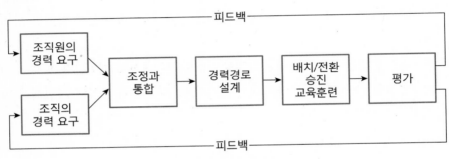

[그림 7-1] 조직의 경력관리 프로세스

조직에서 운영하는 전체적인 경력개발 지원제도나 경력관리제도 외에도 다양한 경력관리제도를 운영할 수 있다. 예를 들면, 자기평가제도, 직능자격제도, 평가센터제도, 역량목록제도, 경력지향적 인사고과제도, 최고경영자 프로그램(advanced management program), 경영자개발위원회(management development committee), 경력경로화제도(career pathing), 중간경력의 쇄신제도(mid-career update) 등이다. 이런 제도들을 통해 직원의 역량을 개발시키는 것과 동시에 조직 전체의 경력관리 프로세스에서 중요한 정보와 자료를 결과물로 얻게 된다.

조직의 경력관리가 항상 효율적으로 운영되는 것은 아니다. 조직원 중에서는 자신의 현재 역량이나 성과를 고려하지 않고 지나친 경력승진이나 개발의 요구를 갖고 있는 사람도 있을 수 있다. 또는 직원은 충분히 경력관리를 통해 승진이나 경력개발에 대한 기대를 가지고 있으나 조직의 요구나 미래수요가 기대에 비해 충분하지 않아 직원의 경력개발이 반드시 조직 내에서의 승진이나 성공으로 이어지지 않을 수 있다. 이러한 문제점을 해소하고 효율적으로 경력관리제도를 운영하기 위해서는 먼저 인적자원부서와 경력전문가의 효과적 지원시스템이 형성되어 있어야 한다. 원활한 커뮤니케이션과 신뢰할 만한 평가와 피드백은 직원과 조직을 모두 설득할 수 있는 기초가 된다. 또한 직원들은 경력개발과 승진은 다른 측면이 있음을 이해해야 한다. 조직차원의 경력개발 지원은 체계적으로 형성되어야 하겠지만, 그럼에도 불구하고 조직에 경력 정체 현상이 발생할 수밖에 없는 현실을 인지해야 하고 조직과 조직원 모두 이에 대한 대비를 해야 한다.

경력 정체(Career Plateau)

전통적 조직의 일반적인 구조는 피라미드 형태를 하고 있기 때문에, 조직 내 경력 사다리로 올라갈수록 관리직 및 고위 관리직의 숫자는 점차 줄어드는 양상을 보인다. 따라서 일정 기간 근무를 하고 나면 승진해야 함에도 불구하고 승진의 기회가 줄어들어 점차 한 자리에 머물게 되는 정체현상을 보이게 되는데 이를 경력 정체라 한다. 경력 정체(career plateau)는 직급체계에 따른 추가적인 승진의 기회가 매우 낮은 시점의 경력상태를 일컫는다. 승진의 기회가 낮은 것뿐 아니라 보다 책임 있는 업무를 맡게 될 기회가 적은 것도 포함한다.

경력 정체를 부정적인 것으로만 평가할 수는 없으나 많은 직원들은 경력 정체 상황에 부딪혔을 때 낙담, 실패, 스트레스, 두려움 등의 감정을 느끼는 등 부정적인 경험을 토로한다. 한편, 경력 정체가 오히려 긍정적인 경험으로 적용되는 사례도 있다. 경력 정체를 변화의 계기로 삼아 그때까지의 경력을 반추하고 새로운 경력을 설계하는 기회로 전환시키는 것이다. 이렇게 경력 정체에 따르는 감정이나 태도가 다른 양상으로 나타나는 이유는 경력 정체를 가져온 원인에 따라 그 대응 역시 다르게 나타나기 때문이다. 예를 들면, 기술의 발달을 따라가지 못하고 능력이 부족함에서 기인하는 경력 정체의 경우, 낮은 성과나 부정적인 태도 등으로 나타나는 경향이 있다. 이에 반해, 스스로 승진에 대한 욕구가 낮아 경력 정체에 이르는 경우에는 좋은 업무 성과를 유지시키며 긍정적 업무 태도를 나타낸다.

조직원들이 경력 정체에 이르는 원인은 여러 가지가 있다. 나이나 성, 인종 등에 따른 차별, 부족한 능력, 부족한 교육훈련, 성취에 대한 낮은 욕구, 급여 인상에 대한 불만족, 직무와 책임에 대한 혼란, 회사나 사업의 정체에 따른 승진의 기회 축소 등이다. 또한 이 외에도 경력 정체를 느끼는 정도가 매우 주관적일 수 있다는 점, 현대 조직들이 점점 수평화되면서(flattening) 조직 내 경력 정체가 불가피하다는 점 등 경력 정체에는 복잡한 여러 요인이 영향을 주고 있기에 조직에서도 이러한 경력 정체 현상에 대한 대처가 매우 어려운 것이 현실이다. 따라서 경력관리 시스템을 통해서 조직은 경력 정체가 조직의 성과에 부정적이기보다는 긍정적인 영향을 미칠 수 있도록 관여할 필요가 있다. 이때 조직이 취할 수 있는 경력관리 전략은 다음과 같다.

○ 1단계: 조직원의 경력 정체 상태를 확인한다.
○ 2단계: 조직원이 경력 정체 원인이 무엇인지 이해한다.
○ 3단계: 조직원이 적절한 교육훈련 프로그램이나 카운슬링에 참여하도록 한다.
○ 4단계: 경력 정체를 해결할 방안을 모색한다.

조직이 이 전략을 실행하는 데에는 여러 이해당사자의 도움이 필요하다. 우선적으로는 직속상사의 관찰이나 조언이 필요하고 인사부서에서 교육 프로그램 소개나 직무를 변경하는 등의 조처를 취할 수 있다. 예를 들면, 조직은 관리자를 고위 관리자로 승진시킬 수는 없더라도 인사제도전략을 통해서 관리자의 업무반경을 넓혀 주고 능력을 발전시킬 기회를 제공해 줄 수 있다. 또는 직위의 승진과 상관없이 의사결정 과정에 참여하는 권한을 더 넓혀 줄 수 있다. 이는 직위에서의 정체가 아니라 업무 내용적 정체가 조직원들의 업무수행 동기에 더 부정적인 영향을 미친다고 보기 때문이다.

과거에는 기술직이나 엔지니어 같은 분야가 아니면 기술의 발달에 따른 추가적인 지식은 꼭 필요하지 않았다. 그러나 이제는 거의 대부분의 직업에서 지속적인 개발을 하지 않을 경우, 업무성과를 유지할 수 없을 정도로 기술의 발달은 현대 모든 직업의 성과에 영향을 주고 있다. 따라서 직원들의 지식 및 능력의 노후화(obsolescence)

가 되지 않도록 지속적인 교육 프로그램의 참여를 독려하는 것은 매우 중요한 경력관리 전략의 하나다. 예를 들면, 조직 내 학습 커뮤니티(learning community)를 형성하여 비슷한 능력이나 기술을 배우려는 사람들의 모임을 장려할 수 있고, 교육훈련 참여를 독려하기 위해 다양한 보상제도를 도입할 수 있으며, 최신 정보나 지식을 교류할 수 있는 전문가 컨퍼런스 등에 직원을 참석하도록 기회를 제공할 수 있다.

참고문헌

Brousseau, K. R., Driver, J. J., Eneroth, K., & Larsson, R. (1996). Career pandemonium: Realigning organizations and individuals. *Academy of Management Executive, 10*(4), 52-66.

De Vos, A., Dewettinck, K., & Buyens, D. (2009). The professional career on the right track: A stuy on the interaction between career self-management and organizational career management in explaining employee outcomes. *European Journal of Work and Organizational Psychology, 18*(1), 55-80.

Duffy, J. A. (2000). The application of chaos theory to the career-plateaued worker. *Journal of Employment Counseling, 37*(4), 229-236.

Feldman, D. C., & Weitz, B. A. (1988). Career plateaus reconsidered. *Journal of Management, 14*(1), 69-80.

Ferrence, T. P., Stoner, J. A. F., & Warren, E. K. (1977). Managing the career plateau. *Academy of Management Review, 2*, 602-612.

Granrose, C. S., & Portwood, J. D. (1987). Matching individual career plans and organizational career management. *The Academy of Management Journal, 30*(4), 699-720.

Greenhaus, J. H., Callanan, G. A., & Godshalk, V. M. (2010). *Career management*(4th ed.). Thousand Oaks, CA: Sage Publication, Inc.

London, M., & Mone, E. M. (1987). *Career management and survival in the workplace*. San Francisco, CA: Jossey-Bass.

Nicholson, N. (1996). Career systems in crisis: Change and opportunity in the information age. *The Academy of Management Executive, 10*, 40-51.

Noe, R. A.(2010). *Employee training and development*(5th ed.). New York, NY: McGraw-Hill/Irwin.

Orpen, C.(1994). The effects of organizational and individual career management on career success. *International Journal of Manpower, 15*(1), 27−37.

Sturges, J., Conway, N., Guest, D., & Liefooghe, A.(2005). The psychological contract as a framework for understanding career management, organizational commitment, and work behavior. *Journal of Organizational Behavior, 26*(7), 821−838.

Werner, J. M., & DeSimone, R. L.(2009). *Human resource development.* Mason, OH: South-Western Cengage Learning.

제8장

조직사회화
(Organizational Socialization)

아리스토텔레스의 표현을 빌리자면 인간은 더 나은 생활을 위해서 집단을 이룬다. 집단이란 사회적인 약속하에 관계를 맺고 공동의 이해 속에서 상호작용하는 두 명 이상의 모임을 의미한다. 이와 같이 각각의 목표를 가진 집단이 모여 공동의 목표와 이해 속에서 상호작용하는 것을 사회 과정(social process)이라 칭한다.

여러 다양한 집단이 모여 이루어진 하나의 커다란 집단을 사회라고 부른다. 인간은 태어나면서부터 이러한 사회에 자연적으로 속하게 된다. 시간이 흐르고 인류의 발전과 쇠퇴가 반복되면서 사회가 가지게 된 생활, 행동, 반응의 방식이나 습관과 사상들이 오랜 시간을 두고 사람들의 삶의 틀로써 고정되어 생활양식, 행동양식, 반응양식으로 자리 잡게 되고 이른바 문화가 된다. 이러한 문화는 사회적으로 학습되고 공유되며 세대를 걸쳐 발전 혹은 퇴보하며 이어지게 된다. 문화는 개인의 사회 적응에 여러 도움을 주고 개인은 그렇게 문화에 적응해 가는 과정을 거치게 되는데 이러한 과정을 사회화라고 부른다. 사회화 과정(socialization process)은 사회 내에서 개인이 사회의 생활, 행동, 반응양식에 따라 행동하고 배우며 사회적 상황에 적응하며, 구성원으로 발달해가는 과정을 의미한다.

사회가 가지고 있는 성격에 따라 문화는 각기 형성된다. 그 예로 동양과 서양, 종교, 민족 등의 특성을 가진 문화들은 사회적으로 가지고 있는 행동양식이 각기 다르다. 그렇기 때문에 문화는 사회와 밀접한 관련이 있다고 말할 수 있다. 개인의 행동양식이 모여 만들어진 다양한 집단과 그러한 집단들이 모여 이루어진 사회, 그리고 그 사회 속에서 형성된 문화는 결국 인류가 가진 자신의 정체성이라고 볼 수 있고 사회화는 개인이 그 정체성을 배워 가는 과정이다.

 ## 조직사회화 개요

조직사회화의 정의

모든 조직은 인과관계로 얽혀 있다. 대표적인 것이 바로 조직의 가장 기본인 사람이다. 사람들이 시간의 흐름에 따라 조직에서 퇴사, 은퇴로 인해 한쪽 문으로 나가게 되면 다른 한쪽 문으로는 새로이 사람들이 들어온다. 이러한 새로운 사람들, 즉 신입사원과 이직자, 경력사원들이 조직에서 자신의 역할을 담당하고 정착하기 위해 필요한 조직 내의 룰, 기술, 사회적 지식 등을 습득하는 과정을 조직사회화라 일컫는다. 위에 언급한 새로운 조직에 입사한 사람들은 조직사회화를 통해 조직의 룰이나 정보를 학습하게 되며, 상황에 대한 인지와 의미 부여 및 해석에 관한 지식체계를 습득하게 된다. 구체적으로 학습이론 관점에서 볼 때, 조직사회화는 조직이 개인에게 조직에 관한 전반적인 환경적 요소들, 즉 조직의 성과지표, 구성원들 간의 관계 정립, 정치적 관계, 조직 특유의 언어, 조직의 역사, 그리고 조직의 목표와 가치에 대해 학습시키는 것을 의미한다(Chao et al., 1994).

조직사회화의 필요성

조직사회화의 과정에서 첫 단계는 조직 내에서 자신의 역할과 위치를 찾아 정착하는 것이다. 대학생에서 사회인으로의 역할 변화는 이전과는 다른 새로운 문화를 처음

접하는 것과 같다. 조직의 차원에서는 신입사원이 조직에 빠른 시간에 적응하여 역할을 맡아 성과를 내주기를 기대한다. 만일 이들이 정착하지 못하고 이직이나 퇴사를 하게 되면 퇴사한 개인으로서도 안타까운 일이지만 조직차원에서는 교육 비용이나 적응을 돕기 위해 투자한 인력과 시간 등의 손실을 입게 되며, 또다시 새로운 직원을 고용해야 하는 수고를 더하게 된다. 그러나 반대로 사회화 과정을 성공적으로 수행하여 조직에 온전히 정착하게 되면 개인의 동기, 직무 만족, 조직몰입에 긍정적인 영향을 미치게 된다. 이는 곧 조직에 대한 충성도의 상승과 이직률의 저하로 연결된다. 개인 차원에서 보면 경력 초기의 확립기 혹은 정착기로 표현되는 조직 적응에서 불안함을 해소하고자 하는데 그러한 불안감을 해소하기 위해서는 조직으로부터 자신의 능력을 인정받아 자신의 역할과 위치에 대한 안정감, 즉 정착이 필요하다. 만일 그렇지 못한 경우 자신감, 자아존중감의 결여 등을 통한 조직에의 부적응으로 이직이나 퇴사를 경험하게 된다. 이러한 부적응은 한 번으로 끝나는 것이 아니라 다음 조직에 입사하게 될 때에도 자신감과 자아존중감의 결여가 지속되어 또다시 실패하게 될 우려가 있다. 그렇기 때문에 조직사회화는 개인에게 있어서도 매우 중요한 프로그램이라 할 수 있다. 언급한 바와 같이 조직의 이익을 위해서나 개인의 경력을 위해서도 조직사회화는 필수불가결한 과정이다. 조직은 새로 들어온 직원들이 어떻게 업무를 파악하고 수행해야 하는지 등을 학습하고 조직에 적응 하도록 지원해야 한다. 개인은 조직문화, 즉 그 조직이 가지고 있는 특유의 분위기, 룰, 목표 등을 파악하여 조직에 필요한 인재가 되기 위해 노력해야 한다. 사회화에서 개인과 개인, 개인과 집단, 집단과 집단이 상호작용한 것처럼 조직사회화에서도 개인과 조직의 상호작용은 조직이 성장하고 존속하는 데 중요한 역할을 한다.

2014년 신입사원 퇴사 관련 통계

2014년 취업포털 잡코리아가 국내 거주 기업 재직자 2,354명을 대상으로 설문을 실시한 결과 1년 안에 퇴사한 신입사원은 10명 중 7명인 것으로 나타났다. 실제 채용한 신입사원 중 입사 1년 안에 퇴사한 직원이 있는지 질문한 결과, 68.6%가 있다고 응답했다. 세부적으로 보면 입사 후 1개월 이상~3개월 미만 근무 후 퇴사가 39.6%, 3개월 이상~6개월 미만은 27.5% 다음으로는 1개월 미만 14.6%, 9개월~1년 미만은 10.6% 순이었다. 2014년 1년 안에 퇴사한 신입사원 비율을 조사한 결과, 중소기업 (1,219개)의 경우, 총 14,284명의 신입사원 중 33.5%인 477명으로 가장 많았다. 대기업(239개)은 총 8,609명 중 1,880명으로 21.8%였으며 외국계 기업은 총 1,992명 중 516명으로 25.9%를 기록했다. 공기업과 공공기관은 1,259명 중 220명인 17.5%로 가장 낮은 수치를 기록했다. 1년 내의 신입퇴사가 가장 많았던 직무 분야는 영업/영업관리 분야가 22.8%였다. 다음으로 생산/기술/현장직 분야는 21%였으며, IT/시스템운영 분야가 6.9%, CS/TM 6.6%, 판매서비스는 6% 등의 순이었다.

기업 형태별로 보았을 때 중소기업은 생산/기술/현장직이 23%로 가장 높았으며, 대기업은 23.8%, 외국계 기업은 22.4%로 영업/영업관리직 퇴사율이 가장 높았다.

2,354명의 재직자들은 신입사원의 퇴사 이유를 적성에 맞지 않는 직무 때문(22.5%), 조직에 적응하지 못함(19.2%), 연봉 수준이 낮음(15.7%), 열악한 근무환경(15.1%), 잦은 야근과 강도 높은 업무량(11.8%), 비전을 찾지 못함(5.8%), 타사에 취업(5.1%) 등의 순으로 응답했다.

기업 형태별로 보았을 때, 중소기업은 낮은 연봉(16.4%)과 열악한 근무환경(16.2%)이 타 기업에 비해 상대적으로 높았으며 대기업은 조직 부적응(20.9%)과 강도 높은 업무량(14.6%)이 상대적으로 높았다.

재직자들은 신입사원의 퇴사율을 낮추기 위한 방법으로 다음과 같이 응답했다.

○ 신입사원이 앞으로 맡게 될 직무에 대한 정보를 구체적으로 제공한다. (32.6%)
○ 다양한 복리후생제도 도입한다. (18.3%)
○ 신입사원에게 자신의 경력을 관리할 수 있는 경로를 알려 주어 업무에 집중할 수 있도록 돕는다. (15.3%)
○ 연봉을 높여 준다. (12.7%)
○ 멘토링을 적극적으로 활용한다. (12.4%)
○ 회사에 대한 좋은 이미지를 가질 수 있도록 교육한다. (6.7%)

퇴사하기 전 회사 차원에서 신입사원과의 상담이 진행되고 있는지에 대한 답변으로는 심도 깊게 이루어지고 있는 경우는 20.1%, 형식적으로 하는 경우 53.2%, 전혀 하지 않는 경우는 26.7%였다.

잡코리아 측은 "기업의 주요자원인 인재관리를 위해서는 우수한 능력의 인재를 채용하는 것도 중요하지만 채용한 신입사원들을 교육과 지원을 통해 우수 인재로 육성하는 것도 못지 않게 중요하다."면서 "특히 입사 후에는 회사생활과 업무에 적응할 수 있도록 배려하고 직장에서의 명확한 비전을 심어 주는 것이 무엇보다 중요하다."고 말했다.

이에 반대로 잡코리아가 1년 이내에 신입사원으로 근무한 적이 있는 20~30대 2,437명을 대상으로 '신입사원이 퇴사하는 결정적 이유'에 관하여 설문 조사한 결과 '실제 업무가 생각한 것과 달라서'가 가장 큰 이유였다. 그 외의 답변은 기업 형태에 따라 조금씩 달랐다. 대기업의 경우 1위가 '실제 업무가 생각한 것과 달라서'(19.1%), 2위는 '상사나 직장 동료 등과 사이가 좋지 않아서'(16.2%)였다. 공기업의 경우도 1, 2위가 대기업과 같은 항목이었으나 수치가 달랐다. 1위가 21.2%, 2위가 17.6%였다. 중소기업의 경우 1위는 '실제 업무가 생각한 것과 달라서'(20.3%)로 대기업, 공기업과 1위가 같았으나 2위는 '회사에 비전이 없다고 생각해서'(17.3%)였다. 외국계 기업의 경우는 1위가 '상사, 직장 동료 등과 사이가 좋지 않아서'(21.1%), 2위가 '회사의 비전이 없다고 생각해서'(18.3%)였다.

퇴사를 생각하게 된 시기의 질문에서는 한 달 이내라는 답변이 중소기업(39.1%)과 외국계 기업(29.6%)에서 가장 많았으며, 입사 후 3개월쯤이라는 답변은 공기업(32.9%), 대기업(27.7%)에서 가장 많았다. 퇴사를 생각했던 신입사원들의 실제 퇴사율은 83.7%였으며, 그중 82.3%가 후회하지 않는다고 답했다. 기업 형태별로 보았을 때 후회하지 않는다는 답변의 수치가 가장 높은 곳은 중소기업(84.5%)이었으며, 후회한다는 답변이 가장 높은 곳은 공기업(28%)이었다. 반면 퇴사하지 않았다고 답한 16.3%는 그 이유에 대해 '경력을 쌓고 나중에 퇴사하려고'라는 답변이 42.9%로 가장 높았다.

한국경영자총협회는 2014년 전국 405개 기업을 대상으로 조사한 결과 대졸 신입사원의 1년 내 퇴사율은 25.2%로 나타났다. 중소기업이 31.6%, 대기업이 11.3%였다. 이러한 결과는 4년 전인 2010년에 비해 9.5%나 상승한 것이다. 신입사원들의 퇴사 이유는 '직무와 조직에 적응하지 못해서'가 47.6%로 가장 많았고, 이어 '급여 및 복리후생불만'이 24.2%, '근무지역 및 근무환경에 대한 불만'이 17.3%였다. 신입사원들의 업무 수행에 대한 기업들의 만족도를 점수로 환산한 결과는 2010년 평균 79점에서 2012년 77.9점, 2014년 76.2점으로 점점 내려갔다. 그러나 위의 조사에 대한 퇴사 이유는 기업에서 분석한 결과로 퇴사한 신입사원의 설문 조사와 대조할 수 없기에 온전히 신뢰할 만한 것으로 보기에는 어려움이 있다.

2015년 신입사원 퇴사 관련 통계

2015년 취업정보 사이트 '사람인'이 기업 678개사를 대상으로 입사 1년 내 퇴사자에 대한 여부를 조사한 결과로 79.6%가 있다고 답했다. 최근 1년간 퇴사한 신입사원의 비율은 전체 입사자의 3분의 1에 해당되는 평균 31.7%였다. 입사 후 퇴사하는 데 걸린 시간은 평균 3.6개월이었으며 세부적으로 보면 3개월이 30.9%, 1개월 이하가 23.4%, 6개월이 15.4%, 2개월이 14.6%의 순이었다. 20.1%가 입사 후 반년 안에 퇴사하고 있는 것이다. 퇴사자가 가장 많은 업무 분야는 제조/생산 분야(25.8%)였고, 영업/영업관리 분야(21.8%), 서비스 분야(15%), 연구개발 분야(8.8%), 재무/회계 분야(7.7%), IT/정보통신 분야(7.1%) 등이었다.

가장 많은 퇴사 사유로는 51.4%로 '직무가 적성에 맞지 않아서' 다음으로 '생각했던 업무가 아니어서'(34.8%), '더 좋은 조건의 기업에 취업하고 싶어서'(33.1%), '조직문화에 적응하지 못해서'(22.1%), '연봉수준이 높지 않아서'(16.1%), '타사에 합격해서'(13.9%) 등의 순이었다.

반면 기업 인사담당자들은 퇴사의 원인으로 '책임의식 등 개인의식이 낮아서'(29.3%), '묻지 마 지원 등 성급하게 지원해서'(19.7%), '직업의식이 부족해서'(14.6%) 등을 꼽아 퇴사자와의 큰 인식의 차이를 보였다. 신입사원 퇴사자의 발생으로 인한 손해로는 53%가 '기존 직원의 업무량 증가'로 가장 많이 응답했으며, '교육 비용 등의 손실'(44.8%),

'기존 직원의 사기 저하'(42.8%), '잦은 채용으로 인한 기업의 이미지 실추'(34.4%), '신사업 등 업무 추진에 차질'(15.9%) 등이 있었다.

2016년 신입사원 퇴사 관련 통계

2016년 취업 포털 사람인이 322개 기업을 대상으로 '입사 1년 이내 신입사원 중 자발적 퇴사자의 여부'를 조사한 결과, 절반 이상(53.1%)이 있다고 답했다.

기업 형태별로는 중견기업(57.7%), 중소기업(53%), 대기업(47.1%)의 순이었다. 대상 기업들의 전체 신입사원 중 퇴사자의 평균 비율은 44%였다. 세부적으로 보면 퇴사자의 비율이 20%인 곳이 16.4%, 50%는 15.8%, 30%는 15.2%, 10% 이하는 15.2%의 순이었으며, 90% 이상이 13.5%였다. 평균 재직기간은 4.4개월이었다.

퇴사자가 많이 발생하는 직무는 제조/생산 분야가 31%였으며 영업/영업관리 분야(18.1%), 서비스 분야(14%), 디자인 분야(8.8%), 연구개발 분야(8.8%), 구매/자재 분야(7.6%), 재무/회계 분야(7.6%), 인사/총무(7%) 등의 순이었다.

직원들이 퇴사하는 이유는 '적성에 맞지 않는 직무'가 42.1%로 가장 많았으며 '업무 불만족'(19.9%), '근무시간, 근무지 불만족'(19.9%), '대인 관계 어려움 등의 조직부적응'(19.3%), '낮은 연봉 수준'(18.7%), '타사 합격'(17%), '열악한 근무환경'(12.3%), '질병 등 피치 못할 사유'(9.9%)의 순이었다.

반면, 기업의 인사담당자들이 생각하는 원인으로는 '힘든 일을 기피하는 인내심 부족'이 49.1%로 가장 많았으며 '직업의식 부족'(29.8%) '이상과 현실의 괴리'(29.2%), '묻지 마 지원으로 인한 성급한 취업'(28.1%), '책임감 낮음'(25.1%), '조직생활 적응력 부족(24.6%), '연봉, 복지 등 기업경쟁력 부족'(18.7%), '높은 업무강도'(11.7%)의 순으로 직원들의 퇴사 이유와 큰 차이를 보였다.

신입사원의 퇴사에 대한 손해로는 '추가 채용으로 인한 시간, 비용 손실'이 74.9%로 가장 많이 응답했으며, 실제로 추가 채용을 실시한 기업은 88.9%에 달했다. 이외에도 '기존 직원의 업무량 증가'(39.2%), '잦은 채용으로 인한 기업의 이미지 실추'(33.9%), '기존 직원의 사기 저하'(37.2%), '교육비용 손실'(32.7%), '인력 부족으로 인한 성과 저하'(18%) 등의 순이었다. 이와 같은 신입사원의 퇴사를 방지하기 위한 방법으로 기업에서는 '수습, 인턴제 실시'(34.5%)를 가장 많이 실시한다고 답했으며 '멘토링'(31.4%), '초봉 인상 등 근무조건 개선'(29.2%), '연수 및 교육실시'(21.4%), '복리후생제도 강화'(20.5%), '기업철학, 비전 등 상시 공유'(19.3%) 등이었다.

최근 3년간의 통계를 보면 수치의 근소한 차이가 있을 뿐 신입사원의 1년 내 퇴사 이유는 전체적으로 '적성에 맞지 않는 직무'가 공통적으로 1위였으며 '조직에 적응하지 못해서', '생각했던 업무가 아니어서', '급여 및 복리 후생 불만' 등이 2, 3위를 다투었다. 반면 기업의 인사담당자들의 3년간의 분석을 살펴보면 주로 신입사원들의 역량 부족에서 원인을 찾았다. 앞서 다룬 바와 같이 기업의 인사담당자들은 '책임의식 등 개인의식이 낮아서', '힘든 일을 하기 싫어하는 등 인내심 부족', '직업의식 부족', '묻지 마 지원으로 인한 성급한 취업'을 높은 순위로 올렸다. 이를 보면 신입사원, 혹은 응답한 재직자들과 인사담당자들과의 견해 차이가 꽤 크다는 것을 알 수 있다. 결과적으로 보면 최근 3년간의 신입사원, 재직자들과 기업의 인사담당자들의 '1년 내 신입사원들의 퇴사 이유'에 대한 견해가 전혀 달라지지 않았으며, 기업의 신입사원의 조직사회화 전략에 대한 수정 등의 노력도 2015년의 설문에서 다루었듯 '퇴사자들에 대한 심도 깊은 상담' 등이 20%, '형식적인 상담'이 50%, '전혀 없다'가 20%인 것을 보면 달라진 것이 크게 없음을 알 수 있다.

조직사회화는 상호작용으로 개인과 기업, 둘 다에게 원인분석과 원인해결에 대한 노력이 필요하지만 거의 모든 제도적 대책 등이 기업의 지원을 필요로 한다는 점을 생각해 보면 기업에서 조직사회화 성공의 열쇠를 쥐고 있다고 볼 수 있다. 위의 설문 조사에서 언급되었던 직원과 기업의 퇴사 이유에 대한 문제들을 해결 혹은 최소화하여 성공적인 조직사회화를 실행하게 된다면 개인과 기업의 이익과 발전을 가져 올 것이며, 이러한 조직사회화는 장기간에 걸쳐 또 하나의 기업의 문화로 자리 잡게 될 것이다.

한편 설문 조사에는 없으나 학자들의 연구에 따르면 이외에도 주된 퇴사 이유로 성차별, 인종차별, '고용 시의 불평등한 방식', '비정규직의 이유로 인한 퇴사', 육아, 결혼 등이 있다.

조직사회화 과정

조직사회화의 내용

조직은 오랜 시간 발전과 위기를 반복하면서 갖춘 체계와 문화를 가지고 있다. 신입사원은 이러한 기업의 문화에 적응하고 성공하기 위한 여러 가지 기술, 룰, 인간관계 등을 배워야 한다. Schein에 따르면 조직문화는 조직이 외부환경에 대한 적응과 내부의 통합적 문제에 대해 해결해 나가는 것을 학습함으로써, 신입사원이 이와 같은 문제와 관련해 인지하고 느끼는 것들을 정확하게 교육하기 위해 조직에 의해 만들어지고 발견, 개발된 일련의 기본 가정이다. 신입사원의 조직사회화는 조직이 문화를 지속, 발전시킬 수 있는 주요한 프로그램 중의 하나다.

조직사회화는 신입사원이 조직의 구성원으로서 정착하기 위한 다양하고 폭넓은 정보와 행동을 학습하는 과정이 고려되어야 한다. Fisher는 조직사회화 학습의 내용을 5개의 항목으로 나누어 설명했다.

○ 예비학습: 학습에 필요한 것과, 무엇을 누구에게 배울 것인가를 찾는 행동
○ 조직에 관한 학습: 조직의 목표와 가치, 정책을 학습하는 것
○ 그룹의 기능에 대한 학습: 그룹 내의 사람들과 함께하는 것에 대한 가치와 규범, 역할과 사람들과의 관계 개선에 대해 학습하는 것
○ 직무수행 방법학습: 업무에 필요한 기술과 지식을 학습하는 것
○ 개인적인 학습: 자아 정체성, 자기의 의지 및 동기를 포함한 조직과 일의 경험을 통해 학습하는 것

G.T. Chao와 동료 학자들은 사회화 문헌과 연구에 대한 대략적인 이해를 토대로 6개의 사회화 내용영역(content areas of socialization)을 파악했다. 이 6개의 학습영역은 사회화 과정을 통해 조직이 기대할 수 있는 성과를 나타내며, 이는 조직사회화의 내용

이라 볼 수 있다. 또한 잘 만들어진 조직사회화 프로그램은 다음의 6가지 영역의 대부분을 적용하고 있다.

○ **수행숙련성**(performance proficiency): 자신의 직무에 관련된 지식, 기술 등을 숙련하지 못하면 조직에서 정착하기는 불가능하다. 수행숙련성은 자신의 직무에 관련하여 필요한 기술, 지식 등의 능력을 학습해가는 과정이다.
○ **사람**(people): 구성원들과의 업무관계의 성공적인 정립을 의미한다.
○ **정치**(politics): 조직 내 개인의 성공에 관련하여 공식적, 비공식적 업무관계와 조직 내의 권력 구조에 대한 정보를 성공적으로 얻는 것을 의미한다.
○ **언어**(language): 조직에서 사용하는 특유의 언어로 은어와 속어, 전문기술직의 언어를 포함해 학습하는 것을 의미한다.
○ **조직의 목표와 가치**(organizational goals and values): 말 그대로 조직의 구체적 목표와 가치를 학습하는 것으로 또한 권력 있는 구성원들의 지지를 받는 것, 권력 있는 구성원들이 굳게 믿는 비공식적 목표와 가치를 이해하는 것을 의미한다.
○ **역사**(history): 조직의 전통과 관습 등의 문화에 대한 이해와 조직 내의 영향력을 가진 구성원의 개인적 배경과 작업사 등을 이해하고 어떻게 조직에서 처신할지에 대해 학습하는 것을 의미한다.

조직사회화 과정의 단계와 모델들

조직사회화는 여러 단계를 통해 나타나게 되는데 이에 관련하여 여러 연구가들은 자신들의 관계 모델 이론을 가지고 사회화 과정을 설명했다.

〈표 8-1〉조직사회화 과정의 단계 모델

3단계 모델 (Feldmand's Three-Stage Model)	3단계 초기경력 모델 (Buchanan's Three-Stage Early Career Model)	3단계 진입 모델 (Porter, Lawler, & Hackman's Three-Stage Entry Model)	3단계 사회화 모델 (Schein's Three-Stage Socialization Model)	사회화 단계에 관한 통합 접근법 (Wanous' Integrative Approach to Stages of Socialization)
• 1단계: 선행 사회화- 　진입 • 현실적 기대 설정하기 • 신입조직원과 매칭하기		• 1단계: 사전 단계 • 신입사원의 기대 설정 　하기 • 행동에 대한 보상 및 　질책		
• 2단계: 순응-적응 • 직무 시작하기 • 인간관계 수립하기 • 명확한 역할 • 조직의 성과평가와 스 　스로의 성과평가에 합 　의하기	• 1단계: 첫해-기본 교 　육훈련 및 직무시작 • 신입사원을 명확한 역 　할 정하기 • 동료와 화합 수립하기 • 조직에서의 동료와의 　관계 명확히 하기 • 조직의 요구/기대를 확 　인하거나 거부하기 • 조직과 그 외적인 흥 　성에 대한 충성 또는 갈등	• 2단계: 대면(입사) 단계 • 기대를 확인하거나 거 　부하기 • 행동에 대한 보상 및 　처벌	• 1단계: 진입 • 정확한 정보 찾기 • 상호 설정하는 환경 • 양쪽(신입사원과 조직) 　에서 잘못된 기대를 만 　듦 • 부정확한 정보가 직무 　행동의 기초가 됨	• 1단계: 조직의 현실을 　대면하고 받아들이기 • 기대를 수용하거나 거 　부하기 • 개인의 가치관과 조직 　환경 간의 갈등발생 • 보상 또는 처벌을 유발 　하는 행동 유형 배우기
• 3단계: 역할 관리-설정 • 조직의 기대와 일 외적 　인 개인 삶의 흥미가 얼 　마나 일치하는지 정도 • 일터에서의 갈등 해결 　하기	• 2단계: 성과-일터에서 　2~4년차 • 규범에 따라 조직에 몰 　입하기 • 조직원으로의 자화상 　강화하기 • 갈등 해결하기 • 개인적으로 중요함을 느 　끼기	• 3단계: 변화 및 획득 • 신입사원의 자화상 수 　정하기 • 새로운 관계 형성하기 • 새로운 가치관 적용하기 • 새로운 행동양식 획득 　하기	• 2단계: 사회화 • 조직의 현실을 인정하기 • 변화에 대한 거부 대처 　하기 • 조직적 환경과 개인의 　요구 간 조화를 이루기 • 조직의 신입사원 성과 　평가 • 과한 모호함이나 과한 　조직적 체계에 대처하기	• 2단계: 역할 명확성 획 　득하기 • 직무의 세부업무를 시 　작하기 • 인간관계의 역할 규정 　하기 • 변화에 대한 거부 대처 　하기 • 조직의 성과평가와 스 　스로의 성과평가에 합 　의하기 • 조직체계와 모호함에 　대처하기
				• 3단계: 조직이라는 맥락 　에 스스로를 안착하기 • 조직의 요구와 조화를 　이룬 행동양식을 배우기 • 외적인 흥미와 직업적 흥 　미의 갈등을 해결하기 • 도전적인 업무로 직무 　몰입을 이끌기 • 새로운 인간관계, 새로 　운 가치관, 수정된 자 　아상

(계속)

			• 3단계: 상호 인정 • 조직의 내부자로의 승인을 표식 • 신입사원이 조직을 인정하는 표식 • 조직 몰입하기 • 일에 헌신하기	• 4단계: 성공적인 사회화를 위한 이정표를 알아내기 • 조직 신뢰 및 몰입 • 높은 전반적인 만족도 • 상호 받아들였다는 느낌 • 직무 관여도 및 내적 동기부여의 증가
	• 3단계: 조직 신뢰-5년차 이후 • 5년차 이후는 모두 이 단계임 • 개인적 경험에 따라 매우 다양함			

출처: Wanous, J. P., Reichers, A. E., & Malik, S. D.(1984). Organizational socialization and group development: Toward an integrative perspective. *Academy of Management Review, 9*(4), 672.

선행사회화(Anticipatory Socialization)

개인이 조직에 입사하기 전에 거치는 과정이다. 입사지원자는 조직에 대한 정보의 수집과 자신의 능력, 가치 등을 가지고 자신과 조직이 부합하는지를 판단할 수 있다. 조직에 관한 정보는 인터넷이나 여러 미디어 매체 등을 통해 알 수 있다. 그러나 이는 직접 체험에 의한 정보가 아니기 때문에 정보에 대한 신뢰성을 장담할 수는 없다. 이러한 면에서 조직은 지원자에게 정확한 정보를 제공하여 지원자 개인이 조직에 대한 현실적인 기대감을 가질 수 있도록 돕는 것은 입사 후의 상호작용을 위해서도 개인과 조직, 모두에게 중요하다.

대면(입사, Encounter)

모집과정을 지나 조직의 새로운 구성원으로서 이론이 아닌 현실의 직무와 새로운 환경을 접하게 된다. 이러한 환경은 일반적으로 대학생 때의 기대와 많이 다르다. Schein은 대학 졸업생이 처음 직업을 가질 때 그들이 중요하게 여기는 가치와 조직이 대학 졸업 후 입사한 신입사원을 보는 시각에 대한 조사와 연구를 했다. 내용은 다음과 같다.

대학 졸업생의 관점

첫 직장을 선택할 때 개인이 어떤 요인을 고려하는지에 대해서는 상당한 연구가 진행되었다. 다음 목록은 완전하지는 않지만 학생들을 대상으로 하는 설문에서 중요하다고 생각하는 요인을 나열한 것이다.

[매우 중요함]

○ 승진 기회

○ 사회적 지위 및 위신−무언가 중요한 일을 하고 이를 통해 다른 사람들로부터 인정받고자 한다.

○ 자신의 특성(Special Aptitudes)과 교육 배경을 활용할 기회

○ 도전과 모험

○ 창조적이고 독창적일 수 있는 기회

○ 높은 연봉

[중요함]

○ 안정적이고 보장된 미래

○ 리더십을 배우고 연습할 기회

○ 사물보다는 사람들과 함께 일할 수 있는 기회

○ 독립적인 업무 능력을 발휘할 기회

○ 다른 사람을 도울 수 있는 기회

조직의 관점

신입사원이 될 대학 졸업자에 대한 기업의 고정관념은 다음과 같다. 물론 모든 기업에서 이러한 고정관념을 다 믿고 있는 것은 아니다. 대학 졸업자와 잦은 접촉을 하는 경우에는 신입사원이 기업에 기대하는 요구나 특징이 얼마나 다양한지 매우 현실적인 시각을 갖고 있다. 문제는 대학 졸업자와 접촉을 잘 못하는 조직이 다음과 같은 특징을 신입사원 탓으로 돌리는 것이다.

○ 대학 졸업자는 승진의 기회와 책무에 대한 포부가 지나치고 비현실적인 기대를 가지고 있다. 또한 자신의 학력으로 빠른 승진이라는 특권을 누릴 것이라고 생각하는 경향이 있다.

○ 대학 졸업자는 첫 업무의 중요성에 대해 너무 이론적이고 비현실적이며 순진하다. 대학 졸업자는 일단 스스로를 깨야 하고 현실적 문제에 대해서 훈련받아야 하며 대학에서 배운 지식이 산업계의 현실적 문제에 왜 맞지 않는지 인지해야 한다.

○ 대학 졸업자는 주어진 책임·책무에 대해서도 너무 성숙하지 못하고 경험이 부족하다. 직업 환경에 대한 현실에 잘 대처할 능력이 없기 때문에 실패할 가능성이 높다.

○ 대학 졸업자는 안정성에 대해 너무 민감한 반면 위험을 무릅쓰는 것은 기피하려고 한다.

○ 대학 졸업자는 좋은 아이디어가 있다는 것과 새로운 아이디어를 실행에 옮겨서 매출에 이르도록 하는 과정 간에는 차이가 있음을 인지하려고 하지 않는다. 대학 졸업자는 의사소통에 미숙하고, 자신의 아이디어를 이해시키기 위한 열정과 노력은 부족한 편이다.

○ 대학 졸업자는 새로운 아이디어, 새로운 접근법, 더 나은 경영관리에 있어 매우 유용한 자원이 될 수 있는 잠재력이 있지만, 이러한 자원으로써 조직에 유용하려면 대학 졸업자 먼저 스스로를 깨뜨려야 한다.

대학 졸업자에 대한 기업의 이러한 고정관념은 일부 맞을 수 있다. 대학 졸업자 스스로 순진하고 이상적이고 미성숙함을 인지하고 있기도 하다. 대학 졸업자는 회사가 자신의 능력을 검증할 기회를 준다면 회사도 자신이 그렇게 이상주의적이거나 미성숙하다고 생각하지 않게 될 것으로 믿는다. 그런데 회사가 대학 졸업자에게 능력을 검증할 수준의 업무를 주지 않는다면, 대학 졸업자는 아예 자신을 보여 줄 기회조차 없게 되는 딜레마가 생긴다.

변화와 습득(Change and Acquisition)

이 단계는 신입사원이 자신의 직무에 숙달되고, 조직의 문화에 적응하며, 자신의 역할에 대한 인지를 통해 일과 가정 사이의 갈등해결능력, 조직 내 인간관계 개선, 조직의 가치와 자신의 개념이 일치하는 등의 성과를 이루었을 때 나타나게 된다. Schein은 위의 사회화의 결과를 3가지로 나누어 분류했다. 첫째, 조직의 중요한 가치를 모두 부정하는 경우로 이러한 경우는 능력과 성과가 아주 뛰어나지 않은 이상 조직에 남기가 매우 어렵다. 둘째, 조직의 모든 가치를 무조건적으로 수용하는 경우로, Schein은 이런 경우 조직에 수동적으로 행동하는 경향이 지나쳐 개인이나 조직에 자율성에 근거한 창조적, 혁신적인 변화나 발전을 불러올 수는 없다고 말한다. 셋째, Schein이 '창의적 개인주의'로 칭하는 가장 지향하는 유형으로 이는 창의적이고 혁신적인 변화를 추구하면서도 조직의 목표와 가치에 대해서는 수용적인 태도를 보이는 것을 의미한다. 사회화는 상호작용이라는 점을 여기서 상기할 필요가 있다. 개인과 조직, 모두에게 있어서 사회화의 성공은 상대의 성공에도 깊이 관여한다는 점에서 더욱 그렇다.

조직사회화 과정에서의 남녀 간의 차이점

성(sex) 차이에 대한 여러 연구들을 살펴보면, 전형적인 남성의 행동과 여성의 행동이 존재한다고 가정한다. 그러나 성(sex)과 사회적 행동 간의 체계적인 관계에 관한 증거를 찾아보면 대부분 개괄적이고 일화적인 내용이거나 이념적인 내용으로, 과학적이지는 않다.

이 연구에서 살펴본 바로는, 사회화 과정에서 남녀 간 차이가 있었다. 남성의 사회화 과정은 선행 사회화 단계가 실제 적응하는 단계와 사회화 결과 단계에 영향을 주는 것으로 밝혀졌다. 적응 단계가 사회화 결과 단계에 영향을 미치지는 않지만, 남성의 경우에는 선행 사회화 단계가 나머지 두 단계에 유일하게 영향을 준다. 이와 반대로, 여성의 경우에는 적응 단계가 사회화 결과 단계에 영향을 미치는 것으로 나타났다(Kennedy & Lawton, 1990).

조직사회화 과정의 결과

조직사회화 과정에서 결과적으로 나타나는 개인 차원의 변화는 감정, 정식적, 행동의 변화 등 다양하고도 광범위하다. Fisher(1990)에 따르면 그러한 변화는 다음과 같다.

조직사회화 과정의 결과(조직사회화의 결과는 긍정적, 부정적인 것을 모두 포함한다.)

○ 역할 갈등
○ 역할 모호성
○ 과중한 업무
○ 전반적인 직무 만족
○ 요인별 직무 만족
○ 직무 참여도
○ 자존감
○ 일에 대한 내적 동기부여
○ 조직 몰입(헌신)
○ 내재화된 가치
○ 혁신과 협조
○ 장기 근속
○ 직무 성과
○ 상호 영향
○ 동조, 순응
○ 조직 구성원으로의 승인(받아들임)

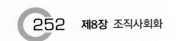 조직 차원에서의 사회화 과정 관리

국내의 대부분의 조직에서는 조직 내의 역할의 비중이 낮음에도 불구하고 무조건 우수한 인재를 선발하려는 경향을 가지고 있다. 적성과 전공을 고려하기보다는 응시자의 출신과 전체적인 능력만을 고려해서 채용하기가 절차적으로도 더 쉽고 간단하기 때문이다. 이는 앞서 다루었던 신입사원들의 퇴사 이유를 다시금 떠오르게 한다.

이러한 문제점으로 인해 신입사원은 자신의 능력을 과소 평가받고 있다고 여겨서 조직을 떠나게 된다. 이는 조직에도 당연히 손해가 생기는 부분이다. 이러한 문제점을 보완하기 위해서는 신입사원의 채용에 대한 개념을 인사담당자들이 가지고 필요한 곳에 최고가 아닌 최적의 인재를 채용하려는 심도 깊은 고민과 적절한 채용 기준을 재고할 필요가 있다. 또한 조직사회화 역시 외국의 다른 글로벌 회사들과는 달리 국내는 활발하지 못한 편이다. 그러나 앞서 '신입사원의 1년 이내 퇴사 이유'에서 본 것처럼 신입사원들의 조직사회화 과정은 조직을 위해서도 매우 중요한 프로그램이다. 그렇기에 더욱 성공적으로 조직사회화를 이루기 위한 조직 차원에서의 지원 및 전략들이 필요하다.

초기 직무 도전

이론적으로 볼 때 신입사원들은 도전적인 직무와 책임을 바라고 기대한다. 직무의 수준이 높을수록 동기부여가 커지고 조직에서의 활동 역시 왕성해진다. 또한 직무의 수준이 높음에서 오는 고된 업무나 어려움도 극복하려는 열정을 발휘하려고 한다. 그러면서 신입사원은 조직이 많은 것을 자신에게 기대하고 있다고 느끼게 되고 자신의 업무에 대한 책임감, 결과에 대한 책임까지 자연스럽게 배우게 된다. 결국 이러한 경험은 신입사원의 조직의 목표와 가치에 대한 수용으로 이어지며 조직과 개인 둘 다에게 윈-윈 하는 결과를 만들어낸다. 그러나 모든 조직이 이와 같은 결과가 발생할 것으로 기대하지는 않는다. 신입사원이 자신의 직무에 대한 실패 시 그 책임과 손실은 고스란히 조직이 감수해야 하기 때문이다. 그렇기 때문에 조직에 따라 또는 신입사원에 따른 초기 직무 부여는 달라질 수 있다.

조직사회화 과정의 전략

조직이 대학 졸업자에 대해 위에 언급한 것과 같은 고정관념들을 가지고 있다면, 신입사원들의 초기 직장 경험은 매우 두렵고 긴장의 연속일 것이다. 따라서 조직은 신입사원이 직무를 잘 수행할 수 있도록 조직사회화 과정에서 몇몇 전략들을 수행할 필요가 있다. Schein에 따르면 일반적으로 신입사원의 적응을 위해 조직은 다음의 6가지 전략 중에 하나를 사용할 수 있다.

죽기 아니면 살기(Sink or Swim) 전략

이 전략은 신입사원에게 어느 정도의 책임이 따르는 중요한 업무를 부여하는 것이다. 이때 지도나 지원은 최소한으로 제공한다. 조직은 신입사원에게 보고해야 하는 일을 주고, 책상을 주며, 누구에게 일의 경과를 보고해야 하는지에 대해 알려 주고 나서야 첫 임무를 준다. 이 모든 것은 업무를 맡은 첫날 이루어진다.

좀 더 극단적인 경우에는 명확한 임무를 주기보다는 전반적인 책무의 범위 정도만 알려 준다. 이런 경우, 신입사원이 스스로 전반적인 책무를 구체적인 업무로 해석해 일을 시작해야 한다. 상사는 신입사원이 질문이 있거나 뜻밖의 문제에 부딪힐 때만 도와준다. 상사는 종종(때로는 의도적으로) 멀리 거리를 유지하면서 신입사원이 스스로 해결책을 찾아나가도록 유도한다. 이 전략을 간략히 설명하면, 신입사원이 무엇을 할 수 있는지, 어느 정도까지의 책무를 감당할 수 있는지를 먼저 알아보려는 것이다.

신입사원 개인이 어떻게 상황을 타개하는지에 따라 조직은 이 신입사원의 첫 실패를 어떻게 다룰지 결정한다. '책무를 줄임으로써 질책을 할 것인가?' '책무를 줄여 주지는 않되, 실패에 대한 명확한 피드백을 제공해 줄 것인가?' 또는 조직은 신입사원 스스로가 실패했는지 여부를 결정하도록 기다리기도 하고, 실패 후의 신입사원의 대처 등을 지켜보기도 한다.

충격 요법(Upending Experience) 전략

이 전략은 조직 및 자아상에 대해 신입사원이 가지고 있는 지나치게 이상적으로 가지고 있는 기대를 의도적으로 과격하리만큼 확실하게 깨뜨려 줌으로써 조직의 현실을 보다 빨리 깨닫게 하려는 데 목적이 있다. 이 전략을 실행하는 방법은 여러 가지가 있는데, 예를 들면 신입사원에게 매우 하찮은 일을 주거나 실패할 수밖에 없는 일을 주는 것이다. 이 전략의 핵심은 신입사원이 가지고 있던 이상적인 조직생활과 실제 조직생활이 얼마나 다른지를 강제적으로 그리고 극적으로 알게 하려는 것이다. 그럼으로써 학교에서 배운 내용이나 이상적인 접근방식을 빨리 포기하게 하여, 조직이 현실에서 취해야 할 방식을 수용하게 하려는 것이다.

근무 중 훈련(Training while Working) 전략

이 전략의 가장 대표적인 예로 도제제도와 같은 방식을 들 수 있다. 신입사원이 교육생 팀에 배치되는 것이 아니라 일반 부서에 배치되는 것이다. 신입사원의 업무는 약간의 책임이 따르는 업무가 주어지고 이를 수행할 때 상사나 관리자 또는 교육 팀의 코치와 같은 사람의 도움을 받도록 하는 것이다. 때에 따라서는 도전적이거나 매우 중요한 임무를 맡게 되나 역시 경험이 많은 연장자로부터 지원과 지도를 받게 된다. 만약 중요 임무가 실패할 조짐이 보이면 코치나 감독자가 업무를 조정하거나 개입해 수정하거나 돕는 방식이다.

훈련 중 근무(Working while Training) 전략

신입사원이 먼저 교육훈련에 참여하게 되고 이때 교육훈련의 일부분으로 실제 업무가 포함된 도전적인 과제를 부여받는다는 방식이다. 이때 이 과제를 얼마나 성공적으로 수행했는가에 따라 신입사원을 평가한다. 그리고 업무를 수행하면서 신입사원이 새로운 아이디어나 프로세스를 개발하게 되면 이 또한 조직에서 활용할 수 있다는 장점이 있다. 이 전략을 사용하는 조직은 신입사원을 특정 부서에 배치시키지 않고 먼저 교육훈련생의 일원으로 교육 팀에 배치와 동시에 실제 업무를 경험할 수 있도록 여러 부서를 순환시킨다. 순환과정에서 실제 업무를 수행해 보기도 하고 정기적인 교육도 받으며 3개월에서 길게는 12개월까지의 긴 훈련기간을 보내고 난 뒤, 그동안의 평가를 바탕으로 신입사원은 정식으로 부서에 배치, 소속된다.

전업 훈련(Full-time Training) 전략

신입사원은 일정 기간 동안 전적으로 교육훈련 팀에 배치된다. 주어지는 과제도 주로 교육훈련 팀에 의해 주어지는 것이다. 일반 부서에 순환적으로 참여를 할 수 있지만, 주로 일반 부서의 일을 관찰하는 수준이고, 특별 과제가 주어진다 해도 결과가 조직에 미미한 정도로 영향을 주는 수준이다. 그렇기 때문에 이 전략의 단점은 신입사원이 자신의 일에 별 의미 없다고 느끼게 되고 흥미가 사라지고 동기부여가 줄어드는 현상이 나타난다는 것이다. 그러나 이 전략의 핵심은 신입사원이 모든 부서를 경험함으로써 보다 큰 시각에서 조직 전체를 볼 수 있게 하기 위함이다. 그렇기 때문에 교육훈련 팀에서 신입사원에게 부과하는 업무나 프로젝트는 일의 특성을 이해하고 조직에게 해를 입히지 않는 안전한 상황에서 직원 자신의 능력을 시험해볼 수 있도록 설계되었다. 또한 이런 과정을 통해 조직은 신입사원을 어느 부서에 배치하면 좋을지 잠재력을 살펴볼 수 있는 기회가 된다.

통합 전략(Integrative Strategies)

앞서 언급된 전략들은 신입사원과 조직의 요구가 기본적으로 비슷할 것이라는 가정하에 제시된 것이다. 모든 대학 졸업자의 기대와 자격이 같다면 같은 프로그램에서 조직사회화를 진행하면 되겠지만 현실적으로 불가능하기 때문에 조직은 다른 욕구와 능력에 맞는 진입 전략을 창출하려고 한다. 조직은 언급된 전략 중 두세 가지 전략을 혼합해서 실행하기도 한다.

이 통합 전략의 특징은 신입사원을 일정 기간 동안 업무경험을 하도록 한 후, 전업 훈련에 투입하고 즉각적인 책임을 주되 신입사원의 욕구와 능력을 파악할 수 있는 관리자 아래서 일하도록 하는 것이다. 이 전략의 독특한 요소는 관리자에 의한 교육으로, 관리자가 신입사원이 수행해야 할 업무에 정확히 대처할 수 있도록 필요한 능력과 맞춤교육을 제공할 수 있다는 것이다.

　　신입사원을 대상으로 하는 조직사회화 전략에 가장 중요한 요소는 결국 신입사원에게 주어지는 첫 임무에 의미 있는 수준의 책임이 따르는가에 대한 여부일 것이다. 자신에게 주어진 직무가 그만큼 기업에 의미가 있는 중요 직무라면, 신입사원은 자신이 가진 능력을 최대한 발휘하여 자신이 가진 잠재력을 찾게 된다. 또한 조직은 이를 통해 신입사원의 잠재역량을 검증하고 또한 인적 자원을 중시하는 조직의 이미지를 갖게 될 것이며, 결과적으로 신입사원의 즉각적인 몰입과 헌신을 유도할 수 있을 것이다.

　　그럼에도 불구하고, 조직의 입장에서는 신입사원의 능력을 전적으로 믿고 책무를 맡긴다는 것은 어려운 일이다. 대표적인 이유들로는 첫째, 조직이 신입사원에게 가지고 있는 고정관념으로, 신입사원은 중대한 업무를 수행하기에는 미성숙하고 현실적이지 못하며 아직 능력이 충분하지 않다는 것이다. 그러나 이러한 믿음은 결국 조직을 딜레마에 빠지게 하는데, 신입사원은 중요한 책무를 수행하기 전에는 자신의 능력을 실질적으로 검증할 수 있는 기회가 없기 때문이고 결국 기업은 신입사원의 진정한 잠재력을 알 수 있는 기회를 놓치게 된다는 것이다. 둘째, 조직은 신입사원에게 중대한 업무를 맡기면 이것이 부담과 과중한 책무로 느껴져 오히려 위협을 느낄 수 있다는 것이다. 그렇기 때문에 일정수준의 교육훈련을 먼저 실시해야 한다고 생각하며, 신입사원도 실패를 막기 위해 일단 충분한 교육을 받아야 한다고 생각한다. 그러나 이 역시 조직의 입장에서는 딜레마에 봉착하게 되는데, 안전한 교육이나 교정을 통해서는 신입사원이 진짜 실무를 접할 기회가 없이 항상 상대적으로 쉬운 업무만을 수행하게 된다는 것이다. 셋째, 업무의 특성상 특정한 능력이나 기술이 필요한 부분 때문에 신입사원에게 이와 같은 업무를 맡기지 못하는 경우도 있다. 이러한 경우는 당연히 공식적이고 체계적인 교육이 필요하겠지만, 그렇더라도 교육에 일부 참여하고 실제 업무에 일부 참여하도록 하는 것이 바람직하다. 넷째, 조직문화가 매우 보수적이고 위험을 회피하는 문화라면 신입사원에게 중요한 책무를 맡기지 않을 것이다. 실패에 대한 용납이 없고 현재의 이미지만을 유지하려는 조직문화인 것이다. 그러나 조직이 항상 실패를 회피하고 안전한 길만 가는 것은 아니기에, 이런 문화를 유지하게 되면 이는 그 조직의 전통으로 남게 되어 조직환경을 보수적으로 만들게 한다. 특히 최고경영자는 도전하고 역동적인 조직문화를 이룩하고자 해도, 말단 관리자 계층에서는 보수적이고 안정적인 문화를 유지하려고 할 수 있다. 이런 경우 신입사원은 불행히도 최고경영자의 영향보다는 직접적으로 접촉하는 말단 관리자 계층의 영향을 더 받게 되므로 도전적인 유능한 신입사원을 모집하기에는 부정적인 영향을 미칠 수 있다.

조직과 신입사원 모두에게 긍정적으로 사회화 과정을 이끌 수 있는 보다 건설적인 접근방법이 필요하다. 우선적으로 조직은 관리자가 신입사원에게 고정관념을 갖기보다는 개개인에 대해 관심을 가지고 개개인의 특징을 인정하고 이를 대처하도록 하는 것이다. 이를 위해서는 인사부서의 채용담당자나 신입사원의 관리자가 초기에 신입사원이 현실적 기대를 갖고 임할 수 있도록 조직에 관한 현실적 정보를 많이 제공하는 것이 필요하다.

또한 이 시기에 대학 졸업자는 신입사원으로서의 여러 두려움을 갖게 된다. 이는 자신의 정체성을 찾고 조직의 위계질서에서 어떻게 행동할지에 대해 아직 해결하지 못한, 또 하나의 사춘기를 보내는 것과 같다. 외부적으로는 자신의 역량을 인정받고 싶은 성인의 모습을 가지고 있으나 한편으로는 아이처럼 보호와 지원을 받고 싶어 한다. 따라서 신입사원은 조직 내에서 의존과 독립적 행동을 언제 취해야 하는가에 대한 준비가 아직 안 되어 있다. 보다 성숙한 상사와 선배동료들이 신입사원의 이러한 어려움을 이해하고 갈등을 해결할 수 있도록 도울 필요가 있다.

그리고 신입사원에게 비중 있는 직무를 맡기는 것이 조직을 위험에 빠뜨리게 될 것인지 잘 고려해야 한다. 실제로는 그렇게 큰 위험부담이 되지 않을 수 있다. 조직은 신입사원에게 의미 있고 도전적인 책무를 부여함으로써 기존의 조직의 관행을 벗어나 새로운 해결방식이나 아이디어를 얻을 수 있는 윈–윈 전략이 될 수 있다. 그리고 조직사회화의 모든 과정에서 가장 중요한 역할은 신입사원의 직속 상사인 관리자다. 이들이 얼마나 적절한 교육과 도움을 제공해 주며 동시에 도전과 신뢰를 주느냐가 신입사원의 사회화에 가장 크게 영향을 미치기 때문이다. 신입사원은 조직 내에서 자신의 입지를 다지고 싶어 하고 이를 위해서는 도전적인 과제를 통해 자신의 능력을 인정받아야 한다고 생각하기 때문에 상사는 신입사원에게 지속적이고 잦은 피드백을 제공함으로써 긍정적인 부분은 더욱 커지도록 도와 능력을 더욱 발전시키며, 부정

적인 부분은 수정하도록 도움으로써 결국 신입사원이 자신의 적성과 잠재력을 찾아
내어 조직으로부터 인정받으며 조직은 조직이 원하는 최적의 인재를 만들어 내는 데
성공하게 된다.

　개인의 입장에서 조직사회화 과정은 매우 어렵고 도전적이지만, 조직의 입장에서
도 조직사회화 과정은 매우 중요하며 어려운 일이다. 그렇기 때문에 서로를 불신하
기 보다는 우선 신뢰를 기반으로, 신입사원은 자신을 검증하고 조직은 이들의 잠재력
을 살피며 조직에 적응해 갈 수 있도록 노력해가야만 성공적인 조직사회화가 이루어
질 수 있다.

조직사회화 측정도구

　조직사회화가 필요한 현재 조직이나 조직사회화가 필요했던 과거 조직 하나를 정하고,
이에 맞는 자신의 경험에 표하시오. 표시한 칸의 점수를 합하면, 그 조직의 사회화 정도를
알 수 있습니다.

	문 항	매우 그렇지 않다	그렇지 않다	보통이다	그렇다	매우 그렇다
1	신입사원이 직무 관련한 완벽한 지식을 습득할 수 있도록 특별히 설계된 교육훈련에 참여했었다.	①	②	③	④	⑤
2	이 조직은 모든 신입사원에게 같은 유형의 학습경험이 일어나도록 배치한다.	①	②	③	④	⑤
3	내가 부서의 업무 절차나 일하는 방식에 익숙해질 때까지는 나는 어떤 보통의 직무를 수행하지 않아도 되었다.	①	②	③	④	⑤
4	이 조직에서는 한 역할 뒤에는 다른 역할, 한 직무 뒤에는 다른 직무로 연결되는 분명한 양식(pattern)이 존재한다.	①	②	③	④	⑤
5	나는 다른 사람의 경험을 관찰함으로써 이 조직에서 내 미래의 경력진로가 어떻게 진행될지 예측할 수 있었다.	①	②	③	④	⑤

(계속)

6	대부분 모든 동료들이 개인적으로 나를 지원해 주었다.	①	②	③	④	⑤
7	내 동료들은 내가 조직에 잘 적응할 수 있도록(자신들의 업무를 벗어난 수준까지) 더 도와주었다.	①	②	③	④	⑤
8	나는 조직 내 경력사원으로부터 내 직무를 어떻게 수행할 수 있는지 조언과 지도를 받았다.	①	②	③	④	⑤

• 8~18점: 낮은 수준의 사회화
• 19~29점: 보통 수준의 사회화
• 30~40점: 높은 수준의 사회화

출처: Cable, D., & Parsons, C. (2001). Socialization tactics and person-organization fit. *Personnel Psychology, 54*(1), 1-23.

조직사회화 교육 전략

Ashforth(2001)는 조직사회화를 위한 대표적인 교육 전략을 다음과 같이 기술하고 있다. 어떤 교육 전략을 사용할 것인가는 조직의 특성과 처한 상황에 따라 다르지만, 다양한 교육 전략을 조직의 필요에 맞게 적절하게 설계하는 것은 중요하다.

집단적 대 개인적(Collective vs. Individual) 전략

집단적 사회화 전략은 신입사원을 한 곳에 모아 공통의 교육과 경험을 시키는 것으로 개인별로 사회화 전략을 실시하는 것이 아니기에 참여자는 덜 특별한, 즉 일반적인 경험을 하게 된다. 개인적 사회화 전략은 대표적으로 멘토링이나 네트워킹이 있다.

공식적 대 비공식적(Formal vs. Informal) 전략

공식적 사회화 전략은 사회화 기간으로 정한 기간 동안에는 신입사원을 일반 부서에서 분리하여 프로그램을 운영하는 것을 의미하는 것으로, 신입사원과 경력사원을 구분하게 된다. 군대의 경우 부대에 배치되기 전에 신병훈련소에 배치되어 교육을 받는 것과 같다. 비공식적 사회화 전략으로는 일반적으로 OJT(On the Job Training)를 들 수 있다.

순차적 대 임의적(Sequential vs. Random) 전략

순차적 사회화 전략은 계획된 점진적인 순차에 따라서 새로운 역할을 학습하도록 하는 것으로 모호하거나 역동적인 전략과는 대조를 이룬다. 의사들이 전문의가 되어 환자를 진료하기까지 매우 엄격하고 순차적인 과정인 인턴과 레지던트 과정을 거치는 것과 같다.

고정적 대 변동적(Fixed vs. Variable) 전략

변동적 사회화 전략은 특정한 전환이나 변화의 일정한 시기가 정해진 것이 없는 데 반해, 고정적 사회화 전략은 역할에 따른 일정표를 제공해 주는 것을 의미한다.

연속적 대 분리적(Serial vs. Disjunctive) 전략

연속적 사회화 전략은 신입사원이 경력사원에 의해 사회화를 학습하는 것이다. 반면, 분리적 사회화 전략은 새로 생긴 역할이거나 오랜 동안 비어 있어서 경력사원의 부재로 인해 역할모델을 사용하지 않게 되는 경우 발생한다.

수여적 대 박탈적(Investiture vs. Divestiture) 전략

수여적 사회화 전략은 신입사원에게 조직에서의 구체적인 역할정체성과 특질을 부여해 주는 것이다. 박탈적 사회화 전략은 신입사원이 기존의 자아상을 벗어버리고 조직 내에서의 새로운 자아상으로 재정립하도록 지원하는 전략이다. 예를 들면, 경찰훈련에서 경찰후보생들에게 제복을 입게 하고 깔끔한 외모를 유지하도록 하고 서로를 부를 때 존칭을 사용하도록 하여, 더 이상 경찰후보생들이 일반 시민이 아니고 경찰의 대표자라는 자아상을 갖도록 하는 전략이다.

조직사회화 학습중심 모델

기존의 조직사회화 모델이 조직의 인력 관리적 측면에서 개인의 적응을 다룬 것이 대부분이라면, Cooper-Thomas와 Anderson이 2006년에 제안한 조직사회화 모델은 조직사회화 과정을 '학습'의 과정으로 보고, 개인의 주도적 학습을 기반으로 조직사회화를 조망한 모델이다. 특히 이 모형의 특징은 조직사회화 과정에서 개인이 학습할 영역이 어떤 부분이고, 누구로부터(또는 무엇으로부터) 학습하는지가 나타나 있으며, 조직사회화 결과의 성공 여부를 측정하는 지표가 제시된다.

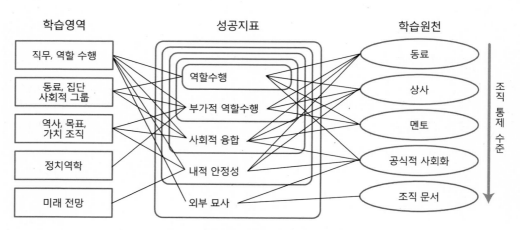

[그림 8-1] 조직사회화의 다층 학습중심 모델

(A multi-level learning focused model of organizational socialization)

출처: Cooper-Thomas, H. D., & Anderson, N.(2006). Organizational socialization. *Journal of Managerial Psychology, 21*(5), p. 499.

학습영역(Learning Domains)

신입사원이 배워야 할 영역으로는 크게 직무, 역할, 수행(task, role, & performance) 분야, 동료 집단, 사회적 그룹(co-worker, & social group) 분야, 역사, 목표, 가치, 조직 (history, goals, values, & organization) 분야, 조직 내 정치역학(politics) 분야, 미래전망 (future prospects) 분야의 다섯 가지 영역이 있다.

학습원천(Learning Sources)

신입사원이 조직사회화 과정을 통해 학습하기 위해서는 학습을 제공하는 학습원 천이 있어야 한다. 이 학습원천으로 조직원인 동료(colleagues), 상사(supervisor/manager), 멘토(mentor)가 있고, 조직의 공식적인 정보제공으로는 공식적인 사회화(formal socialization)와 조직 문서(organizational literature)가 있다. 공식적인 사회화 프로그램 은 오리엔테이션 프로그램이나 신입사원을 대상으로 하는 교육훈련 프로그램이 될 수 있다. 조직의 문서는 지원 및 채용과정 전반에 신입사원이 맞닥뜨린 조직의 공식 적인 자료로, 예를 들면 채용 공고, 계약서, 인사서류, 매뉴얼 등이 있다. 이를 통해 조직에 대한 정보뿐 아니라 긍정적 이미지를 제공하기도 하는데, 이 정보원천은 조직 에서 통제가 가능한 원천이기에 일관된 정보를 제공할 수 있다. 이에 반해, 조직 내 사람을 통한 학습은 조직의 내부자가 되게 하는 요령을 터득하는 데 유용하다. 사람 을 통한 학습은 개인의 주관적인 생각이 들어가게 되고 주변적인 정보도 많이 포함되 어 상충된 정보를 수집하는 경우도 있지만, 결과적으로 보았을 때 다양한 비공식적 통로를 통한 정보가 훨씬 유용할 때가 많다. 따라서 다양한 원천을 통해 복합적인 학 습이 가능하고 성공적인 조직사회화가 가능하게 된다.

성공지표(Success Indicators)

이 모델의 가장 핵심 부분으로 역할수행(role performance), 부가적 역할수행(extra-role performance), 사회적 융합(social cohesion), 내적 안정성(internal stability), 외부 묘사(external representation)의 5가지 성공지표를 제시하고 있다. 역할수행은 오랫동안 가장 중요한 조직사회화의 성공적 결과지표로 사용되어 왔으며, 여기서 역할수행이란 모든 이해당사자들이 수용할 만한 수준의 성과를 배출하고 있는가에 대한 여부다. 즉, 직속상사, 동료, 인사팀 등이 기대하는 수준의 성과를 내는 것이며, 이를 통해 신입사원은 그 가치를 인정받을 수 있고 장기적으로 조직 내 관계를 형성해 갈 수 있다. 부가적 역할수행은 신입사원 자신의 업무나 역할이 아니지만 조직 전체의 성과를 촉진하는 행동을 얼마나 하는가에 대한 여부다. 이는 조직시민행동의 발휘로 다른 동료들이나 팀의 성과를 높이는 데 기여할 수 있으며, 종종 상사가 신입사원을 평가할 때 중요 항목으로 여기는 부분이다. 사회적 융합은 조직에서의 중요한 태도, 가치관, 규범, 행동을 얼마나 잘 공유하고 있는지를 측정하는 지표로, 신입사원이 특히 사회적 학습과정을 통해 획득할 수 있다. 사회적 융합은 결국 신입사원이 조직의 여러 계층의 문화(팀문화, 조직문화 등)를 이해하고 이를 잘 수용하여 사회적 통합을 이루는 것을 의미한다. 내적 안정성은 결근이나 이직 등을 통해 업무에 지장을 주는 피해를 최소화하는 정도를 의미한다. 잦은 결근이나 이직은 신입사원의 입장에서는 역할이나 업무, 관계 등에서의 갈등이나 불만족에서 기인하는 경우가 많으므로, 내적 안정성은 조직사회화의 성공지표로 오랫동안 사용되어 왔다. 외부 묘사는 직원이 외부인들에게 자신의 조직을 어떻게 묘사하는지를 의미한다. 조직에 충성도가 높은 직원은 조직을 긍정적으로 묘사하는 경향이 높고 조직 구성원으로의 정체성에 자긍심을 갖는다. 이 5가지 지표는 서로 독립적이라기보다는 상호 영향을 주는 지표이나, 조직 내 다양한 계층적 성과를 측정하고 있다는 데 의의가 있다.

오리엔테이션 프로그램

　신입사원에게 앞으로 맡게 될 업무, 그들의 상사, 동료, 그리고 조직을 소개하기 위해 설계된 프로그램이다. 오리엔테이션 프로그램은 신입사원이 입사가 결정되기 전 조직의 시선에서는 외부자였던 상태에서 내부자가 되기로 결정을 내린 후부터 시작된다.

오리엔테이션의 목적

○ 새로운 구성원의 스트레스와 불안감을 줄이기 위해
○ 초기 비용을 줄이기 위해
○ 이직을 줄이기 위해
○ 새로운 구성원이 숙련자가 되기까지의 시간을 줄이기 위해
○ 조직의 가치, 문화, 가능성을 학습하는 데 도움을 주기 위해
○ 그들의 역할에 맞는 행동을 이끌어 내는 데 도움을 주기 위해
○ 일하는 그룹과 규범에 적응하는 것을 돕기 위해
○ 긍정적인 태도를 개발하는 데 용기를 주기 위해

오리엔테이션 프로그램의 내용

　오리엔테이션은 신입사원에 대한 장기적인 투자의 하나로 가장 기본적인 조직에 관련된 역사나 시설, 정책, 복지, 목표, 인사규정, 노사관계 등에 관한 정보를 쉽게 접하도록 지원해 주며 본인의 역할과 위치를 찾을 수 있도록 도와주는 프로그램이다. 오리엔테이션 프로그램의 목표는 '새로운 업무 환경 소개', '환영받고 편안함 느낌 들도록 함', '유능한 직원이 유지될 수 있도록 함'에 있다.

　조직에 따라서는 **직원핸드북**이라는 안내서를 제공하기도 한다. 이 핸드북에는 일

반적으로 오리엔테이션에서 다루었던 중심 내용이 정리되어 있다. 오리엔테이션 프로그램은 신입사원에게 주어지는 책무, 규정, 인사제도, 조직문화 등에서 대해서 이해할 수 있도록 지원하는 프로그램이다. 일반적으로 다음과 같은 내용을 포함한다.

○ 신입사원 환영이 가장 처음 등장한다.
○ 사업에 대한 개괄적인 설명이 포함된다. 예를 들면, 조직 역사, 조직의 비전, 조직의 목적과 세부 목표, 조직 구조(직무기술서 및 다른 직무와의 관계도), 미래 계획 등의 일반적인 내용이다.
○ 회사 규정이나 정책이 또한 포함되는데, 예를 들면 복장 예절, 보고 체계 및 절차, 금연 정책, 비용 정산 규정 등이다.
○ 회사 사업과 업무에 해당하는 국가 정책과 규정을 포함한다.
○ 안전 규정과 재해예방을 포함한다.
○ 비상시 대처요령을 포함한다. 비상시 연락처 및 고장수리를 위한 담당자에 대한 정보
○ 복리후생 정보를 포함한다. 적용받을 수 있는 단체보험, 병가, 휴가일수 등
○ 회사 내부 시설의 견학 및 업무장소를 소개한다. 기존 직원을 소개하고, 여러 편의시설을 알려 주고, 비상시 출구 및 안전/재해 예방도구의 위치 등을 알려 준다.
○ 직무 내용과 책임, 기대되는 성과를 포함한다. 직무기술서 및 제품 표준서를 검토한다. 적용 가능한 규정에 대해 논의하게 하고, 도구나 기계의 매뉴얼을 제공한다.
○ 마지막으로 인사서류를 작성하도록 한다.

오리엔테이션이 갖는 문제점

오리엔테이션의 순기능적 역할이 많지만, 잘못 실행되면 다음과 같은 역기능적 문제가 발생하게 된다.

○ 지나치게 업무 중심적

○ 정보의 과중

○ 부적절한 정보

○ 위협하는 전략

○ 형식의 강조와 일방적인 전달방법

○ 일회성으로 그침

○ 프로그램에 대한 진단과 평가가 없음

○ 추가적 프로그램의 부족

앞에서 다룬 것처럼 조직사회화 프로그램의 하나인 오리엔테이션 프로그램이 문제점이 없는 것은 아니다. 이에 단점을 보완하려 여러 신입사원과 기존의 재직자들을 위한 장기적 경력개발 관리 프로그램들을 도입했는데 그중 대표적인 것이 코칭, 멘토링, 카운슬링으로 이들 프로그램은 따로 상세히 다루기로 한다.

참고문헌

김정인, 김병선, 김성희, 김홍수(2007). 경력개발과 적응. 서울: 청목출판사.

Ashforth, B. E.(2001). *Role transitions in organizational life: An identify-based perspective*. Mahwah, NJ: Lawrence Erlbaum Associates.

Cable, D., & Parsons, C.(2001). Socialization tactics and person-organization fit. *Personnel Psychology, 54*(1), 1–23.

Chao, G. T., O'Leary-Kelly, A. M., Wolf, S., Klein, H. J., & Gardner, P. D.(1994). Organizational socialization: Its content and consequences. *Journal of Applied Psychology, 79*(5), 730–743.

Cooper-Thomas, H. D., & Anderson, N.(2006). Organizational socialization. *Journal of Managerial Psychology, 21*(5), 492–516.

Feldman, D. C.(1976). A contingency theory of socialization. *Administrative Science Quarterly, 21*(3), 433–452.

Feldman, D. C.(1981). The multiple socialization of organization members. *Academy of Management, 6*(2), 309–318.

Fisher, C. D.(1990). Organizational socialization: An integrative review. In K. M. Rowland & G. R. Ferris(Eds.), *Career and human resources development*(pp. 163–207). Greenwich, CT: JAI Press.

Kennedy, E. J., & Lawton, L.(1990). Organizational socialization and gender differences in students at work. *Developments in Business Simulation and Experiential Learning, 17*, 197.

Louis, M. R.(1980). Surprise and sense making: What newcomers experience in entering unfamiliar organizational settings. *Administrative Science Quarterly, 25*(2), 226–251.

Schein, E. H.(1964). How to break in the college graduate. *Harvard Business Review, 42*, 68–76.

Schein, E. H.(1978). *Career dynamics: Matching individual and organizational needs.* Boston, MA: Addison-Wesley Publishing.

Schein, E. H.(1990). Organizational culture. *American Psychologist, 45*(2), 109–119.

Wanous, J. P.(2000). New employee orientation programs. *Human Resource Management Review, 10*(4), 435–451.

Wanous, J. P., Reichers, A. E., & Malik, S. D.(1984). Organizational socialization and group development: Toward an integrative perspective. *Academy of Management Review, 9*(4), 670–683.

경향비즈 기사(2015. 8. 27.). From http://biz.khan.co.kr/khan_art_view.html?artid=201508271539551&code=920507

머니투데이 기사(2016. 4. 2.일). From http://www.mt.co.kr/view/mtview.php?type=1&no=2016042607555848423&outlink=1

이데일리 기사(2016. 1. 21.). From http://www.edaily.co.kr/news/NewsRead.edy?DCD=A604&newsid=01354646612520016

CBS노컷뉴스 기사(2014. 6. 29.). From http://m.nocutnews.co.kr/news/4049925

제9장

멘토링과 네트워킹
(Mentoring & Networking)

최근 「포천」 선정 500대 기업의 임원들을 상대로 한 설문조사에 따르면, 응답자의 96%가 멘토링이 경력 발전에 있어서 중요한 프로그램이라고 답했다. 75%는 멘토링이 그들의 개인적인 경력 관리와 개발에 중요한 기여를 했다고 응답했다.

「포천」이 선정한 500대 기업과 기타 작은 규모의 기업들을 대상으로 한 설문조사에서, 71%가 현재 멘토링을 실행하고 있다고 답했다.

공식적 멘토링을 실행하고 있는 미국의 회사들을 대상으로 실시한 설문조사 결과, 응답자의 77%가 멘토링이 생산성 향상과 인력 유출방지에 기여했다고 답했다.

멘토링을 경험한 직원의 경우 멘토링 경험이 없는 직원보다 5,600달러에서 22,000달러 정도 수입이 더 높았다. 캐나다의 한 회사는 100명이 조금 넘는 MBA 졸업자를 인터뷰하는 과정에서 무려 87명의 지원자로부터 "이 회사에는 멘토링 프로그램이 있나요?"라는 질문을 받았다. 또한 지원자들의 대부분은 대학교에서 멘토링을 경험했으며, 자신들의 경력발달을 지속적으로 지원해 줄 기업에서 일하기를 원했다.

Levinson의 생애발달 연대에 따르면, 젊은 세대는 의미 있는 관계를 만들려고 노력하고, 반면에 중년 세대는 자주 그들을 따르는 세대에 영향을 주기를 원한다. 경력개발 관점에서 보면, 젊은 세대는 조직 내에서 세워져 가기를 원하고, 반면에 중년 세대는 직장에서 생산적으로 남아 있기를 원한다. 각각의 관점에서, 멘토링 관계는 양쪽 모두의 필요에 도움을 준다.

멘토링의 개념과 역할

멘토링(mentoring)은 보통 경험이 많고 지혜로운 연장자 또는 숙련된 사람이 나이가 어리고 경험이 부족하고 숙련되지 못한 사람에게 조언(advice), 지도(teaching), 격려(support), 후원(sponsorship), 피드백(feedback) 등의 과정을 통해 성장하도록 하며, 이는 단순히 경력이나 심리적 차원의 기능을 넘어선 인성 개발과 기술을 함께 전수하는 더욱 깊은 관계를 의미한다.

단순했던 직업의 세계가 복잡하고 전문적인 직업의 세계로 변하면서 사람들은 점점 더 복잡해지는 업무를 능숙하게 해내기 위한, 즉 전문성을 필요로 하게 되었다. 또한 기업은 경쟁력 강화를 위한 능률과 성과의 향상에 관심을 가질 수밖에 없다. 이렇게 현대사회에서 기업에게 숙련된 인재는 가장 중요한 자원 중 하나다. 기업들은 이러한 인재 개발을 위한 저비용이면서도 가장 효율적인 프로그램인 멘토링을 도입, 시행해 오고 있다.

멘토(Mentor)의 개념과 기원

멘토의 개념은 많은 학자들에 의해 다양하게 정의되고 있는데 이를 대략적으로 종합하면 멘토는 경험이 많고 지혜로운 사람, 조언자, 카운슬러, 코치, 후원자, 리더, 마스터 등의 여러 의미를 내포하고 있다.

멘토링에 관한 기원을 찾아보면, 멘토링은 호메로스의 『오디세이아』에 나오는 멘토라 불리는 인물에서 유래되었다. 전쟁의 여신이자 지혜의 여신인 아테나가 멘토라는 인물로 변장하여 아버지 오디세우스 왕을 찾아나서는 젊은 텔레마코스와 동행한다. '멘토'라는 인물이 어떤 역할이나 명칭으로 바뀌어 불리게 된 계기는 무엇일까? 신화와 관련된 『텔레마코스의 모험(The Adventures of Telemachus)』이라는 소설이 있다. 소설 속의 텔레마코스는 젊고 급한 성격에 생각이 짧은 모습을 보이지만 한편으로는 착해서 남들에게 도움이 되고 싶어하는 모습도 지니고 있다. 그런 텔레마코스는 나이 많고 현명한 멘토와 동행하며 그의 아버지인 왕 오디세우스를 찾는다. 소설 속에서 멘토로 변장한 아테나 여신은 텔레마코스가 갖춰야 할 혹은 그가 필요한 것들을 모두 알고 있었다. 그러나 직접 나서서 모든 것을 해결해 주지 않고 텔레마코스가 직접 깨닫고 배울 수 있도록 하기 위해 조언과 위기의 상황과 같은 때에만 최소한의 도움을 준다. 결국 텔레마코스는 이타카로 돌아가서 아버지인 왕 오디세우스를 다시 왕좌에 세울 준비를 한다. 『텔레마코스의 모험』은 1699년 프랑스에서 최초 발간되었고 유럽 전역에 널리 퍼져 크게 성공을 거두었다. 이 성공으로 인해 멘토라는 이름은 숙련된 조언자에게 적용되는 꼬리표가 되었다.

멘토는 상호 간의 깊은 신뢰와 사랑으로 선생님, 상담자, 보호자, 때로는 아버지의 모습으로 많은 역할을 했다. 이 용어는 현대의 조직에 적용되어 젊은 하급자가 경력을 개발할 때 경험 많은 연장자가 수년간의 경험에서 오는 지혜를 조언해 주고 지도해 줄 수 있다는 의미로 변화되었다. 이 용어는 특히 상급 직원이 비공식적이고 극히 개인적으로 경력 초기 단계에 있는 젊은 직원들에게 경력개발에 관해 중요한 영향을 주는 것으로 사용된다.

멘티(Mentee)

멘티는 프로테제(protégé)라고도 불리며 신뢰할 수 있고 경험이 많은 멘토로부터 도움, 교육, 지원, 조언, 격려 등을 받는 사람을 일컫는다. 과거 여성의 경우 protégee라고 따로 호칭을 붙이기도 했었으나 현재는 구분 없이 프로테제라 부르고 있다. 이 책에서는 통일성을 위해 '멘티'를 사용하기로 한다.

멘토링 개념의 변화와 확대

시간이 흐름에 따라 기업과 사회조직의 구조변화로 인해 과거 일대일 관계가 일 대 다수, 다수 대 일, 또는 다수 대 다수의 관계로 멘토링 관계가 형성되며 점점 멘토링의 개념이 변화, 확장되고 있다. 이러한 의미에서의 멘토링은 한 사람(혹은 한 집단)이

다른 사람(또는 다른 집단)의 성장과 안정을 위하여 조언과 상담을 통해 조력하는 관계를 의미한다. Darwin(2000)은 조직 환경의 변화에 따라 멘토링을 연장자인 멘토와 학습자인 연소자의 위계적 과정의 기능주의적 관점에서 멘토와 멘티 관계를 평등하고 상호주의적 관점으로 보는 인본주의적 관점으로 변화될 필요가 있다고 주장한다.

멘토의 개념은 점차 확대되고 있는 추세이며 그만큼 멘토링의 역할은 광범위해지고 있다. 그 예로 여성이나 외국인의 경우처럼, 전통적, 문화적, 국가적으로 경력을 쌓는 데 있어서 한계가 있었던 이들에게 멘토링은 멘토와 멘티 모두에게 문화적 인식의 범위를 넓혀 주고, 차별, 불평등, 고립 등의 문제들을 해결해 주는 것으로 그 개념의 범위를 확대하고 있다.

맨토링 개념의 변화를 정리하면 〈표 9-1〉과 같다.

〈표 9-1〉 멘토링의 변화된 관점

멘토링 요소	과거의 관점	변화된 관점
멘토링의 초점	결과 지향적이며 멘토는 지식을 전달하고 멘티는 그것을 습득하기만 하는 멘티에 집중한 방식임.	과정 지향적이며 비판적 반성과 응용으로 멘토와 멘티 모두에게 발전을 줌.
멘토링의 과정	멘토가 멘티의 학습을 지시하고 책임짐.	자기 결정적이며 멘티가 자신의 학습에 대해 책임짐.
멘토링 관계	보통 일생에 한 번씩의 멘토링 관계를 가짐.	멘토링 관계는 여러 번 가질 수 있으며 그 모델도 다양함.
멘토와 멘티의 역할	멘토가 권위를 가지고 멘티의 학습을 지시하고 멘티는 학습하는 수동적인 수용자임.	멘토와 멘티는 공동으로 학습을 하는 동시에 멘토는 학습에 필요한 환경을 조성하는 촉진자의 역할을 수행함.

출처: 로이스 J. 자카리(2009). 멘토와 멘티(장여경 역)(p. 28 참조). 서울: 스마트비즈니스.

멘토링의 기능과 역할

멘토링 연구에서 멘토링 역할은 Kram의 연구에 의해 크게 경력개발 기능과 사회심리적 기능으로 발전되어 왔다. 그의 주장에 따르면 경력개발 기능(career function)은 코칭(coaching), 후원(sponsorship), 보호와 지원(protection and provide), 노출(exposure), 시각화(visibility), 도전적 업무부여(challenging assignment)를 포함하며, 젊은 관리자가 조직 생활을 배우고 승진의 기회를 준비하는 것에 도움을 주는 것을 말한다. 사회심리적 기능(psychosocial function)은 역할모델링(role modeling)을 통한 작업의 효율성, 수용 및 확인(acceptance-and-confirmation), 보호와 지원(protection and provide), 카운슬링(counselling)과 친밀함(friendship)으로 구성된다. 멘토가 멘티에게 개인적인 고민 상담 등을 통한 심도 깊은 관계를 형성하고, 젊은 관리자가 관리자 역할에 능숙하도록 지원하고, 자신감을 갖도록 하며, 명확성을 개발하는 것을 지원한다.

Kram은 사회심리적 기능의 한 형태로 역할모델링을 설명했던 반면, 여러 학자들은 Kram이 제시한 멘토의 2개의 기능 중 심리사회적 기능에서 역할모형(role modeling)을 구별하여 하나의 멘토링 기능으로 제안했다. 이에 더하여, Ragins와 McFarlin(1990)은 멘토의 11가지 역할을 제안했는데 이는 코칭(coaching), 보호(protection), 후원(sponsorship), 노출과 시각화(exposure and visibility), 도전적인 업무 부여(challenging assignment), 역할모델링(role modeling), 수용 및 확인(acceptance and confirmation), 카운슬링(counseling), 친밀함(friendship), 사회적 역할(social role)과 부모역할(parent role)이다.

멘토링의 단계 이론

멘토링은 보통 4단계를 거치며 진행되는데 학자마다 단계의 호칭은 다르지만 각 단계의 개념은 크게 다르지 않다. 여러 학자들의 이론이 있지만 그중 가장 대표적인 Kram(1983)과 자키리(2009)의 이론을 살펴보고자 한다.

Kram의 멘토링 단계 이론

○ **1단계-시작(initiation):** 멘토와 멘티가 처음 관계를 맺고 서로의 성격과 업무방식 등을 알아가는 단계를 의미한다.

○ **2단계-양성(cultivation):** 멘토와 멘티가 가장 유익을 얻게 되는 단계로 멘티는 멘토의 도움으로 자신의 잠재력을 발견하고 발달시키게 되며 조직 안에서 존재감을 드러낸다. 멘토는 멘티로부터의 신뢰를 더욱 쌓게 되고 멘티의 성장을 보면서 만족감을 얻게 된다.

○ **3단계-분리(separation):** 멘토와 멘티 이들 중 어느 한 명의 이직이나 퇴사 등의 이유로 서로 간의 물리적 접촉이 현저히 줄어들게 되어 멘토링 관계로부터 분리되어 각자 독립하려는 단계다.

○ **4단계-재정립(redefinition):** 멘토링이 성공적으로 종료되어 멘토링 관계를 끊거나 동료 등의 새로운 관계로 재정립하는 단계다.

Zachary의 멘토링 단계 이론

Zachary에 의하면, 멘토링은 준비, 협상, 실현, 종료의 4단계를 거쳐 관계가 발전된다.

○ **1단계-준비(preparation):** 멘토링 관계가 시작될 때 멘토와 멘티가 개별적으로 또는 공동으로 준비하는 기간이다. 준비는 또한 발견의 과정이다. 멘토는 멘토링 관계의 생존력을 예측하여 평가한다. 멘티와의 대화 후 예측은 결정을 내리는 데 도움이 된다. 이러한 멘토와 멘티의 준비 단계에서의 대화는 관계의 성격을 결정한다.

○ **2단계-협상(negotiation):** 이 단계는 대화, 합의, 이행의 과정을 거치는데 이 과정에서의 핵심요소는 합의로 이어지는 대화다. 추측이나 목표, 요구 등에 대해 상호 이해하고 공유하는 것과 관련이 있다. 멘토링 관계 속에서 어렵거나 무거

운 주제보다는 나누기 쉬운 가벼운 문제들을 이야기하는 것이 신뢰 구축에 더욱 도움이 된다. 협상 단계를 '세부 단계'라고 칭할 수도 있는데 성공의 기준, 만남의 시기와 방법, 책임, 멘토링 관계 종결에 관한 세부사항이 이 단계에서 타협된다.

○ 3단계 – 실현(realization): 이 단계에서 멘토와 멘티의 접촉이 가장 많이 발생한다. 그러기에 이 단계는 복잡하면서도 다단하다. 성공적인 멘토링에 최상의 기회를 제공하지만 반대로 실패로 연결되는 요인들에 가장 많이 노출되기도 한다. 실현 단계 전반에 걸쳐서 멘티의 성장과 학습을 촉진시키는 핵심요건은 충분한 지원, 적절한 과제 그리고 풍부한 비전을 제시하는 것이다. 효과적인 의사소통을 통해 충분한 신뢰도를 유지하면서 멘토링 관계의 질을 향상시키고 학습을 증진시켜야 한다.

○ 4단계 – 종료(closure): 초기(멘토링 협정을 체결할 때 종료를 구축한다), 중기(도중에 나타나는 장애물을 예측하고 처리한다), 말기(상황과 상관없이 긍정적인 학습을 확보한다)로 구성된 전개 과정이다. 이 3가지는 서로가 만족하면서 관계를 종료하기 위한 필수적 요소다. 멘토는 종료시 멘티의 성장과 발전에 축하를 하고 관계의 종료는 멘토링 관계의 성공이라는 점을 명심하고 적절한 시기에 공식적인 이별을 해야만 한다.

 ## 다양한 멘토링 형식

공식적 멘토링(Formal Mentoring)과 비공식적 멘토링(Informal Mentoring)

일반적으로 멘토링은 공식적 멘토링과 비공식적 멘토링으로 나뉘는데 멘토링 관계 형성에 있어서의 자발성 유무 그리고 멘토링 관계를 맺는 기간의 차이를 들 수 있다. 공식적 멘토링과 비공식적 멘토링의 차이를 이해하는 것은 중요하다. 두 멘토링의 과정은 각기 다른 기준과 계획을 가지고 다른 목표를 추구하기 때문이다.

비공식적 멘토링(Informal Mentoring)

공식적 멘토링에서는 멘토링 관계가 기업과 사회조직의 의도에 따라 맺어지고, 정해진 프로그램에 따라 진행된다. 또한 단기간 업무에 관련된 역량의 성장 등을 목적으로 하기에 멘토링 관계를 맺는 기간 역시 6개월에서 1년으로 비교적 짧은 편이다. 비공식적인 멘토링 관계는 공식적 멘토링에 비해 멘토링 관계가 자발적이고 자유롭게 결정되며, 개인적인 발전이나 심리적 지지 등 보다 장기적인 경력개발에 목적을 두고, 그 기간도 장기적이다.

Phillips-Jones(1983)는 대부분의 멘토링 관계는 비공식적이라고 한다. 왜냐하면 비공식적 관계에서 멘토와 멘티는 경력관계 이슈 외에도 더 깊은 개인적 관심, 필요, 가치들을 공유하며 발전하기 때문이다.

비공식 멘토링은 멘토와 멘티 중 1명에 의해 자발적으로 시작되어 기간은 보통 장기적이다. 정서적 유대감이 높은 편이며 멘티의 목표에 모든 초점을 맞추고 있다. 두 사람이 만나서 대화하며 서로의 공통의 관심사를 발견했을 때 관계는 형성된다. 한 사람이 듣고 다른 사람은 조언을 제공하는 역할을 수행하기 시작하면서 자연스럽게 멘토링 관계가 생성된다. 이때 멘토는 상사, 교사, 이웃, 친척, 종교지도자, 동료 등이 될 수 있다. 시대적으로 멘토는 신뢰할 수 있는 조언자나 친구 그리고 스승을 의미하는 단어가 되었다. 역사 속에서 비공식적 멘토링의 예를 찾을 수 있는데 소크라테스와 플라톤, 하이든과 베토벤, 프로이트와 융의 관계가 그렇다.

공식적 멘토링(Formal Mentoring)

21세기 속에서 기업과 정부, 사회조직들은 변화의 속도, 구조의 변화, 예측의 불가능성이 빠르게 증가하고 있는 경쟁적이고 불규칙한 환경에 적응하기 위한 노력을 기울이고 있다. 이러한 환경에서 기업과 조직들은 가장 효율적인 교육훈련 프로그램인 공식적 멘토링을 도입했다. 공식적 멘토링은 조직 구성원의 역량과 전문성을 개발하기 위한 목적으로 조직 차원에서 구조화되고 체계적인 절차나 프로그램의 운영을 통해, 멘토와 멘티를 매칭하고, 양자 간의 멘토링 과정을 지원하는 멘토링 형태를 의미한다.

비공식적 멘토링은 멘토와 멘티가 자발적으로 형식에 구애 없이 자유롭게 연결되어 조직 안에서 자연스럽게 시스템이 구축되는 것이었다. 그러나 이러한 방식은 너무 이상적이라는 비판도 있다. 멘토와 멘티의 역할에 대한 인식의 부재와 자유롭기 때문에 체계적이지 않다는 것이다. 이러한 부분은 멘토링의 결과가 좋지 않을 뿐만 아니라 멘토와 멘티 둘 다 자신에게 필요한 부분이 아닌 선호하는 부분만 고려해 선택하려는 경향을 가질 위험이 있다. 그 예로 여성 멘티가 여성 멘토만을 원한다거나 자신이 가진 종교와 동일한 종교를 가진 멘토나 멘티를 원하는 경우 등을 들 수 있다.

이에 비해 공식적 멘토링은 조직적이고 체계화되어 있다는 장점 때문에 기업과 조직들은 공식적 멘토링을 점점 더 선호하고 있는 추세이며 이에 발맞추어 전통적 공식적 멘토링의 개념 또한 시대의 요구에 맞게 변화하고 있다(〈표 9-1〉 참조). 또한 조직은 비공식적 멘토링이 갖는 장점을 이해하여 비공식적 멘토링의 장점이 최대한 공식적 멘토링 프로그램에서도 실현될 수 있도록 공식적 멘토링 프로그램을 설계하려고 노력하고 있다.

일대일/동료/그룹 멘토링

Ritchie와 Genoni(2002)는 멘토링 유형을 다음 3가지로 분류한다.

○ 일대일 멘토링(individual mentoring): 특정한 학습과정이나 전환의 필요성이 있는 단계에 있는 경험이 적은 사람에게 더 경험이 많은 멘토를 연결하는 전통적인 멘토링 파트너십으로 가장 일반적으로 사용되던 방식이다.
○ 동료 멘토링(peer mentoring): 상급자나 연장자가 아닌 비슷한 발달요구 수준을 가진 직장이나 직종의 동료들이 상호적으로 지원하고, 지도하는 보완적 파트너

십이다. 동료 멘토링은 비공식적인 경우가 일반적이지만, 조직들이 동료 멘토링에 포함되는 상호 학습을 인식하고 지원해 주는 방법도 있다.

○ **그룹 멘토링**(group mentoring): 특정한 목적을 위해 1명 이상의 경험이 많은 그룹 리더나 촉진자(facilitators)들의 지도 아래 여러 명이 함께하는 멘토링 형태다. 주로 멘토보다 멘티의 수가 많은 회사의 경우 많이 사용되는 방식이다. 그룹 멘토링에 대한 연구는 Dansky에 의해 시작되었다. 그는 그룹 멘토링이란 그룹이 사회적 규범과 역할을 이끌어내는 특정 집단의 특성을 만드는 것에 영향을 주며, 개인 구성원의 경력 증진에 결과를 준다고 설명했다.

Kram에 의해서 사람들이 다수의 멘토를 갖는다는 개념이 제안되었다. 그녀는 많은 공식 프로그램에서 개인역량을 강화하기 위해서는 많은 발전적 관계들의 네트워크가 한 명의 멘토와 관계를 갖는 것보다 중요하다고 주장했다. Darwin(2000)은 그룹 멘토링에서 네트워크가 형성되어 고독감이 감소되며, 자신감과 책무가 증가하고, 경력 진보, 학습 습득, 문화와 학문적인 이해에 도움을 준다고 한다. Herrera, Vang와 Gale(2002)의 연구에 의하면 그룹 멘토링은 멘토, 동료들과 그룹 상호작용에 의한 참가자들의 경험과 그들의 잠재적 수혜를 결정하는 과정이다. 동료 상호작용은 젊은 세대에게 직접적인 혜택을 제공하는 반면, 중년세대는 이러한 수혜를 만들기 위한 중요한 촉진 역할을 한다. 멘토 또한 동료 상호작용을 관찰함으로써 젊은 세대의 필요와 기술 발전에 관해 학습한다.

기업 대 기업 멘토링

시대의 흐름에 따른 문화적 경제적 변화로 인한 멘토링의 범위 확대는 기업을 하나의 주체로 보는 새로운 멘토링 관계를 만들어 냈다. 기업 대 기업 멘토링이 그것이다.

회사들은 다른 회사와 다양한 이유로 멘토링 관계를 맺는데 마이클 J. 마쿼트(Marquardt)와 피터 론(Loan, 2006)에 따르면 4가지 이유가 있다.

"첫째는 개인화된 정보와 도움을 얻기 위한 기업 대 기업 맨토링 관계가 있다. 둘째, 자유롭거나 낮은 비용으로 정보를 얻기 위해 기업 대 기업 멘토링 관계를 맺는다. 셋째, 특정 산업과 관련한 정보를 얻기 위해 기업 대 기업 멘토링 관계를 맺는다. 넷째, 비용을 절감하거나 특정 문제를 다루는 새로운 아이디어를 배우기 위해 기업 대 기업 멘토링 관계를 맺는다(p. 111)."

이렇게 기업들은 다른 기업으로 여러 유용한 정보를 수집, 활용하여 벤치마킹할 수 있다. 예를 들어, 환경 문제는 21세기의 모든 기업들이 관심을 가질 수밖에 없는 중요한 이슈 중 하나다. 환경 문제와 관련된 기업과 기업의 멘토링 프로그램은 이미 세계의 여러 기업에서 시행되고 있다. 제너럴 모터스(General Motors)는 LIP(Lean Implementation Program)이라는 프로그램을 통해서 납품업체들을 상대로 환경과 다른 주요 비즈니스 관련 문제들에 대해 멘토의 역할을 수행하고 있다. 제너럴 모터스의 멘토링 프로그램 담당팀은 역으로 납품업체들로부터 피드백을 받아 자사의 환경 주도권을 유지하고 있다.

또 다른 예로 피츠버그 비즈니스 효율성 파트너십(Pittsburgh Business Efficiency Partnership)을 들 수 있다. 이 프로그램에서는 에너지 효율 및 여러 환경 이슈들에 대한 워크숍을 통해 피츠버그와 펜실베이니아에 있는 다양한 업체들에게 멘토링을 제공하고 있다. 이 환경 멘토링 프로그램에 참여한 기업들은 특히 에너지 분야에서 상당한 이익을 얻을 것으로 보고되었다. 기업환경감시원(ICEM)의 보고에 의하면, 베스트 피즈(Best Feeds)는 창고의 전기 사용량이 70% 감소되어 매달 2,000달러의 비용을 절감했으며, 고형 폐기물은 반으로 줄어 연간 최소 40만 달러의 비용을 절감했다고 한다. 브롬리 프린팅(Bromley Printing)은 화학 물질을 교체하고 다양한 쓰레기의 재활용도를 높임으로써, 위험 폐기물과 고형 폐기물의 발생을 줄였다. 이로 인해 운반 비용이 월 180달러 수준에서 24달러 수준으로 97% 감소되었다. 바스프 오토모티브(BASF Automotive)는 에너지 소비를 줄여 연간 2만 달러의 비용 절감 효과를 얻었고, 이를 시작으로 회사 경영 전반의 변화를 이끌어냈다.

"ICEM에 의하면 멘토의 역할을 한 회사들 또한 멘토링 프로그램에 참가함으로써 이득을 얻는다고 한다. 이러한 이득 가운데에는 제조업체의 환경 실적 개선과 같은 특정 비즈니스 목표의 충족, 산업 또는 공동체에서의 리더십 과시, 산업 전반의 실적 향상 등이 있다(Marquardt & Loan, 2005, p. 113)."

다문화 멘토링(Multiple Cultures Mentoring)

성(sex), 인종, 나이, 민족 또는 국적이 다른 사람들이 만나 멘토링 관계를 맺는 것을 다문화 멘토링이라 말한다. 제너럴 밀스(General Mills)는 다문화 멘토링의 가장 성공적으로 보여 준 기업으로 다문화 멘토링에 대한 계획을 가지고 여러 인종과 민족 출신의 직원들을 채용하고 있으며, 또한 다양한 연령대의 사람들을 고용하여 이들이 가진 다양한 문화적 기반과 소양의 상호 협조를 통해 더 발전된 그리고 더 새로운 기업으로 변화하고 있다. 다음은 이 회사의 사훈이다.

"우리는 다양한 팀들이 더 많고 더 훌륭한 해결책들을 만들어 낸다고 믿는다. 다양한 인력은 성장과 혁신을 통해 경쟁자들보다 앞서 나갈 수 있게 해 준다."

제너럴 밀스사는 이러한 프로그램을 **상호-멘토링**(Co-Mentoring)이라고 부르는데, 멘토와 멘티가 서로의 기능적 관계를 중시하고, 서로 다른 문화에 대한 존중과 학습을 통해, 회사 내의 성(sex)과 소수 민족, 인종 문제들에 대한 편견들의 의식과 비판 그리고 이로 인한 더 폭넓은 인식을 갖게 되는 것이다. 이 회사는 2001년 여성의 임원 승진 비율이 가장 높았는데 그 해 카탈리스트 상(Catalyst Award: 여성의 지위 향상에 기여한 기업에게 주는 상)을 수상하기도 했다.

<사례> PwC의 다문화 멘토링

　영국에 본사를 둔 다국적 기업 PwC(PricewaterhouseCoopers)의 기업목표는 '모든 직원들이 스스로의 잠재성을 100% 발휘할 수 있는 환경을 조성한다'는 것이다. 2002년 PwC는 조직 내 여성의 승진에 있어서 장벽이 있으며, 이를 해결하기 위해 실질적인 조치를 취해야 한다는 판단을 내렸다. PwC는 멘토링 사업목표를 세우고 여성 임직원들의 네트워크를 만들기 시작했다.

　PwC의 멘토링 사업목표 중 몇 개를 소개하자면, 직원들의 잠재성을 극대화하기 위한 역량의 개발과 가장 능력 있는 직원들의 채용을 지원하고 유출을 방지할 수 있는 시스템의 수립, 다양한 문화권의 고객을 반영할 수 있는 유연한 조직의 창출, 그리고 사회적 통념을 없애고 의사소통을 원활히 하며 정보를 공유하는 체제의 구축이다.

　이러한 목표들을 달성하기 위한 비결로 PwC는 네트워크 기반의 '멘토링 커넥션(mentoring connection)'을 수립했다. 네트워크로 개발된 더 광범위한 멘토링 프로그램의 일부인 멘토링 커넥션은 남성과 여성 모두에게 가능하지만, 모든 임원들이 적어도 1명의 여성 멘티를 지원하는 멘토가 되도록 팀을 구성했다. 이런 시도 덕분에 임원들은 조직 내 자신을 역할 모델로 하는 여성 직원들과 구체적으로 접촉을 할 수 있게 되었다.

　이러한 여성 네트워크를 수립한 이래로 PwC는 성공시키는 계약의 수가 늘었으며, 최초로 여성 임원이 선출되었고 고위급과 관리자를 맡는 여성의 비율이 늘었다. 그로 인해 여성 중 조직이 일하기 좋은 곳이 되어 가고 있다는 믿음을 가진 사람의 비율이 72.%로, 이전에 비해 10% 증가했다.

　이러한 멘토링 네트워크를 통해 조직 내의 남성들은 그들의 행동이 여성들에게 미치는 영향에 대해 좀 더 잘 이해하게 되었으며, 모든 직원들은 조직 내의 주요 의사 결정자들과 더 긴밀한 관계를 가지게 되었다.

　PwC는 이 멘토링 제도를 도입한 지 2년 만인 2004년 혁신기회상(Opportunity Now Innovation Award)을 수상했다. 이 상은 사회에 긍정적인 영향을 미치도록 사업계를 촉진시키기 위해 제정된 것으로, 전 세계 2,000개가 넘는 회사의 연합 사업 공동체인 BITC(Business in the Community)가 주관한다.

출처: Marquardt, M. J., & Loan, P.(2005). *The manager as mentor*(pp. 100-102). Westport, CT: Praeger.

　다문화 멘토링 관계에서 문화는 동음이의어처럼 한 단어가 서로 다른 의미로 사용될 수 있음을 의미한다. 예를 들어, 미국의 교사는 권위적이라는 단어와 거리가 멀지만 우리나라나 중국 같은 나라들에서의 교사의 의미는 유교질서 내의 권위적이고 존경을 받는 사람으로 이해된다. 이러한 문화적 차이는 언어적 차이만큼이나 거리가 멀다. 또한 문화는 감정적인 부분을 포함하고 있기 때문에 다른 문화를 가진 상대방에 대한 관용과 이해는 필수다. 다문화 멘토링의 과정이 쉽지 않은 일인 것은 분명하다. 멘토와 멘티 둘 다 익숙지 않은 문화에 대해 이해하고 차이를 인정하는 것은 서로 어려운 일이기 때문이다. 인종차별과 같은 예민한 부분이나 극명하게 갈리는 문화적 차이 등은 다문화 멘토링을 사람들로 하여금 꺼리도록 만든다. 이러한 문제들을 극복하기 위해서는 앞서 제안했던 타 문화에 대한 관용적인 태도와 이해를 위한 노력과 조직 차원에서의 타 문화 이해를 위한 세미나 등의 지원이 필요하다. 「시카고 트리뷴」의 커리(curry)는 '정직'을 강조하는데 인종이나 문화에 대한 편견에 관해 정직하게 대응한다면 멘토와 멘티는 적어도 서로의 정직성을 의심하지는 않을 것이고 그와 같은 신뢰를 바탕으로 멘토링 관계의 성공의 여정을 걷게 될 것이라는 것이다.

그러나 다문화 멘토링의 영향에 대한 연구는 아직 시작 단계에 불과하다는 것이 전문가들의 견해다. 사회문화는 사람의 인식과 가치 그리고 기대의 상위 개념이다. 세계의 여러 국가, 지역과 민족들은 그들만의 문화와 질서를 가지고 있다. 따라서 다문화 멘토링 연구는 다양한 문화들을 지닌 멘티들에게 각각 그에 적절한 멘토링으로 다양하게 대응할 수 있도록 한다.

멘토링의 효과

멘티가 얻는 효과

멘토링의 목적은 무엇보다도 먼저 멘티의 성장에 초점을 둔다. 구체적으로 멘티가 얻는 효과는 다음과 같다.

○ 멘토로부터 전문지식을 얻을 수 있다.

○ 대화, 대인관계, 전문지식이나 기술, 변환 관리, 리더십 등의 핵심 분야에서 중요한 피드백을 받을 수 있다.

○ 조직 내 또는 그 외의 곳에서 전문직으로 성장하기 위해 필요한 것에 더욱 중점을 두고 발전할 수 있다.

○ 멘토링은 멘티로 하여금 전문적이고 개인적인 목표와 관련된 기술과 지식들을 더욱 빠르고 효율적으로 학습할 수 있도록 한다. 이는 멘토링의 가장 큰 장점인 저비용 고효율과도 관련이 있다.

○ 영향력 있는 직원들과 네트워킹할 수 있는 기회를 얻게 된다.

○ 조직 문화와 성공을 위한 무언의 룰에 대한 지식을 얻을 수 있다. 이로 인해 조직 문화에 더욱 빨리 적응할 수 있게 된다.

○ 좌절과 성공을 우호적으로 공유할 수 있는 사람을 얻게 된다.

멘토가 얻는 효과

많은 연구 결과에 따르면 멘토링 관계를 통해 멘토는 멘티 못지않은 많은 만족감을 얻게 된다고 한다. 멘토가 얻는 이익은 여러 가지가 있겠지만, 그중 대표적인 것들을 살펴보면 다음과 같다.

○ 멘티를 성장시킴으로써 다른 사람을 돕는 능력을 향상시킬 수 있다.

○ 멘티와의 상호작용을 통해 새로운 관점을 가지게 되며 이러한 경험들을 통해 더 넓은 시야를 갖게 된다.

○ 피드백, 의사소통, 대인 관계 기술 등을 포함하는 리더십 능력을 개발하게 된다.

○ 멘토링은 멘토 자신이 종사하고 있는 직종의 미래에 투자하는 것이 된다.

○ 멘토링을 통해 멘토는 전문직 개발 네트워크를 확장시키게 된다.

○ 멘토 자신의 경험이나 사례를 멘티에게 반영 할 수 있는 기회가 주어진다.

○ 멘토링 성공의 결과로 동료와 기업으로부터 능력을 인정받을 수 있게 된다.

○ 재충전의 기회를 가질 수 있다.

조직이 얻는 효과

멘토링은 멘토와 멘티에게도 이익을 제공하지만, 궁극적으로 조직도 여러 효과를 누리게 된다.

○ 조직에서 공식적 멘토링의 효과로 가장 먼저 언급되는 부분은 교육훈련에서의 저비용 고효율이다. 조직 내의 멘토링 과정에서 멘토는 자신의 업무와 별도로 멘티에 대한 멘토로서의 역할을 수행하게 된다. 또한 멘티 역시 자신의 업무와 함께 멘토링에 참여한다. 따라서 조직에서는 시간을 내어서 따로 전문 강사를 고용하거나 공간을 빌려서 교육훈련을 할 필요가 없다.

○ 채용에 있어서 효과적이다. 멘토링은 비인기 업종에서 직원을 채용하는 것에도 활용될 수 있다. 그 예로 미국 정부가 주도했던 고등학교 졸업생 취업 촉진을 위한 '학교에서 직장으로(School to Work)'라는 프로그램을 제너럴 모터스(General Motors)에서 운영한 사례를 들 수 있다. 제너럴 모터스 판매 대리점들이 고등학생들이 자동차 정비 기술자라는 직업에 매력을 느끼도록 지원하는 것이었다. 보통 부모나 교사들은 학생들에게 이런 직업을 추천하려고 하지 않았었는데, 그 이유는 정비공이라는 직업이 블루칼라라는 인식과 더럽다는 편견이 있기 때문이었다. 제너럴 모터스의 GMYES 프로그램은 최고 기술자들과 학생들을 짝 지워주고, 학생과 부모 모두에게 자동차의 복잡성 때문에 이 직업에서는 기술보다 머리가 더 필요하다는 점을 강조함으로써 그러한 인식을 불식시켰다.

○ 멘토링은 조직 혹은 기업의 문화적 변모 면에서 효과적이다. 프록터앤갬블(P&G)의 여직원들은 과거 주로 경영직이 아닌 지원부서 라인으로 승진을 해왔었다. 회사에서는 여성 직원들을 경영관리 부분의 고위직으로 진급시키기 위한 멘토링 제도를 도입했다. 그 결과 여성 임원들이 대거 등장하게 되었고, 결국 회사 전체에 유연하고 포용적이며 창조적이기까지 한 문화가 자리 잡게 되었다.

○ 기업 내에서의 멘토링 관계는 같은 부서에서 맺어지기도 하지만 타 부서와의 멘토링 관계도 존재한다. 기업 내의 부서들은 각기 다른 일을 하지만 때로는 하나의 프로젝트에 공동으로 참여하여 일을 하기도 한다. 만일 타 부서와의 멘토링이 성공적일 경우 위와 같은 프로젝트를 수행할 때 타 부서에 대한 이해와 정보를 공유할 수 있다는 점 등의 커뮤니케이션의 도구로 쓰임으로써 부서 간의 갈등이나 문제점 등을 유연하게 해결할 수 있다.

○ 멘토링은 후임자 육성과 승계에 효율적인 프로그램이다. 일반적으로 기업은 인력의 채용, 훈련, 승진, 퇴직, 이직 등, 증가와 감소에 대한 계획을 가지고 있는데 멘토링을 통해 멘티는 업무에 대한 이해와 더 높은 수준의 성과를 보이게 되어 기업의 일원으로 자리 잡게 된다. 이를 통해 기업은 후임자 교육과 승계에 관련된 인력계획을 더욱 효율적으로 운영할 수 있다.

조직이 멘토링에서 얻는 이익

웨딘(Wedin)에 의하면 멘토링은 특히 다음과 같은 면에서 조직에 큰 이익을 준다.
• 문화적 변모
• 다양한 인력 개발
• 승계 계획의 수립 및 이행
• 직원의 확보와 유지
• 신입사원의 효과적인 오리엔테이션
• 높은 잠재성을 지닌 직원의 발견
• 국제적 업무로의 전환

야나스(Janas)는 멘토링이 조직에 가져오는 혜택을 다음과 같이 열거했다.
• 조직원들이 조직 내의 전문적 기술로 접근하는 것을 용이하게 해 준다.
• 생산성을 높여 준다. 멘토링은 멘토와 직원 모두의 기술을 증진시켜 준다.
• 의사소통을 원활하게 해 준다. 멘토링은 그 특성상 임원과 직원 사이의 의사소통을 용이하게 해 준다. 만일 멘토와 멘티가 서로 다른 부서나 그룹에 있다면, 의사소통은 부서 사이의 장벽도 허물어 줄 수 있다.
• 멘토링은 효율적인 승계 계획 전략이 된다. 직원의 모집과 유지, 지식 전달, 인력 개발에

기여할 수 있다. 또한 조직 내의 다양성을 촉진하는 데에도 기여할 수 있다.
- 적은 직접비용으로 직원들에게 더 많은 지식을 제공해 줌으로써 조직의 교육훈련 예산을 최소한으로 절약할 수 있도록 한다.
- 미래의 관리자나 경영자, 내일의 리더들에게 긍정적인 선례를 남길 수 있다.

출처: 마이클 J. 마쿼트, 피터 론(2006). 멘토(원은주 역)(pp. 62-65). 서울: 이른아침.

 ## 이성(Opposite Sex) 멘토

최근 대기업들은 높은 잠재력을 지닌 직원, 특히 여성의 성공을 돕기 위한 멘토링 프로그램을 도입했다. 좋은 멘토는 멘티에게 경력에 대한 조언과 성과에 대한 피드백을 주고 중요한 네트워트를 제공할 것이며 기업 내의 역학관계를 보여 줄 것이다.

여성의 사회진출과 사회적 지위가 오르기 시작한 것은 반세기가 조금 넘었다. 남녀 간의 불평등이 개선되고는 있지만 아직까지 기업과 사회조직의 고위직이나 관리직, 즉 멘토가 될 수 있는 사람은 대부분이 남성이다. 그렇기에 여성 멘티의 경우 남성 멘토를 두는 경우가 많을 수밖에 없다. 남성 멘토를 둔 여성 멘티가 여성 멘토를 둔 경우보다 경력개발의 확률이 더 높다는 연구결과도 있다. 그 이유들로는 남성들이 기업에서의 지위가 높고 인맥이 넓고 다양하기 때문에 여성 멘티들에게 더 도움이 될 수 있다는 것이다. 그러나 멘토로서의 능력의 차이가 아닌 성공의 차이다.

여성 멘토가 남녀 멘티에게 효과적이라는 연구가 있다. 세계적인 인류학자 Ashley Montagu는 여성이 남성보다 대인 관계능력에서 우월함을 보인다고 주장한다. "전 생애에 걸쳐 여성의 인간관계가 진행되며, 이는 남성에게는 없는 타인의 행동에서 미묘한 차이를 파악하고 보이지 않는 신호를 인식하는 능력을 가질 수 있는 이유 중 하나다."

이성 간의 멘토링 관계는 성별의 차이에서 오는 문제들에 대해 상호 간의 충분한 대화와 이해가 필수적이다. 대표적인 예로 여성 멘티가 성차별을 당했다거나 기혼자

일 경우 가정과 직장 생활의 병행으로 인한 어려움을 겪는 점 등에 대한 이해다. 아직까지 사회 속에서의 여성은 차별, 선입견, 인맥 부족, 소외 등의 장애물을 많이 가지고 있다. 그렇기에 대부분이 남성인 멘토인 경우 멘토−멘티 관계에서 상호적이고 평등하도록 더욱 조심스럽게 접근해야 할 필요가 있다. 기존의 사회질서가 남성중심적이었던 탓에 남성 멘토들이 여성 멘티들을 수동적으로 보고 리드하려고 하는 식의 잘못된 멘토링 관계를 맺으려는 실수들을 종종 하기 때문이다. 이러한 관계는 크게 실패할 수밖에 없다. 그렇기에 성별차이에 대한 문제는 아주 어려운 문제다. 하지만 이러한 문제들을 서로 마음을 열고 충분한 대화로 해결해 나간다면 성별 차이에서 기인하는 특성들을 서로 이해하고 보완함으로써 시너지 효과를 만들어 낼 수도 있다.

또한 수직적이지 않은 상호보완적이고 평등한 관계에서 시작해야만 성공적인 결과로 이어질 수 있다는 점을 반드시 유념해야 한다. 이는 여성이 멘토이고 남성이 멘티일 경우에도 마찬가지로 적용된다. 남성멘티는 기존의 남성우위적이고 가부장적 사회질서에 익숙해져 있어서 여성인 멘토에게 마음을 쉽게 열지 못하거나 평등하게 생각하는 것에 대해 불만을 갖는 경우가 있다. 남성들은 여성과는 달리 가정과 회사에 대한 병행을 걱정하기보다는 회사에서의 일과 성공에 대해서만 관심을 쏟는다. 기존의 남성우위적인 사회 질서에 익숙해져 있기 때문이다. 여성멘토 역시 남성멘티가 가지고 있는 이러한 문제들에 대해 도움을 줄 수 있다. 남성멘티가 가정과 회사생활에서의 균형적인 삶을 어떻게 살 수 있는가 대한 조언 등이 그 예다.

이성 멘토링 관계는 다른 멘토링 관계들보다 더 많은 그리고 더 큰 의미를 지닌다. 앞서 말했듯이 아직까지 여성의 사회적 지위는 여성의 사회적 진출 시기만큼이나 높지 않은 상황이다. 이러한 사회불평등 구조 속에서 이성 멘토링의 성공적인 결과는 기업과 사회의 여성의 능력에 대한 편견이나 차별 등을 해소하는 데 매우 효과적일 수 있다. 또한 여성이 멘토로써 남성멘티에 대한 장점들을 기업과 사회조직 속에서 발휘함으로써 기업과 사회를 더욱 다양하게 발전시킬 수 있다.

헤지펀드 회사인 Metropolitan Capital Advisors의 CEO인 캐런 파이너맨(Karen Finerman)은 처음 투자자문산업에 뛰어들었을 때 멘토를 찾고 있었다. 그러던 중, 가족의 소개로 자신에게 여러 도움을 주게 될 제프리 슈워츠(Jeffrey Schwarz)를 멘토로

만나게 된다. 제프리는 자신의 펀드회사를 소유하고 있는 경영자였다. 멘토링은 쌍방의 관계다. 캐런은 멘토에게 무엇을 줄 수 있는지 멘티가 먼저 자문해 봐야 한다고 한다. 와튼경영대 출신의 캐런은 제프리가 투자산업의 위계구조를 알려 주는 동안 제프리의 펀드를 위한 판매처 구축에 도움을 주었다.

두 사람이 가까이 일하게 되면서, 캐런은 사람들이 두 사람의 관계를 이성의 관계로 보게 될 것 대해 많은 우려를 했다. 결국 그녀는 현명한 선택을 했다. 마이클 제이 폭스가 "다른 사람들이 생각하는 것을 내가 신경 쓸 필요가 없다."고 말한 것처럼 그녀도 '우리는 로맨틱한 관계가 아니에요'를 주위 사람들에게 계속 설명하며 다닐 수는 없다는 것과 그런 것에 시간을 소비할 필요 또한 없다는 것을 깨달은 것이다.

그녀의 책, 『파이너맨의 법칙: 내가 오직 내 딸들에게만 이야기해 줄 비즈니스와 삶에 대한 비밀(Finerman's Rules: Secrets I'd Only Tell My Daughters about Business and Life)』에 보면 캐런은 남성 멘토가 여성 멘티에게 어떻게 멘토링을 하면 좋을지에 대한 여러 가지 팁이 있다. "어린 사람 대하듯이 일일이 가르치려고 하지 마라. 높은 기대감을 가져라. 여성 멘티가 자신의 짐을 질 수 있도록 해라."

인재혁명센터(The Center for Talent Innovation)에서는 성공적인 이성 멘토링 관계를 위한 몇 가지 유용한 조언을 제시한다.

○ 규칙적인 만남이 되도록 하라. 늘 일정한 시간에 일정한 장소에서 이성 멘토나 이성 멘티를 만난다면, 두 사람의 관계에 대해서 이성적인 관계를 상상하기는 어렵다.

○ 공공장소에서 만나라. 이성의 멘토와 멘티가 폐쇄된 회의실에서 몰래 만나는 게 아니라면, 공공장소에서는 둘이서만 만나는 것은 매우 적절하게 보인다. 사람들이 많이 있는 카페에서 같이 커피를 마시거나 회사 구내식당에서 같이 점심식사를 하는 것은 좋은 방법이다. 회사 출장 시 로맨틱하게 보일 수 있는 장소는 피하고 칵테일바 등은 피하라.

○ 가족을 우선시 하라. 회사 구성원들에게 당신 삶에 중요한 누군가(가족이나 사랑하는 사람 등)가 있다는 사실을 언급하라. 회사 외에 당신에게 중요한 삶이 있다

는 것을 주위에 알게 함으로써, 사람들에게 당신이 삶에서 정서적으로나 이성
적으로 채워줄 누군가를 찾고 있지 않다는 것을 분명히 알게 하라.

○ 배우자나 애인을 회사 동료들에게 소개하라. 회사에서 연말 파티가 있을 때, 파
트너를 초대할 기회가 있다면, 당신의 배우자나 애인을 회사 동료들에게 소개
하라. 당신이 공공연하게 배우자나 애인과 좋은 관계를 갖고 있다는 것을 보여
준다면, 동료들은 당신이 이성의 멘토나 멘티와 단지 점심을 한다고 해서 이를
의심스럽게 쳐다보지 않을 것이다.

만약 당신이 멘토를 찾고 있는 젊은 여성이라면 어떻게 하겠는가? 캐런은 멘토를
찾고자 하는 것은 매우 자연스러워야 한다고 한다. 당신이 접촉할 수 있는 사람에게
일단 당신의 배우고자 하는 의지를 보이라고 한다. 앞으로 멘토가 할 프로젝트에 참
여해도 되는지 묻고 당신이 성공의 정점을 찍기 전에 멘토에게 빚을 지라고 한다. 그
리고 이 젊은 여성이 일하고 있는 분야가 남성 중심의 영역이라면 특히나 더 남성 멘
토를 택해야 한다고 조언한다. 그러나 캐런은 그냥 남성 멘토가 아니라 딸을 둔 남성
멘토를 택하라고 조언한다. 그럴 때 남성 멘토는 당신을 통해서 딸의 미래를 볼 것이
고 당신을 돕고 싶어질 것이기 때문이다.

멘토링 관계에서의 잠재적 갈등과 문제들

이성(opposite sex) 멘토링의 장단점을 언급했지만 멘토링 관계는 항상 긍정적인 부
분만을 표출하지는 못한다. 종종 멘토링의 한계와 부정적인 효과들이 나타나기도 하
는데 그것은 멘토와 멘티의 관계에서 책임이 동반되기에 따르는 위험들이 대부분이
다. 세상에 흠 없는 보석은 없으며 완벽한 사람은 없다는 말이 있다. 멘토링 관계는
결국 인간관계의 한 형태다. 멘토링 여정을 같이 걷는 동안 서로의 사고방식이나 성

격의 다름으로 인해 또는 외부로부터 생기는 갈등과 같은 문제들이 발생하게 되는데, 그 문제의 크기에 따라 멘토링 관계가 유지될 수도 있고 위험해질 수도 있으며 끊어지기도 한다.

한계적 멘토링(Marginal Mentoring)

멘토링은 시간이 지나면서 긍정적이고 부정적인 효과들이 나타나게 된다. 최근 Ragins, Cotton과 Miler(2000)는 심각한 부작용을 초래하지는 않지만 관계의 효과는 떨어뜨리는 한계적 멘토링(marginal mentoring)이 존재할 가능성을 제안했다. 한계적 멘토링은 어느 정도 제한된 수준의 멘토링을 제공한다. 아마도 가장 만족스러운 멘토링 관계와 가장 불만족스러운 멘토링 관계의 중간 즈음에 위치한 수준이라 할 것이다. 이러한 한계적 만족감을 느끼는 멘티는 멘토가 없는 멘티와 비슷한 수준의 태도를 보이기도 한다. Ragins를 비롯한 여러 연구자들은 그래도 멘토링 관계를 종료로 몰고 가는 역기능 멘토링보다는 한계적 멘토링이 관계를 유지할 정도의 최소한의 유익은 있다고 주장한다. 제한적 효과가 있는 멘토링 관계는 멘티의 중요한 요구를 충족시키기에는 부족한 면이 많다.

역기능 멘토링(Dysfunctional Mentoring)

역기능 멘토링은 멘토와 멘티 모두에게 유익하지 못한 관계를 의미한다. 멘토와 멘티가 서로 다른 문제 해결방식을 가지고 있거나 멘티가 과도하게 멘토에 의존하는 경우 등의 예를 들 수 있다. Kram은 어떠한 상황에서는 이 멘토링 관계가 적어도 한 사람 혹은 모두에게 치명적일 수 있다는 경고를 했고 이러한 주장은 많은 연구들에 의해 증명되고 있다. 역기능 멘토링은 심할 경우, 멘티의 업무성과와 업무태도에 부정적으로 작용할 뿐 아니라 업무에 관련되어 스트레스가 증가되고 이로 인한 결근과 끝내는 이직을 선택하도록 만드는 결과를 초래한다.

부정적 멘토링(Negative Mentoring)

Eby와 McManus(2004)는 악의적인 기만이 또 다른 부정적 멘토링을 야기시키는 것으로 보았다. 신뢰가 중요한 멘토링에서 멘티의 멘토에 대한 기만행위는 정서적, 물리적으로 멘토가 멘티로부터 멀어지게 만드는 해결할 수 없는 가장 근본적이며 심각한 문제다. 멘토링에서 목표가 분명하게 설정되어 있지 않아 공개적으로 공표가 되어 있지 않을 경우, 다시 말하면 멘티의 동료들이 멘티의 멘토를 단순히 상사로만 알고만 있는 상태에서의 친밀감 있는 멘토링 관계는 주변으로부터 멘티가 특별대우를 받는다고 여겨 질투하게 되고 멘티의 동료들은 부당대우를 받는다고 여겨 사내의 분위기가 극도로 나빠질 수 있다. 회사 내에서 멘토링 관계에 참여하지 않는 사람들은 멘토링 관계에서의 멘티를 '승진이 빠른 사람', '귀공자', 'Jet job' 등으로 비하하며 부르기도 한다. 또한 멘티는 자신의 멘토가 다른 부하직원을 총애하는 것을 보면 질투를 느끼기도 한다. 이와 반대로 멘토가 멘티를 질투하기도 한다. 그러나 부정적 멘토링에 관한 연구는 현재진행형이며 그 원인과 결과에 대한 더 많은 연구가 필요하다.

중소기업의 멘토링

국내 중소기업들은 대부분 멘토링을 도입하기를 꺼려 한다. 멘토링이 업무시간을 빼앗고 생산성을 낮춘다는 인식을 가지고 있기 때문이다. 인원이 적은 기업이나 단순 노동이 주를 이루는 중소기업들의 경우 수평적 구조를 가지고 있기 때문에 승진의 기회가 없거나 매우 적다. 따라서 멘토링을 통한 계급 상승에 대한 기대감이 거의 없고, 기업의 경영자 역시 같은 이유로 후임자 양성에 투자하려는 계획을 가질 필요성을 느끼지 못한다. 그러나 멘토링의 장점은 단순히 승진 그 자체에 있는 것은 아니다. 앞서 다뤘듯이 멘토링의 가장 큰 목표는 개인의 성장이다. 기술 교육이나 동기부여, 의욕향상 등은 결국 기업의 생산성에도 크게 이바지한다. 그렇게 성장한 직원은 만일의 사태에 임원급의 퇴직으로 인한 관리직의 공백에 대한 우려를 해결할 수 있도록 도울 수도 있으며 직원 개인의 경우 멘토링을 통한 성장 후 자신의 능력을 더 발휘할 수 있는 회사로 이직을 할 수도 있다. 물론 이직하기 전까지 성장한 멘티는 회사의 성장에 이바지한다. 또한 멘토링은 저비용 고효율 프로그램이라는 큰 장점을 가지고 있다. 따라서 기업의 성장에 목표를 가진 경영자라면 멘토링이 기업의 성장에 얼마나 효율적인지 여러 증거와 자료들을 살펴볼 필요가 있다. 미국의 경우 중소기업청과 같은 정부의 부처에서 멘토링을 시행할 여력이 없는 중소기업들에 무상 혹은 저렴한 비용에 멘토링 프로그램을 제공해 주고 있다. 우리나라도 이제는 중소기업에 대한 정부차원의 멘토링 프로그램 지원정책이 필요한 시점이다.

 ## 멘토링의 새로운 유형들

멀티플 멘토링(Multiple Mentoring)

멘토링에 관한 기존의 연구들을 보면 그들의 경력에서 한 번 이상의 멘토링 관계를 가질 것을 제안하고 있다. Kram(1983)은 본래 개인은 자신의 성장에 지원을 받으려면 한 명의 멘토가 아니라 여러 명의 멘토에 의존해야 한다고 제안했다. 멘티는 다른 멘토와 새로운 멘토링 관계를 맺는 동시에 기존의 멘토와는 동료관계를 유지할 수 있다. Henderson(1985)은 남녀 멘티 모두 둘 또는 세 명의 멘토를 경력과정에서 가지고 있음을 발견했다. Baugh와 Scandura(1999) 역시 멘티가 여러 명의 멘토를 가지고 있다는 것을 증명했으며, 멀티플 멘토링을 통해 더욱 좋은 결과를 얻을 수 있다고 제안했다.

대부분의 조직에서 일대일 멘토링은 가장 보편적으로 사용된다. 그러나 모든 조직에서 일대일 멘토링이 가능한 것은 아니다. 이에 일대일 멘토링이 불가능한 기업들은 자신의 고유한 이점을 살려 다른 멘토링 모델을 대체하게 되는데, 대표적인 모델로 동료 멘토링, 팀 단위의 멘토링을 들 수 있다. 한 명의 멘토가 여러 명의 멘티와 한 번에 멘토링을 하는 것이다.

멀티플 멘토링이 갖는 장점들

전통적인 멘토링은 한 명의 멘토가 한 명의 멘티와 관계를 갖는다. 이러한 일대일 멘토링의 강점은 정해진 주제가 없는 개인 요구를 충족시킬 수 있다는 것이다. 그러나 조직의 필요에 따라 멀티플 멘토링은 더 적절한 모델이 될 수 있다.

○ 멘티는 특히 중요한 결정을 해야 할 때, 여러 멘토로부터 다양한 관점의 조언을 얻을 수 있다.
○ 멘티가 겪는 상황과 비슷하거나 같은 상황을 겪었던 멘토를 적어도 한 명은 만나 조언을 얻을 가능성이 높다.
○ 멘토들은 각각의 분야에서 전문성을 가지고 있다. 그런 면에서 다양한 멘토를 둔 멘티는 경력 단계에서 여러 분야들로부터 필요한 기술과 전략, 조언 등을 구할 수 있다.
○ 멘티는 누군가와 의논이 절실히 필요할 때 시간이 가능한 멘토가 적어도 한 명은 있을 가능성이 높다.

많은 사람들은 개인적으로 가지고 있는 고유한 기술을 전략적으로 동료들과 공유할 수 있다. 멀티플 멘토링은 공유와 협력을 장려하며 이는 결과적으로 조직에 도움이 된다. 팀 내에서 팀워크를 지지하고 상호 간의 역량을 개발한다. 팀내 멀티플 멘토링은 특정 기술에 대한 교차 교육에 매우 효과적이다. 멀티플 멘토링은 팀 구성원 간에 도움을 주고받는 분위기를 형성하여 팀워크를 돈독하게 한다. 조직에서 개인에게 특화된 전문 지식을 한 번에 여러 학습자에게 공유할 수 있도록 하는 장점이 있다.

동료 멘토링(Peer and Team Mentoring)

동료, 팀 멘토링은 공식적 멘토링처럼 항상 멘토에 의해 운영되지는 않는다. 팀원들은 그들끼리 서로에게 멘토의 역할을 한다. 이들은 일시적으로 짝을 이루거나 소그룹을 만들어 특정 조직의 문제에 대한 멘토링을 한 후, 멘토링의 목적을 달성하든 지 멘토링의 이유가 사라지면 해체한다. 그리고 또 다른 문제에 관련되어 그에 적절한 짝을 이루거나 소그룹을 만든다. 동료, 팀 멘토링은 교차 훈련, 팀워크를 상승시키고 새로운 조직원을 빠르게 적응할 수 있도록 돕는다.

e-멘토링(e-Mentoring)

e-멘토링은 전자 통신수단을 기본으로 하는 멘토와 멘티의 멘토링 대화 방식이다. e-멘토링은 직접 만남을 갖는 기존의 방식과 달리 다양한 전자 미디어를 통해 관계가 유지되는데 이메일, 채팅, 웹 사이트, SNS, 모바일 메신저 등이 이에 포함된다. e-멘토링은 경력 관련 조언이나 멘토와 멘티가 심도 깊은 관계를 맺는 등의 기능적인 측면에서 기존의 멘토링과 크게 다르지 않다. 그러나 Kram이 제안했던 보호와 노출, 시각화를 포함한 경력관계 기능이 e-멘토링에서는 제한적일 뿐 아니라, 직접 대화하지 못하는 부분에서 오는 잘못된 의사소통 또는 오해가 있을 수 있으며, 멘토링 관계를 형성하는 데 기간이 오래 소요될 수 있다. 한편으로는 사생활에 대한 노출의 위험과 기밀유출에 대한 위험성을 지니고 있다. 역할모델 기능을 위해서는 멘티가 멘토를 직접 관찰하는 것이 중요한데, 사이버공간에서의 멘토링은 이러한 기회를 제공하지 못하기 때문에 e-멘토링이 진정한 멘토링의 관계를 제공하는지에 대한 더 많은 연구가 필요하다. 한편에서는 e-멘토링을 하나의 독립적인 멘토링 방법으로 여기기보다는 공식적 멘토링의 부차적 도구로 사용하는 데 쓰기도 한다.

네트워킹

네트워킹의 정의와 내용

네트워킹(Networking)은 거미줄과 같다. 거미는 아무 이유 없이 그저 본능적으로 거미줄을 치는 것이 아니라 분명한 목표(먹이의 포획)를 가지고 치는 것이다. 네트워킹도 이처럼 그저 단순히 다양한, 많은 사람들과 관계를 맺는 인간관계가 아닌, 분명한 목적을 가지고 관계를 맺는 목적지향적 인간관계를 의미한다.

멘토를 찾기 위한 가장 좋은 방법은 무엇일까? 조직 내에 체계적인 공식적 멘토링 프로그램이 갖추어져 있다면 이는 가장 유용한 방법일 것이다. 그러나 만약 공식적 프로그램 체계가 있지만 제대로 활용되지 못하는 상태이거나 여력이 부족한 중소기업의 경우 멘티 본인이 스스로 비공식적인 루트를 통해 멘토를 찾을 수밖에 없는데 이러한 경우 가장 유용한 방법이 네트워킹을 통한 멘토 찾기다. 네트워킹은 진로탐색과 인턴십, 직장을 찾기 위한 가장 효과적인 도구다.

네트워킹은 여력이 있다면 기꺼이 자신이 가진 지식과 경험을 공유하고 조언하기를 좋아하는 사람들을 찾기 위한 가장 효과적인 방법이다. 물론 이러한 사람을 찾는다는 것이 쉬운 일은 아니다. 네트워킹은 단순히 사람들과 자신의 직업적 관심사를 위해 만나고 대화하는 것만을 의미하지 않는다. 네트워킹은 경력 전반에 걸쳐 잦은 접촉을 기반으로 관계를 형성하고 그 관계를 유지하는 것이다. 그렇게 도움을 받은 사람 역시 네트워킹을 통해 다른 사람에게 도움을 준다. 그렇게 네트워킹 안에서 다양한 관계를 맺고 상호작용으로 이익을 얻게 된다.

고객상담센터에서 일하던 A씨는 하루 종일 고객들의 불만전화에 시달려야 했다. 그는 업무의 강도와 양에 비해서 자신의 보수가 낮다고 생각했다. 그는 새로운 직업을 찾기 위한 네트워킹을 시작했다. 네트워킹을 통해 알게 된 대기업에서 일하는 B씨는 회사에 새로 생길 고객관리 관련 부서에 대해 A씨에게 알려 주었다. A씨는 새로 생길 부서에 관련된 학위도 있었고 관련 분야에서 경험도 상당히 쌓았기에 그 자리에 적합하다고 생각했다. B씨는 인사팀에 A씨를 추천했고 A씨는 자신이 바라던 더 나은 직장을 얻게 되었다. 멘토링은 장기간에 걸쳐 멘토와 멘티의 상호작용을 통해 다양한 경험과 기술의 습득 등을 빠른 시간에 이룰 수 있게 한다. 이에 대한 결과로 역량의 강화와 직장 내의 자리 잡음, 승진, 더 나은 회사로의 이직 등 자신이 세운 목표를 이루게 된다. 이에 관련하여 네트워킹은 중요한 정보나 지식에 접근할 기회와 다른 사람에게 배울 소중한 기회를 제공한다는 의미가 있다.

네트워킹의 정의

"네트워킹은 정보를 교환하고 조언과 도움을 주고받는 커뮤니케이션 방법이다."
－로날드 L. 크래닉, 캐릴 레이 크래닉. 『The New Network Your way to Job and Success (직업과 커리어의 성공을 위해 네트워크를 하라)』의 저자

"다른 사람들이 그들의 목표를 이룰 수 있도록 도와주고, 결국에는 당신의 목표도 이룰 수 있는 관계를 생성하는 것이다."   －랄프헤이스 데이터보이스 테크놀러지스 회장

"네트워킹이란 사람과 사람이 연결됨으로써 아이디어와 자원도 연결되는 것을 의미한다."   －제시카 립넥, 제프리 스탬프스. 『The Networking Book(네트워킹 북)』의 저자

"당사자들이 그들의 노력에 도움을 줄 수 있는 자원의 근간을 만들고 확장할 수 있도록 사람을 만나며, 그들에 대해 배우고 관계를 만드는 체계적인 과정이다."
                －존 호프 인더펜딘스 캐피탈 사 회장

"네트워킹이란 상호 간에 만족스럽고, 도움이 되고, 또 상승되는 연결을 구축하는 것."
                －H.S. 칼사 에코워터 시스템즈

출처: 도나 피셔, 샌디 바일라스(2003). 파워네트워킹(김군식 역). 서울: 예영커뮤니케이션.

그렇다면 멘토링과 네트워킹은 어떤 관련을 가지고 있을까?

네트워킹을 단순히 새로운 직업을 찾을 때 필요한 것으로 생각하는 경우가 많지만, 이미 조직에서 안정적이고 만족상태에 있는 사람들에게도 네트워킹은 지속적인 커

리어를 위해 매우 중요하다. 네트워킹은 장기적으로 유지되는 중요한 만남들을 포함할 뿐 아니라 거의 모든 상황에서 다른 사람들과 관계를 맺을 수 있도록 기회를 만들어 준다. 네트워킹을 어떻게 하는가에 대해 배우는 일은 매우 중요하다. 네트워킹은 그 분야의 성과물을 관련 분야의 전문가들이 더 잘 인지할 수 있도록 할 뿐 아니라 궁극적으로는 네트워킹에 참여한 관련 분야들에서의 성공을 증진시킬 것이기 때문이다. 네트워킹에서 만나는 사람들이 바로 여러 가지 정보와 지식들을 공유하는 전문가들이고 새로운 직업을 추천하는 사람들이다. 결론적으로 중요한 사실은 멘토와 멘티를 찾거나 이미 멘토와 멘티인 사람들은 평소에 알던 사람, 존경하던 사람을 신뢰하려고 한다. 그러므로 모든 사람은 네트워킹에 어느 정도 시간을 투자할 필요가 있다.

많은 네트워킹의 기회는 매일 나타난다. 그것은 동료, 선배, 관련업종의 종사자들, 학생들의 네트워킹 등에 의해서다. 같은 조직, 학과, 부서의 동료들은 네트워킹의 인맥을 소개하기도 하는데 멘토를 소개해 주기도 하고 잠재력이 있는 사람을 멘티로 소개해 주기도 한다. 또한 각 분야의 전문가들이 모인 네트워킹의 경우라면 서로 멘토가 되어 경력에 관련된 풍부한 조언을 해 주기도 한다. 부서에서 세미나가 있다면 아무리 바빠도 참석해서 초대 연사를 만나는 것은 중요하다. 점심이나 저녁식사를 하면서 초대 연사와 보다 편한 분위기에서 네트워킹할 수 있는 기회가 있다면 더욱 도움이 된다. 조직 내의 여러 분과위원회의 위원으로 일하게 되면 인맥을 만들 수 있기도 하다. 다른 부서의 사람들과 접촉할 수 있게 되고 이는 새로운 일을 하게 되는 기회로 연결될 수 있기도 하다.

같은 부서 혹은 같은 분야의 네트워킹도 중요하지만 타 부서 혹은 자신의 전문 분야와 관련된 다른 분야와의 네트워킹도 매우 권장할 만하다. 특히 외국 연구기관의 경우에는(국내에는 이러한 제도가 거의 없다) 승진에 있어서 다른 분야와의 네트워킹도 중요한데, 대부분의 기관에서 승진 심사 시 외부 전문가의 의견을 참고하기 때문이다. 당연히 외부 전문가의 의견이 긍정적일수록 승진기회는 상승한다. 외부 전문가들과의 네트워킹을 위한 한 방법으로 지역의 작은 모임이나 회의에 참석하는 것이 있다. 이렇게 지역의 작은 모임에 참석하는 것은 원거리 출장에 따른 비용을 줄일 수 있고 가까운 기관의 공통의 관심사를 가지고 있는 전문가들과 만날 수 있는 기회가 된다. 국내의 경우에는 외부 전문가의 의견이 승진에 영향을 주지는 않는다. 그러나 새로운 직장을 찾는 사람들이나 새로운 직원을 채용하려는 채용관리자에게도 외부와의 네트워킹은 중요한 도구로 사용될 수 있다. 페이스북(Facebook) 본사뿐 아니라 페이스북코리아의 경우에도 내부 추천을 통한 채용이 활발하다. 네트워킹으로 만난 인맥을 통해 더 나은 직장을 구할 수 있으며, 채용관리자는 지원자의 전 직장에서의 평판 등을 찾을 수도 있다.

비공식적 네트워킹의 형성과 유지

학자나 교수, 학생이나 연구원의 경우라면 학회는 지역과 국가를 막론하고 네트워킹을 하기에 가장 좋은 장소다. 학회에서 네트워킹이 어려울 수 있지만 학회에 참석해서 만나는 사람들과 새로운 인맥을 맺기 시작하는 것은 중요하다. 전문직업을 가진 사람들은 실무자들의 모임인 각종 협회(예: 간호사협회, 변호사협회, 인사관리자협회 등)가 있고, 그 협회에서 주최하는 여러 컨퍼런스나 이벤트 등이 네트워킹을 하기에 좋은 시작이 된다. 네트워킹을 하고 싶은 사람과 비공식적인 혹은 우연한 사적 만남이 있을 시에 대비해 자신의 경력에 대해서 간략히 소개할 수 있도록 준비해 두어야 한다. 핵심은 장황한 설명 없이 전달될 수 있어야 한다는 점이다. 자신이 생각했을 때 특별한 사람과 인맥을 맺고자 할 때는 그 대상을 만나기 전에 그의 경력이 어떠한지 미리 숙지해두면 좋을 것이다. 이는 새로 만나는 사람과의 편안한 환경을 조성하는 데 도움이 된다. 앞서 다뤘듯이, 보다 편안한 환경에서 더 다양한 대화가 가능해진다.

네트워킹에서 새로 만나는 사람들에게는 연락처가 있는 명함을 나눠 줄 필요도 있다. 우리나라와 일본과 같은 몇몇 나라에서는 새로 만나는 사람들과는 모두 명함을 주고받는 것이 아예 관례인 곳도 있다.

기업 관련의 세미나, 학회 등이 끝난 뒤에는 새로운 인맥과 관계를 유지하기 위해서 정기적인 연락은 반드시 필요하다. 접촉이 유지되어야만 네트워킹으로써 유용하다는 것은 두말할 나위가 없다. 관계유지를 위해 연락하기 가장 간단한 도구는 이메일이다. 새로운 인맥에게 최근 성과나 커리어상의 발달 등을 네트워킹을 통해 알려 줄 필요가 있다. 인맥을 유지하는 또 다른 방법으로는 자신의 회사나 조직의 세미나에 강연자로 초청하는 것이다. 이를 통해 자신의 분야에 관련된 모든 관련자들과 네트워킹을 형성할 수 있는 기회가 생긴다.

최근 IT기술을 잘 활용하는 사람들은 혁신적이고 새로운 네트워킹의 방법들을 만들어냈다. 일례로 과학 연구 온라인 모임인 Nature Network를 들 수 있는데, 이곳에서 지역의 연구자들은 최신의 연구동향이나 뉴스, 이벤트 등에 관한 소식을 공유한다. 이 사이트의 추가적인 기능으로는 개개인의 프로파일을 게재할 수도 있고 랩이나 부서, 기관별 그룹모임을 할 수도 있다. 이를 통해 생각이 비슷한 연구자들끼리 네트워크를 형성할 수 있다.

네트워킹은 다양한 형태를 띠며 실제로 원하는 사람을 찾아 네트워킹하는 것이 쉬운 일은 아니다. 그럼에도 불구하고 이러한 인맥들은 사람들의 경력을 향상시키고 그들에게 필요한 도움을 제공할 것이다.

학교에서 모든 전공자들에게 가르치지는 않지만 조직에 속한 사람들은 멘토링과 네트워킹이 경력발달에 매우 유용하다는 것을 인지해야 할 필요가 있다. 이러한 인맥들은 자신의 경력에 도움이 될 조언과 지지를 해 줄 것이다. 동시에 네트워킹과 멘티로서 요구되는 준비와 노력에 대해서 이해해야 한다. 이를 위한 시간 투자는 자신의 경력을 위한 투자로 생각해야 한다. 멘토링과 네트워킹을 잘 활용할 수 있다면 보다 더 자신의 경력을 발전시킬 수 있고 새로운 기회를 포착할 수 있으며 보다 빠르게 승진할 수 있다.

조직 네트워킹

조직 네트워킹의 유형

Ibarra(1993)에 의하면, 조직 연구에 있어, 지정된 네트워크와 자연 발생적으로 생긴 네트워크(prescribed and emergent networks) 혹은 공식적 구조와 비공식적 구조(formal and informal) 사이에는 뚜렷한 차이가 있다. 지정 혹은 공식 네트워크는 조직적으로 확정된 업무를 완성하기 위해 상호작용을 해야 하는 기능적 그룹으로 상사와 부하, 대표자 사이가 공식적으로 명시된 관계로 구성되어 있다. 또한 '준구조(quasistructure)'는 위원회, 각종 테스크포스팀 그리고 직접적으로 긴밀한 관계에 의해 만들어진 관계도 포함한다. 이 관계는 조직도에 의해 나타나는 관계에 비해서는 유동적이지만 회사가 공식적으로 권한을 부여한 관계다. 이와 대조적으로 비공식적 혹은 자생적 네트워크는 더 많은 재량에 의한 상호작용의 유형을 보여 준다. 여기에는 일과 관련된, 친교의, 또는 그 이상의 수를 조합한 관계들을 포함한다. 직장 내에서는 관심이 일과 경력 목표를 포함하기 때문에 자생적 네트워크는 공식적인 조직 배열로 생각되는 경향이 있다. 그러나 관리자는 보통 그들의 공식적 보고 라인 외부에 있는 많은 사람들의 협조와 지지를 필요로 하기 때문에, 자생적 네트워크 관계는 공식적 네트워크에 비해 더욱 광범위하다.

Ibarra는 이 연구에서 네트워크 유형을 도구적 네트워크(instrumental network)와 표현적 네트워크(expressive network) 2가지로 구분했다. 도구적 네트워크는 업무 수행 과정에서 발생하며, 업무상 관련된 자원인 정보, 기술, 전문가의 조언, 물질적 자원의 교환 등을 수반한다. 표현적 네트워크는 우정, 친교적 지지를 교환하는 관계로, 도구적 네트워크보다 친밀감과 신뢰의 수준이 높은 것으로 특징된다. 그러나 많은 네트워크 관계에서 도구적 네트워크와 표현적 네트워크는 분리적이지 않고 함께 나타난다.

Krackhardt와 Hanson(1993)은 연구에서 공식적인 조직(formal organization)을 회사의 뼈대라고 한다면, 비공식적 조직(informal organization), 즉 비공식 네트워크는 사업부서별 프로세스, 실행, 반응을 통해 전체 사업체를 운영하는 중추신경계와 같다고 설명한다. 비공식 네트워크는 예상치 못한 문제가 발생했을 때 공식적 조직보다 큰 영향력을 발휘할 수 있다. 왜냐하면 정교한 사회적 연결을 통해 실시간 동료들과 의사소통을 가능하게 하며, 시간이 지날수록 안정적인 네트워크로 강화되고, 전 영역을 넘나들며 일을 성취할 수 있기 때문이다.

이 연구에서는 조직 내의 비공식적 네트워크를 다음과 같이 세가지 유형으로 말하고 있다. 먼저 조언 네트워크(advice network)는 구성원들이 문제를 해결하고 기술적 정보를 제공받는 관계를 보여 준다. 다음으로 신뢰 네트워크(trust network)는 까다로운 정치 문제와 위기의 상황을 공유하는 관계를 나타낸다. 마지막으로 의사소통 네트워크(communication network)는 정기적으로 업무에 관련된 이야기를 하는 관계를 제시한다. 비공식 네트워크를 활용해 누가 권력을 가지고 있고 다각적으로 네트워크가 어떻게 연결되어 있는지 파악할 수 있어 문제를 해결하고 업무 성과를 높이는 데 큰 역할을 한다. 구체적으로 살펴보면, 조언 네트워크는 정치적 갈등과 전략적 목표를 달성하지 못하는 이유를 밝힐 수 있다. 이 네트워크는 회사의 일상 업무에 가장 영향력 있는 인물을 보여 주기 때문에, 회사의 정례적 업무를 변화시키려고 할 때 유용하게 사용될 수 있다.

신뢰 네트워크는 일시적인 팀에 의한 저조한 성과와 같은 비일상적인 문제의 원인을 드러낸다. 그러므로 회사는 큰 변화를 시도할 때와 위기를 겪을 때 신뢰 네트워크를 검토해야 한다. 커뮤니케이션 네트워크는 정보의 흐름의 격차, 자원의 비효율적인 사용, 새로운 아이디어 창출 실패를 확인 하는 것에 도움을 줄 수 있다. 그러므로 생산성이 저조할 때 검토해야 한다.

또한 기업 차원에서의 공식적 네트워킹은 기업 내의 직원들의 인종, 문화 지역의 차이를 극복하는 데 큰 역할을 한다. 이에 관련된 대표적인 사례로 에이번(Avon)사를 들 수 있는데, 이 기업은 공식적으로 직원 네트워크를 시행하고 있다.

에이번사는 Avon아시안 네트워크, Avon히스패닉 네트워크, Avon흑인 전문직 모임 등 3가지의 직원 네트워크를 지원한다. 각 네트워크는 목적을 가지고 있으며 주제를 정해 매 분기마다 모임을 가진다. 운영예산 또한 책정되어 있다. 각 네트워크에는 회사의 고위 관리자가 함께하며, 다른 참가자들에게 회사의 앞으로의 전망과 방향에 대해 말해 준다. 3가지의 직원 네트워크의 관리자들은 서로 다른 네트워크의 관리자들과 회사의 정책이나 각 네트워크의 관심사와 그에 대한 반응에 대해 서로 정보를 나눈다. 이렇게 기업은 네트워크 간의 정보공유를 통해 기업의 통합정책 혹은 직원들의 요구나 동향을 알 수 있게 되며 이에 대한 대책이나 문제 해결에 쉽게 접근할 수 있게 된다. 한편 에이번사의 기업 차원의 네트워크는 경력개발 및 승진과 같은 다양한 주제에 관련된 정보 공유 포럼을 제공하는 정기적인 워크숍을 개최해 회사의 정보를 직원들과 공유한다.

공식적 네트워크는 사회적 약자나 어려움에 처한 사람들을 돕는 중요한 역할을 하기도 한다.

다문화가정을 위한 프로그램이나 여성을 위한 프로그램, 미혼모를 위한 프로그램 등의 웹 사이트를 통한 네트워킹은 접근성이 매우 용이하고 보다 편리하게 많은 도움을 받을 수 있다는 장점이 있다. 이를 '인터넷 멘토링(e-mentoring)'이라고 부르기도 한다. 다음은 대표적인 인터넷 멘토링 사이트다.

○ http://withmom.mogef.go.kr/index 위드맘: 여성가족부 운영, 청소년 한부모, 미혼모 지원정책, 보호 및 자립시설 소개 및 상담

○ http://www.kumsn.org/kor/index.php (사)한국 미혼모 지원 네트워크: 미혼모 권익옹호단체, 미혼모지원 네트워크, 싱글맘, 입양, 여성인권, 자녀양육 등 안내

○ http://www.smba.go.kr/kr/index.do 중소기업청: 중소기업에 대한 정부지원을 더욱 체계적이고 효율적으로 추진하기 위해 설립한 중앙행정기관

○ http://iye.youth.go.kr/iye/index.do 청소년 국제 교류 네트워크: 청소년 국제교류 사업, 참가 청소년 선발 및 관련 정보 제공

○ http://www.stop.or.kr 한국 여성 인권진흥원: 사회에 존재하는 다양한 형태의 여성폭력을 근절하여 성평등 사회를 실현하고, 여성폭력 예방 및 피해자 지원을 통해 여성인권 향상을 위한 사이트

○ https://www.humannet.or.kr/mentoportal/index.jsp 휴먼 네트워크: 멘토를 구할 수 있도록 도와주는 네트워킹 사이트, 멘토링 프로그램 안내, 협력기관지원, 멘토 오리엔테이션교육 등 멘토링에 관련한 많은 정보와 온라인 강의 등을 제공

○ http://www.liveinkorea.kr/intro.asp 다문화 가족 지원 센터

<기사> 전 영국 총리 부인 셰리 블레어, 이화여대 좌담회에 참석해 조언

"**여성의 시대**가 도래하려면 여성들이 전 세계적인 네트워크를 구성해 서로 돕고 멘토링해 줘야 합니다." 토니 블레어 전 영국 총리 부인인 셰리 블레어(61)는 2015년 9월 2일 서울 이화여대에서 열린 '글로벌 여성 인재 양성' 좌담회에서 학생들에게 이런 조언을 했다.

블레어는 "한국 첫 여성 의사인 에스더 박, 첫 여성 헌법재판관 전효숙 등 이화여대를 졸업한 여성들을 생각하면 교육이 개인뿐만 아니라 사회에 기여한다는 것을 알 수 있다."고 말했다. 그는 "여성 리더들과 이들을 길러 낸 기관들은 여성의 능력과 잠재력에 대한 사회의 선입견을 깨는 데 중요한 역할을 했다."고 평가했다. 그는 "한국이 교육을 통해 지난 수십 년간 큰 발전을 이루었지만, 한국뿐만 아니라 어느 나라도 완벽한 성평등을 이루지는 못했다."며 "여성이 더 강해지려면 여성끼리 네트워크를 형성하고 멘토십을 강화해야 할 것"이라고 강조했다. 그는 이러한 움직임을 통해 변화를 원하는 여성들이, 실제로 변화를 이룰 수 있는 여성들로 변신할 수 있을 것이라고 기대했다. 블레어는 "**여성의 시대**를 실현하려면 변화를 위해 사회운동에 동참하는 교육받은 여성이 더 많아져야 한다."며 "운동에 동참하면 홀로 설 때보다 더 힘을 낼 수 있을 것"이라고 말했다.

출처: 연합뉴스 기사(2015. 9. 2.). http://www.hani.co.kr/arti/society/women/707129.html

참고문헌

도나 피셔, 샌디 바일라스(2003). 파워 네트워킹(김군식 역). 서울: 예영커뮤니케이션.

로이스 J. 자카리(2009). 멘토와 멘티(장여경 역). 서울: 스마트비즈니스.

마고 머레이(2005). 멘토링: 오래된 지혜의 현대적 적용(이용철 역). 서울: 김영사.

마이클 J. 마쿼트, 피터 론(2006). 멘토(원은주 역). 서울: 이른아침.

백지연, 최윤정(2007). 멘토 기능이 직무유형에 따라 조직적응에 미치는 영향에 관한 연구. 고용직업능력개발연구, 10(2), 51-72.

브래드 존슨, 찰스 리들리(2006). 멘토링 황금법칙(권채령 역). 서울: 웅진윙스.

캐슬린 바튼(2007). 멘토, 네트워킹(황해선 역). 서울: 가치창조.

패트릭 멜러비드, 데니스 브리더(2011). 코칭 & 멘토링(박진희, 최인화 역). 서울: ㈜한국비즈니스코칭.

Baugh, S. G., & Scandura, T. A.(1999). The effect of multiple mentors on protégé attitudes towards the job setting. *Journal of Social Behavior and Personality, 14*, 503-521.

Burke, R. J.(1984). Mentors in organizations. *Group & Organization Management, 9*(3), 353-372.

Dansky, K. H.(1996). The effect of group mentoring on career outcomes. *Group & Organization Management, 21*(1), 5-21.

Darwin, A.(2000). Critical reflections on mentoring in work settings. *Adult Education Quarterly, 50*(3), 197-211.

Eby, L. T., & Lockwood, A.(2005). Proteges' and mentors' reactions to participating informal mentoring programs: A qualitative investigation. *Journal of Vocational Behavior, 67*(3), 441-458.

Eby, L. T., & McManus, S. E.(2004). The protégé's role in negative mentoring experiences. *Journal of Vocational Behavior, 65*, 255-275.

Ensher, E. A., Huen, C., & Blanchard, A.(2003). Online mentoring and computer-mediated communication: New directions in research. *Journal of Vocational Behavior, 63*, 264-288.

Hamilton, B. A., & Scandura, T. A.(2003). E-Mentoring: Implications for organizational learning and development in a wired world. *Organizational Dynamics, 31*, 388-402.

Henderson, D. W.(1985). Enlightened mentoring: A characteristic of public management professionalism. *Public Administration Review, 15*, 857-863.

Herrera, C., Vang, Z., & Gale, L. Y.(2002). *Group mentoring: A study of mentoring groups in three programs*. A research report funded by Office of Educational Research and Improvement, Washington, DC. From http://files.eric.ed.gov/fulltext/ED467570.pdf

Higgins, M. C., & Kram, K. E.(2001). Reconceptualizing mentoring at work: A developmental network perspective. *Academy of Management Review, 26*(2), 264-288.

Hunt, D. M., & Michael, C.(1983). Mentorship: A career training and development tool. *Academy of Management Review, 8*, 475-485.

Ibarra, H.(1993). Personal networks of women and minorities in management: A conceptual framework. *Academy of management Review, 18*(1), 56-87.

Kaye, B., & Jacobson, B.(1996). Reframing mentoring. *Training & Development, 50*, 44-47.

Knouse, S. B.(2001). Virtual mentors: Mentoring on the internet. *Journal of Employment Counseling, 38*, 162-169.

Krackhardt, D., & Hanson, J. R.(1993). Informal networks. *Harvard Business Review, 71*(4), 104-111.

Kram, K. E.(1983). Phases of the mentor relationship. *Academy of Management journal, 26*(4), 608-625.

Kram, K. E.(1985). *Mentoring at work: Developmental relationships in organizational life*. Glenview, IL: Scott Foreman and Company.

Kram, K. E.(1988). *Mentoring at work: Developmental relationships in organizational life*. Lanham, MD: University Press of America.

Lankau, M. J., Carlson, D. S., & Nielson, T. R.(2006). The mediating influence of role stressors in the relationship between mentoring and job attitude. *Journal of Vocational Behavior, 68*, 308-322.

Marquardt, M. J., & Loan, P.(2005). *The manager as mentor*. Westport, CT: Praeger.

Mezias, J. M., & Scandura, T. A.(2005). A needs-driven approach to expatriate adjustment and career development: A multiple mentoring perspective. *Journal of International Business Studies, 36*(5), 519-538.

Myers, D. W., & Humphreys, N. J.(1985). The caveats of mentorship. *Business Horizons, 28*, 9-14.

Phillips-Jones, L.(1983). Establishing a formalized mentoring program. *Training & Development Journal, 37*(2), 38-42.

Ragins, B. R., Cotton, J. L., & Miller, J. S.(2000). Marginal mentoring: The effects of type of mentor, quality of relationship, and program design on work and career outcomes. *Academy of Management Journal, 43*, 1177-1194.

Ragins, B. R., & McFarlin, D. B.(1990). Perceptions of mentor roles in cross-gender mentoring relationships. *Journal of Vocational Behavior, 37*, 321-339.

Ragins, B. R., & Scandura, T. A.(1994). Gender differences in expected outcomes of mentoring relationships. *Academy of Management Journal, 37*, 957-971.

Ritchie, A., & Genoni, P.(2002). Group mentoring and professionalism: A programme evaluation. *Library Management, 23*(1/2), 68-78.

Scandura, T. A.(1992). Mentorship and career mobility: An empirical investigation. *Journal of Organizational Behavior, 13*(2), 169-174.

Scandura, T. A.(1998). Dysfunctional mentoring relationships and outcomes. *Journal of Management, 24*, 449-467.

Scandura, T. A., & Hamilton, B. A.(2002). Enhancing performance through mentoring. In S. Sonnentag(Ed.), *The Psychological management of individual performance. A handbook in the Psychology of management in organizations*(pp. 293-308). Chichester, UK: Wiley.

Scandura, T. A., & Pellegrini, E. K.(2007). Workplace mentoring: Theoretical approaches and methodological issues. In T. D. Allen & L. T. Eby(Eds.), *Handbook of mentoring: A multiple perspective approach*. Malden, MA: Blackwell.

Shweder, R., & LeVine, R.(1984). *Culture theory: Essays on mind, self, and emotion*. NewYork, NY: Cambridge University Press.

Solomon, C. M.(1991). Networks empower employees. *Personnel Journal(October)*, 51-54.

Viator, R. E.(2001). The association of formal and informal public accounting mentoring with role stress and related job outcomes. *Accounting, Organizations and Society, 26*, 79-93.

Werner, J. M., & DeSimone, R. L.(2009). *Human resource development*. Mason, OH: South-Western Cengage Learning.

Williams, E. A.(2000). Team mentoring: New directions for research on employee development in organizations. Paper presented at the *Academy of Management Meeting*, Toronto, Canada.

Williams, E. A., Scandura, T. A., & Hamilton, B. A.(2001). Dysfunctional mentoring relationships and negative social exchange: Uncovering some unpleasant realities in mentoring relationships. *Southern Management Association Proceedings*(pp. 62-66). New

Orleans, LA: Southern Management Association Meeting.

연합뉴스 기사(2015. 9. 2.). From http://www.hani.co.kr/arti/society/women/707129.html

조선비즈 기사(2016. 6. 17.). From http://biz.chosun.com/site/data/html_dir/2016/06/17/
2016061700884.html

Ambrose, L.(July/August 2003). From *Healthcare Executive*, https://www.ache.org/
newclub/career/MentorArticles/Multiple.cfm

CBS 기사(2011. 3. 25.). From http://www.cbsnews.com/news/why-mentoring-helps-men-
more-than-women/

Forbes 기사(2013. 5. 3.). From http://www.forbes.com/sites/lernvest/2013/05/03/are-
men-afraid-to-mentor-women/#1b3c18db74c9

LGPro Mentoring(2016. 7. 5.). From http://www.lgpromentoring.com.au/benefits-of-
mentoring/

Management Mentors(2013. 10. 15.). From http://www.management-mentors.com/about/
corporate-mentoring-matters-blog/bid/101459/What-is-informal-mentoring

The Leadership Effect(2004. 9. 24.). From http://leadership-effect.com/articles/benefits-
of-multiple-mentors/

제10장

코칭과 카운슬링
(Coaching & Counseling)

 코칭

코칭의 기원과 역사

코칭(Coaching)의 원형인 코치는 마자르족의 언어인 콕시(kocsi)에서 유래되었는데, 코치는 아드리안 해에 있는 달마티아의 개들이 끄는 썰매로 사람을 태우는 이동수단이었다. 이러한 이유로 달마티안종들은 코치견이라는 호칭으로 불렸다.

코칭이라는 용어는 헝가리의 '콕스(Kocs)'라는 마을에서 개발된 4륜 대형마차를 일컫는 '코치(coach)'에서 파생되었다. 이 마차는 헝가리 왕 마티아스 코르비누스(1458~1490) 시대에 왕과 주요 정부 인사들의 이동수단으로 처음 설계되었다. 이 마차는 크게 성공을 거두어 다른 나라에 수출까지 되었다. 코치라는 전문 직업과 마차는 어떤 관련이 있을까? 그 기원은 여러 가지가 있으나 가장 타당한 것으로는 17세기에 쓰인 프랑스 우화 작가 장 드 라퐁텐(Jean de la Fontaine)의 〈마차와 파리(The Coach and the Fly)〉라는 제목의 시다. 시(poem)에서 파리(fly)는 언덕 위로 고통스럽게 마차를 끄는 말들을 성가시게 한다. 그리고 언덕을 오른 공은 말에게 박차를 가하도록 성가시게 하고 '조언'을 던진 파리에게 돌려졌다. 이후 코치라는 용어의 의미는 '탈것'이라는 운송수단에서 '격려와 조언'을 하는 사람이라는 의미로 쓰였다.

코치라는 단어는 이미 오래전부터 사용되어 왔다. 공식적으로 19세기 중반 영국에서 개인지도교사(tutor)의 별명으로 코치라는 단어를 사용했었다. 그 후 영국의 대학들에서 공식적으로 사용하게 되면서 개인지도교사보다는 현재 쓰이는 전문적인 직업으로의 코치라는 의미로 격상하게 되었다. 19세기 후반까지 코칭이라는 용어는 보통 스포츠팀의 훈련하는 사람을 가리켰는데 조정이라는 스포츠에서 Cox(콕스)라는 단어는 직접 노를 젓지는 않지만 팀원들을 격려하고 방향을 알려 주는 키잡이를 의미한다. 이 단어는 '설득하다, 하게 하다'라는 뜻을 가진 '구슬리다(to coax)'와 관련이 있다. 야구에서는 같은 의미로 코처(coacher)라는 단어로 쓰였으나 1990년대에 'r'이 사라지면서 코처로 바뀌었다. 그러나 미국의 메이저리그에서는 지금도 1루와 3루에서 코치하는 사람을 코처라고 부르고 그 자리를 코처스 박스(coacher's box)라고 부른다.

최초의 코치협회는 1922년에 설립된 미국풋볼코칭협회로, 미국은 코칭이라는 단어를 주로 스포츠에만 사용했었는데 1990년까지 발간되었던 코칭이라는 단어가 쓰인 대부분의 책들은 스포츠 관련이었다. 그 후 1992년 코치 유(Coach U)라는 최초의 전문교육기관이 재무플래너였던 토머스 레오나드에 의해 설립되었고, 1994년 다른 코치운동을 했던 여러 사람들과 국제코치연맹 ICF(International Coach Federation)을 설립했다.

코칭의 개념과 정의

코칭에 대한 개념적 정의는 저자와 단체별로 조금씩 다르다. 코칭이 적용되는 분야와 방법이 제각각이어서 그에 따른 정의도 각각 다양하다. 그러나 코칭에 대한 이론의 구체적이고 전반적인 이해를 위해 공신력이 있는 여러 학자와 단체의 정의를 다음과 같이 나열해 보았다.

> "코칭은 개인과 조직의 잠재력을 극대화하여 최상의 가치를 실현할 수 있도록 돕는 수평적 관계다." (한국코치협회)

"코칭은 생각하게 하는 창의적인 프로세스 속에서 고객과 함께 하는 협력관계이며 고객이 개인적인 삶과 일에서의 잠재력을 극대화할 수 있도록 고무하는 프로세스다." (국제코치연맹)

"코칭은 코치와 발전하려고 하는 의지를 가진 개인이 잠재능력을 최대한 계발하고, 발견 프로세스를 통해 목표설정, 전략적인 행동 그리고 매우 뛰어난 결과의 성취를 가능하게 해 주는 강력하면서도 협력적인 관계다." (글로벌 코치 양성기관 CCU: Corporate Coach University)

"코칭은 개인적, 대인 관계에서의 효율성을 높이기 위해 알고 있는 무언가를 용기를 가지고 실행할 수 있도록 돕는 것을 의미한다."(Crain, 2002)

스즈키 요시유키는 코칭을 "상대의 자발적 행동을 극대화시키기 위한 커뮤니케이션 기술"이라고 한다. 코칭이란 다른 사람을 성공하도록 돕고 발전하는 손이다. 코칭은 지도나 충고와는 개념적으로 다르다. 지도와 충고는 사람 사이의 상하관계를 생각하게 한다. 반면, 코칭은 대등한 동반자 관계를 전제로 한다. 지도나 충고는 코칭의 일부 요소로 코칭을 받는 사람의 상태에 따라 선택할 수 있는 코칭의 한 방법이다.

갈웨이는 코칭을 이렇게 정의한다. "코칭은 한 사람의 잠재능력을 살려 그 사람의 성과를 최대화시키는 것이다." 코칭은 코치가 코치이로 하여금 삶의 여러 방면에서 성공을 이루도록 개발시켜 준다. 에노모토 히데타케는 코칭이란 "자아실현을 후원하는 시스템이다."라고 정의했는데 여기서 코칭은 사람의 성공을 이루도록 격려하는 데 있어서 검증된 방법이다. 마샬 쿡은 코칭을 "스스로 보고 배우도록 돕고 참여를 통해 성과를 높이도록 하는 것"이라고 했으며, Hunt와 Weintraub은 구성원에 대한 충분한 지원을 통해 긍정적인 반응을 일으키고, 리더의 피드백을 통해 구성원의 성과에 영향을 주는 것으로 정의한다. 코칭은 코치이를 비판해 의기소침하게 하거나, 지나치게 칭찬해 우쭐하게 하는 것이 아니라 스스로 고치도록 피드백을 하는 것이다.

학자 및 환경에 따라 코칭의 개념과 목적이 다를 수 있지만, 조직의 관점에서 코칭은 구성원의 잠재력을 개인의 발전에 부합하도록 개발하여 능력을 극대화하는 것으로, 가르치거나 지시하는 대신 구성원 스스로가 배울 수 있는 능력을 개발하고, 리더와 구성원 사이에서도 과업과 인간관계의 신뢰를 기반으로 서로의 기대를 이해하고 목표를 공유하는 것이다.

코치에는 코치와 대상자가 존재한다. 코치의 대상자를 '코치이(coachee)'라 부른다. 그 외에도 피코칭인, 프로테제, 훈련자 등의 여러 단어들로 여러 관련서적에서 표현이 되고 있지만 이 책에서는 가장 보편적으로 쓰이고 있는 코치이를 쓰도록 한다.

코칭의 적용 분야와 활용

1990년대에 코칭과 멘토링에 관한 책들로 크게 붐이 일어났다. 여러 다양한 분야로 다각화되었고 출간되는 책의 수도 이에 맞추어 증가했다. Merlevede와 Bridoux에 따르면 코칭에 관련된 책의 수는 1년에 130권 이상이었고 그중 40%는 비즈니스 관련으로 비즈니스 코칭, 팀 코칭, 임원 코칭, 커리어 코칭 등을 포함했다. 이는 Amazon.com상에서 세어 본 2002년 3월부터 2003년 4월 사이에 출판된 코칭 책의 수다.

한국에서는 번역본을 뺀 한국인 저자로만 된 책의 수가 2006년부터 2016년 현재까지 500권 이상이고(Yes24.com), 그중 50%는 비즈니스 관련으로 비즈니스 코칭, 임원 코칭, 팀 코칭, 커리어 코칭 등을 포함했다.

코칭은 다양한 분야에 관련되어 있다. 코칭의 본래 목적은 변화를 필요로 하는 모든 영역에 참여하는 것이다. 코칭의 영역은 너무나 넓고 분류 기준 역시 매우 다양하므로 코칭의 영역을 명확하게 구분하기란 어려운 일이다. 여기서는 코칭 이론 모든 영역에서 가장 기본적이며 명확하게 구분하고 있는 라이프 코칭, 커리어 코칭, 비즈니스 코칭의 3가지 영역에 대해 알아보기로 한다.

라이프 코칭(Life Coaching)

코칭은 외부의 가능한 최고의 도움을 받아 자신의 삶을 발전시키기 위한 의사결정을 할 수 있도록 돕는 것에 관한 것이다. 라이프 코칭에서 코치는 여러 가지 다양한 이유로 고용된다. 예를 들어, 빠르게 경력의 높은 단계에 오르기 위해, 더 많은 작업 만족도를 위해, 가족이나 동료와의 관계 개선을 위해서, 영적으로 성장하는 삶을 위하는 등 라이프 코칭은 인생의 거의 모든 분야에 관련되어 있다고 해도 과언이 아니다.

커리어 코칭(Career Coaching)

성격, 경력 재능 그리고 처해 있는 환경 등을 고려하여 자신의 직업관에 맞는 진로를 설정하고 목표를 이룰 수 있는 방법을 찾도록 돕는 것을 커리어 코칭이라 한다. 자신의 경력에 대한 확신, 일에 대한 열정의 동기 부여, 강점과 단점을 파악함으로써 더 나은 직업이나 직장으로 옮기는 일, 스트레스 감소, 장·단기적 경력목표 확립 등에 도움이 된다.

비즈니스 코칭(Business Coaching)

비즈니스 코칭은 변화되는 시장에 적응할 수 있도록 회사의 운영에 도움을 주고, CEO와 임원들의 리더십 개발, 기업의 성과 향상 등 비즈니스 이슈에 초점을 맞춘다. 비즈니스 코칭은 CEO, 임원, 개인 코칭과 직원을 대상으로 하는 그룹 코칭으로 나눌 수 있다. 또한 어느 책에서는 경영 코칭과 리더십 코칭으로 나누기도 한다. 그러나 내용면에서의 차이는 없는 편이다.

GROW 코칭 모델

코칭의 프로그램은 많은 관련 책들에서 각 저자 고유의 다양한 방법들이 소개되어 있다. 그중 가장 오래되고 많이 보급되어 있는, 또한 많은 코칭 프로그램 이론의 토대가 되는 GROW 모델을 대표적으로 살펴보기로 한다.

GROW 코칭모델은 코칭 세션의 구조화를 위해 만든 코칭 프로세스로, GROW의 강점은 4단계의 여정을 통해 결과물을 분명하게 정의하게 한다는 점이다. 코치이 (coachee)는 개인적으로 문제를 이해하고 해결책을 제시하는 데 적극적이다. 코칭 세

선에서 어떤 것을 배우든 충분히 기회가 많다.

GROW 코칭모델은 경험을 통한 학습을 잘 보여 주고 있다. 그것에는 반응, 통찰력, 선택, 설득이 있다. 코치이가 투자하는 시간과 노력에 따라서 GROW 코칭모델을 성공적으로 잘 따를 수도 있고 그렇지 않을 수도 있다.

GROW 모델을 운영하는 방법

GROW 모델의 특징 중 하나는 코치가 코치이의 특별한 상황을 코칭하는 것에 있어서 그 분야의 전문성이 꼭 필요하지는 않다는 것이다. GROW 모델은 일반적인 질문을 할 수 있는 체계를 제공하여, 코치는 구체적인 행동방향이나 조언을 하지 않으면서도 달성해야 할 목표, 제거할 장애물과 선택할 수 있는 선택지가 무엇이 있는지에 대해 확인시킬 수 있다. 코치는 코치이의 발달을 위해서 역동적인 도구를 제공할 뿐이다.

GROW 모델의 단계

GROW 모델은 4단계로 되어 있다. Goal(목표)-Reality(현실)-Options(선택지)-Will(의지)라는 각 단계의 앞 글자를 모아 놓은 것이다. GROW 모델은 마치 여행을 계획할 때 필요한 것과 같다. 아마도 지도를 가지고 시작할 것이다. 어디로 갈 것인지(목표), 어디에서 출발할 것인지(현실), 여행루트나 교통편에 대한 다양한 선택지를 만들고(선택지), 장애물을 고려하면서도 동시에 당신에게 가장 잘 맞는 선택지를 고르는 것을 도울 것이다. 최종적으로 이 과정을 도식화하면서 이 여행에 대한 동기를 최대화시킬 것이다.

○ GROW 코칭모델-단계 1: 목표

GROW 코칭모델의 첫 번째 단계는 코칭 과정의 최종 목표를 설정하는 것이다. 전체 코칭 과정의 중심이 되는 장기적 목표와 매 코칭 세션의 목표가 되는 단기적 목표를 포함한다. 목표는 SMART할 필요가 있다. SMART는 Specific(구체적),

Measurable(측정가능), Acceptable(수용가능), Realistic(현실적), Timely(시기적절)이 그것이다.

목표를 설정하기 위한 대표적인 질문은 다음과 같다.

- 당신에게 가장 중요한 것(삶, 직업, 돈 등)은 무엇입니까?
- 목표달성은 당신에게 어떤 의미가 있습니까?
- 당시 중요하다고 답한 것을 통해 성취하고 싶은 것이 있습니까?
- 당신의 목표달성 여부를 어떻게 알 수 있습니까?
- 당신이 가지고 있던 문제가 해결되었다는 것을 어떻게 알 수 있습니까?

○ GROW 코칭모델-단계 2: 현실

GROW 코칭모델의 두 번째 단계는 코치이가 처한 현실, 즉 상황에 대해서 인지하는 과정이다. 코치의 역할은 코치이가 스스로 평가할 수 있도록 격려하고 코치이가 왜 주저하는지, 어떤 장애물이 있는지 알아가도록 하는 것이다.

이 단계에서는 중심을 잃지 않는 것이 중요하다. 사람들은 말하다 보면 반복해서 스토리를 이야기하기도 하고 끝없이 이야기를 펼쳐나가기도 한다. 코치는 지속적으로 코치이가 말한 것을 이해하기 쉽도록 요약하는 것이 필요하다. 이 단계의 코칭 세션을 진행하면서 코치이에게 내재되어 있는 두려움이나 신념 등이 드러나게 되는데 이를 통해 현실과 목표의 차이에 대해서 인식할 수 있게 된다.

코치이가 현실을 인지할 수 있도록 돕는 대표적인 질문들은 다음과 같다.

- 현재 당신의 상태는 어떻습니까?
- 무엇이, 언제, 누구와, 얼마나 자주 일어나나요?
- 그 일을 통해 예측되는 결과는 무엇입니까?
- 왜 이것이 문제가 되는 건가요?
- 이것이 문제라는 것을 확실한 실례로 들 수 있습니까?
- 지금까지 무언가 잘못된 것이 있습니까?
- 실패를 어떻게 극복하는지 알려 주시겠습니까?
- 잘 되었던 일은 어떤 것이 있습니까?
- 이것은 항상 문제였나요? 아니면 문제가 안 될 경우도 있었나요?

- 문제에는 어떤 요인들이 작용할까요? 무엇이 이런 문제를 다르게 만들 수 있나요?

○ GROW 코칭모델-단계 3: 선택지

GROW 모델의 세 번째 단계는 문제를 해결하는 데 도움이 될 만한 아이디어를 생성해내는 것이다. 질책이나 조건을 붙이지 말고 창의적인 브레인스토밍을 시작해 볼 필요가 있다. 해결책을 만들어 보고, 이를 선택지로 평가할 수 있도록 구조화한다. 물론 필요하다면, 코치가 제안을 할 수도 있다.

선택지를 생성하도록 하는 대표적인 질문은 다음과 같다.

- 그 밖에 어떤 것을 할 수 있었습니까?
- 만약 그 장애물이 없었다면 어떻게 했을 것 같습니까?
- 이미 목표를 달성했다고 상상해 보세요. 어떻게 목표를 달성했을까요?
- 이 장애물이 더 이상 존재하지 않는다면 무엇이 달라질 것 같습니까?
- 목표를 달성하기 위해서는 그 밖에도 무엇이 필요할까요?
- 이 선택지를 평가하기 위해서 어떤 기준을 사용할 것입니까?
- 이 선택지의 장단점은 무엇인가요?

○ GROW 모델-단계 4: 의지

GROW 모델의 마지막인 네 번째 단계는 선택지 중에서 하나를 결정하는 것이다. 이 선택지를 바탕으로 공고한 계획을 세운다. 그런 뒤, 코치이는 이 계획을 따르고자 하는 의지를 극대화한다. 의지를 극대화하는 대표적인 질문은 다음과 같다.

- 목표를 달성하기 위해 정확히 당신은 언제, 무엇을 할 것입니까?
- 이 선택지 중에서 어떤 것을 택하시겠습니까?
- 현재 당신이 취할 수 있는 가장 구체적인 행동은 무엇입니까?
- 그다음 행동은 무엇입니까?
- 모든 장애물을 고려하였습니까?
- 어떻게 장애물을 극복할 계획입니까?
- 이 선택지를 실행으로 옮긴다면 스스로 동기부여가 1~10 중에서 어느 정도

일까요?

- 10수준의 동기부여가 되려면 무엇이 더 필요할까요? 그리고 어디에서 이러한 동기부여를 얻을 수 있겠습니까?
- 이 계획이 목표를 달성하는 데 도움이 될 것 같습니까?
- 이것이 내재되어 있는 문제도 같이 해결해 줄까요?

GROW 모델 적용하기

위에 설명한 것은 GROW 코칭모델의 가장 기본적인 단계를 기술한 것으로 모든 코칭 세션에 충분한 내용은 아니다. 코치는 경청하고 신뢰관계를 형성할 수 있는 능력을 갖춰야 한다. 코칭은 전적으로 코치이에 초점이 맞추어져야 한다. 코칭 스킬을 사용하다 보면 코치가 비이성적인 상황이 될 수도 있으나, 창의성이나 무의식 속의 생각이 개입할 수 있도록 탄력적으로 운영해야 한다.

카운슬링과 비즈니스 카운슬링

카운슬링의 역사

카운슬링(Counseling) 역사의 시작에 가장 큰 영향을 끼쳤던 것은 제2차 세계 대전이었다. 전쟁 후 참전했던 군인들의 일상으로의 복귀 및 적응을 위해 카운슬링은 큰 도움이 되었다. 1940년대 후반에서 1950년 초기는 카운슬링을 전문화하려는 여러 가지 연구와 시도들이 활발했던 시기로 1947년 직업지도협회(NVGA: National Vocational Guidance Association)는 카운슬러의 명문화를 위한 위원회를 구성했다. 이 위원회의 최종 보고서에는 카운슬러에 대한 모든 핵심적인 훈련과 이론적 토대가 서술되어 있

318 제10장 코칭과 카운슬링

다. 훈련의 범위에는 심리검사, 인터뷰 등의 기술을 포함하고 있으며, 개인의 성장과 발달 및 성격의 연구도 포함되어 있다. 몇 년 후에는 미국심리학협회(APA: American Psychological Association)의 카운슬링 분과에서 NVGA의 노력에 관심을 두게 되었고 1980년대에 들어서 미국생활지도협회(APGA: American Personal and Guidance Association)에서 카운슬링의 전문화에 더 큰 관심을 쏟았다. 이러한 노력들의 결과로 1975년 개인적으로 카운슬러로서 활동할 수 있도록 버지니아 주에서 최초로 법안을 통과시킴으로써 면허증을 발급했다.

국내에서 카운슬링(counseling)이라는 용어는 1957년 학교 카운슬러 양성을 위한 강습회를 계기로 처음 사용되었다. 당시에 사용되었던 카운슬링은 학교 생활지도(guidance)의 한 방법으로 소개되었는데 이러한 이유로 카운슬링의 개념이 훈육과 유사한 의미로 사용되는 경우가 대부분이다.

훈육은 사회적 규율과 잘못된 행동에 대한 교정을 통해 사회에 적응을 위한 지도방법이지만 카운슬링은 이해와 소통을 위주로 하는 방법이라고 볼 수 있다. 카운슬링의 다양한 방법 속에서 훈육과 유사한 행동이나 방식들이 나타날 수 있지만 카운슬링이 이러한 하나의 훈육 수단으로 사용되는 것은 아니다. 카운슬링은 지도 방법 이상의 의미를 지니는 것이다. 카운슬링을 오해하는 커다란 예가 하나 더 있는데 바로 '상담'이라는 단어다. 국내에서는 카운슬링의 의미를 상담으로 번역했는데 이를 다시 주제에 따라 직업상담, 교육상담, 진로상담 등의 용어로 세분화하여 널리 사용해 왔다. 그러나 상담은 전문적인 기술을 필요로 하는 용어라기보다는 일상에서 흔히 사용되는 용어로 쓰이는 경우가 많다. 이는 전문가가 아닌 친구, 가족, 연장자, 상사 등과의 조언이나 대화를 의미하는 것으로 사용되고 있다.

물품을 구입하기 위해 회사에 전화를 걸어 상담(商談=confer, discuss)을 진행하는 것을 상담(相談=counsel)이라고 잘못 사용하는 것이 대표적인 예다. 이와 같이 카운슬링은 '상담(相談)'이라고 번역될 수는 있겠으나, 앞에서 예를 든 것과 같이 흔히 사용되는 상담(商談)과는 의미가 다르다는 것을 알 수 있다.

카운슬링의 정의

카운슬링은 장르와 범위가 매우 넓고, 방법이나 목표도 그에 따라 달라진다. 여기서는 카운슬링의 기본 개념과 방법 그리고 비즈니스 카운슬링에 대해서 간략히 알아보도록 한다.

카운슬링은 사전적으로 의사결정 시, 특히 감정적으로 중요한 상황에서 조언이나 가이드를 해 주는 것을 의미한다. 카운슬러는 카운슬링을 통해서 내담자를 돕는데, 이때 내담자가 세상을 탐구하고 이해하도록 돕는다. 그럼으로써 그들의 삶과 생각의 방법이 더 나아지도록 하는 것을 의미한다. 그러나 카운슬링의 정의를 종합적이면서도 명확하게 설명하기란 쉽지 않다. 아마도 이는 카운슬링 기법과 근거를 두고 있는 이론적 배경이 매우 다양하며 카운슬링이 도울 수 있는 사람들의 문제도 광범위하기 때문일 것이다. 또한 카운슬링이 적용되는 행위나 사례가 무수히 많기 때문에 카운슬링을 정의하기가 더 어려운 이유이기도 하다.

카운슬러나 카운슬링협회는 종종 전문적인 카운슬링의 정의를 내려 달라는 요청을 받는다. 이런 요청을 하는 이유는 현재 카운슬링의 정의가 의미적으로 혼용되고 있고 어떤 특정한 행위가 카운슬링의 범주 안에 있는지 대해 명확히 알고 싶기 때문이다. 카운슬링의 법적인 규제나 문제를 다루기 위해서도 필요한데, 이는 카운슬링에 대한 명확하고 종합적인 정의가 카운슬링의 범위나 임상에 관한 법적 규제를 만드는 데 근거가 될 것이기 때문이다.

이에 카운슬링의 의미를 명확하게 하기 위해 몇몇 공신력이 있는 단체와 학자들의 '전문적인 카운슬링'의 정의를 나열해 보았다.

현재는 BACP라 불리는 BAC(The British Association for Counselling)는 전문적인 카운슬링의 정의를 처음으로 도입한 전문가협회다. 1986년에 다음과 같은 정의를 발표했다.

카운슬링은 자신에 대한 지식, 감정의 수용, 그리고 개인이 보유한 자원의 최대 개발을 촉진시키기 위해 숙련된 원칙 있는(또는 규정된) 관계를 이용하는 것이다. 전반적인 목적은 보다 만족스럽고 풍요로운 삶을 살 수 있게 하기 위한 기회를 제공하는 것이다. 카운슬링 관계는 필요(요구)에 따라 매우 다양하나, 일반적으로는 개발이 이슈를 다루거나 특정 문제를 해결하기 위하거나 의사결정을 위해서, 위기를 극복하기 위해서, 개인의 통찰력과 지식을 개발하기 위해서, 내재되어 있는 갈등을 해결하기 위해서 또는 타인과의 인간관계를 개선하기 위해서 카운슬링 관계에 참여하게 된다.

카운슬러의 역할은 내담자의 가치관, 개인의 자원, 스스로 결정을 내릴 수 있는 능력을 존중하면서 내담자의 문제를 해결하기 위한 방향으로 촉진시키는 것이다.

카운슬링은 경험, 직관, 커뮤니케이션 스킬을 사용하여 내담자의 민감한 문제나 염려, 열망 등에 심리학적 이론을 적용한 절차와 원칙을 기반으로 하는 관계를 말한다. 그중 가장 핵심은 카운슬링은 촉진하는 것이지 조언을 해 주거나 설득하는 것이 아니라는 점이다. 카운슬링은 카운슬러와 내담자가 서로의 역할에 대해 합의하여 맺어진 독특한 행위이며 새로운 전문직업이다. 정신적 괴로움이나 혼란에 대해서 의논하고 싶고 이러한 문제를 해결하고 싶은데, 단순한 친구관계보다는 비밀이 보장되고 보다, 원칙 있는 관계에서 이를 해결하고 싶은 사람들이 찾는 서비스다. 그러면서도 카운슬링이 전통적인 의료적 치료나 심리치료보다는 덜 불명예스럽다고 생각하는 사람들이 찾는 서비스다.

카운슬링은 내담자가 생애를 이해하고 생을 바라보는 시각을 명확하게 하도록 함으로써, 중요한 의사결정의 순간에 현명한 선택을 하도록 이끈다. 또한 감정적인 문제나 인간관계에서 오는 문제를 해결함으로써, 결국은 스스로 주도적인 삶을 살 수 있도록 돕는 것이다.

미국카운슬링협회(American Counseling Association)에 따르면, "카운슬링이란 개인, 가족, 집단 단위에서 정신 건강, 복지, 교육, 경력목표 등을 성취하기 위해서 힘을 주는 전문적인 관계"다. 카운슬링은 사람들이 생각이나 감정, 행동에 필요한 변화를 취할 수 있도록 돕는 과정이며, 특정 목표를 추구하는 협력적 관계다. 이 과정에서 카운슬러는 판단을 금하고 지지하는 태도로 내담자가 자신이 처한 상황을 말하도록 하여 이에 실천 가능한 목표를 설정하고 그것을 이루기 위한 계획을 세우도록 한다.

1997년 ACA(American Counselling Association) 미국카운슬링협회 상임위에서는 다음과 같은 정의를 공표했다.

카운슬링은 인지적, 정서적, 행위적 또는 시스템적인 관여를 사용해서 정신 건강이나 심리학적 또는 인간발달 관련한 이론들을 개인의 복지, 성장, 경력개발, 병리학적 이슈에 적용, 반영하는 전략이다. 카운슬링의 정의에는 다음과 같은 특징을 포함한다.

○ 카운슬링은 개인의 안녕, 성장, 경력, 병리학적 문제를 다룬다. 즉, 카운슬러는 사람의 관계와 관련한 영역에 대해 다루게 되는 것이다. 이러한 영역은 학교나 가정, 직업 등의 환경에서 의미를 찾고 적응하는 것과 관련된 내적인 고민, 외적으로는 인간관계에 대한 것을 포함한다.

○ 카운슬링은 겉으로는 잘 생활하는 것으로 보이지만 실상은 심각한 문제를 가지고 있는 사람들을 대상으로 이루어진다. 카운슬링은 사람들의 매우 다양한 스펙트럼의 필요를 채워 준다. 일반적으로 이러한 문제들은 짧은 기간의 관여를 필요로 하지만, 때에 따라서는 『정신질환 진단 및 통계 편람』(APA 미국정신의학회, 2013)'에서 정의하고 있는 장애를 치료하는 것으로 확대되기도 한다.

○ 카운슬링은 이론에 기초를 두고 있다. 카운슬러는 인지, 정서, 행위, 시스템 분야에서의 여러 이론에 근거한 접근법을 사용한다. 이러한 이론들은 개인, 집단, 가족에게 적용할 수 있다.

○ 카운슬링은 발달 또는 관여의 과정이다. 카운슬러는 내담자의 목표에 집중한다. 따라서 카운슬링은 선택과 변화를 포함하며, 때로는 '카운슬링을 실제행동의 리허설'이라고 하기도 한다.

카운슬링의 방법과 이론

역사적으로 카운슬링은 가족이나 친족, 친구 등에 의해 행해졌으나, 가족 구성원이 문제에 관계되어 있는 경우에는 효과적인 카운슬러가 될 수 없었다. 산업의 발달과 인구의 이동이 증가하면서 가족이나 가까운 친척에 의한 지원이나 카운슬링이 불가능해지게 되었고, 이에 전문적으로 문제를 다루는 사람들이 생겨나기 시작했다. 현재의 카운슬링은 여전히 기본적으로 정신과적 치료에서 사용하는 기법을 사용하지만 여러 연구가들에 의해 여러 방면에 적용되면서 심리치료와는 다른 기법들이 크게 발전하고 있다. 대표적인 예로 춤이나 그림, 연극 등을 통해 사람들이 자신의 감정을 표현하도록 유도하는 방법들을 들 수 있다.

카운슬링과 코칭이 어떻게 다른지에 대해서는 끊임없이 논의되어 왔고, 사실 그 경계가 불분명하기도 하다. 심리치료(therapy)는 임상적인 성격이 더 강하지만, 카운슬링 또한 심각한 문제를 다루고 있다. 이와는 달리 코칭은 카운슬링을 가벼운 형태로 부르는 완곡된 표현일 수 있다. 일반적으로 심리치료나 코칭이 개인에게 중점을 맞추어져 있다면, 카운슬링은 사회적 관계에 더 중점을 두는 경향이 있다.

카운슬링은 익숙한 것에서 낯선 것으로 이동할 때, 유아기에서 성인으로 성장할 때, 미혼에서 결혼으로 부부를 이룰 때 등, 생애에서 변화하는 시점에서 일반적으로 사용된다. 이러한 변화시기는 어렵기도 하며 카운슬러는 내담자가 이러한 감정적이고 인지적으로 변화를 성공적으로 다룰 수 있도록 도울 수 있다.

일반적으로 카운슬링을 찾는 상황은 내담자가 사기가 저하되어 있거나 곤경에 처해 있는 등 무언가에 부정적인 마음의 상태가 있을 때다. 카운슬링은 개인, 연인, 부부, 가족 등을 대상으로 직접 혹은 그룹으로 진행하며 그 외에 전화, 이메일, 채팅, 서신교환 등의 다양한 방법으로도 가능하다.

카운슬러는 편안한 분위기를 만들어 내담자가 자신의 생각이나 느낌을 솔직하게 말할 수 있도록 해야 한다. 내담자는 카운슬링을 통해 삶의 여러 상황에 대해 다른 관점을 가지고 이해할 수 있게 된다. 많은 사람들은 관계의 어려움이나 사랑하는 사람의 죽음, 스트레스 등과 같은 일상의 문제뿐 아니라 우울증이나 식이장애 등 특정한 문제에 대해서도 카운슬링을 통해 도움을 받고자 한다. 카운슬링을 받는다는 것은 미쳤다는 뜻이 아니다. 국내에는 이러한 시선 때문에 카운슬링이나 정신과 상담을 기피하는 현상이 다른 국가들에 비해 현저하다. 카운슬링을 받는다는 것은 삶의 문제를 해결하기 위한 이전에는 알지 못했던 새로운 관점을 이해하려는 의지의 표현이다. 카운슬링을 통해 내담자는 자신에 대해 더 잘 이해하게 되고, 자신의 인생에서 중요한 것이 무엇인지 깨닫게 되어, 진정으로 자신이 원하는 모습으로 성장해 갈 수 있다. 이와 같이 카운슬러는 내담자가 삶의 문제를 잘 해결해 갈 수 있도록 도와주며 내담자 본인이 통제할 수 있는 상황 내에서 문제를 건설적으로 다루도록 도와줄 수 있다.

카운슬링에는 내담자와 카운슬러에 관련된 여러 가지 이론이 존재한다. 여러 이론들을 근거로 이해와 행동하는 방식에 대한 모형이 만들어지고, 이 모형들은 카운슬러가 어떻게 내담자를 대하고 무엇을 해야 하는지에 대해 도움을 준다. 또한 모형들은 내담자가 무엇을 생각하고 어떻게 다르게 행동할 수 있는지에 대한 예상과 그에 관련된 여러 아이디어를 제공해 주기도 한다.

카운슬링은 일반적으로 자발적으로 이루어지는 행위이며, 내담자가 변화를 희망하고 카운슬러와 기꺼이 협조해서 카운슬링을 받기로 해야 한다. 경우에 따라서는 내담자가 자발적인 참여에 대한 준비가 되도록 초반에 카운슬링 역할을 맞추기도 한다.

내담자와 그 상황에 따라서 카운슬링 기간은 짧게 한두 번에 마칠 수도 있고 오랜 기간이 소요될 수도 있다. 카운슬링에서 가장 기본적으로 중요한 부분은 기밀유지이다. 카운슬링에 기본 중 하나가 신뢰할 수 있는 관계를 형성하는 것이다. 성공적인 카운슬링을 위해서는 기밀유지가 가장 중요하다. 전문적인 카운슬러는 보통 기밀유지 규정에 대해서 설명한다. 다만 생명에 위협이 있는 경우 법적인 절차에 따라서 정보를 노출할 수 있다.

카운슬링은 조언을 해 주거나 판단을 해 주는 것이 아니다. 또한 카운슬러가 내담자와 비슷한 문제에 맞닥뜨렸을 때 카운슬러가 취하게 될 행동과 같은 행동을 내담자에게 취하라고 말해 주는 것도 아니다. 카운슬러는 내담자의 감정에 같이 빠져들어서도 안 되고, 카운슬러의 가치관이나 시각으로 내담자의 문제를 보도록 해서도 안 된다.

카운슬링의 기본적 목표

○ **문제 해결**: 인간의 삶은 고난의 연속이라는 말이 있다. 인간은 삶을 살면서 언제나 작은 것이든 큰 것이든, 적게든 많게든 문제들을 안고 살아간다. 그러나 카운슬링의 목표가 문제의 해결은 아니다. 인생의 죽는 날까지 문제는 계속 생겨날 것이기 때문에 카운슬링을 평생 할 수는 없는 노릇이다. 그렇기 때문에 카운슬링은 문제 해결보다는 문제를 해결하는 능력을 키우는 데에 초점을 둔다. 어

미 곰이 새끼 곰에게 생선을 잡아 주기보다는 생선 잡는 법을 가르쳐 주는 것과 같은 이치다.

○ 적응: 인간은 급변하는 사회 속에서 적응해야 하는 숙명을 가지고 있다. 학교나 기업 그리고 변해가는 문화적 환경 등에 적응하지 못하면 도태되거나 생활에 어려움이 생기게 된다. 또한 내적인 갈등이 동반되어 불안이나 우울에 시달리기도 한다. 카운슬링은 이러한 불안과 어려움에 대한 문제를 극복하고 적응할 수 있도록 지원하는 역할을 한다. 또한 적응을 넘어 개인의 잠재력을 발견하고 이상적인 삶을 추구하도록 촉진하는 것이 카운슬링의 궁극적 목표다.

○ 치료: 치료는 보통 상처나 병을 낫게 하는 것을 의미하지만 카운슬링에서는 마음의 상처를 치료하는 것을 의미한다. 내담자가 인지하지 못하고 있던 과거의 상처나 아픈 기억 등, 무의식 속의 불안과 스트레스 등을 카운슬링을 통해 찾아내고 위로하며 극복하도록 하는 것이 카운슬링에서 말하는 치료다.

○ 예방: 옛말에 가래로 막을 것을 호미로 막는다는 말이 있다. 정신질환 등으로 인한 범죄나 문제들을 초등학교 시기의 카운슬링을 통해 충분히 예측 가능하다. 그렇기 때문에 이러한 아동을 위한 학교 차원에서의 카운슬링은 효과적인 예방 수단이 될 수 있다. 또한 성인기의 경우 직업, 결혼, 가족 등의 삶에서 일반적으로 발생하는 문제들을 사전에 인지하고 그에 대한 대책을 세울 수 있도록 돕는다. 그리고 개인의 잠재능력을 방해하는 요소들을 발견하고 차단하여 개인의 잠재능력의 발휘를 도울 수 있다.

○ 갈등의 해결: 인간은 여러 종류의 사회적 조직에 속해 있다. 가족, 학교, 회사, 연애, 동호회, 종교, 여러 사적인 모임 등 인간관계의 연속이라고 부를 수 있을 만큼 수많은 종류의 사람들과 관계를 맺고 살아가게 된다. 이러한 환경 속에서 인간관계에서 비롯되는 갈등은 자연스레 생기기 마련이다. 각자의 의견들이 상이함에서 오는 충돌과 이익 관련 등 여러 문제들이 생겨나고 이러한 갈등들은 시간이 흐르면서 자연스럽게 해결되기도 하고 더욱 관계가 돈독해지기도 하지만 때로는 생활에 지장을 줄 정도로 많은 스트레스와 고통을 주기도 한다. 이러한 인간관계에서 오는 갈등을 해소하는 데 카운슬링은 매우 탁월한 기능을 가지고

있다. 카운슬링이라는 학문적 기초가 바로 인간이라는 점에서 더욱 그렇다.

비즈니스 카운슬링(Business Counseling)

1914년 미국 Ford사는 직원들의 가족 관계와 직원 간의 관계문제 등을 해결하기 위해 전문 카운슬링을 도입했다. 기업에서 카운슬링을 하게 된 이유는 무엇일까?

일반적으로 사람들은 불안하거나 고민을 가지고 있을 때 카운슬링을 찾게 된다. 직장 내에서의 불안과 고민, 스트레스로 인한 카운슬링은 매해 증가하고 있다. 직업 카운슬링이 매해 증가하는 것은 시대가 빠르게 변하고 발전해나가는 것과 무관하지 않다. 직업은 현실적으로 생계의 유지와 크게 관련된다. 때로는 원치 않는 일들도 해야만 하는 경우가 있다. 지방근무나 해외파견의 타 지역으로의 이동, 회식을 통한 음주에 대한 부담이나 스트레스, 업무방식이 전혀 다른 상사와의 갈등, 많은 업무로 인한 가족과의 소원한 관계, 반복되는 업무로 인한 허무함과 우울증 등 현재의 직장 내에서 오는 많은 문제들이 있다. 그리고 미래에 대한 불안도 빼놓을 수 없는데 실직에 대한 불안함과 승진에 대한 조바심, 나이가 들수록 떨어지는 체력으로 인한 업무저하에 대한 두려움 등이 있다. 이러한 문제들은 결국 기업의 생산성을 저하시키고 업무태도 및 사기의 저하를 불러온다.

직업 카운슬링은 이러한 직장 내의 인간관계와 직원들의 심리적인 문제들을 해결하고 업무에 대한 동기부여와 자신의 직업에 대한 자부심을 가지도록 하는 데 의의가 있다. 이것은 결국 기업의 이익과 관계된다. 1914년 Ford사의 사례 이후 많은 미국의 기업들은 전문적인 카운슬러를 채용해서 많은 효과를 보았다.

일본은 미국의 기업과는 다르게 직장 내 관리자급 임원들에게 카운슬링 교육을 시킴으로써 관리자가 곧 카운슬러가 되는 방식을 택했다. 이는 직원들의 개인적인 문제보다는 직장에서 발생하는 문제들을 해결하거나 미연에 방지하려는 목적이 더 크다. 그러나 최근 고령화의 문제로 인해 일본 기업의 대표 이미지였던 종신고용, 연공서열형 인사제도 등이 붕괴되면서 퇴직이나 퇴직을 준비할 사람들을 위한 전문적인 카운슬링이 도입되고 있다.

> 연공서열형 인사제도: 직무급과는 반대의 임금체계로 학력별로 결정된 초임금을 토대로 해서 근속연수와 나이에 따라 임금이 올라가는 제도를 말한다. 서양에서는 볼 수 없는 우리나라와 일본에만 존재하는 임금체계다.

국내의 경우, 노사협의회법에서 30인 이상의 고용 근로자를 둔 회사는 '고충처리위원회'를 의무적으로 설치하도록 규정되어 있다. 그러나 의무적인 설치일 뿐이어서 사측의 적극적인 지원이 없는 경우 실효성이 없다는 것이 전문가들의 지적이다. 실효적이지 않은 고충처리위원회를 대신하여 여러 기업에서는 일본과 같은 관리자급 임원의 카운슬링화를 시행하면서 여러 문제들을 해결하고는 있지만, 이는 앞서 다루었듯이 개인적인 문제보다는 조직적인 문제의 해결과 방지에 목적이 있기 때문에 직원들의 개인적인 문제해결에는 여전히 부족함이 많다고 볼 수 있다. 또한 카운슬링 교육을 받았다고는 해도 엄밀히 말하면 그들 역시 직장 상사이기 때문에 이러한 수직형 인간관계에서 오는 카운슬링이 얼마나 효과적일지에 대해서는 회의적일 수밖에 없다. 그렇기 때문에 자연스럽게 비공식적인 카운슬링이 활용될 수밖에 없는데, 사실 이것은 직장 동료나 주변 사람으로부터의 카운슬링으로, 이들은 전문적인 교육을 받은 사람들이 아니기 때문에 들어주는 것이나 위로 정도밖에 해 줄 수 있는 것이 없고 문제의 해결에는 도움이 되지 못한다.

기업의 구조가 방대해지고 복잡해질수록, 전문 분야가 늘어날수록 직원들의 스트레스와 여러 심리적 문제들 역시 다양해지고 복잡해진다. 이러한 상황에서 전문적 직업 카운슬링의 필요성은 더욱 커질 수밖에 없다.

직장 내 카운슬링의 필요성

직장 내 카운슬링은 직원 개인의 문제 해결이 직원들의 사기 진작과 업무의 효율성 극대화라는 기업의 목표와 깊게 관련되어 있다는 전제하에 시행되었다. 이와 같은 전제를 결과로 보여 준 '호손(Hawthorne)실험'은 기업이 왜 카운슬링을 도입해야 하는지에 대한 의문을 해소시켰다.

다음은 직업 카운슬링이 직원과 기업에 꼭 필요한 몇 가지 이유를 나열해 보았다.

○ 종속적이었던 회사와 직원과의 관계는 상호보완적인 공동체 관계로 바뀌고 세대가 바뀔수록 집단보다는 개인, 개성을 더욱 중시하는 경향이 커지고 있다. 이렇게 개인을 중시하는 많은 사람들의 다양한 요구와 불만 그리고 다양한 사람들 간의 인간관계에서 오는 여러 가지 갈등을 해결하기 위해서 직업 카운슬링이 필요하다.

○ 권위적인 문화에 적응되어 있는 고위직에 있는 사람과 권위에 대해 의식이 많지 않은 신세대의 갈등의 해결을 위해서 카운슬링이 중요하다.

○ 신입사원의 업무 및 조직 내의 환경에 대한 적응, 해외 파견자의 복귀 후의 심리적인 안정과 본국의 업무에 대한 적응을 위해서 카운슬링이 이용될 수 있다.

○ 여성의 기업 내 비중의 증가로 인한 여성 임원의 업무 수행 시 성적 차별에 오는 여러 관련 문제들과 그로 인한 고민과 스트레스 등의 해결을 위해서 카운슬링이 필요하다.

○ 삶의 대부분을 자신의 일과 회사에 던 정년 퇴직을 앞둔 사람은 경제적, 사회적, 심리적인 상실감을 느낄 수밖에 없다. 또한 퇴직 후에 대한 불안과 고민 등의 어려움에 처하게 된다. 이에 대한 재정계획과 건강 의료, 은퇴 후의 삶에 대한 카운슬링은 매우 중요하다.

○ 전문 카운슬링을 통한 기업이 직접 알 수 없었던 회사 내의 사기저하 요인을 발견하게 됨으로써 기업의 업무 분위기가 밝아지게 되고, 직원들의 동기부여에 따른 업무의 생산성 향상 등 기업문화 자체가 바뀌게 된다.

○ 카운슬링을 통해 직원들의 잠재력을 발견하고 발휘할 수 있도록 도울 수 있다. 그럼으로써 능력 있는 인재를 양성하게 되며 이는 결과적으로 기업에 크게 이익이 된다.

참고문헌

김계현 외 12명(1999). 카운슬링의 원리. 서울: 교육과학사.

마샬 쿡(2003). 코칭의 기술(서천석 역). 서울: 지식공작소.

선종욱(2010). 코칭 다이나믹스. 서울: 아담북스.

스즈키 요시유키(2003). 칭찬의 기술(최현숙 역). 서울: 거름.

에노모토 히데타케(2003). 코칭의 기술(황소연 역). 서울: 새로운 제안.

이희경(2005). 코칭 입문. 서울: 교보문고.

정진우(2005). 코칭 리더십. 서울: 아시아코치센터.

존 피에트로페사, 조지 레오나드, 윌리암 반 후스(1980). 완전한 카운슬러(이혜성 역). 서울: 이
       화여자대학교 출판부.

패트릭 멜러비드, 데니스 브리더(2011). 코칭 & 멘토링(박진희, 최인화 역). 서울: ㈜한국비즈
       니스코칭.

Burks, H. M., & Stefflre, B.(1979). *Theories of counseling* (3rd ed.). New York, NY:
       McGraw-Hill.

Crain, T. G.(2002). *The heart of coaching*. San Diego, CA: FTA Press.

Feitham, C., & Dryden, W.(1993). *Dictionary of counselling*. London: Whurr.

Gladding, S. T.(2004). *Counselling: A comprehensive profession* (5th ed.). Upper Saddle
       River, NJ: Merrill/Prentice Hall.

Merlevede, P. E., & Bridoux, D.(2004). *Mastering mentoring and coaching with emotional
       intelligence: Increase your job EQ*. Carmarthen, UK: Crown House.

Stowell, S.(1986). *Leadership and coaching*(Unpublished doctoral dissertation). University
       of Utah.

국제코치연맹(2016). 홈페이지 From http://www.coachfederation.org

블로그(2008. 1. 11.). From http://cafe.daum.net/mindisfuture/IiGe/165?q=%C4%AB%BF%
       EE%BD%BD%B8%B5%20%C1%A4%C0%C7

예스24인터넷서점(2016). 홈페이지 From http://www.yes24.com

한국코치협회(2016). 홈페이지 From http://www.kcoach.or.kr

Corporate Coach University(2016). 홈페이지 From http://www.coachinc.com/ccu/

Your Coach(2016). 홈페이지 From http://www.yourcoach.be/en/coaching-tools/grow-
       coaching-model.php

PART 4
글로벌시대의 경력개발

제11장

글로벌 인재 개발
(Global Talent Development)

　학생들이 질문을 했다. "글로벌 인재로 성장하기 위해서는 어떤 역량이 필요한가?" 세계 유수의 나라에서 공직에 있거나 비즈니스를 해 온 글로벌 리더들의 공통적인 대답은 다음과 같다.

　첫째, 언어능력이다. 글로벌 인재에겐 무엇보다도 의사소통이 중요하다. 이러한 면에서 다양한 언어를 구사할수록 글로벌 인재로서의 조건 중 가장 큰 요건을 갖추었다고 볼 수 있다.

　둘째, 글로벌 마인드를 가져야 할 것을 당부한다. 이 용어를 좀 더 쉽게 표현하면 열린 마음이다. 다양한 문화(이 단어는 다양한 국가, 지역의 문화와 세계의 기업별로 가지고 있는 기업 문화 등을 포함한다)가 모여 있는 기업 안에서 자신이 자라오면서 가지게 된 고정된 관념이나 문화적 사상들을 고수하는 것은 다름을 틀림으로 해석하는 오류를 범하게 만든다. 각 문화 속에서 하나의 문제는 하나의 해답만을 가지고 있지 않다. 이에 다양성을 인정하고 받아들이려는 노력이 필요한데 이것을 글로벌 마인드라 한다. 글로벌 마인드를 갖기 위해서는 다른 문화에 대한 관심과 배우려는 자세가 바탕이 되어 타 문화에 대한 지식 습득과 이해로 다양한 문화와 어울릴 수 있는 글로벌 인재가 되려는 훈련이 필요하다.

서점에는 여러 글로벌 인재의 성공에 관련된 서적들이 쉽게 눈에 띈다. 자전적인 이야기들이라 모든 부분이 사실이라고 말할 수는 없다. 그러나 책들을 읽다 보면 공통적으로 발견되는 부분이 있는데 그들은 앞으로 다룰 글로벌인재의 역량을 갖추기 위해 끊임없이 노력했다는 점이다. 물론 노력을 했다고 해서 모두가 성공한다는 것은 아니다. 그러나 성공한 모든 글로벌 인재들의 공통점은 끊임없이 노력했다는 것이다. 이점은 글로벌 인재가 되기를 희망하는 사람이라면 반드시 기억해야 할 부분이다.

글로벌 경력

과거, 국제적 경력이라는 용어는 일반적으로 일정기간 동안 모국과 외국, 즉 두 나라 사이에서 경력을 쌓은 경우를 의미했다. 그러나 동시에 다국적 규모로 비즈니스가 행해지는 글로벌시대에는 다양한 글로벌 업무 방식의 증가로 인해 글로벌 경력(global career)이라는 용어가 더 분명하고 일반적으로 쓰이게 되었다. 글로벌 경력에서 광의의 정의는 다양한 문화에 노출되고 글로벌 비즈니스의 책임을 수반하는 여러 해 동안 국제적 업무 경험을 바탕으로 한 경력이다.

일반적으로 이해되고 있는 글로벌 경력이란, 조직의 후원으로 업무를 수행하기 위해 해외에서 일하며 경력을 쌓는 것을 의미한다. 대부분의 연구에서는 글로벌 경력이 반드시 규모가 큰 글로벌 맥락의 업무경험을 의미하지는 않는다고 말한다. 그러나 글로벌 경력이 장기간 여러 업무에 걸쳐서 개발되는 것은 맞는 말이다. 또한 글로벌 경력은 개인이 해외에서 사업이나 업무를 수행하는 것으로도 시작될 수 있다. 해외파견자와 같이 외국에서 일하는 것은 전반적으로 경력발달을 가져오지만 글로벌 경력이라고 부를 만큼의 국제업무 경험의 기준이 어느 정도인지는 분명하지 않다. 또한 자국을 국적에 따라 정의한다면, 부모의 국적에 따라 국적을 취득했으나 국적을

취득한 국가가 아닌 타국에서 대부분의 공교육을 받고 일을 한 경우를 글로벌 경력이
라 규정지을 것인지에 대해서 개념이 모호해질 수 있으므로, 보다 명확히 맥락을 규
정지을 필요가 있다. 따라서 단순히 국적에 따르기보다는 상당한 기간 동안 공적인
교육을 받은 국가가 아닌 다른 나라에서 경력을 쌓은 경우, 또는 2개 국가 이상의 나
라에서 경력을 쌓은 경우를 크게 글로벌 경력이라 개념화할 수 있으며, 이 책에서는
이를 '글로벌 경력'의 협의의 개념으로 정의하고자 한다. 이는 현실에서 글로벌 경력
이라는 용어를 사용하고자 할 때는, 적어도 공간적으로 타 국가를 포함하고 있는 개
념을 아직까지는 주된 의미로 사용하기 때문이다.

글로벌 경력이란 개인이 일생에 걸쳐 일과 관련하여 얻게 되는 일련의 경험과 태도
가 '글로벌'이라는 맥락에서 이해되고 연결된 경우를 일컫는다. 이런 과정에서 이해
하게 되는 글로벌 경력의 개념은 위에 언급된 공적인 교육을 받은 국가가 아닌 다른
나라에서 일과 관련한 경험을 쌓은 경우와 2개 이상의 나라에서 일과 관련한 경험을
쌓은 경우를 모두 포함할 뿐 아니라, 일과 관련한 경험을 쌓을 때 주된 상호교류를 하
는 대상이 자국민이 아니거나 2개 이상의 국적을 가진 사람들과 교류하며 일을 하는
경우도 포함하여야 할 것이다. 즉, 직장에서 상당수의 동료와 상사, 부하직원이 2개
이상의 국가로 이루어진 경우, 고객이 자국민이 아니거나 2개 이상의 국가로 이루어
진 경우도 광의의 개념으로는 글로벌 경력에 포함할 수 있다. 위에 언급된 협의의 개
념이나 광의의 개념은 글로벌 경력과 글로벌 인재를 일관되게 이해하기 위한 실무적
정의이다.

글로벌 경력을 보다 학문적으로 설명하고 있는 경우를 살펴보면, Eaton과 Barlyn
은 경력을 회사, 가족 및 사회에 적응하는 일련의 주체적인 계획과 적응의 과정으로
설명하면서, 경력은 이 과정이 크게 3가지 영역에 걸쳐서 일어나는 경험이라고 정의
했다. 이 3가지 영역은 개인적 영역과 조직적 영역, 글로벌 환경 영역이다. 개인적 영
역에서는 개인의 흥미나 능력의 변화, 삶의 경험 등이 전개되고, 조직적 영역에서는
고용의 특성과 요건이 설명될 수 있으며, 글로벌 맥락에서는 경제 환경의 압박, 기술
의 발전에 따른 기회, 글로벌화에서 오는 문화적 가치 등을 의미한다. 이러한 학문적
정의에 의하면 글로벌 경력은 업무 환경이 글로벌화에 따른 변화로 인해 주어지는 포

괄적인 경우도 포함하고 있어 현대를 살아가는 대부분의 사람에게 적용된다고 볼 수 있다.

　따라서 글로벌 경력을 정의하는 데 있어서 공간적으로 타 국가를 포함하고 있는 해외 파견이나 해외 취업, 그리고 국내라는 공간에 있지만 다국적 기업의 종사자로 타국가와의 교류가 활발한 일의 경험을 가진 경우까지 포함하고자 한다. 이 책에서는 앞으로 다루고자 하는 글로벌 경력의 유형을 광의의 개념인 '글로벌 인재(global talents)'부터 이와 밀접하게 관련이 있는 '해외파견자(expariates)' '현지채용인' '해외취업자'까지 포함, 각각에 대해 다루고자 한다. 또한 외국과 국내의 글로벌 역량에 대한 중요도 및 상황과 개념의 차이가 크기 때문에 외국의 사례에 포함되지 않을 때는 부연설명을 추가함으로써 오해의 소지가 없도록 했다.

글로벌 인재와 역량

글로벌 인재(Global Talents)

　글로벌 경력을 쌓아가는 글로벌 인재에 대해 여러 학자들의 다양한 정의가 존재한다. 사회적으로는 국가에서 말하는 글로벌 인재, 대학에서 말하는 글로벌 인재, 기업에서 말하는 글로벌 인재가 있다. 글로벌 인재를 육성하고자 하는 주체나 글로벌 인재를 사용하고자 하는 주체마다 그 차이가 있기는 하지만, 공통적으로 다양한 문화를 다루고 다양한 국적의 사람들과 함께 일하며 기업을 성장시키고 개인의 글로벌 경력 개발을 목표로 한다는 점에서는 이견이 없다.

　세계화라는 거스를 수 없는 시장의 추세로 인해 세계 유수의 기업들은 각국에서 글로벌 인재를 영입하기 위한 치열한 전쟁(war for talent)을 하고 있다. 글로벌 인재는 외국인을 효과적으로 다룰 줄 아는 사람으로 간단히 정의될 수 있겠지만 앞서 글로벌 경력을 광의로 정의한 내용에 비추어 봤을 때 일반적으로 기업에서 말하는 글로벌 인재란 '세계 어느 곳, 언제 어디서나 자신의 비즈니스를 관리하고 능력을 발휘하여 성과를 낼 수 있는 사람'으로 정의될 수 있다. 이때 글로벌 인재는 기본적으로 갖추어야할 역량이 있는데, 이는 문화적 다양성(cultural diversity)을 극복하고 글로벌 환경에서 뛰어난 성과를 만들어 내는 총체적인 능력을 의미한다. 좀 더 구체적으로 설명하면 글로벌 경제환경과 글로벌 사회에 대한 정보를 획득하는 능력, 글로벌 비즈니스 능력, 글로벌 문화의 다양성 수용력, 위기에 대한 극복 정신, 글로벌 시장의 개척, 시장 경제활동을 통해 조직의 이익을 실현하는 전문가적 자질을 갖추어야 한다는 것이다(전희원, 2013).

대학에서 말하는 글로벌 인재에 관한 한 연구에서는 '해외 어느 곳이든 자신이 원하고 또 자신을 필요로 하는 곳에서 언어적, 다문화적, 직업적 준비와 능력을 갖춘 인재'라고 정의했다. 이는 대학에서 인재육성을 중심으로 내린 정의이므로 인재가 갖춰야 할 역량중심의 기술이 주를 이룰 수 밖에 없다. 국내 대학들이 글로벌 인재를 육성하기 위해 추구하고 있는 3가지 공통적인 인재상이 있는데, 첫째, 국제적인 감각을 가진 리더십, 둘째, 직업적인 전문성을 갖출 것, 마지막으로는 언어적, 문화적, 사회적으로 국제적인 소양을 지니고 글로벌 공동체에 대한 이해를 습득하는 것이다(김신영, 김용련, 2014).

글로벌 역량(Global Competencies)

글로벌 인재는 궁극적으로 글로벌 역량을 갖추어야만 글로벌 환경에서 효과적인 성과를 창출할 수 있다. 1990년대까지는 외국어 능력을 다문화 역량의 글로벌 역량의 주된 요소로 여겼다. 1990년대 이후 보다 구체적으로 글로벌 인재 혹은 글로벌 리더가 갖춰야 할 역량이 무엇인지에 대한 많은 연구가 이루어졌다. 1980년대 미국을 비롯한 서구권의 기업들이 해외로 대대적인 확장을 도모한 이후 1990년대에 이르러 실무에 관련된 다문화 및 글로벌 역량에 대한 대한 연구가 본격적으로 이루어지게 되었다. 이때 이루어진 서양의 여러 글로벌 역량에 대한 연구결과들은 다음과 같다.

Lambert(1994)는 글로벌 역량으로 세계에 대한 지식, 유창한 외국어 실력, 타 문화의 시각으로 인지하는 능력, 타 문화에 대한 관용, 타 문화 환경에서 특별한 성과를 이루어 내는 업무능력을 꼽았다. Iee Olson과 Kroeger(2001)는 실질적인 지식과 지각적인 이해, 상호 의존적인 글로벌 세계에서의 효과적인 커뮤니케이션 스킬이 글로벌 역량의 구성 요소라고 주장했다. 특히, 실질적인 지식은 문화, 언어, 세계적인 이슈, 글로벌 역동성에 대한 것이며, 지각적인 이해로는 오픈 마인드, 고정관념에 대한 저항, 복잡한 사고 능력, 지각적인 의식을 의미한다. 마지막으로 커뮤니케이션 스킬은 적응력, 동조하는 마음, 다문화 인식, 문화적 중립성을 지니는 것을 말한다. McCall과 Hollenbeck(2002)는 7가지의 글로벌 역량 구성 요소를 언급했는데 오픈 마인드, 타 문화에 대한 관심, 복잡한 것에 익숙해짐(get used to complexity), 회복력(resilience spirit) 개발, 정직한 행동, 안정적인 개인의 삶의 개발, 전문성 개발로 구성되어 있다. Hunter(2004)는 지식, 기술, 태도를 글로벌 역량의 구성요소라고 여기며, 이전에는 언급되지 않았던 'Globalization'의 개념 이해의 필요성을 포함시켰다. Gordon(2006)은 엔지니어를 배우는 학생들이 갖춰야 할 글로벌 역량으로 능숙한 제2외국어 실력, 상대적인 글로벌 지식, 다문화 흡수, 글로벌 현상 실천, 다문화 민감도를 뽑았다. Asia Society(2009)에서는 개인 자신의 주변 환경에 대해 조사하고 자신과 타인의 시각을 인식하고 타인의 생각을 이해하여 더 나은 상황을 위해 적절한 행동을 찾는 것을 글로벌 역량의 구성요소로 정의했다.

Konwar와 Barman(2013)은 글로벌 역량 척도의 타당성 연구를 위해 여러 선행연구들을 검토한 끝에 31가지의 글로벌 역량의 공통된 구성 요소들을 정리했으며 그 외에도 추가적으로 3가지의 구성요소를 추가했다. 이렇게 종합적으로 정리된 총 34가지의 구성요소는 〈표 11-1〉과 같다.

〈표 11-1〉 Knowar와 Barman의 글로벌 역량 목록

글로벌 역량	
세계적인 이슈와 글로벌 역동, 절차, 트렌드, 시스템 등에 대한 지식	개방적 태도(열린 마음)

(계속)

세계 역사에 대한 지식	고정관념을 거부하는 태도
유창한 외국어 실력	복합적 사고
인간의 선택에 대한 지식	지각 있는 의식/사고
개인의 문화적 규범과 기대에 대한 이해	적응 능력
문화의 공존과 상대성에 대한 지식	다문화에 대한 인식
세계화(globalization) 개념에 대한 이해	문화 간 관계
공감능력	문화 매개 활동
인정하는 능력	정직한 행동
업무 성과/전문성 개발	안정된 개인의 삶
회복력 개발	글로벌 경쟁력을 위한 문화 간 차이를 규명하는 능력
새로운 경험(감정적으로 받아들이기 힘든 경험을 포함)에 대한 개방성	문화 간 화합을 이끌어내는 능력
판단하지 않는 태도	전 세계 장소를 구분하지 않고 사회적으로, 비즈니스적으로 효율적으로 참여할 수 있는 능력
다양성에 대한 존중	모호함에 대한 관용
타문화, 타전통을 지닌 사람들과 함께한 프로젝트의 성공적인 참여 경험	타인에 대한 연민의식
사회적, 비즈니스적 환경에서 문화 간 성과를 측정할 수 있는 능력	네트워킹
타문화에서 생활하는 능력	명상

출처: Konwar, J., & Barman, A.(2013). Validating global competency scale for Indian business and management education. *Revista Romaneasca Pentru Educatie Multidimensionala, 5*(1), 299-213.

국내를 대상으로 한 글로벌 역량에 대한 대표적인 연구들을 토대로 글로벌 인재가 되기 위해 갖춰야 할 역량들에 대해 살펴보면, 2004년 한 연구는 한국 기업의 해외주재원을 대상으로 해외에서 일하는 데 필요한 역량들 중 크게 이문화 역량, 외국어 역량, 리더십, 직무능력으로 조사했다. 이 연구의 조사 대상은 외국 기업이 아닌 해외에 지사를 둔 국내기업, 즉 국내기업의 문화를 간직하고 있으나 해외에서 일하는 주재원을 대상으로 필요한 역량을 조사했다는 점이다. 해외주재원은 보통 관리자급 이상인 경우가 대부분이기에 리더십 역량을 중심으로 다루었다.

〈표 11-2〉 해외주재원에게 요구되는 글로벌 역량

영역	세부 역량	역량에 대한 설명
외국어 영역	영어사용능력	일상과 업무관련 용어 이해 및 상호교류할 수 있는 수준
	현지 언어사용능력	일상과 업무관련 용어 이해 및 상호교류할 수 있는 수준
이문화 적응능력	글로벌 비즈니스 마인드	글로벌 환경에 부합하는 기본 소양, 상식, 매너
	이문화 이해능력	현지 지역의 정치, 경제, 사회, 문화 등에 대한 이해
	파견지역(현지) 적응능력	일상생활, 건강, 교육, 교류 등에 적응능력
리더십	자기주도성	최선의 목표를 달성하기 위한 긍정적 추구능력
	성격	건강, 정확성, 독창성, 책임감, 인내, 사회성 등
	교섭 및 갈등관리능력	가장 적합한 합의를 중재하고 도출하는 능력
	체계적인 조직화능력	조직을 구축하고 조직의 정체성을 높이는 능력
	동기부여능력	목표달성을 위해 조직 구성원을 격려하는 능력
	미래예측, 전략수립능력	변화 예측과 위기 대처, 기회창출능력
	목표관리능력	목표 수립과 평가, 자원 및 비용활용능력
	문제해결능력	적합한 해결책을 도출할 수 있는 능력
	논리적, 분석적, 통합적 사고력	문제의 근원을 체계적으로 이해하고, 해결책을 발견, 통합하는 능력
직무능력	경영에 대한 일반 지식	경영에 대한 일반적 지식
	직무에 대한 전문 지식	직무에 대한 전문적 지식, 기술
	컴퓨터 활용능력	업무에 필요한 컴퓨터 소프트웨어 활용능력
	재무관리능력	경영 재무에 대한 전문지식
	정보관리능력	타당한 정보 수집과 계획, 개발, 평가능력
	현지 직원 이해 및 능력개발 능력	현지 직원을 체계적으로 지도하고 지원해 주는 능력

출처: Lee, S. S.(2004). *A needs analysis from the perspective of Korean expatriates working for a Korean cooperation*(Unpublished doctoral dissertation). University of Texas-Austin.

또 다른 연구로 2012년 국내 대기업에서 글로벌 업무를 담당하는 임원의 글로벌 역량을 조사한 것으로, 앞서 정의한 광의의 글로벌 경력을 쌓고 있는 사람들이 갖춰야 할 역량을 기술한 것이다. 다음의 내용은 장기적으로 글로벌 인재로 성공적으로 경력을 쌓아가기 위해서 필요한 역량을 의미한다. 이 연구에서는 글로벌 역량을 크게 다섯 가지로 범주화해서 기술하고 있다(윤지영, 정철영, 2012).

글로벌 핵심 역량

모든 가용 자원을 기반으로 복잡한 글로벌 비즈니스상의 의사결정과 예측을 실행하는 능력이다.

○ 글로벌 지식: 업무 관련 지식을 섭렵하고 통합적인 접근을 할 수 있는 능력
○ 비즈니스 감각: 글로벌적 시각으로 글로벌 비즈니스의 체계, 산업 트렌드와 이슈, 미래 경쟁력과 방향에 대해 이해하는 능력
○ 전문적 통찰력: 본인의 전문 분야에 있어서 전문적 역량을 바탕으로 글로벌 비즈니스를 평가하고 의사결정을 주도하는 능력
○ 글로벌 성과관리: 전 세계의 지역적 차이를 통합하기 위한 본사와 지사(subsidiary) 간의 글로벌 성과 운영체계를 효과적으로 관리하는 능력

글로벌 개인 역량

새롭고 변화하는 글로벌 비즈니스 환경에서 요구되는 개인의 태도, 신념, 성격 등의 개인적 특질이다.

○ 위험관리: 글로벌 비즈니스의 위험과 기회에 대해 보다 적극적으로 준비하고 도전을 대응하는 능력
○ 창의력: 직급이나 배경과 관계없이 직원들이 혁신적이고 도전적인 아이디어를

산출하도록 전체 조직의 창의성을 고취시키는 능력

○ 유연성: 다양한 글로벌 비즈니스 상황과 개인적, 그룹전체, 조직적인 변수에 탄력적으로 대처하는 능력

○ 신뢰성: 글로벌 내부 및 외부의 고개들과의 약속을 유지하는 데 열의가 넘치고 일관된 헌신을 보여 줌으로써 윈-윈 성과를 제공하는 능력

글로벌 사회 역량

갈등을 생산적인 업무로 전환하고 협력을 이끌어 내기 위해서 필요한 인간관계와 조직 네트워크를 통해 사회적 활동과 글로벌 커뮤니티를 형성하는 능력이다.

○ 글로벌 비즈니스 커뮤니케이션 능력: 다국어로 글로벌 비즈니스 상황에서 정확히 자기 자신을 표현함으로써 타인을 이해하고 타인에게 자신을 이해시킬 수 있는 능력

○ 내부관계 관리: 장기적인 관점에서 내부 고객과 본사, 지사와의 긍정적인 관계를 만들고 유지하는 능력

○ 외부관계 관리: 장기적인 관점에서 정부, 외부 고객, 경쟁사, 전문가들과 공식적, 비공식적인 관계를 개발, 유지하는 능력

○ 갈등 관리: 갈등을 관리하고 적절한 설득과 협상을 통해 동의를 이끌어내는 긍정적인 태도

글로벌 리더십 역량

글로벌 팀의 구성원으로 직원들을 격려하고 그들의 장점을 공유하는 리더십 가치를 창출하는 능력이다.

○ 글로벌 비전: 조직이 글로벌 선두 기업으로 유지될 수 있도록 명백한 비전과 핵

심가치들을 정하고 제시하며, 이를 통해 미래 방향을 꿈꿀 수 있도록 하는 능력

○ 글로벌 팀 리딩: 글로벌 팀의 리더로서 역할을 수행하고 글로벌 비전과 목표를 향한 시너지를 위한 협력을 이끌어내는 능력

○ 인재 구축: 내부와 경계를 넘어 회사 안팎으로 인재를 식별, 개발하고 유지하는 능력

○ 권한 위임: 직원들에게 책임과 권한을 위임함으로써 직원들이 문화적 배경의 차이를 극복하고 회사에 대해 주인의식을 공유하도록 격려하는 능력

글로벌 문화 역량

타 문화에 대한 존중과 문화를 경쟁력으로 활용하는 능력이다.

○ 문화적 민감성: 자신의 경계를 마음속에 그리며, 서로 다른 문화적 배경에서 만들어진 타인의 가치나 체계를 구성하는 중요한 요소를 찾아내는 능력

○ 문화에 대한 이해: 지역적 문화의 다양한 관점을 받아들이고 이해하며 동시에 다양한 문화의 복잡함과 이질적인 측면을 이해하는 능력

○ 문화의 다양성: 문화적인 시너지를 낼 수 있는 조직 환경과 열린 마음을 바탕으로 문화의 다양성을 인정하고 존중하는 태도를 보이는 능력

○ 문화적 적응력: 다양한 배경과 문화적 차이를 초월한 글로벌 기업의 문화를 전략적으로 설립하고 유지하는 능력

 ## 다문화 역량

다문화 역량(Cross-Cultural Sensitivity)이란 '문화적 차이를 이성적, 정서적으로 이해

하고 공감하는 능력'을 의미한다. 다문화 역량이라는 개념은 연구자 Cross, Bazron, Dennis, Issac이 사회복지 분야의 문화적 역량을 연구하면서 처음 사용되었다. 문화적 역량은 문화적 인식, 다문화 지식, 문화적 개입 기술의 축적, 이렇게 3가지로 구성되어 있고, 그 상세 내용은 다음과 같다(김연희, 2007).

○ 문화적 인식: 타문화에 대해 차이점을 인식하고, 자신이 속한 문화권에 대해 성찰하는 단계
○ 다문화 지식: 타문화에 대해 심도 있게 이해하기 위하여, 문화가 속한 맥락을 이해하는 단계다. 특히, 역사, 전통, 가치체계, 세계관, 예술체계 등에 대하여 심층적인 이해를 위한 노력 단계
○ 문화적 개입 기술의 축적: 타문화에 대한 이해를 바탕으로 서비스를 효과적으로 실행하기 위해 적절한 응용이 필요하다. 타문화에 대해 평가하고 문제의 해결 방식에 적용하는 단계에서 적절한 기술이 필요하며, 무엇보다 이를 기술하는 언어능력이 중요하다.

위 3가지 구성요소 간의 우열은 없으며 이들의 상호작용을 얼마나 잘할 수 있느냐가 중요하다.

다문화 역량을 알아보기 위해서 다문화 역량을 어느 정도 갖고 있는지 측정하는 도구를 살펴보면, 다문화 역량을 구성하는 요소와 다문화 역량의 수준에 대해서 이해할 수 있게 된다. 특정 직업이나 조직원 대상이 아니라 일반인들이 전 생애 걸쳐서 가질 수 있는 다문화 역량의 구성요소로써 이에 대한 설명은 〈표 11-3〉과 같다.

〈표 11-3〉 다문화 역량의 구성요소

다문화 역량 구성요소	다문화 역량의 하위 구성요소	하위 구성요소의 정의
자율적으로 행동하기	자기성찰	자신의 잘못된 문화적 행위에 대해 반성과 성찰을 할 수 있다.

(계속)

	자기이해능력	삶의 주체로서 자신을 바라보고 있다.
	자기동기화	자신의 문화적 행위에 대한 결과를 인식하고 바람직한 학습동기를 가진다.
	자기개발능력	문화적 차이에 대해 학습한다.
	윤리성	문화적 차이를 이용하여 윤리에 어긋나는 행동을 하지 않는다.
	정체성	다른 문화 이해를 가능하게 하는 자신의 정체성이 있다.
이질적 집단에서 인간관계 가지기	협력능력	문화적 차이가 존재하는 사람과 협력하여 문제를 해결할 수 있다.
	공감능력	문화적 차이가 존재하는 사람의 문화적 행위에 대해 이해하고 공감할 수 있다.
	다양성	문화적 다양성을 이해할 수 있다.
	의사소통능력	문화적 차이가 존재하는 사람과 효과적인 의사소통을 할 수 있다.
	문화이해능력	타문화에 대해 이해할 수 있다.
	타인이해능력	문화적 차이가 존재하는 사람을 선입견 없이 한명의 사람으로 생각하고 이해하고 인간관계를 맺을 수 있다.
	갈등관리능력	타인을 동기유발시키며 문화적 차이에서 발생하는 갈등을 이해하고 해결할 수 있다.
도구를 효과적으로 사용하기	외국어사용능력	효과적인 외국어 사용뿐 아니라 문화적 차이에서 발생하는 의미도 이해할 수 있다.
	갈등해결도구사용능력	외국인과 문제발생 시 프로그램/매체 등을 활용하고 필요 시 상담기법 등도 사용할 수 있다.
	정보확보/판단 능력	올바르게 문화적 정보를 판단할 수 있다.
	지식/정보의 체계와 능력	지식과 정보를 체계화시켜 문화적으로 활용할 수 있다.

출처: 한현우, 이병준(2011). 다문화역량 측정도구 개발 연구–평생교육과 인적자원개발을 중심으로–. 문화예술교육연구, 6(2), 63–82.

다문화 역량의 형성에 대한 여러 학자들의 견해가 있다. Bronfenbrenner는 생태학적 모델(Ecological Model)을 근거로 문화적 다양성에 대한 개인의 태도가 어떻게 형성되는지 설명하고 있다. 태도와 인지에 영향을 주는 맥락적(contextual) 이해에 대한 통합적인 접근법을 기반으로 다양한 맥락을 경험하는 구성체계로 개인과 연관이 있는 미시체계(microsystem), 가족이나 친구를 통해 영향을 받는 중간체계(mesosystem), 문화나 하위 문화를 통해서 영향을 받는 거시체계(macrosystem), 그리고 사회적 구조에 의해 영향을 받는 외부체계(exosystem)로 나눌 수 있다(Wasson & Jackson, 2002, 재인용). Wasson과 Jackson(2002)의 주장에 따르면 다양성과 다문화주의가 결합되어 학생들의 학업성과, 사회적 기술(social skills)의 개발, 커뮤니티에서의 관계 형성을 이루도록 한다. 특히, 의식 수준(level of awareness)과 권한부여(level of empowerment)의 정도가 다문화 역량 형성의 주요한 요인으로 작용한다. 의식 수준이 높은 학생들은 다양성을 긍정적이고 가치 있게 생각하며, 다문화 상황으로 인해 불공평한 대우를 받는 것에 대해 강한 반감을 나타냈다. 의식 수준이 중간 정도인 학생들은 다문화 상황으로 인해 불공평한 대우를 받는 것에 대해 반대는 하지만, 다양성을 포용하지는 못했다. 의식 수준이 낮은 학생들은 다양성 자체에 대해 별다른 흥미를 보이지 않았다. 권한 부여 수준은 정신 내부적 요소가 포함된 다중적 수준(multilevel)의 요소를 가지고 있다. 권한 부여 수준이 높은 학생은 불공평하고 편협한 것에 대항하는 책임감 있는 행동을 보여 주었다. 권한 부여 수준이 중간 정도인 학생은 불공평과 편협한 상황에 맞서는 기대 행동을 발언하는 수준이었다. 반면 권한 부여 수준이 낮은 학생은 불공평하고 편협한 상황이 생기면 외면하려는 성향을 나타냈다(Wasson & Jackson, 2002).

다문화 역량은 단순히 외국에 거주하거나 외국인과 교류하는 것을 의미하지 않는다. Sizoo와 Serrie(2004)는 3가지 수준의 다문화 상황에서 문화적 다름을 관리할 수 있어야 한다는 것을 기초로 다문화 역량이 단순히 외국 거주 경험이나, 연장자이거나, 국제적인 비즈니스를 경험한다고 해서 증대하는 것이 아님을 연구를 통해 증명했다. 오히려 문화적 차이를 지적, 경험적으로 다룰 수 있도록 훈련하는 구체적인 다문화 교육이 필요하다고 역설한다. 이들이 말한 세 가지 수준의 다문화 관리란 첫째, 개인적 수준으로 스스로 다문화를 관리할 수 있는 능력으로, 이는 문화적 충격을 관리할 수 있으며, 어디에서 거주하든 상관없이 스스로 적응할 수 있는 능력을 말한다. 둘째, 대인 관계 수준에서 관리할 수 있어야 한다. 동료, 공급자, 고객, 정부 직원들과의 대인 관계를 말하며, 거주국가의 문화에 적응하기 위해 다양한 사람들과의 관계를 잘 유지할 수 있어야 한다. 셋째, 조직적 수준에서 관리할 수 있어야 한다. 조직을 위해 거주국가의 문화와 본국의 문화 사이에서 의사결정을 잘 수행할 수 있어야 한다.

다문화 교육

학자들이 언급하는 다문화 교육은 보통 사람들이 생각하는 것보다 훨씬 더 포괄적이고 광범위하다. 보통 다문화 교육을 이해할 때 사람들은 다른 국가나 다른 문화권의 사람들의 생활양식, 가치관, 행동 등을 포함한 다양한 문화적 행위를 이해하고 수용하도록 가르치는 것 정도로 생각한다. 그러나 다문화 교육을 연구하는 연구자들의 입장에서는 단순히 다른 국가나 다른 문화권의 사람들뿐 아니라, 종교, 인종, 성별, 사회계층 등, 서로 다른 사람들이 가지고 있는 문화적 행위와 가치관을 이해하고 수용하도록 교육하는 것을 다문화 교육으로 정의한다.

Davidman(1994)은 다문화 교육을 문화적 다원주의를 함양하게 하고 이를 통해 교육의 평등을 이루고 각종 차별주의를 철폐하는 것으로 정의했다. 문화적 다원주의는 문화적 다양성을 인정, 존중하며 다양한 문화를 경험함으로써 생산적인 상호발전을 이룰 수 있게 하는 이념이다. 그리고 다문화 교육은 교육개혁운동으로 문화적, 민족적으로 다양한 집단 속에서 교육평등을 증대시키려는 것이다. 또한 다문화 교육을 통해 인종차별, 성차별, 종교 차별 등을 감소시켜갈 수 있다. Manning과 Baruth(1966)는 다문화 교육은 학습자들이 문화적, 인종적, 사회계급적, 종교적 그리고 성(gender)의 차이를 인지하고 이해하며 수용할 수 있도록 교육하는 것이라 하였다. Banks(2008)는 "다문화 교육이란 다양한 사회계층, 인종, 민족, 성적인 집단의 학생들이 평등한 교육기회를 경험하도록 하기 위해 교육과정과 교육제도를 재구조화할 것을 목표로 하는 교육개혁운동"이라고 주장했다. 그가 주장하는 다문화 교육은 3가지 요소로 구성되어 있다. 첫째, 다문화 교육은 모든 학생에게 평등한 교육기회를 창출하기 위한 교육개혁운동이다. 둘째, 평등, 정의, 인권과 같은 같은 미국 민주주의의 이상실현을 목적으로 하는 이데올로기다. 셋째, 민주주의적 이상과 학교 및 사회의 현실 간에 항상 불일치가 존재할 수 있기 때문에 끝나지 않은 과정이다." 라고 했다(안병환, 2009, 재인용).

한 그룹의 대학생 자원봉사팀이 인도에 갔다. 학생들은 다문화에 매우 수용적인 태도를 가지고 있었으며 언어와 식생활의 차이와 거주공간의 불편함에 대해서도 잘 이해하고 인정하고 있었다. 그러나 학생들이 봉사활동을 위해 주문했던 전기서비스가 제 시간에 공급되지 않아 모든 활동이 계획적으로 이루어지지 않게 되자 현지인의 시간관념에 대한 불만을 쏟아내기 시작했다. 준비한 대로 사람들에게 봉사를 할 수 없다는 사실에 충분히 마음이 상할 수 있는 상황이었다. 현지인의 시간관념을 사전에 인지하고 있었기에 전기서비스를 실제 필요한 시간보다 미리 예약하기까지 했기 때문에 학생들의 문화적 민감성(cultural sensitivity)이 그렇게 낮다고 볼 수 없을지도 모른다. 그러나 학생들이 가지고 있던 현지인의 시간관념의 부족에 대한 생각은 그들의 예상과는 달랐다. 사실 학생들이 미리 예측했던 시각보다 더 일찍 예약을 했어야 했다. 현지인들에게 정보를 얻는 것이 가장 좋은 방법이었다. 학생들의 모국에서의 시간이 늦는다는 개념과 인도의 시간이 늦는다는 개념의 격차가 컸기에 일어난 불상사였다. 이처럼 간혹 사람들은 문화적인 다름을 틀림으로 판단할 때가 있다. 비상식적인 그 지역의 문화와 습관들을 보면서 비판을 하기도 한다. 그러나 진정으로 다른 문화를 이해하고 공감하고 수용한다는 것은 그곳의 상식을 나의 상식으로 받아들여야 할 때가 있다는 것이다. 시간약속을 잘 지키지 않는 등의 우리가 보았을 때 비상식적인 문화를 가지고 있다고 해도 그 문화와 현지인의 삶의 배경을 좀 더 이해한다면 단순히 비상식이라고 비판하게 되는 것이 아닌 그들에 대한 이해와 발전을 바라게 되는 관용적인 마음이 생기게 된다.

미국의 두 선교사가 한국과 중국으로 선교를 떠났다. 한 선교사는 적응하기는 어려웠지만 중국의 의식주를 그대로 따르며 중국사람들의 문화를 이해하기 위해 노력하고 그들의 시선으로 선교 사역을 수행했다. 또 한 선교사는 한국에서 미국식 옷을 입고 미국식 방법을 고수하며 그들을 아직 선진화되지 못한 비문명인이라 여기며 수평적이지 않은 수직적 선교를 수행했다. 그는 가마를 타고 이동하며 미국의 교회와 같은 방식의 교회를 세우기를 고수했다. 선교역사에 있어서 전자는 모범적이고 후자는 지양해야 할 사례로 꼽힌다. 이와 같은 과거의 사례와 평가가 있음에도 불구하고 현재의 교회들의 선교 모습을 보면 여전히 수평적, 수직적 두 방식이 사용되고 있다. 이는 타 문화에 대한 교육의 방식의 차이일 것이다. 이와 같은 교육의 문제는 종교나 경제, 봉사에 이르기까지 다양한 분야에서 발견할 수 있다. 그렇기 때문에 글로벌 역량에 있어서 올바른 다문화 교육의 중요성은 더더욱 커지고 있다. 자라오면서 쉽게 듣는 표현 중의 하나가 "로마에 가면 로마 법을 따르라." 라는 말이다. 이 말의 의미가 바로 타 문화에 대한 이해이며 지녀야 할 기본적 자세일 것이다. 한국에 선교사로 와서 이화여대를 세운 스크랜튼(Mary F. Scranton) 여사가 남긴 교육이념은 이렇다. "교육을 통하여 조선여성들을 더 나은 조선인으로 양성하는 것", 즉 조선인의 긍지와 존엄성을 회복하고 진정한 조선인을 육성하는 것이었다.

다문화 교육의 목적

포괄적인 다문화 교육의 목적은 크게 여섯 가지로 정리된다.

○ 개인이 다른 문화의 관점으로 자신을 성찰하는 과정을 돕기 위해
○ 다문화 교육을 통해 학습자들에게 문화적, 민족적, 언어적 대안을 제공하기 위해
○ 다문화 교육을 받은 학습자들이 자신의 문화, 주류 문화, 다른 민족의 문화 속에서 생활하는 데 필요한 지식이나 능력, 태도 등을 제공하기 위해
○ 다문화 교육을 통해 특정 민족적, 인종적 집단들이 자신들의 문화적 특성으로 인해 받는 고통과 차별을 감소시키기 위해
○ 다문화 교육을 통해 학습자들이 글로벌적이며 기술발달의 세계에서 효과적으로 필요한 읽기, 쓰기, 셈하기 기술을 획득하게 하기 위해
○ 다문화 교육을 통해 학습자들이 자신들의 문화공동체, 국가적 시민문화, 지역문화, 그리고 지구공동체에서 필요한 지식, 태도, 기술을 습득하도록 하기 위해

전 세계적으로 가장 많이 사용되는 언어는 무엇일까? 사용인구가 많은 중국어가 압도적 1위다. 영어는 사용인구 수에서는 3위에 머무르고 있지만 사용되는 국가 수는 압도적으로 100개 국가 이상으로 1위다. 한국어도 사용국가가 대한민국과 북한, 일본, 중국 등을 포함해 7개 국가에서 사용되는 것으로 나타났다.

〈세계에서 가장 많이 사용되는 언어〉

순위	언어	사용되는 국가	사용인구수(단위: 백만명)
1	중국어	35	1,302
2	스페인어	31	427
3	영어	106	339
4	아랍어	58	267
5	힌디어	4	260
6	포르투갈어	12	202
7	벵골어(방글라데시)	4	189
8	러시아	17	171
9	일본	2	128
10	란다어(파키스탄)	8	117
11	자바어(인도네시아)	3	84.3
12	한국어	7	77.3

출처: Ethnologue. (2006). Summary by language size. http://www.ethnologue.com/statistics/size

다문화 교육의 가장 기본적인 것 중 하나가 외국어 구사능력을 어느 정도까지 할 것이냐의 문제가 있다. 외국어 구사수준, 특히 세계 공용어라 할 수 있는 영어의 구사수준이 중요할 수 있겠으나, 구사수준 이상으로 중요한 부분이 '직설법' 사용에 있다. 다른 언어, 다른 문화 출신이 모인 치열한 비즈니스 상황에서는 특히 정확한 의사전달이 매우 중요하다. 그런데 한 문화권은 간접화법을, 다른 문화권은 직접화법을 사용하고 있다면, 많은 경험자들은 직접화법을 사용하는 것이 의사소통의 오해의 소지를 줄일 수 있다고 증언한다. 또한 영어 의사소통능력은 매우 필요한 능력이긴 하지만 자신의 목적에 따른 제2언어가 중요하다는 의미이지 영어만을 의미하는 것은 아니다. 만약 충분조건이었다면 영어권 사람들이 그렇지 않은 사람보다 글로벌 환경에서 더 성과를 높게 내야 하기 때문이다.

또한 다문화 상황에서 효과적인 커뮤니케이션을 하기 위해서 가장 중요한 것은 먼저 자신을 아는 것이라 할 수 있다. 문화적인 이질감 속에서 자신의 문화에 대한 이해와 자긍심을 기반으로 다른 문화권을 이해하고 접근할 수 있기 때문이다. 많은 관련 연구자들 역시 다문화 교육에서 자기인식 구분의 중요성을 강조한다. 즉, 효과적인 다문화 상황에서 커뮤니케이션이 이루어지기 위해서는, 타인의 세계관을 흡수하기 전에 먼저 자신만의 세계관에 대한 이해가 있어야 한다는 것이다.

다문화 교육에서는 학습자가 선행적으로 정보와 지식, 경험을 어떻게 습득하게 되었는지가 문화적 차이를 인식하는 데 반영된다고 한다(Gallos & Ramsey, 1997). 또한 다문화 교육에 대한 연구에서, 교육에 참여한 학습자들은 다문화 교육 결과, 다른 문화 사람들의 행동을 정확히 분석하는 능력과 문화 차이에 대한 의식을 가지게 됨으로써 다문화 교육의 긍정적 효과를 증명했다. 그리고 다문화 교육을 받은 사람들은 일반적으로 다문화 교육의 효용성에 대해 75% 이상이 긍정적인 답변을 했다. 반면 문화 간 발생하는 문제 해결 능력이나, 다문화 간의 오해 발생 시 문제를 다루는 능력, 문화 능숙도를 이야기하는 행동에서는 다문화 교육이 항상 학습자의 행동 변화를 가져오는 것만은 아니라는 것을 보여 주었다. 문화에 대한 흥미, 긍정적인 태도, 자민족주의, 편견 등을 나타내는 태도에 대해서는 다문화 교육의 효용성이 혼재되어 나타났다. 즉, 다문화 교육을 통해 지식적인 측면에서의 학습효과는 매우 높으나, 학습자의 보다 깊은 내면인 태도나 신념의 변화, 행동의 변화에는 다문화 교육 자체로는 어렵다는 것이었다(Mezirow, 1990).

 해외파견자

1980년대 후반 이전에는 일반인들의 해외여행에 제한이 있었고 국내 기업의 국제화 정도가 매우 낮았기에 해외주재원으로 파견되는 것이 동경의 대상이었던 적도 있었다. 해외주재원은 선택된 소수만이 누릴 수 있는 특권과도 같았다. 해외주재원으로의 파견은 국내보다 높은 임금이 제공되며, 미래의 승진을 보장하는 기회로 작용하기도 했다. 이후 세계화의 여파로 많은 기업들이 해외로 눈을 돌리기 시작하며 해외파견자의 수도 그에 맞춰 증가했다.

기업에서는 '해외지사 주재원'의 용어를 해외주재원으로 지칭한다. 해외주재원에 대한 범위는 여러 학자들에 의해 다양하게 정의되어 왔다. 정의의 기준은 본사에서 파견된 직원이 해외 근무 또는 현지인 인가의 유무와, 일정 기간 해외 파견 후 본사로 귀임하는가 또는 다른 나라로 다시 파견이 되는가에 따라서 분류된다. Daniels, Ogram과 Radebaugh(1982)는 해외 지사의 경영자를 현지인과 주재원으로 나누고 주재원은 다시 본국에서 파견된 직원과 제3국적인 사람으로 분류했다. 여기서 주재원은 파견된 본국인과 제3국적인을 모두 포함한다. Murray와 Murray(1986)는 해외 지사에 근무하는 파견자를 1년 이상 근무하는 장기주재원과 1년 미만 근무하는 단기주재원으로 분류 했다. Frith(1981)는 1년 이상 해외지사에서 근무하는 본국인 또는 재류외국인을 해외파견인으로 보고, 파견된 기간에 따라 정해진 기간이 없이 업무가 끝나면 또 다른 해외 지사로 파견되는 파견인을 직업적 파견인으로 정의했으며, 2~4년간 파견 일정이 끝나면 본국으로 돌아가는 주재원을 전통적 파견인으로 정의했다.

이 책에서는 해외파견자를 정의할 때 주재원 중 본국에서 파견된 사람을 의미하며, 해외지사에서 근무하고 있는 제3국적인은 해외취업자 중의 하나의 유형으로, 현지인은 현지 채용인을 의미한다.

1980년대의 연구에 따르면 해외파견자는 25~40% 정도가 중도에 포기하고 귀국했으며, 여건이 좋지 않은 경우에는 70%에 이르렀다. 1990년대 이후의 연구에서는 과거에 비해 나아지긴 했지만 여전히 해외파견자가 회사의 기대에 부응하지 못하는 경우가 3분의 1에 이르렀다(Tung, 1982). 이후 이미 해외파견자를 보내던 여러 해외 기업뿐 아니라 국내 기업들도 해외파견자의 성공적인 업무수행을 위해 해외파견자를 위한 특별 교육을 하고 있다(Mendenhall et al., 2004).

해외파견자 교육

72명의 글로벌 기업 인사담당자를 대상으로 한 조사에 따르면, 해외파견자의 성공 요인으로는 이문화 적응능력(35%), 업무 관련 능력(22.2%), 가정의 적응 및 안정 (16.2%), 업무 관련 역할 준비 및 지원(5.4%), 파견자의 해외업무에 대한 열정(3.1%), 대인 관계 능력(3.1%), 보상의 적정성(1.8%) 등이다(Black & Gregersen, 1999). 해외파 견자의 경우, 대부분 업무 관련 능력이 어느 정도 인정받은 사람들이 파견되기 때문 에 사실상 가장 중요한 성공요인은 본인의 이문화 적응 능력과 가족이 타국에 안정 적으로 정착하느냐가 가장 중요한 요인으로 꼽히게 된다. 국내에서도 중국에 진출한 한국 기업의 파견자들의 성공적인 적응, 특히 이문화에 대한 적응은 가족적 요인이 가장 큰 것으로 밝혀지고 있고, 본인 개인의 문화적 민감성도 주요 요인으로 작용하 는 것으로 밝혀졌다. 추가적으로는 선발과 급여라는 조직적 차원에서의 지원이 타국 적응에 영향을 미치는 것으로 나타났다(Flynn, 1995). 이전에 비해 중소기업의 해외 진출이 증가하고, 특히 중국을 비롯한 아시아지역에 해외 진출이 증가되면서 해외파 견자의 적응과 정착에 대한 연구가 늘고 있다. 이들 연구의 특징적인 결과는 현지 문 화로의 적응이 현지에서의 삶과 직무 만족도에 절대적인 영향을 미친다는 것이다(심 춘화, 한인수, 2012). 결론적으로 해외파견자의 현지 문화의 이해와 적응을 바탕으로 함 께 주재하는 가족의 적응이 해외파견자의 업무성과에 중요한 관계가 있음을 알 수 있다.

해외파견자들의 성공적인 안착과 적응, 그리고 기대하는 업무성과 달성을 위해 국 내에서도 여러 대기업들은 해외파견자를 대상으로 하는 특별 교육 프로그램을 운영 하고 있다. 최근에는 배우자나 가족의 정착을 위해 배우자도 함께 참여하는 과정이 늘고 있고, 특히 해외에서 자녀를 키우고 다시 국내로 대학 진학을 할 경우에 대비해 서 해외거주 경험이 있는 학생을 대상으로 하는 대학 진학 특별전형에 대한 안내교육 도 하는 등 가족의 정착과 만족도를 높이기 위한 교육이 진행되고 있다.

<기사>

"국내 주요 기업 해외파견자, 주재원 교육 부족해"

해외파견자나 주재원을 위한 의사소통을 위한 회화 교육과 국가 간 문화 차이 극복을 위한 이문화 교육이 필요한 것으로 조사됐다.

글로벌 직무 교육 전문 기업 캐럿글로벌(대표 노상충)은 지난 8월 21일부터 10월 6일까지 국내 대기업과 외국계 기업 167곳을 대상으로 '2015 글로벌 역량강화 실태조사'를 실시해 이 같은 결과가 나왔다고 28일 밝혔다.

이번 조사에 참여한 167개 기업 중 41%는 2015년도에 가장 주력하는 인적자원개발(HRD) 목표로 글로벌 인재양성 전략 수립을 꼽았다. 기업의 글로벌 역량 강화를 위한 교육 형태로는 사내어학 프로그램 운영이 25%로 가장 높았으며, 다음으로는 온라인(모바일) 과정(21%), 전화영어(19%) 순으로 최근 3년간 유사한 추이를 나타냈다. 그러나 실제 해외파견자나 주재원을 위한 교육은 부족한 것으로 나타났다. 특히 현지 파견자나 주재원들은 업무 시 가장 큰 어려움으로 의사소통과 타 국가와 지역 이해를 꼽았다.

기존 해외파견자와 주재원 대상 이문화 교육 현황을 물은 결과 전체 기업의 42%가 진행을 하지 않는다고 대답했다. 또 해외 업무 수행 시 어려움을 겪는 요소로는 의사소통이 25%로 가장 높았으며, 지역 이해가 23%로 뒤를 이었다. 그다음으로는 리더십, 갈등대처 능력 등이 따랐다.

기업 인사교육 전문가는 "파견직의 현지 적응력을 높이기 위해서는 해당 국가의 문화 이해에서부터 업무 방법까지 이문화 교육이 필요한데 시공간적 제한이 없는 인터넷이나 영상을 통한 맞춤식 교육이 효과적"이라며 "현지 채용인에게도 이문화 교육은 물론 본사와의 시너지 효과를 낼 수 있도록 조직 핵심 가치 교육도 중요하다."고 조언했다.

출처: http://www.etnews.com/20141028000234

<기사>

해외주재원 "가정부 두고 호화생활? 요즘은…" 中 "한국보다 생활비↑"… 유럽 · 美 "한국보다 더 일 많아" [직딩블루스] 中 "한국보다 생활비↑"… 유럽 · 美 "한국보다 더 일 많아"

A사 중국 법인에 근무하는 K차장은 요즘 한국에 있는 직장 후배들에게 카카오톡을 보내느라 바쁘다. 회사 차원에서 후임자를 모집했지만 적임자를 찾지 못해 직접 나서기로 한 것이다. 후임자를 찾지 못하면 1년 더 중국에서 근무해야 할 처지. 이미 아내와 아이들은 더 이상 중국에서 살기 싫다며 무조건 한국으로 돌아가겠다고 선언해 놓은 상황이다.

K차장은 "물가가 오르면서 생활비가 서울 생활과 맞먹는다."며 "먹거리도 불안하고 몰

려드는 외국인 때문에 국제학교도 교육 여건이 나빠졌다."고 털어놓았다. 과거에는 대다수 중국 주재원들이 가사도우미를 고용할 수 있었던 탓에 아내들의 만족도가 높았다. 하지만 물가와 인건비가 오르면서 가사도우미를 쓰기가 쉽지 않게 됐다.

특히 중국에서 생산된 먹거리에 대한 불안감이 커지면서 국산제품만 이용하다 보니 오히려 생활비가 더 든다. 대부분 주재원들은 음료수와 과자, 아이스크림까지 애들 먹거리만큼은 한국산만 구매한다. 한국 가격의 1.5배를 주고 구매해야 하지만 어쩔 도리가 없다. K차장은 "해외 주재원 인기가 예전만 못한 수준이 아니라 젊은 친구들은 아예 기피한다."며 "심지어 국제학교 정원이 다 차 일반 중국학교에 진학해야 하는 경우까지 생기고 있어 인기가 더 떨어질 것 같다."고 걱정했다.

B사 유럽 법인에 근무하는 J과장은 3개월 만에 다시 한국으로 돌아가고 싶은 생각이 간절하다. 수시로 본사에서 높으신 분들이 현장 점검을 위해 방문하는 탓에 일과시간에는 보고자료 만들고, 퇴근 후에는 호텔이나 맛집을 돌며 서비스 수준 등을 미리 체크해야 한다. J과장은 "국내보다 해외 매출이 더 커지면서 해외 법인 실적이 회사 전체 실적을 좌우하는 시대가 됐다."며 "그러다 보니 관심이 쏠릴 수밖에 없고 각종 보고서도 수시로 올려야 한다."고 고충을 토로했다.

주재원들은 한국에서 고생했으니 해외에 나가 재충전도 하고 애들 영어교육을 시키던 시대는 이미 지나갔다고 입을 모은다.

노총각인 J과장은 결혼 문제도 고민이다. 해외에 나와 있다 보니 사람을 만날 기회가 그만큼 줄어들었고 근무기한을 다 채우고 나면 40대에 접어들게 된다. 그는 "뭔가 새로운 기회를 찾기 위해 해외 근무를 자원했는데 막상 와서 보니 현실이 녹록지 않다."며 "주위에서 해외근무를 말리던 이유를 이제는 좀 알 것 같다."고 후회했다.

해외주재원의 인기도는 연령대별로 다소 나뉜다. 자녀가 아직 어린 과장이나 차장급에서는 해외 근무를 꺼리는 경우가 많고 중·고교생 자녀를 둔 부장급에서는 교육 문제 때문에 해외 주재원 인기가 식지 않았다고 한다. 특히 나이가 어린 대리급 이하에서도 해외 주재원의 인기가 높다. 해외 법인이 영업 최전선이다 보니 여기에서 인정을 받으면 승진 가도를 달리기 쉽기 때문이다.

국내 대기업 한 인사담당자는 "직급이나 연령대별로 해외주재원 선호도가 나뉜다. 사람을 못 구할 정도까지는 아니지만 예전에 비해 인기가 떨어진 것은 분명하다."며 "어학연수 등으로 해외에서 살아본 직원들 비율이 높아지면서 해외생활에 대한 환상이 적은 것도 한 요인인 것 같다."고 말했다.

해외주재원의 임기가 잘 보장되지 않는 점도 인기를 떨어뜨리는 요인이다. 불과 2년 만에 다시 본사로 돌아가는 경우도 허다하고 이 경우 학기가 맞지 않아 가족들은 현지에 남는 경우도 종종 발생하고 있다.

출처: 머니투데이 기사(2016)
http://news.mt.co.kr/mtview.php?no=2013062810094350200

해외파견자의 귀국

조직 내에서는 기존의 해외주재원에 대한 인식이 변화하면서 귀국 과정에서도 부적응 문제에 대해 논의되기 시작하였다(백현석, 이난희, 박월서, 2013). 과거 기업의 해외 진출이 활발히 진행되면서 해외파견자에 대한 연구가 주를 이루었으며, 해외에서는 20세기 중반부터 연구가 시작되어 20세기 후반에 활발히 이루어진 반면, 국내에서는 2000년대 이후 현재까지 해외파견자의 귀국 과정과 이 시기에 겪게 되는 역문화 충격에 대한 연구가 활발하다. 일반적으로 외국의 타 문화에 대한 충격과 이에 적응하기 위한 교육이나 기타 조직의 지원이 매우 필요하다고 여긴다. 그러나 다시 본국으로 돌아올 때는 원래 익숙했던 자국 문화이므로 아무런 충격 없이 잘 적응될 것이라고 생각할 수 있으나, 현실은 그렇지 않다는 것이다.

귀임자들은 재이주에 대한 걱정, 가족들의 재적응 문제, 귀국 후 본국에서의 자기공헌의 평가, 자신이 희망하는 역할로의 배치 여부 등 매우 다양한 고민으로 귀국 과정을 경험한다. 또한 해외파견자의 귀국 과정에서의 역문화 충격(reverse culture shock)도 개인의 삶뿐 아니라 기업의 성과에 영향을 준다. 외국 다국적 기업의 경우에도, 귀환자들의 이직률이 돌아온 지 1년 이내가 15~25%이고, 3년 이내에는 40%에 이르는 것으로 나왔다(백현석 외, 2013).

귀임자들은 귀국하면서 갖게 되는 기대와 현실 간의 차이에서 고민하고 본국의 변화에 재적응해야 하는 과정을 거치게 되므로, 귀임 전 교육의 필요성이 대두된다. 특히 귀임자들은 해외 체류와 국내 귀국의 변화로 인해 문화 정체성에 변화를 경험하게 되고, 이때 자기 문화정체 변화를 많이 인식하고 있는 사람들이 특히 귀국 후 스트레스를 더 받는다고 한다(Anderseon & Kinneer, 2004). 다른 학자는 이를 본국 선호형, 해외 선호형, 통합형, 비통합형으로 구분하기도 하는데, 결국 본국 선호형과 통합형이 귀국 후 본국에 적응을 더 잘한다고 주장하기도 한다(Szkudlarek, 2010).

물론 기본적으로 경력의 측면에서 해외파견자들의 만족도는 높다. 그러나 귀국 후, 도전적인 업무를 맡지 못하게 되면 개인적인 경력은 방치되게 된다. 귀임자는 귀국 후 본국에 재적응에 중점을 두지만, 인사담당자는 귀국 전후의 업무성과에 중점을 두게 되므로 성공적 귀임에 대해서 둘의 의견이 일치하지 않는다. 귀국 후 맡게 될 업무에 대해 보통은 귀국 후 안내를 받거나, 새로 맡게 된 업무는 파견 근무에서 얻은 지식과는 관련이 없는 경우도 많다고 한다. 이때 귀임자들의 회사에 대한 공헌을 인지하는 정도가 적을수록 이들의 이직 의도는 강하게 나타난다.

귀국 후 본국에 적응하는 데 영향을 미치는 요소

귀국 과정과 귀국 후 본국에 적응하는 데는 여러 요인이 작용한다. 크게는 귀임자의 개인적 특성과 상황적 특성으로 살펴볼 수 있다.

개인적 특성 중 첫째는 나이를 들 수 있다. Cox(2004)는 나이가 많을수록 귀국 후 재적응 시에 더 많은 어려움을 느낀다고 한다. 이외 여러 연구에서도 나이가 중요한 변수임을 주장하고 있고, 대체적으로 젊은 사람일수록 개인적인 관계를 회복하는 것에 더 걱정을 하며, 나이 든 사람일수록 일이나 경력 면에 더 걱정을 하는 경향이 있다. 둘째, 성격 또한 귀국 과정에 영향을 미친다. 개방성, 강한 자아상이나 높은 자존감, 독립성, 외향성 등의 성격이 귀국 과정에 긍정적인 영향을 미친다. 몇몇 연구에서는 동양권 사람들의 귀국에서 본국의 전통적인 종교와 문화가 귀국자에게 가족 간의 상호작용이나 일상생활 적응에 영향을 미치는데, 이는 서양이나 외국의 자유로운 생활을 경험함으로써 본국의 생활 적응에 어려움을 경험한다고 보고하고 있다. 셋째, 결혼의 유무가 영향을 미치는 것으로 보고된다. 미혼자들은 해외파견국의 문화를 더 강하게 식별하며 이로 인해 배우자가 있는 경우보다 재적응에 더 어려움을 느끼는 것으로 보고된다.

또 다른 요인으로는 상황적 특성이 있다. 일반적으로 해외 체류 기간이 길수록 상대적으로 귀국 후 적응하는 데 어려움을 더 느끼며, 본국과 파견국 간의 문화 차이가 클수록 어려움도 크게 느낀다. 또한 파견된 상황에서 본국과 자주 개인적인 연락과 접촉을 해 온 경우에 귀국 후 적응에 어려움이 적다는 연구가 1990년대 후반에 여럿 있었으나, 현대에는 교통, 통신수단의 현저한 발달로 인해 본국과 파견국 간의 접촉 빈도가 매우 높아져 이러한 요인이 더 이상 존재하지 않을 것으로 생각된다. 파견 시 본국으로의 직접 방문도 귀국 후 적응에 도움이 되지만 이메일, 인터넷 전화, 화상통화와 소셜미디어 등의 다양한 수단을 통한 방법이 두 문화 간 차이의 극복에 충분한 도움이 되고 있다.

역문화 충격(reverse culture shock)이란 다문화 경험을 겪거나 해외 체류 경험 후 본국의 문화로 돌아왔을 때 겪는 쇼크를 말한다. 외로움, 혼란스러움, 분노, 소외, 억울함, 무력함, 우울함 등의 기분을 겪는 증상으로 나타난다. 처음으로 해외에 도착했을 때는 흥분되고 기대감을 가지고 있지만, 곧 문화적 차이를 겪게 되며 어려움에 맞닥뜨리게 된다. 그 후 본국으로 돌아갔을 때 극복과 문화 충격을 반복하게 된다. 일반적으로 사람들은 이 시점에 양국의 문화를 각각 존중하면서도 통합하려는 시도를 하며 '분리된 충성심(split loyalty)'을 가지려고 하지만, 동시에 양국의 문화에 대한 각각 양가적인 감정이 공존한다 (Young, 2014).

역문화 충격은 귀국자들에게 발생하는 문제점이 아니다. 이것은 다만 개인이 성장하려는 긍정적인 방식의 하나이며, 재적응 과정에서 자신이 해외 경험을 통해 습득한 기술을 표출할 수 있는 기회로 활용할 수 있다. 역문화 충격을 다루기 위해서는 문화 충격에 대처하는 것과 동일한 자세가 필요하다. 마치 모르는 문화를 대하듯 해야 한다. 또한 다른 사람들과 정보를 공유하는 자세가 필요하다. 해외에서의 경험을 버리지 않으며, 휴식을 취하고, 파견국과 꾸준히 연락하고, 본국으로의 귀국 후 자신이 경험하는 것을 기록하고, 배운 것을 타인과 공유하며, 해외 신문을 읽고, 관심 있는 지역모임에 가입하는 것을 추천한다.

귀임자들은 본국으로 귀국 시 사전에 준비가 안 되어 있을수록 더 스트레스를 받으며, 문화적 정체성의 변화가 클수록 더 스트레스를 받는다. Identity Change Model (Sussman, 2000)에 따르면 해외 생활의 적응 기간 동안 새로운 적응 기술을 습득해서 귀국 후 재적응 기간에 이를 활용하는데, 해외에 적응하기 위한 노력이 많거나 해외에서 성공할수록 본국 적응에 더 큰 어려움을 겪게 된다. 그러나 본국의 문화가 아닌 새로운 문화, 즉 두 번째 문화에서 성공적으로 정착하는 것은 사회적, 전문가적 맥락에서 사회적 기술을 잘 배우는 단계에 해당한다. 또한 귀국 후 성공적인 재적응의 결과는 귀임자의 심리적인 건강뿐 아니라 사회적, 전문가적 활동을 증대시키고 생활신체 기능을 향상시킨다. 결과적으로 귀국자는 이런 과정을 통해 이문화 간 정체성을 확

립하게 된다. 그러므로 성공적인 재적응 훈련을 위해서는 출국 전, 해외 체류 중, 귀국
전, 귀국 후의 네 단계로 나누어 적절한 안내와 교육, 멘토링 등을 지원할 필요가 있다.

현지채용인

<기사>

삼성, 해외주재원 수 줄인다…현지 채용으로 대체…6개월 파견, '현장 전문가' 제도 적극 활용

삼성그룹이 해외주재원 수를 줄이고 있다. 전사적인 비용 절감 노력과 함께 현지 법인
근무자는 현지 채용 인력으로 운영한다는 기본적인 방침을 정한 뒤 상당수 주재원들을 철
수시키고 있다. 임직원들 사이에선 향후 주재원 제도 자체가 사라질 수도 있다는 얘기까
지 돌고 있다.

9일 삼성그룹 내 전자계열사 등에 따르면 지난해부터 미국, 유럽 등 주요 시장에 근무
하는 주재원 수를 꾸준히 줄이고 있다. 삼성그룹의 경우 70여 개국에 500여 개 거점을 보
유하고 있으며, 2010년 이후 지법인 통합작업으로 줄어들고 있는 추세다. 글로벌 네트워
크 구축 단계에서는 주재원수가 급증했지만 지법인 구축이 마무리 단계에 돌입한 이후에
는 현지 인력으로 대체하는 경우가 많아 올해부터는 전체 주재원 수가 줄어들 것으로 보
인다. 삼성 관계자는 "주재원 수 감소비율이 올해의 경우 한 자릿수에 그치지만 향후 5년
내 두 자릿수를 기록할 수 있다."고 전망했다.

다른 삼성 전자계열사 한 관계자는 "미국과 유럽 등 선진시장 법인의 주재원 수가 해마
다 크게 줄어들고 있다."면서 "올해의 경우 이미 가기로 예정돼 있던 주재원 자리가 사라
진 경우도 있다."고 말했다. 그는 이어 "현지 채용 인력이 늘어나고 있어 장기적으로는 주
재원 제도 자체가 유명무실해질 것"이라고 전망했다. 삼성그룹이 주재원 수를 줄이는 까
닭은 현지 채용 인력으로 주재원을 대신할 수 있게 된 영향이 크다.

법인 설립 초기와 달리 규모가 커지면서 간부급 사원들이 현지 채용을 통해 입사하기
시작했고 이들이 주재원보다는 현지 네트워크 활용이나 마케팅 활동 등에 더 적임자이기
때문이다.

비용도 줄일 수 있다. 주재원의 경우 3~5년 이상을 해외에서 근무하기 때문에 현지 생활이 가능하도록 별도의 수당을 주고 있다. 때문에 주재원 1인당 드는 비용은 국내 근무 임직원의 2~3배를 넘어서는 경우가 많다. 주재원들이 빠져 나온 자리는 삼성그룹 특유의 파견 제도인 현장전문가들이 대신하고 있다. 6개월 파견 근무를 하는 현장전문가는 기간이 짧고 1인 파견이 기본이다. 홀로 기숙사 생활을 하는 경우가 많아 비용도 크게 줄어든다.

주재원들의 규모는 줄이고 있지만 연 350여 명 규모로 해외 각 지역에 연수를 보내는 '지역전문가' 제도는 그대로 유지한다. 지역전문가는 주재원을 양성하기보다는 글로벌 비즈니스를 위해 국내 우수 인력을 재교육하는 삼성그룹의 독특한 인재 양성 제도다.

기업마다 조금씩 사정은 다르지만 주재원들은 전반적으로 줄어들고 있는 추세다. 특히 미국, 유럽 등 국내 기업들이 어느 정도 자리 잡은 선진 시장에서는 계속 감소 추세에 있고 이제 막 시장 개척에 나선 신흥시장에서는 증가세를 보이고 있다.

현대기아차는 수년간 해외공장을 늘리면서 주재원을 늘리고 있지만 주로 신규 법인이 위치한 곳에 집중돼 있다. 2월 현재 현대기아차는 연구소 및 해외사무소 47개에 주재원 600여 명을 두고 있다. 기아차는 36개국에 300여 명의 주재원이 근무한다. 현대차그룹 관계자는 "이미 현지 시장에 자리잡은 해외 사업장의 경우 현지 직원들을 늘리며 주재원을 계속 줄여 현지화에 집중하고 있다."고 말했다.

다만 해외사업장이 크게 늘어나면서 전체 주재원 수는 늘고 있다. 그는 "전체 주재원 수는 최근 수년간 해외사업장이 급격히 늘며 늘어난 추세로 신규 법인에는 주재원들을 집중적으로 파견하고 있는 상황"이라고 말했다.

현대중공업은 비용절감을 위해 현재 25개 법인과 21개 지사를 통폐합하기로 했다. 이 과정에서 해외주재원을 대폭 줄이고 필요한 인원은 단기 파견을 통해 해결할 계획이다. 국내 지사 역시 그룹 지사망을 활용해 통합 운영할 계획이다.

출처: 아시아경제 기사(2015)

http://view.asiae.co.kr/news/view.htm?idxno=2015020911123080351

외국에 진출한 기업이나 조직들은 해외파견자의 선발과 파견, 성과관리 등도 중요함과 동시에 보다 많은 인력은 궁극적으로 현지에서 채용하게 되는 인력이므로 이들에 대한 선발과 관리가 매우 중요하다. 해외파견자는 본사에서 파견되는 사람으로 모 기업문화와 경영가치, 정서 등을 잘 이해하고 있다. 이와 반면, 현지에서 채용되는 인력은 보통은 현지 국가 인력이 다수를 차지하지만 언어와 문화적인 측면에서 본국

국적의 현지채용인도 있다. 예를 들면, 미국의 우리나라 대기업의 현지 법인에는 우리나라 본사에서 파견되는 해외파견인, 현지에서 채용된 미국인과 현지에서 채용된 한국인으로 구성되는 경우가 종종 있다. 기업의 입장에서 본다면 해외파견인의 경우에는 많은 금전적인 지원이 필요하지만, 현지에서 채용된 한국인의 경우에는 현지인과 같은 급여와 보상을 제공하나 한국문화를 이해하고 한국어와 현지어인 영어를 구사할 수 있다는 이중의 장점이 있다. 그러나 많은 글로벌 기업의 경우, 보다 다양한 국적의 인력이 구성되는 경우가 종종 있으며 여러 문화권의 구성원이 함께 조직의 성과라는 목표를 성취해야 하는 과제에 놓이게 된다. 현지채용인에 대한 연구는 아주 활발하지는 않으나 몇몇 연구 결과를 비춰 보면 다음과 같은 몇 가지 사실을 확인하게 된다. 첫째, 현지채용인의 관리를 위해서는 현지의 인사관리 절차와 법률적 규제, 현지 문화 및 현지의 교육시스템 등 전반에 관한 지식이 필요하다(배종석, 2003). 둘째, 본사와의 의사소통의 문제뿐만 아니라 본사 모기업의 비전과 기업가치, 문화를 공유할 수 있는 교육체계가 반드시 필요하다. 셋째, 현지채용인의 유지전략으로는 단기적으로는 보상전략이 유효하지만 장기적으로는 현지채용인의 참여확대, 직무의 만족도, 유대강화전략이 유효하다(유병우, 박연호, 1995). 특히 최근에 우리나라 기업들이 중국에 집중 진출하면서 현지채용인의 보상, 승진, 직무배치 등과 관련한 종합적인 경력개발지원전략이 필요함을 알 수 있다(이윤수, 성세실리아, 조대연, 2015).

우리나라 기업의 현지채용인 교육

다음은 우리나라 기업들의 현지채용인을 위한 대표적인 교육 프로그램에 대한 사례다(박성민, 권정언, 2012).

삼성전기의 현지채용인 교육 사례

삼성전기는 중국의 천진, 고신, 동관, 쿤산, 필리핀, 태국 등에서 현지 채용을 하며, 해외 거점화를 위해 다음과 같은 교육과정을 운영하고 있다. 주로 한국어 교육을 중심으로 회사의 직무 교육을 시행하고 있으며, 이는 어학능력 향상을 통하여 모기업과의 경영 소통능력을 향상시키는 것이 주된 목적이다.

〈표 11-4〉 삼성전기의 현지채용인 교육과정

교육과정	교육내용 및 기타
한국어 교육과정	한국어의 문법, 발음, 회화 등을 전반적으로 교육
한국어 학당	한국어의 수준별 집중과정임
한국어 생활관	문화 체험을 통한 한국어 구사 능력 배양 프로그램
한국지역연구	한국문화 체험 및 능력 배양
본사 직무 교육	한국 본사의 직무 프로세스 이해 및 전문성 강화
GLP (Global Leadership Program)	해외 법인의 차세대 리더들의 종합 역량을 강화하기 위한 과정, 법인의 대표 커뮤니케이터로 활동

CJ그룹

CJ그룹은 2010년부터 현지채용인의 교육이 강화되고 있다. 특히, CJ그룹의 핵심가치에 대한 교육을 중심으로 직무 교육 및 서비스 교육 등을 중점으로 하고 있다. 직무 및 서비스 교육은 별도의 전문 인력을 고용하거나 본사와의 협의를 통해 이루어지고 있다.

〈표 11-5〉 CJ그룹 현지채용인 교육과정

대상	시간	교육과정	교육내용 및 기타
현지채용인 선발 간부	1~3일	강사양성과정	입문교육, 리더십교육 시 강사로 활동할 인력 양성(핵심가치, 리더십, 비즈니스 역량, 강의스킬 등)
신규인력	4일	입문교육	핵심가치, 그룹의 역사, 직업윤리, 문서 작성, 커뮤니케이션, 성과관리
승진자	3~5일	리더십교육	핵심가치, 리더십, 비즈니스 역량 등
우수인재	3~5일	한국방문교육	중국 법인에서 선발된 고성과자 대상, 한국 사업장 견학 및 경영진 간담회

현대차그룹

　현대차그룹의 현지 채용인에 대한 교육은 해외 법인마다 다르며 각 나라의 현지 사정에 따라 개별적으로 진행하고 있다. 최근 계열사 현대다이모스에서는 브라질의 현지채용인을 대상으로 한국에 직무 교육을 위해 파견을 보내기도 했다. 파견 교육으로는 직무에 대한 전문성, 그룹의 경영 이념 교육 등을 통하여 소속감을 향상시키고 해외 현지채용인과 본사의 교류를 활성화시키는 것이 목표다.

참고문헌

김신영, 김용련(2014). 대학의 글로벌 인재 양성 및 해외취업 활성화를 위한 교육 프로그램의 현황 분석 연구. 교육평가연구, 27(3), 783-807.

김연희(2007). 한국사회의 다문화와 사회복지분야의 문화적 역량. 사회복지연구, 35, 117-144.

남상훈(2006). 글로벌 리더. 서울: 인물과 사상사.

박성민, 권정언(2012). 국내 대기업의 글로벌 인적자원개발 사례연구. 한국성인교육학회, 15(4), 1-25.

배종석(2003). 글로벌 인적자원관리 시스템의 도입과 구축: 영국에 진출한 한국기업 사례. 인사관리연구, 27(1), 215-250.

백현석, 이난희, 박월서(2013). 중소기업 해외주재원의 현지적응과 직장생활만족에 관한 연구. 경영논총, 34, 111-126.

심춘화, 한인수(2012). 해외주재원의 이문화 적응에 영향을 미치는 요인에 관한 연구. 인적자원개발연구, 15(1), 153-181.

안병환(2009). 다문화교육의 현황과 다문화교육 접근방향 탐색. 한국교육논단, 8(2), 155-177.

유병우, 박연호(1995). 한국 해외현지법인의 효율적 인적자원 유지를 위한 실증연구. 경영학연구, 24(2), 295-338.

유지은(2012). 당신이 꿈꾸는 행복한 삶을 위한 멘토링. 왜 그녀들은 해외 취업을 선택했을까(편집 민유주 외), (pp. 167-200). 서울: 서울문화사.

윤지영, 정철영(2012). 대기업 글로벌 업무 담당 임원의 글로벌 역량. 농업교육과 인적자원개발, 44(1), 205-226.

이윤수, 성세실리아, 조대연(2015). 중국 현채인의 경력개발지원인식이 이직의도에 미치는 영향: 상사의 국적에 따른 다집단 분석. HRD연구, 17(1), 111-131.

이지은(2012). 세계인의 마음을 움직이는 마케터의 꿈. 왜 그녀들은 해외 취업을 선택했을까(편집 민유주 외), (pp. 45-76). 서울: 서울문화사.

장미혜, 김혜영, 정승화, 김효정(2008). 다민족 · 다문화사회로의 이행을 위한 정책 패러다임 구축(2차 연도) - 다문화 역량 증진을 위한 정책 · 사회적 실천 현황과 발전방향. 한국여성개발원 연구보고서.

전희원(2013). 호텔관광분야 글로벌 인재 양성방안에 관한 연구. 동북아관광연구, 9(2), 179-201.

한현우, 이병준(2011). 다문화역량 측정도구 개발 연구-평생교육과 인적자원개발을 중심으로-. 문화예술교육연구, 6(2), 63-82.

Anderson, A. W., & Kinneer, K. D.(2004). Bringing them home again. *Industrial Management, 46*(6), 13-19.

Black, J. S., & Gregersen, H. B.(1999). The right way to manage expats. *Harvard Business Review, 77*(2), 52-59.

Brofenbrenner(1979). *Ecology of human development: Experiments by nature and design.* Cambridge, MA: Harvard University Press.

Cox, J. B.(2004). The role of communication, technology, and cultural identity in repatriation adjustment. *International Journal of Intercultural Relations, 28*(3), 201-219.

Daniels, J. D., Ogram, Jr, E. W., & Radebaugh, L. H.(1982). Case: Source Perrier. *International Business: Environments and Operations*(Reading, MA), 527-531.

Eaton, S. C., & Bailyn, L.(2000). Career as life path: Tracing work and life strategies of Biotech professionals. In M. Peiperl, M. B. Arthur, R. Goffee & T. Morris(Eds.), *Career frontiers: New conceptions of working lives*(pp. 177-198). New York, NY: Oxford University Press.

Flynn, G.(1995). Expatriate success is no longer just a question of job skills, *Personnel Journal, 74*(6), 29-34.

Gallos, J. V., & Ramsey, V. J.(1997). *Teaching diversity: Listening to the soul, speaking from heart.* San Francisco, CA: Jossey-Bass.

Gordon, J. (2006). Producing a globally competent engineer: Evaluation and assessment of the Georgia Tech International Plan. *European Journal of Engineering Education, 31*(1), 119-131.

Hunter, W. D. (2004). Got global competency? *International Educator, 13*(2), 6-12.

Iee Olson, C., & Kroeger, K. R. (2001). Global competency and intercultural sensitivity. *Journal of Studies in International Education, 5*(2), 116-137.

Konwar, J., & Barman, A. (2013). Validating global competency scale for Indian business and management education. *Revista Romaneasca pentru Educatie Multidimensionala, 5*(1), 299-213.

Lambert, R. D. (1994). *Educational exchange and global competence.* New York, NY: Council on International Educational Exchange.

Lee, S. S. (2004). *A needs analysis from the perspective of Korean expatriates working for a Korean cooperation* (Unpublished doctoral dissertation). University of Texas-Austin.

McCall, M. W., & Hollenbeck, G. P. (2002). *Developing global executives: The lessons of international experience.* Boston, MA: Harvard Business Press.

Mendenhall, M. E., Stahl, G. K., Ehnert, I., Oddou, G., Osland, J. S., & Kuhlmann, T. M. (2004). Evaluation studies of cross-cultural training programs: A review of the literature from 1988-2000. In D. Landis, J. M. Bennett & M. J. Bennett(Eds.), *Handbook of intercultural training* (3rd ed.) (pp. 129-144). Thousand Oaks, CA: Sage.

Mezirow, J. (1990). How critical reflection triggers transformative learning. *Fostering Critical Reflection in Adulthood, 1*, 1-6.

Murray, F. T., & Murray, A. H. (1986). SMR forum: Global managers for global businesses. *Sloan Management Review, 27*(2), 75-80.

Sizoo, S., & Serrie, H. (2004). Developing cross-cultural skills of international business students: An experiment. *Journal of Instructional Psychology, 31*(2), 160-166.

Szkudlarek, B. (2010). Reentry—A review of the literature. *International Journal of Intercultural Relations, 34*(1), 1-21.

Tung, R. L. (1982). Selection and training procedures of U. S., European and Japanese multinationals. *California Management Review, 25*, 57-72.

Young, G. E.(2014). Reentry: Supporting students in the final stage of study abroad. *New Directions for Student Service, 146,* 59–67.

Wasson, D. H., & Jackson, M. H.(2002). Assessing cross-cultural sensitivity awareness: A basis for curriculum change. *Journal of Instructional Psychology, 29*(4), 265–276.

머니투데이 기사(2013. 6. 30.). From http://news.mt.co.kr/mtview.php?no=201306281009 4350200

아시아경제 기사(2015. 2. 9.). from http://view.asiae.co.kr/news/view.htm?idxno=201 5020911123080351

전자신문 기사(2014. 10. 28.). From http://www.etnews.com/20141028000234

Asia Society(2009).

Ethnologue (2006). Summary by language size. from http://www.ethnologue.com/statistics/ size

제12장
글로벌 인재와 해외취업
(Global Talents & Working Overseas)

    기업의 글로벌화, 시장의 글로벌화 이면에는 직원의 글로벌화가 있다. 전 세계 수많은 기업들이 과거에는 없었던 혁신적인 방법으로 기업을 운영하여 시장에서의 경쟁력을 높이고 다양한 소비자의 요구를 충족하려고 모든 노력을 다하는 그 중심에는 이를 실현할 인재를 찾아내고 이들을 기업으로 모집, 유지, 관리하려는 모습이 있다. 그렇기에 2000년대에 등장한 '글로벌 인재 전쟁(Global talent war)'이라는 현상은 현재 진행형일 뿐 아니라, 시간이 흐를수록 더욱 심화되고 있다. 글로벌 인재들은 이동이 자유롭고 다양성을 갖고 있어 하나의 시스템으로 운영 관리하기가 어려우며, 더 근본적으로는 인재 자체가 필요한 수요보다 적기 때문에 기업이 과거의 조직운영방식으로 글로벌 인재를 관리한다는 것은 불가능한 일이 되었다.

    지금의 밀레니엄 세대가 글로벌 경력개발을 추구한다면, 이들의 경력개발모델은 만화경*경력모델(KCM: Kaleidoscope Career Model)이 될 것이다. KCM은 특히 전문직 커리어의 현실을 잘 반영하는 것으로 만화경에 유리거울의 방향을 바꿈에 따라 새로운 형태의 상이 만들어지는 것처럼, KCM도 개인이 삶의 여러 부분이 바뀜에 따

---

* 만화경: 1817년 스코틀랜드 출신의 물리학자인 David Brewster가 거울을 이용해서 발명한 완구. 평면 거울을 이용해서 갖가지 색채무늬를 볼 수 있도록 고안된 것으로 원통에 3개의 거울과 셀룰로이드 조각을 넣고 구멍을 내어 원통을 바라보면 빛의 반사에 의해서 다양한 무늬와 갖가지 상과 모양을 볼 수 있다. 수많은 모양을 나타낸다고 해서 만화경이라고 불린다.

라 경력개발을 바꿔 가는 것으로, 변화하는 경력은 새로운 역할과 관계를 요구하는 등의 변화무쌍한 경력패턴을 이루어 나가게 된다. 해외파견이나 취업이민, 해외취업 등 다양한 형태의 해외근무를 추구할 때 국내에서 일하는 경우보다 더 많은 변화를 주도하게 되는데, 이는 개인의 내적 성장과 주변 환경의 요소가 함께 영향을 미치며 복합적으로 다양한 양상을 만들어 내기 때문이다(Dickmann & Baruch, 2011). 그렇기 때문에 기업에서도 이들을 선발, 유지 등 관리하기가 쉽지 않은 부분이다.

인재의 부족 자체도 글로벌 기업의 인재경영에 영향을 미치지만 이 외에도 인구분포의 변화, 일에 대한 가치관의 변화, 국가마다 다른 문화적 차이 등의 요인들로 인한 인재 관리의 어려움도 큰 비중을 차지한다. 글로벌 컨설팅 기업인 PricewaterhouseCoopers (2011)에 따르면 2020년에는 밀레니엄 세대가 미국 노동인구의 절반을 차지할 것으로 전망했다. 국내의 전망도 마찬가지로 급속한 노령화 사회로 진행되면서 이보다 더 빠르게 밀레니엄 세대가 노동인구의 절반 이상을 차지할 것으로 보인다. 밀레니엄 세대의 특징은 과거 세대와 다를 수밖에 없는데, 일과 관련된 대표적인 특징은 다음과 같다.

○ 기업에 대한 충성도가 낮다.
○ 경제적 조건이 더 좋은 곳으로 이직할 가능성이 높다.
○ 기업으로부터 취할 수 있는 가장 큰 유익은 개인적인 학습과 성장, 개발이다.
○ 일과 가정의 균형이 중요하다.
○ 면대면보다 전자통신기기를 활용한 의사소통을 선호한다.
○ 경력발전이 중요하다.
○ 사회적 책임에 가치관을 둔 기업에 매료된다.
○ 외국에서 일하는 것에 관심이 많다.
○ 어른 세대와 일하는 것에 편안하다.

글로벌 인재 부족

전 세계 경제가 호황을 누릴 때에도 인재 부족(talent shortages) 문제는 항상 중요한 이슈였다. 그리고 지금처럼 세계적으로 경제 침체기인 상황에서도 미국을 비롯한 유럽, 아시아의 여러 나라에서 인재 부족은 중요한 이슈다. Oxford Economics에서 2012년에 전 세계 352명의 인사담당전문가(HR 임원 포함)를 대상으로 조사하여 분석한 보고서 「Global Talent 2021: How the new geography of talent will transform human resource strategies」에 의하면, 기술의 발전(42%), 글로벌화(41%), 노동인구 분포의 변화(38%), 고객의 요구변화(38%), 경쟁(38%)이 기업의 인재를 채용하고 유지하는 데 가장 큰 영향요인으로 보인다. 특히 이 보고서에서는 향후 5년에서 10년 사이 가장 요구가 높은 능력을 〈표 12-1〉과 같이 나타냈다.

〈표 12-1〉 향후 5년~10년 동안 높은 수요를 보이는 능력

디지털 기술				
디지털 비즈니스 능력	가상공간에서 일하는 능력	기업의 IT 소프트웨어 및 시스템 이해	디지털 디자인 능력	SNS 및 Web 2.0 사용 능력
50.6%	44.9%	40.1%	35.2%	29.3%

민첩한 사고력				
여러 시나리오를 생각하고 고려하는 능력	혁신적 생각	복잡성과 모호함을 다루는 능력	모순, 반대의견을 통한 균형감각	큰 그림을 보는 능력
54.8%	46.0%	42.9%	40.9%	15.3%

인간관계 및 커뮤니케이션 능력				
그룹 창의력 및 브레인스토밍	(고객과의) 관계 형성	팀빌딩[가상팀 (virtual team) 포함]	협동	구두 및 문서 커뮤니케이션
48.3%	47.4%	44.9%	30.4%	29.0%

글로벌 관리 능력				
다양한 출신의 직원 관리 능력	국제 시장 이해	여러 해외 지역에서 일할 수 있는 능력	외국어 능력	문화적 민감성
49.1%	45.7%	37.5%	36.1%	31.5%

출처: Oxford Economics. (2012). *Global talent 2021: How the new geography of talent will transform human resource strategies*. Unpublished report. Oxford, UK: Oxford Economics.

해외취업을 추구하는 경우라면, 향후 어느 지역에 인재의 수요대비 공급이 부족한 가에 대해 아는 것은 매우 중요한 부분이다. 전 세계적으로 인재 수요가 선진국에서 개발도상국으로 이동하고 있으며, 동시에 높은 학력과 능력을 갖춘 인재 공급 역시 개발도상국에서 더욱 공급하고 증가하는 추세다. 과거 중국과 인도는 낮은 임금과 단순한 노동력을 제공해 왔으나, 현재 이들의 인력은 높은 학력을 바탕으로 한 양질의 인재풀로 성장하고 있다. 특히 거대한 인구, 높은 투자액, 빠른 경제 성장, 정보통신기술을 바탕으로 한 양질의 훈련 등으로 인해 개발도상국에서 양질의 높은 학력을 갖춘 인력풀이 빠르게 성장할 수 있는 것이다. 가장 빠르게 인재풀이 커지고 있는 나라를 살펴보면, 인도(7.3%), 브라질(5.6%), 인도네시아(4.9%), 터키(4.7%), 중국(4.6%) 순이다. 언급한 나라들의 대학 졸업자 수도 동시에 매우 빠른 증가율을 보이고 있다. 전 세계 매년 새롭게 대학을 졸업하는 사람의 절반이 이 7개 개발도상국(브라질, 중국, 인도, 인도네시아, 멕시코, 러시아, 터키)에서 나온다.

이미 경제 성숙도를 갖춘 우리나라를 비롯한 미국, 독일, 캐나다, 일본 등의 나라들에서는 산업에 필요한 고학력 인재 수요보다 공급이 부족한 나라가 될 것으로 예측되고 있다. 특히 일본은 인구의 감소로 새로운 대학 졸업자의 숫자는 점차 줄어들고 있는 추세인 데 반해 점진적으로나마 경제는 성장하고 있어 인재를 필요로 하는 일자리는 늘어나고 있는 상황이다. 일본은 현재도 대표적인 인재 부족국가로 향후 심각할 정도로 인재가 부족할 것으로 예상된다. 이에 반해 10년 후, 중국의 예상 대졸자 증가율은 4.6%이고, 경제성장률도 이와 같은 4.6%의 성장률을 보일 것으로 예측되어 중국은 인재 수요와 공급이 어느 정도 균형적일 것으로 예상된다. 또한 인도는 향후 10년 동안 4천 5백만 명 이상의 대학 졸업자를 예상하지만 이들이 기대하는 수준의 일자리가 인도 내에서는 턱없이 부족할 것으로 예상되고 있다.

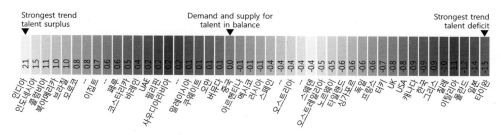

[그림 12-1] 2021년 국가별 인재 공급과 수요의 예상 불균형

출처: Oxford Economics.(2012). *Global talent 2021: How the new geography of talent will transform human resource strategies*. Unpublished report. Oxford, UK: Oxford Economics.
(숫자는 평균연간 인재풀의 변화율을 나타낸다.)

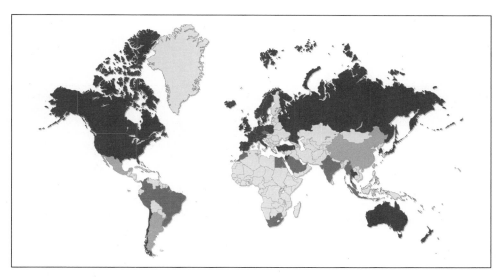

[그림 12-2] 2011~2021년 사이 국가별 인재 공급 성장률과 인재 수요 성장률 간의 격차

출처: Oxford Economics.(2012). *Global talent 2021: How the new geography of talent will transform human resource strategies*. Unpublished report. Oxford, UK: Oxford Economics.
(■ 인재부족의 트렌드를 보이는 국가, ■ 인재잉여의 트렌드를 보이는 국가, ■ 전반적인 인재 수요와 공급의 균형을 유지하는 국가)

해외취업을 추구하는 경우, 단순한 지역별 인재 수급 상황뿐 아니라, 특히 어느 분야의 인재의 수급이 불균형을 이루는지 파악하는 것 역시 매우 중요하다. 다음 〈표 12-2〉는 향후 5년에서 10년 사이 지역별(대륙별), 산업별 요구되는 인재 규모의 변화의 예측치를 보여 주고 있다. 대륙별로 보면 압도적으로 아시아 신흥국가(emerging countries)에서 분야별로 많은 인재가 향후 필요해질 것을 예상할 수 있다. 제조업 분야가 서유럽이나 북미 지역과 같은 선진국에서 개발도상국으로 이동하면서 이 분야에 대한 인력수요가 이미 증가하고 있고 향후 이와 같은 현상이 지속적으로 증가할 것으로 예측되고 있다.

〈표 12-2〉 2021년 지역별 인재수요 분포의 변화율(단위: %)

	서유럽	북미	아시아 (선진국)	동유럽	중동/북아 프리카	남미	아시아 (신흥국가)
제조업	−0.5	−2.4	11.4	2.4	28.7	17.1	37.7
신흥산업	26.1	38.3	8.4	19.8	6.31	10.2	13.3
중공업	24.6	1.7	1.7	33.2	10.3	17.8	60.3
서비스	−4.4	0.3	51.4	6.8	30.1	−0.6	40.0
금융	13.2	−8.1	4.9	−9.9	31.6	48.6	20.9
에너지	−11.3	22.7	8.0	8.7	12.2	−11.9	33.0
관광·교통	−9.3	−1.4	36.5	5.0	14.1	32.9	32.6
생명공학	−4.1	4.2	8.2	19.7	8.6	20.4	16.6
총 변화율	3.5	6.1	10.0	10.0	12.7	13.0	22.2

출처: Oxford Economics. (2012). *Global talent 2021: How the new geography of talent will transform human resource strategies.* Unpublished report. Oxford, UK: Oxford Economics.

인재부족에 대한 또 다른 연구인 「Manpower Talent Shortage Survey 2011」 조사에 따르면, 아메리카 대륙(미국, 캐나다, 멕시코, 브라질, 아르헨티나, 콜롬비아 등)에서 인력이 가장 부족한 3가지 직종은 기술직(technicians), 영업직, 무역(통상) 전문직이다. 아시아-태평양 지역(대한민국, 중국, 일본, 뉴질랜드, 호주, 싱가포르 등)에서 인력이 가장 부족한 직종은 영업직, 기술직, 육체노동직이며, 유럽/중동/아프리카(프랑스, 독일, 영국, 헝가리, 이탈리아, 노르웨이, 스웨덴, 남아프리카공아국, 터키 등) 지역에서는 무역(통상) 전문직, 기술직, 엔지니어직이다.

위의 연구들을 종합해 보면, 전 세계적으로 인재는 여전히 부족하고 특히 양질의 인재가 부족하여 글로벌 기업들이 이들에 대한 모집과 선발, 유지에 더욱 열심일 것은 자명하다. 국내의 젊은 세대 중에서 해외취업을 희망하고 있는 사람들이라면 이러한 사실을 바탕으로 어느 나라의 어느 분야에서 해외취업의 기회를 가질 수 있을지에 대한 보다 구체적인 방향을 잡을 수 있을 것이다.

해외취업

우리나라는 과거 해외취업자라는 개념이 매우 미약했다. 일반인에게 해외여행 기회조차도 제약이 많았던 1990년대 이전에는 해외취업자라기보다는 '외화벌이' 차원의 해외노동자라는 개념이 대부분이었다. 파독 광부 및 간호사, 중동의 건설직으로 국내의 많은 인력이 해외에서 일정기간 노동력을 제공하여 그 보수를 국내로 다시 보내던 시기가 있었다.

그러나 최근 들어 국내 경제는 저성장과 산업의 둔화, 양질의 일자리 감소, 대학생의 급증 등을 이유로 청년들이 일자리 찾기가 점점 어려워지고 있다. 특히 청년 고학력자 중심의 고용률이 매우 낮다. 단기간의 양질의 일자리 창출이 쉽지 않고, 그로 인한 상대적으로 해외취업에 우호적인 청년세대를 대상으로 국가와 사회는 해외취업을 적극 권장하고 있다. 다양한 경험에 대해 긍정적이며 외국어 능력을 포함한 글로벌 역량이 과거보다 높아지고 사회, 문화적으로 개방화되면서 해외취업에 상당수 대학생들이 관심을 보이고 있다. 이와 같은 현상으로 여러 국책 연구소들의 연구보고서나 학술논문에서도 청년들의 해외취업에 대한 전망과 촉진을 위한 내용을 지속적으로 다루고 있다.

청년들의 해외취업은 단기적으로는 청년들이 고용 촉진과 글로벌 역량을 증진시킬 수 있고, 중장기적으로는 국가 경제발전에 긍정적인 영향을 미친다. 해외취업은 외국과의 인적 교류를 통한 새로운 기술 획득으로, 해외경력을 쌓은 이들은 귀국 후 글로벌화에 대응하는 인재가 될 뿐 아니라 국제적 네트워크 형성 등 국가 경제에 긍정적인 영향을 줄 것이기 때문이다.

해외취업자의 현황 및 경로

(이 장에서 보여 주고 있는 해외취업자의 경우는 국가에서 주도적으로 추진하는 해외 연수 및 알선기업을 통한 취업 통계를 바탕으로 한 자료다. 이 외에도 개인적인 해외취업은 더 많은 사례가 있다고 본다.)

2008년의 글로벌 청년리더 양성계획과 함께 해외취업의 수는 꾸준히 늘고 있다. 취업 현황으로는 중국과 일본에 취업 수가 가장 많으며, 2013년 해외취업 일자리의 질적 향상을 위한 K-Move 사업으로 인해 다소 전체 취업자 수가 하락하였다.

〈표 12-3〉 국가별 해외취업자 수 연도별 추이(단위: 명)

구 분	계	중국	일본	미국	UAE	호주	캐나다	카타르	싱가포르	기타
계	19,977	3,764	2,862	1,370	678	3,442	2,660	261	1,163	3,777
2008	1,434	491	468	33	166	18	107	19	4	128
2009	1,571	656	250	42	48	249	153	32	35	106
2010	2,719	654	228	70	91	505	317	27	72	755
2011	4,057	1,078	326	174	59	976	783	21	145	495
2012	4,007	472	323	197	65	1137	944	107	178	584
2013	1,607	76	296	97	41	307	219	19	116	436
2014	1,679	138	339	117	50	175	79	12	249	520
2015	2,903	199	632	640	158	75	58	24	364	753

출처: 한국산업인력관리공단(2015). (연수 및 알선취업 모두 포함)

연령별로는 29세 이하의 해외취업자 수가 가장 많으며, 전체적으로 2012년까지 꾸준히 증가하고 있다. 젊은 연령층의 해외취업자 수가 많은 것은 이미 여러 연구에서 밝힌 바와 같이, 상대적으로 새로운 세계에 대한 도전의식이나 적응력이 높고 젊은 세대를 중심으로 해외취업에 대한 기대가 많이 증가하고 있기 때문이다. 상대적으로 장년층은 해외취업보다는 이민이나 파견을 통해 해외에서 일하는 사례가 많은 편이다.

〈표 12-4〉 연령별 해외취업자 수 연도별 추이(단위: 명)

구 분	계	29세 이하	30~34세	35~39세	40세 이상
계	19,977	14,959	3,252	773	993
2008	1,434	943	331	64	96
2009	1,571	1,015	342	86	128
2010	2,719	2,136	317	123	143
2011	4,057	2,757	831	223	246
2012	4,007	3,139	578	120	170
2013	1,607	1,248	208	44	107
2014	1,679	1,369	226	37	47
2015	2,903	2,352	419	76	56

출처: 한국산업인력관리공단(2015). (연수 및 알선취업 모두 포함)

성별 취업 통계를 보면 누계 취업자 수는 남자보다 여자가 더 많으나, 연도별 취업자 수로 보면 2010년부터 여성의 수가 남성의 수보다 증가하기 시작했다. 실제로 해외취업을 성공적으로 수행한 여성들을 대상으로 한 연구에서 외국어 능력이 우수하거나 이문화 노출 경험이 많고, 이문화 적응력이 높고, 적극적으로 경력개발을 노력한 여성들이 성공적으로 해외에 취업한 것으로 나타났다. 그러나 한편으로는 불만족스러운 노동시장의 관행이나, 조직 문화, 인사관리 방식 등이 이들을 해외취업으로 내몰았다는 결과도 원인으로 나와 있어 국내 노동시장과 기업의 고용관행이나 인사관리 방식이 여성에게 불리한 현실을 반영하고 있음을 알 수 있다(김남희, 신선미, 2010).

〈표 12-5〉 성별 해외취업자 수 연도별 추이(단위: 명)

구분	계	남	여
계	19,977	9,089	10,888
2008	1,434	743	691
2009	1,571	851	720
2010	2,719	1,323	1,396
2011	4,057	1,799	2,258
2012	4,007	1,591	2,416
2013	1,607	707	900
2014	1,679	776	903
2015	2,903	1,299	1,604

출처: 한국산업인력관리공단(2015). (연수 및 알선취업 모두 포함)

업종별로는 사무/서비스 직종이 가장 많으며, 특히 사무/서비스직과 IT직은 해외연수 프로그램을 통한 취업자 수가 더 많았다. 그 외에는 알선취업과 연수 프로그램을 통한 취업자의 수는 크게 차이 나지 않았다(김명희, 문현태, 김광현, 2015). 해외취업에 대한 연구들을 살펴보면, 주로 방사선과, 치기공과, 간호사 등 의료보건 관련 전문인력의 해외취업이 매우 활발한 것으로 나타난다. 한국표준직업분류에 의한 직종별 해외취업의 경우에는 '전문가 및 관련 종사자'와 '사무 종사자'가 가장 해외취업을 많이 하고 있는 것으로 나타났고, 그다음이 '서비스 종사자' '관리자' '판매 종사자' 순이다.

〈표 12-6〉 업종별 해외취업자 수 연도별 추이(단위: 명)

구분	계		IT		의료		기계/금속		전기/전자		건설/토목		사무/서비스		기타	
	알선	연수	알선	연수	알선	연수	알선	연수	알선	연수	알선	연수	알선	연수	알선	연수
계	5,744	14,233	414	1,578	35	273	175	171	131	39	257	123	4,084	10,401	648	1,648
2008	313	1,121	4	355	1	42	16	90	5	0	36	0	247	480	4	154
2009	369	1,202	5	161	1	50	13	25	6	7	19	2	117	702	208	255

(계속)

2010	570	2,149	20	209	10	39	10	27	16	18	22	6	439	1459	53	391
2011	505	3,552	14	327	13	44	5	11	10	8	49	10	360	2,781	54	371
2012	607	3,400	76	134	0	48	23	10	9	0	35	13	411	2939	53	256
2013	651	956	67	69	0	20	33	3	31	0	42	12	392	797	86	55
2014	818	861	84	132	2	9	40	1	32	1	33	36	586	624	41	58
2015	1,911	992	144	191	8	21	35	4	22	5	21	44	1,532	619	149	108

출처: 한국산업인력관리공단(2015).

우리나라 해외취업 지원 정책 및 사례

산업인력공단

노동부 산하기관인 산업인력공단에서는 K-Move 사업을 통합관리하고 있다. 정부의 '글로벌 청년리더 양성계획'에서 해외창업 부분이 추가되었고, 양질의 해외취업 일자리를 발굴하는 것에 초점을 맞추고 있다. K-Move 시스템은 멘토링 제도를 통해 해외취업 선배들의 노하우를 전수하며, 운영 중인 월드잡 사이트를 통해 해외 채용정보를 제공하고 있다. 또한 해외취업을 희망하는 학생들을 대상으로 직무능력과 어학능력 향상을 위해 해외취업 연수정보도 제공하고 있다.

재외공관, KOTRA, 한인상공회의소 등 민·관 협력을 통해 양질의 해외취업 일자리를 발굴하고, 우수한 민간 기업에게는 운영경비를 지원하고 있다. 구직자에게는 구직 상담, 인력풀 운영, 합격 이후 비자 및 출국 수속에 도움을 주고 있다.

〈표 12-7〉 해외연수사업 프로그램

사업개요	K-MOVE 스쿨(장기/단기)
소개	• 끼와 열정을 가진 청년이 해외에서 꿈과 비전을 펼칠 수 있도록 지원 • 대한민국이 강점이 있거나 또는 글로벌 수준에 이르지 못한 직종을 발굴하여 특화된 맞춤형 연수를 통한 해외진출 지원
참여기준	• 대한민국 국민으로서 해외취업에 결격사유가 없는 자 ※ 연수과정 참여에 필요한 교육 및 취업을 할 수 있는 합법적인 비자 발급이 가능한 자 • 공단으로부터 지원받는 해외취업연수과정(인턴 포함)을 참여한 사실이 없고 참여중에 있지 아니한 자 • 해외구인처에서 제시한 조건(연령, 학력, 경력, 자격)에 적합한 자 • 최종학교(대학교 이하) 졸업자 또는 졸업 예정자
연수비 지원	• 장기: 1인당 최대 800만 원 • 단기: 1인당 최대 580만 원 ※ 신흥국가는 90% 지원, 연수대상자 10% 이내 부담[신흥국가: 중동, 아프리카, 중남미, 아시아(일본·싱가포르·필리핀 제외) 국가로 해외취업이 활성화되어 있지 않는 국가]
연수기간	• 장기: 6~12개월 • 단기: 3~9개월
제한사항	① 공단의 해외취업연수과정(공단 인턴 포함) 수료(중도탈락) 후 연수 개시일 기준 최근 1년 이내에 있는 자 또는 참여 중에 있는 자 ② 연수 종료 후 취업률 산정 기간 내 졸업 및 해외취업이 불가능한 자 ③ 연수참여(예정)일 기준 고용보험가입 또는 개인사업자 등록 중인 자 ※ 단, 이사장이 필요하다고 인정하는 경우 일용직·단시간근로자·시간제근로자 등 포함 ④ 해외연수 및 취업을 위한 비자 발급이 불가한 자 ⑤ 연수참여(예정)일 기준 해외여행에 제한이 있는 자 ⑥ 연수개시일 1년 이내에 8개월 이상 연수, 취업국가에 해외체류 사실이 있는 자
개별기준	만 34세 이하 ※ 해외구인업체의 구인조건 및 취업가능성을 고려하여 개설인원의 30% 범위 내에서 연령을 초과하여 모집 가능 ※ 대학 프로그램 참여자는 졸업자 또는 최종학년 재학 중인 자(출국 및 연수종료 후 취업률 산정 기간 내 졸업이 가능한 자)

출처: World Job(2016). http://www.worldjob.or.kr/ovsea/sdytrn.do

대한무역투자진흥공단(KOTRA)

KOTRA는 산업통상자원부와 협력하여 'KOTRA 글로벌마케팅 인턴' 사업과 'KOTRA 대학생 무역관 인턴 프로그램' 사업을 운영하고 있다. KOTRA의 글로벌 마케팅 인턴 프로그램은 2013년에 시작하여, 고졸 또는 대졸(예정자 포함)를 대상으로 1~2주 동안 국내에서 글로벌 비즈니스 역량 및 무역실무교육을 시킨 후 해외 현지 기업에 인턴을 파견한다. 2014년부터는 글로벌 청년인재를 양성해 현지취업을 돕는 '취업연계형'과 해외연수 형태인 '역량강화형'으로 운영하고 있다. 교육은 주로 현지어, 영어, IT 교육이 이루어지고 있다. 특히 KOTRA의 글로벌 마케팅 인턴 프로그램 중 '취업연계형' 프로그램은 기업과 직접 연결해 주고 있으며, 파견된 인턴에게는 왕복 항공료, 비자발급 수수료, 여행자보험료, 교육비, 주거비 등을 지원하고 있다.

'KOTRA 대학생 무역관 인턴 프로그램'은 전 세계 84개국 124개 KOTRA 해외 무역관에 인턴을 파견하는 사업으로, 업무협약을 체결한 대학교의 재학생들이 현지 실무 경험을 쌓을 수 있도록 6개월간 KOTRA 해외무역관에서 일할 수 있는 인턴십을 제공한다. 인턴 학생에게는 월 교통비만을 지원하며, 그 이외의 항공료, 비자발급비, 주거비 등은 모두 참가자 개인이 부담해야 한다.

한국국제협력단(KOICA)

외교부 산하기관으로 공적개발원조(ODA)의 전문인력을 양성하기 위한 'KOICA 해외사무소 청년인턴사업'을 운영하고 있다. 30여 개의 해외사무소 또는 재외공관에 인턴을 파견하여 ODA 사업 수행업무 및 현장을 체험하는 프로그램이다. 인턴에게는 왕복항공료, 비자발급비, 보험료, 건강검진비, 체제비 등의 지원과 약간의 급여가 지급된다.

'KOICA 해외봉사단'을 통한 개발도상국의 공공행정, 교육, 농림수산, 보건, 산업에너지 등의 분야에 2년간 봉사단을 파견하는 프로그램도 있다. 파견 직종에 대한 전문자격증을 갖춰야 지원할 수 있으며, 왕복항공료, 비자발급비, 보험료, 건강검진비, 체제비 등이 지원된다.

예술경영지원센터

문화체육관광부 산하기관으로 국제 문화교류의 전문인력을 양성하기 위한 '권역별 국제문화교류 전문가 양성 사업'을 시행하고 있다. 문화교류 해당 국가에 10개월간 전문 인력을 파견하거나, 5개월간 인턴을 파견하는 2가지 프로그램을 운영하고 있다. 파견자는 문화예술 행사와 프로그램을 기획 및 운영하며 파견국가의 문화예술 현황에 대한 연구 역할이 주어진다. 파견자에게는 체제비, 해외여행자보험, 예방접종비용 등이 지원되며, 전문인력의 경우 조사연구 활동비를 포함하여 지급한다(김명희 외, 2015).

해외취업은 고용노동부·국토교통부·산업통상자원부, 해외인턴은 교육부·고용노동부, 해외봉사는 외교부, 해외창업은 미래창조과학부·중소기업청을 통해 정책적으로 지원하고 있다.

〈표 12-8〉 부처별 해외취업 지원사업

해외취업	고용노동부	연수운영기관(유·무료 직업소개 사업자 및 대학)이 먼저 일자리 발굴 후 맞춤형 교육과정을 통해 취업과 연계
	국토교통부	국내 중소·중견건설업체가 채용한 취업자를 해외건설현장에 파견해 현장 OJT를 실시하는 사업
	산업통상자원부	해외 구인처와 국내 구직 청년 간 채용 주선을 위한 해외취업상담회로 인프라구축사업

그러나 해외취업 성과를 보면 취업건수는 매년 증가하나 높은 예산에 비해 취업자 수는 기대에 미치지 못하는 실정이다.

〈표 12-9〉 해외취업사업의 해외 취업성과

(단원: 명)

부처	사업명	2013년 성과	2014년 성과	2015년 성과	2016년 성과	2017년 성과
고용부	해외취업지원(연수)	956	861	1,183	2,100	2,100
	해외취업지원(알선)	651	734	846	1,180	1,653
교육부	세계로프로젝트	0	434	0	0	0
국토부	해외건설현장훈련(OJT)지원	424	335	300	400	400
산업부	글로벌 취업상담회	57	81	80	85	90
소 계		2,088	2,445	2,409	3,765	4,243

자료: 고용노동부(2015. 5.). 내부자료.

〈표 12-10〉 해외취업사실 실적 추이

(단원: 명)

	2010년	2011년	2012년	2013년	2014년
알선취업자	570	505	607	651	818
연수취업자	2,149	3,552	3,400	956	861
소 계	2,719	4,057	4,007	1,607	1,679

자료: 고용노동부(2015. 5.). 내부자료.

해외 인턴의 선발 기준은 관련 전공자 우대, 졸업 예정자나 3~4학년을 우선 순위로 둔다. 학점 및 어학성적이 주된 요건이며, 인턴 기간은 최소 2개월에서 최대 18개월까지다. 인턴 교육은 일정기간 국내에서 이수한 뒤 해외로 파견되는 방식으로 운영된다. 인턴 기업은 국내 기업의 해외법인, 지사, 사업소, 교포기업 등이며, 인턴생에 대해서는 항공비, 체제비, 교육비, 비자수속비, 보험료 등이 지급되나 각 프로그램에 따라 지급 여부는 상이하다(박성재, 2015).

〈표 12-11〉 해외인턴사업의 해외취업 성과   (단위: 명)

부처	사업명	2013년 성과	2014년 성과	2015년 성과	2016년 성과	2017년 성과
고용부	해외인턴(취업연계형)	–	152	201	210	300
국토부	항공인턴십	5	1	8	8	8
산림청	해외산림인턴	13	11	13	14	15
산업부	글로벌 마케팅인턴	35	40	120	120	120
농진청	해외농업연구인턴	미집계				
교육부	WEST 프로그램	미집계				
	대학글로벌 현장학습					
	전문대학글로벌 현장학습					
	교사대 졸업자 해외 진출					
기재부	EDCF 해외인턴	미집계				
	YKSPian					

자료: 고용노동부(2015. 5.). 내부자료.

　글로벌 경제위기와 함께 증가하고 있는 청년실업의 문제는 이제 정부가 나서서 해결해야 할 중요한 문제 중 하나가 되었다. 이에 대한 하나의 방편으로 정부의 해외 취업에 대한 여러 지원 제도와 프로그램들이 많이 생겨났다. 그러나 앞의 내용에서 보았듯이 투자한 비용에 비해 매우 적은 소득을 얻고 있는 실정이다. 실제적으로 해외인턴십 프로그램을 통해 취업으로까지 연결되는 경우는 10% 정도밖에 되지 않는다. 이러한 이유는 국민권익위원회의 홈페이지에 게재된 보고서에 자세히 나와 있는데 정부의 단기적이고 양적 성과에 치중한 결과라는 것이 전문가들의 지적이다. 국회·감사원·전문기관·언론은 글로벌 청년리더 양성 사업 집행과정상 문제점을 지속적으로 제기했는데 그 내용은 다음과 같다.

　사업수행에 필요한 통합규정이 부재하고, 양적 성과에 치중한 결과 유사, 중복사업 추진, 사업 수행 시 관리감독 부실 등 문제점이 발생한다. 중개업체 활용에 대한 기준

미비와 관리 감독 부실로 불성실 연수업체로 인한 피해 발생 및 연수비 불법 편취 사례가 빈번하다. 참가자 선발 시 지인의 소개로 선발하거나, 모집공고와 다르게 선발하여 중복 참가를 허용하는 등 선발과정의 불공정 사례가 빈번하다. 따라서 해외취업·해외인턴·해외봉사 사업 운영과정의 부패유발소지를 제거하고 예산낭비 방지를 위하여 제도개선을 추진해야 하며, 추진 결과, 관계 기관과의 협의로 제도 개선에 동의해야 한다.

개선안에는 ① 다수의 해외사업에 대한 관리 감독을 강화하기 위해 총괄부처별로 통합관리 규정을 마련하고, ② 새로 사업을 추진하기 전에 타당성을 검토하며, ③ 중개업체의 부정수급 방지를 위해 관리 감독을 강화하도록 하는 내용이 포함되었다. ④ 참가자 선발을 공정하게 하기 위해 중복 참가를 제한하는 기준을 마련하고, ⑤ 사회적 약자인 취업취약계층의 참여를 확대하도록 하는 내용도 포함되었다.

취업취약 계층 참여비율(2012년 12월 국민권익위원회)

- 해외인턴: 2012년도 취업취약계층 참여율은 평균 36%이지만, 글로벌기업 해외인턴 사업은 6%, 국제전문 여성인력 양성 사업은 3%, 해외 농업연구 인턴사업은 0%임.
- 해외봉사: 2010년 4%, 2011년 4%, 2012년 7%
- 해외취업: 2010년 0.6%, 2011년 3.5%, 2012년 8.8%

글로벌 구인/구직 사이트

국가	명칭	주소	설명
전 세계	Adecco	http://www.adecco.com	인력공급, 헤드헌팅, 경력관리 등을 주력으로 하는 종합 인력 서비스회사
전 세계	JAC	http://jac-recruitmentasia.com	일본계 기업 구인정보, 경력직 취업 컨설팅, 헤드헌팅
전 세계	파소나	http://www.pasona.com	일본계 취업 정보, 기업 채용, 신입, 경력 인재 소개 및 인사관련 컨설팅

출처: 국민권익위원회(2016). http://www.acrc.go.kr/acrc/index.do

주요 국가별 구인/구직 사이트

국가	명칭	주소
EU	EURES	https://ec.europa.eu/eures/page/homepage?lang=en
영국	Reed	http://www.reed.co.uk
독일	The Local	http://www.thelocal.de/jobs
중동	bayt	http://www.bayt.com/
중국	chinajob	http://www.chinajob.com
싱가포르	Contact Singapore	https://cs.amris.com/wizards_v2/cs/index.php
홍콩	Recruit.com	http://www.recruit.com.hk
캐나다	canadajobs	http://www.canadajobs.com
멕시코	Opcion Empleo	http://www.opcionempleo.com.mx
미국	USAJOBS	https://www.usajobs.gov
호주	seek	http://www.seek.com.au

World Job에 따르면, 해외 유망직종으로 IT 전문인력, 자동차설계 엔지니어, 사무관련직 및 비즈니스 전문가, 간호사, 항공승무원, 조리사 등을 기술하고 있다. 특히 IT 관련 직종은 일본에서의 수요가 가장 많고, 그다음이 미국, 캐나다 순으로 해외취업을 나가고 있다. 자동차 관련 직종은 미국의 수요가 가장 많고, 그다음 유럽, 일본 순이다. 사무관련직 및 비즈니스 전문가 직종은 주로 우리나라 기업이 진출되어 있거나 우리나라와 교역이 많은 중국과 베트남을 중심으로 수요가 많다. 간호사는 영국과 중동에 수요가 많아 우리나라의 해외취업 기회가 높은 편이며, 조리사는 미국, 캐나다, 동남아, 중국 등 여러 국가에서 한국음식과 식당에 대한 수요가 늘면서 해외취업의 기회가 넓어지고 있는 분야다. 여성이 남성과 한 공간에서 일하는 것이 금지된 중동의 항공사에서는 여성 승무원으로 외국인을 채용하고 있으므로 중동 지역의 승무원 수요는 높다.

〈표 12-12〉 해외취업유망 15대국가 현지 부족직종 현황

국가	출처	현지 부족직종 현황	
		부족직종 (공단, 2015. 8. 조사결과)	인력수요 상위직종 (코트라, 2015. 4. 조사결과)
미국	①	숙련기술자, 운전사, 교사, 간호사, 회계사무원, 엔지니어, 행정전문직 등 10개	• 정보통신전문가 · 기술직(83%) • 경영 · 금융전문가(10%)
캐나다	①	전문직: 보건의료 종사자 등 50개 · 기술직: 철공종사자 등 92개	• 판매 및 고객서비스 관리직(40%) • 기타 기능 관련직(20%)
독일	①	메카트로닉스, 자동화기술, 건설, 전자, 전기, 기계공학, 배관, 냉동기술, 간호, 노인케어 등 24개	• 정보통신전문가 · 기술직(60%) • 운전 · 운송관리직(15%) • 판매 · 고객서비스 관리직(11%)
일본	①	IT 전문인력, 장기요양치료, 복지관련 종사자, 제조업 분야 숙련기술자	• 공학전문가 · 기술직(96%) • 정보통신전문가 · 기술직(2%)
싱가포르	①	고급인력: 교수, 관리자, 기술자 · 미숙련인력: 사무, 판매, 관광서비스, 생산, 교통운영, 청소부, 인부	• 운송 · 여가서비스직(54%) • 상담 · 안내 · 통계 및 기타 사무직(11%) • 경영 · 금융전문가(10%)
호주	①	의료, 건축, IT, 자동차 기술자, 전기기사, 요리사, 보육교사 등 72개	• 조리 · 음식서비스직(38%) • 판매 · 고객서비스 관리직(15%) • 상담 · 안내 · 통계 및 기타 사무직(12%) • 운송 · 기계 관련 · 기능직(9%)
베트남	③	한국진출기업 중간관리자 및 기술직 · 건설, 금융, IT, 서비스 등	• 경영 · 회계 관련 사무직(42%) • 판매 · 고객서비스 관리직(24%) • 건설 · 전기 및 생산 관련 관리직(15%) • 경영 · 금융전문가 및 관련직(13%)
인니	③	한국진출기업 중간관리자 및 기술직 · 플랜트 엔지니어, 금융 · 보험 등	• 경영 · 회계 관련 사무직(32%) • 행정 · 경영지원 관리직(28%) • 판매 · 고객서비스 관리직(19%)
중국	③	기술자, 영업, 운영 · 관리, 비숙련 노동자, 무역, IT, 생산관리, 연구원 등	• 운송 · 여가서비스직(42%) • 경영 · 금융전문가 및 관련직(37%)
UAE	③	건설플랜트, 석유 · 가스, IT 분야, 항공 및 호텔 분야	• 운송 · 여가서비스직(46%) • 공학전문가 · 기술직(46%)

(계속)

카타르	③	의료 분야, 항공승무원, 에너지 관련 엔지니어, IT 전문가 및 데이터베이스 관리자, 건설 관련 영업직	• 경영 · 회계 관련 사무직(21%) • 건설 · 전기 및 생산 관련 관리직(18%) • 화학 관련 기계조작직(16%) • 전문서비스 관리직(14%)
사우디	③	교통 · 물 · 항공산업 · 보건의료 · 웨딩 산업 분야 인력	보건 · 사회복지 및 종교 관련직(92%)
쿠웨이트	③	건설 분야 및 엔지니어링 전문인력	• 건설 · 전기 및 생산 관련 관리직(51%) • 공학전문가 · 기술직(33%)
브라질	②	생산관리직, 비서 · 사무행정원, 운전기사, 영업사무직, IT, 재무 · 회계사 등 10개	—
멕시코	②	영업사무직, 비서 · 사무행정원, 엔지니어, 생산관리직, IT, 재무 · 회계사 등 10개	경영 · 회계 관련 사무직(68%)

출처: 복수일 경우 다음의 순으로 출처 명시
　　　① 정부기관 → ② 맨파워 등 글로벌 리크루트사 → ③ 대내외 정책페이퍼 내지 연구용역보고서 등
출처: World Job(2016). http://www.worldjob.or.kr/info/shortOccup.do

참고문헌

권경득, 김덕준(2011). 청년 인적자원의 해외취업 활성화 방안에 관한 연구: 인식조사를 중심으로. 한국인사행정학회보, 10(2), 201-230.

김남희, 신선미(2010). 여성의 해외취업 성공 경험에 대한 탐색. 직업교육연구, 29(4), 73-94.

김명희, 문현태, 김광현(2015). 역사적 관점에서의 한국의 해외취업 재조명. 한국인사관리학회 학술대회 발표논문집, 2015(1), 74-90.

박성재(2015). 청년층 해외취업 · 해외인턴 사업의 글로벌 역량 강화를 위한 과제. The HRD Review, 2015(7), 48-65.

이창호, 오해섭, 김태완(2009). 한국청소년정책연구원 연구보고서, 글로벌 환경변화에 대비한 청소년인재개발전략에 관한 국제학술회의. 09-R17.

Aguirre, D., Hewlett, S. A., & Post, L.(2009). *Global talent innovation: Strategies for breakthrough performance*. Unpublished report(pp. 1-25). San Francisco, CA:

Booz and Company.

Dickmann, M., & Baruch, Y.(2011). *Global careers*. New York, NY: Routledge.

Oxford Economics.(2012). *Global talent 2021: How the new geography of talent will transform human resource strategies*. Unpublished report. Oxford, UK: Oxford Economics.

Tarique, I., & Schuler, R.(2012). *Global talent management literature review*. White paper(pp. 1-59). SHRM Foundation.

고용노동부(2015). 내부자료. 해외취업사업의 해외 취업성과.

고용노동부(2015). 내부자료. 해외취업사실 실적 추이.

국민권익위원회(2016). 홈페이지 From http://www.acrc.go.kr/acrc/index.do

대한무역투자진흥공단 KOTRA(2016). 홈페이지 From http://www.kotra.or.kr/kh/main/KHMIUI010M.html

한국국제협력단 KOICA.(2016). 홈페이지 From http://www.koica.go.kr/

한국산업인력공단(2015). 해외취업 종합 통계. From http://www.hrdkorea.or.kr/4/1/6

World Job(2016). 홈페이지 From http://www.worldjob.or.kr/ovsea/sdytrn.do

World Job(2016). 홈페이지 From http://www.worldjob.or.kr/info/shortOccup.do

제13장

여성과 일
(Woman and Work)

"여성성을 강조하면 무능하다는 평가를 받게 되고, 여성성을 없애면 비호감
이 되는 현실의 딜레마"

경력개발과 자기계발 관련 연구 논문과 서적들의 여러 주제 중에서 여성의 경력 혹은 자기계발에 관련된 장은 특별히 다루어지고 있다. 그 이유는 우선 남성의 전유물로 여겨지던 사회(일, 전문 분야 등) 진출의 역사가 남성에 비해 매우 짧기 때문일 것이다. 또한 짧은 역사에 따른 여성의 경력개발을 저해하는 많은 제도와 관습 그리고 여전히 해결되지 않고 있는 문제들 때문이기도 한다. 이는 흑인들이 백인중심의 사회구조 속에서 평등을 주장하던 당시와 비슷한 상황이다(그리고 여전히 흑인들은 자신들의 정당한 권리를 위해 아직도 평등을 위한 투쟁을 진행 중이다). 게다가 여성 차별은 인종, 민족 보다 더 오랜 역사를 가지고 있다. 인권의 가장 기본적인 권리라 할 수 있는 여성의 투표권이 미국에서는 96년 전인 1920년에 인정되었다. 미국의 모든 인종이 투표권을 법적으로 보장받은 때가 1870년인 것에 비해 50년이 더 늦었다는 점에서 볼 때 여성 차별은 인종과 민족 차별보다 사람들의 인식 속에 깊이 자리하고 있다는 것을 알 수 있다. 여성의 사회 진입과 진입 분야, 사회 속의 경력개발은 능력과는 상관없는 이유, 단지 여성이라는 이유와 남녀의 차이를 '다름'이 아닌 '틀림'으로 치부하고 차별로 선을 그어 버렸다. 이러한 편견들은 100년이 지난 지금도 여전히 사회, 조직,

일상 속에서 공식적, 비공식적으로 흔하게 발견할 수 있다.

이 장은 여성의 경력개발에서 당면하는 문제들, 특히 비능력적인 부분으로 인한 차별과 구조적 문제들에 대해 고찰, 기술하고 있으며, 해결방안에 대해 제안하고 있다. 성차별 문제는 남성과 여성으로 나뉘어서 구분되는 것이 아니라 인간으로서 지켜지고 누려야 할 권리에 대한 인식으로부터 시작되는 것이라는 점을 먼저 밝혀두고자 한다.

과거 1990년대 말에 발간되었던『매킨지보고서』에는 한국이 선진국 반열에 오르기 위해서는 대학 졸업 이상의 고급 여성인력의 경제활동 참여율을 획기적으로 높여야 한다는 주장이 기록되어 있다. 그러나 20년이 흐른 지금도 대학 졸업 이상의 여성인력의 경제활동 참여율은 현저히 낮은 상황이다. 20년 전 쓰였던 매킨지의 보고서를 지금 언급한다고 해도 전혀 어색하지 않을 상황이다. 1998년 당시 OCED 평균 대졸 이상 여성 경제활동 참가율은 83%였으며 한국은 54%였다. 2009년 경제협력개발기구(OECD) 평균은 82.5%이나, 한국은 62.4%로 여전히 OECD 국가 중 최하위를 유지하고 있다. 더욱이 매년 여성의 대학 진학률이 80%를 넘고 있는 상황에서조차 고급 여성인력의 경제활동 참가율의 저조는 한국사회의 구조와 제도가 여전히 차별이라는 틀 안에 머물러 있기 때문이다.

매년 여러 여성 관련 조사에서 한국은 최하위를 차지하고 있다. 영국의 경제주간지「이코노미스트」가 선정하는 여성이 일하기 좋은 나라 28개국 중 한국은 몇 년째 최하위를 벗어나지 못하고 있다. 그리고 몇 년째 OECD 국가 중, 남녀 취업률 격차가 가장 큰 나라와 남녀 임금 격차가 가장 큰 나라라는 평가를 수식처럼 붙이고 있는 나라가 한국이다. 경제참여와 기회, 교육성취도, 건강과 생존, 정치권한의 영역에서 남녀의 차이를 조사하는 세계경제포럼 성 격차 지수(GGI: Gender Gap Index)에서 한국은 발표 첫 해였던 2006년 92위, 2007년 97위, 2008년 108위, 2009년 115위, 2010년 104위, 2011년 107위, 1012년 108위, 2013년 111위, 2014년 117위, 2015년 115위로 지속적으로 매우 낮은 순위를 기록하고 있다. 2015년 중국 91위, 일본 101위보다 더 낮은 수치다.

남녀의 불평등은 통계적 지표에서뿐만 아니라, 최근 전국의 직장 만족도 조사 ― 근무지역, 기업형태, 성별로 구분해 만족도 결과를 분석함 ― 와 같은 내용적인 조사에서도 나타난다. '승진기회 및 가능성' '복지 및 급여' '사내문화' '업무와 삶의 균형' '경영진'으로 구성된 직장 만족도 조사의 모든 부문에서 여성이 남성보다 불만족이 큰 것으로 나타났다. 가장 불만족이 큰 그룹은 울산 지역의 중소기업에서 일하는 여성그룹이었으며, 가장 만족도가 높은 그룹은 서울 지역 외국계 기업의 남성이었다. 또한 가장 만족도가 높은 여성 그룹 역시 서울 지역 외국계 기업이었다. 이는 남성 중심적 산업이 발달된 울산 지역의 국내 기업에서 여성으로 일하는 것이 가장 불만족스럽고, 이와 반대로 양성평등의 기회가 상대적으로 높고 덜 남성적, 권위적인 기업문화를 가지고 있는 외국계 기업에서 일하는 집단이 남성이든 여성이든 직장에서의 만족도가 높다는 결과다.

여성들의 경제활동참여와 경력개발 과정에서 공식적, 비공식적으로 나타나는 차별의 이유는 대부분 여성의 능력과는 무관한 부분에서 기인한다. 가장 큰 이유로는 남성들의 부정적 태도에 기인한 차별이라고 보고되고 있고, 두 번째로는 성희롱이며, 세 번째로는 여성에게 일과 가정 양립에 대한 희생의 요구였다.

 ## 여성의 유리경력

인류는 성별, 민족, 인종, 종교 등의 이유로 차별하고 또 그 차별을 이유로 분쟁하는 역사를 반복해 왔다. 가장 광범위한 차별은 남녀 차별이다. 전 세계 인구의 절반 이상을 차지하는 여성이 자신의 능력이나 법적, 윤리적 태도와는 상관없이 단지 여성이라는 이유만으로 차별을 당하는 것은 문화적으로 오랜 기간 동안 당연하다고 '보편적'으로 인식되었기 때문이다. 여성의 능력과 역할에 대한 남성들의 뿌리 깊게 고정된 인식과 여성이 남성보다 높은 직위에 선다거나 여성상사 밑에서 일하는 것에 대한 남성의 부정적인 태도가 여성의 경력개발에 가장 큰 장애요인으로 꼽힌다.

대부분의 국가에서 성차별은 과거의 차별이라 부를 수 있을 것이다. 오늘날 직장에서 여성에 대한 **직접차별**은 많지 않다. 그러나 인류의 오랜 역사 동안 남성우월주의 사상에 따라 교육도 제대로 받지 못하고 교육의 질도 남성에 비해 떨어진 사회 속에서 지금까지 여성이 이루어 놓은 것은 당연히 남성보다 적거나 없을 수밖에 없다. 지금은 과거만큼 차별이 없다고 하더라도 과거의 차별은 긴 시간 축적되어 이미 남성과 여성의 직장에서의 경력이나 위치, 업적 등의 차이가 너무나 크기 때문에, 이로 인해 발생하는 불평등은 다음 세대의 보이지 않는 차별의 원인이 된다. 오늘날 발생하는 성차별은 직접차별보다는 간접차별인 경우가 훨씬 많은 이유다.

> **직접차별**은 합리적인 근거나 이유 없이 한 개인이나 집단을 그 개인이나 집단이 가진 특정 속성으로 인해서 불균등한 대우를 하는 것이다.

간접차별은 중립적인 기준을 사용했으나, 그 중립적인 기준으로 인해서 특정 소수 집단에게 불균등한 결과를 가져오게 하는 경우, 이를 차별로 보는 개념이다. 즉, 이미 차별을 받아온 이들에 대한 깊은 사려 없이 단순히 똑같은 기준을 제시한 뒤 나타나는 불균등한 결과를 차별로 보는 것이다. 예를 들어, 중립적인 기준인 학력을 사용하더라도 전통적으로 교육의 기회가 적었던 흑인이 백인보다 불리할 수밖에 없다면 이는 결과적으로 불평등한 결과를 불러오기 때문에 미국 법원에서는 이를 차별로 규정하고 있다. 현재는 중립적인 기준이라 하더라도 과거 차별의 누적이라고 보는 가부장적 관습, 성역할의 고정관념 등으로 인해 현재에 차별적 결과를 가져오면 그 기준도 차별로 본다.

그렇다면 결과를 보고 차별로 판단한다고 할 때, 그 기준은 무엇일까? 우리나라는 아직 이에 대한 기준이 미비한 상황이다. 미국은 평균고용기회위원회에서 적용하는 80%(4/5)의 법칙을 사용하고 있다. 예를 들어, 여성 승진대상자 10명 중에서 3명이 승진하고, 남성 승진대상자 30명 중에서 15명이 승진하면, 여성 승진율은 30%이고 남성 승진율은 50%다. 이때 남성 승진율인 50%의 80%(4/5)는 40%인데, 여성의 승진율인 30%가 이 40%에 미치지 못하기 때문에 차별로 판단한다.

한국에 나타나고 있는 차별도 위와 같은 간접차별이 대부분이며 간접차별의 결과로 인해 여성의 경력개발과 사회의 진입은 여전히 많은 어려움을 겪고 있다. 여성이 경력개발 과정에서 경험하게 되는 간접차별을 많은 연구가들은 이에 관련된 전문용어를 만들어 사용했는데 유리 문(glass door), 유리 벽(glass wall), 유리 교실(glass classroom) 등을 예로 들 수 있다. 그리고 결과적으로 나타나는 여성의 경력과 승진에 관련된 내용에서 많이 사용되는 유리 천장(glass ceiling)과 한국이라는 배경에서 특히 두드러지는 문제를 지칭하기 위해 새로이 만든 유리 계좌(glass account)라는 용어를 첨가하고자 한다. 각 용어의 설명은 다음과 같다.

유리 문은 노동시장으로의 진입, 즉 취업에서 나타나는 간접차별을 의미하고, 취업하는 순간부터 정규직과 비정규직 비율에서 더 높은 비정규직에 고용되는 여성을 향한 차별을 포함한다. 유리 벽은 조직에 입사한 후에도 부서배치에서 나타나는 보이지 않는 차별을 의미하며, 차별적 부서배치를 포함하여 출장과 같은 업무 부여에서 나타나는 간접차별을 의미한다. 유리 교실은 참여할 수 있는 교육훈련에서 나타나는 간접차별을 의미한다. 유리 천장은 가장 잘 알려진 개념으로 경력사다리에서 고위직으로의 승진을 막는 보이지 않는 장벽으로 승진에서의 간접차별을 의미한다. 유리 계좌는 여성과 남성의 임금 차별을 의미한다.

각 용어에 따른 우리나라 현실에 대한 자세한 설명은 다음과 같다.

유리 문(Glass Door)

남녀평등 문제가 꾸준히 제기되면서 가장 성차가 줄어든 부분 중 하나가 바로 교육 분야다. 2000년까지만 해도 6%포인트 이상의 격차를 보여 온 남녀의 대학 진학률은 2009년 처음으로 대학에 진학하는 여성의 비율(82.4%)이 남성의 비율(81.6%)을 앞질렀으며, 현재는 남녀의 차이가 거의 없다. 학위에서 여성이 차지하는 비율은 2015년 기준 전체 학사 학위의 49.4%, 석사 학위의 50.4%, 박사 학위의 36%에 이른다. 로스쿨 졸업 후 변호사 시험 합격자 중 여성의 비율은 2016년 40.6%로 대표적인 전문 분야에서도 여성의 학위 취득 비율은 남성에 근접하고 있다. 전통적으로 남성이 압도적으로 많았던 공학 분야에서도 여학생의 비율이 2011년 14.5%에서 2015년 17%로 증가하고 있는 추세다.

그럼에도 불구하고, 여전히 여성의 노동시장 진입에 있어서는 여러 가지 차별적 결과가 나타나고 있다. 첫째는 진입 자체의 어려움, 둘째는 여전히 제한된 분야로의 쏠림 현상, 셋째는 비정규직의 비율이 남성에 비해 많다는 것이다.

OECD에 따르면 우리나라의 여성 고용률은 비교 대상 34개국 중 27위 수준에 그쳤다. 2014년 OECD 평균이 61.1%이었던 반면 한국은 54.9%였다. 지난 10여 년간의 남성과 여성의 취업률 격차는 여전히 23~24%포인트를 보이고 있어, 단순 통계에서 보이는 성별 격차에서도 여성의 노동시장으로의 진입은 남성보다 상대적으로 불리한 상황임을 알 수 있다. 특히 학사 학위 이상의 고학력 여성의 경제활동에서의 격차는 더욱 두드러지는데 만 25~64세 여성 인구 가운데 고학력 여성의 고용률은 2010년 기준 60.1%로 OECD 평균 78.7%에 비해 매우 저조한 상황이다.

〈표 13-1〉 15세 이상 인구의 성별 경제활동 참가율 추이(단위: %)

	2006년	2007년	2008년	2009년	2010년	2011년	2012년	2013년	2014년
여성	50.3	50.2	50.0	49.2	49.4	49.7	49.9	50.2	51.3
남성	74.1	74.0	73.5	73.1	73.0	73.1	73.3	73.2	74.0

출처: 통계청. 「경제활동인구조사」.

문제는 여기서 끝나지 않는다. 여성이 어렵게 취업의 문을 뚫고 입사한 후 실제 고용되는 분야는 상대적으로 임금이 낮거나 비정규직이 많은 서비스 분야가 대부분이라는 점이다. 남녀 간 직업 분리 현상이 꾸준히 줄어들고는 있으나, 여전히 비서와 사무보조, 유치원 교사, 간호사, 치위생사, 보육 관련 돌봄이, 접수 담당자나 안내원, 경리 담당자 등의 부문은 여성의 고유업무인 것처럼 여성이 대다수를 차지하고 있다. 20세기 중반 대학에 가던 대부분이 남성이었던 이유로 다수를 차지하고 있던 변호사, 의사, 교수 등 전문직에도 여성들이 대거 진출하고는 있으나, 상대적으로 여성의 사회진출의 역사가 짧기 때문에 그 수는 여전히 부족한 편이다. 이와는 반대로 상대적으로 여성들이 전통적으로 대다수를 이루고 있는 분야로의 남성의 진출은 매우 저조한 편이다. 미국과 같은 국가들에서도 간호사, 비서, 경리 등의 남성 지원자는 거의 없는 편이다. 이러한 이유로는 간호나 비서, 교육 분야의 경우 적정한 급여와 안정적인 고용을 제공하지만, 다른 남성들의 직업에 비하면 승진이나 자신의 능력을 발휘하기에는 한계가 있는 직업으로 여겨지기 때문일 것이다. 그리고 가장 큰 문제는 이러한 직업들이 여성의 전문 분야라고 편견을 가지고 있기 때문에 남성이 하기에는 어울리지 않는, 즉 남자답지 못한 직업이라고 자라면서 학교와 부모 그리고 주변으로부터 교육과 영향을 받아 고정된 잘못된 성에 따른 역할의식이다.

다음은 한국 30대 기업의 신규채용 중 여성의 비율을 나타내는 그래프로, 30대 기업 전체 신규채용의 여성 비율은 평균 31.8%이지만, 여성은 주로 유통서비스, 보험, 은행 분야에 집중하여 50~60% 이상 취업하고 있지만 자동차, 화학, 중공업, 전자 등 제조업에는 20% 미만으로 채용되고 있음을 확인할 수 있다.

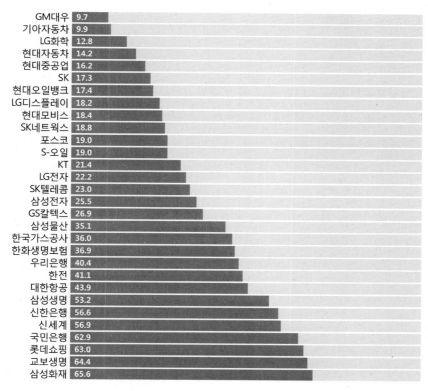

[그림 13-1] 30대 기업 신규채용 중 여성 비율

출처: 시사인(2013). 기사./그림자료: 은수미 의원실

유리 문에서 나타나는 간접차별 중 또 하나는 여성의 비정규직 비율이 남성에 비해 높다는 것이다. 지난 10년간 여성 전체 임금근로자 중 비정규직 비율은 아주 작게나마 줄어드는 수치를 보이고는 있으나, 전체 여성 임금근로자의 증가에 따라 실제 비정규직자 숫자는 늘어나고 있는 추세다. 남녀 각각 비정규직이 차지하는 비율은 지난 10년간 여성의 경우 남성보다 10%포인트 이상 높아, 여전히 여성의 경우 더 많은 비율의 근로자가 비정규직 조건에서 근무하고 있음을 알 수 있다.

〈표 13-2〉 여성 임금근로자 중 비정규직 비율 및 남성 임금근로자 중 비정규직 비율 추이(단위: %)

	2007년	2008년	2009년	2010년	2011년	2012년	2013년	2014년
여성	42.1	40.8	44.1	41.8	42.8	41.5	40.6	39.9
남성	30.4	28.8	28.8	28.2	27.1	27.8	27.2	26.5

출처: 통계청. 「경제활동인구조사」.

앞서 여성고용에서 나타나는 결과적 차별을 살펴보았으나, 유리 문, 즉 여성의 취업과정에서 행해지는 간접차별은 더 다양하고 광범위하다. 채용공고에서 여성이나 남성을 특별한 이유 없이 특정하는 것, 입사원서에서 가족사항을 기입하도록 하면서 여성의 결혼 여부나 어린 자녀의 유무를 살피는 것, 대부분의 임원면접의 경우 면접관이 남성이기 때문에 남성에게 더 공유의식을 느끼거나 자연스럽게 남성중심적 사고방식으로 면접하는 경우 등이 이에 해당한다.

이러한 문제를 해결하기 위해 여러 국가들은 적극적인 정책을 펼치고 있다. 독일은 여성 고급인력을 유인하기 위해 채용과 승진에서 '여성우대책'을 시행하고 있고, 영국은 '성차별금지법'에서 한쪽 성이 과소 대표되는 직업에서 적극적 시정조치를 취하도록 명시, 여성이 과소 대표되는 직종에서 여성에 대한 우대정책이 남녀 차별이 아님을 규정하고 있다.

한국 역시 저출산, 고령화시대에 접어들면서 여성의 경제활동 참여는 갈수록 중요해지고 있지만 여전히 여성의 고용 상황은 열악하고 유리 문에서 행해지는 간접차별은 여전하다. 여성고급인력의 사회 활동을 높이면 위에 언급한 저출산, 고령화시대에 부족해지는 인력 부족을 어느 정도 해소할 수 있을 것으로 전문가들은 내다보고 있다. 이를 위해서는 정부의 일 · 가정 양립을 위한 정책, 남녀고용평등 대책이 적극적으로 실현되어야 한다. 2013년 6월 4일 정부가 발표한 '고용률 70% 로드맵'을 보면 임신한 여성 노동자들은 3개월의 출산휴가 뒤 1년간 '자동 육아휴직'을 쓸 수 있으며, 만 9세까지 육아휴직을 허용하고, '자동 육아휴직(출산휴가 시 육아휴직까지 일괄 신청)' 관행의 정착과 함께 임신 · 출산 육아휴직 여성의 퇴사가 많은 기업을 집중 감독할 예정이다. 또한 육아휴직 대체인력 통합뱅크(대체인력 DB)'가 확대되고, 출산 전후 휴가 기간 동안의 대체인력도 지원금이 지급된다. 경력단절 여성들의 복귀를 위한 시간제 일자리를 2012년 149만 개에서 2017년 242만 개로 늘릴 예정이다. 또한 직장 어린이집 설치 기준의 완화와 국공립 어린이집을 2017년 전체 보육아동의 30% 수준까지 확충한다는 계획이다. 그러나 기업의 인식 변화와 적극적인 지원이 없으면 이러한 정책들이 실효성을 발휘하기란 거의 불가능에 가깝다. 그렇기에 유럽의 경우처럼 강한 법적 제제로 실효성을 증가시킬 필요가 있다.

유리 벽(Glass Wall)

유리 벽은 업무 부여나 부서배치에서 나타나는 간접차별을 의미한다. 여성을 본인의 의사와 상관없이 주변부서나 주변업무에 차별적으로 배치하게 되면, 남성과 여성이 같은 조직에 근무하면서도 그 사이에 보이지 않는 벽이 존재하게 된다. 여성이 주변부서에 일하거나 주변업무에 배치되면 자연스럽게 핵심 업무는 맡지 못하게 되며 조직 내에서 자신의 핵심역량을 개발하고 증명할 기회를 놓치게 된다. 이는 추가적으로 중요한 교육훈련을 받을 기회로부터 멀어지게 하며, 장기적으로 승진과 임금의 차별로 이어져 여성의 직장 내 경력개발을 가로막는 요인이 된다.

조직에 공채로 입사하더라도 여성은 총무나 인사 등 주로 지원부서에 배치되어 제한된 영역의 전문성과 능력만을 가지게 된다. 반면, 남성은 기획이나 재무 등 핵심부서에 주로 배치되거나 일반 부서에서 부하의 인사결정 권한과 조직의 직접적 성과를 보여 주는 업무를 담당하여 리더로 성장하는 기회를 갖게 된다. 이러한 차별은 특히 여성직원을 상대적으로 많이 고용하는 은행권의 업무배치에서 가장 적나라하게 지속적으로 이루어져 왔으며, 시간의 흐름에 따라 대부분의 사람들은 이런 불합리한 업무배치를 '보편적'으로 인식하게 되었고 문제라는 생각은 조금도 하지 않게 되었다. 여성은 주로 텔러 업무, 남성은 주로 여신, 외환, 카드 업무에 배치한다. 텔러 업무는 특별한 능력을 요구하기보다는 단순, 반복적인 업무로 별다른 능력을 요구하지 않는 은행의 부가가치가 낮은 하위 업무로 여겨지고 있고, 여신, 외환 업무는 보다 복잡하고 더 많은 지식이 요구되는 업무로 은행에 부가가치가 높은 핵심 업무로 여겨진다. 또는 남녀 모두 금융을 담당하더라도, 여성은 개인금융을, 남성은 기업금융을 담당하게 한다. 증권업계 또한 남녀 모두 공채로 채용되어도 여성들은 채용됨과 동시에 지점에 발령을 받아 텔러 업무를 수행하고, 남성들 중 일부는 채용과 동시에 본사의 핵심 업무로 발령을 받는 일이 종종 있다.

여성에게 핵심 업무를 맡기지 않는 이유들을 보면 능력과는 무관한 경우가 많은데, 예를 들어 핵심 업무는 장시간 근무를 요하는 육체적으로 더 힘든 업무라는 것이다. 그러나 실제적으로 여성들이 장시간 근무를 하지 않는 것은 아니다. 단지 핵심 업무와 비핵심 업무로 나뉘어 있을 뿐이다. 좀 더 들여다보면 여성이 핵심 업무로부터 멀어지는 실제적인 이유는 여성은 잠재적으로 결혼을 하고 출산과 육아를 담당할 것이기 때문에 핵심 업무 분야에서 지속적으로 일을 하는 것은 조직의 업무에 지장이 생길 것이라는 잘못된 '보편적' 인식이 관리자들의 생각의 기저에 자리 잡고 있기 때문이다. 즉, 여성은 출산과 육아로 인한 업무의 공백 때문에 조직은 핵심 역량을 배양할 수 있도록 인재를 키워놓고도 제대로 활용할 수 없다는 이유로 또는 핵심 업무의 특성상 잦은 야간 업무로 인해 여성이 가정과 일의 양립에 지장이 가게 된다는 이유였다. 그러나 이는 남녀를 구분하지 않고 가정과 육아에 부부가 공동의 책임이 있음을 인정하지 않는 전통적인 가부장적 사고에 기인하고 있으며, 기업 또한 남녀 모두 일·가정 양립이 가능하도록 근무상황을 조정하는 데 인색하기 때문이다. 또한 국내의 기업은 특성상 핵심 업무 중에는 술자리나 접대가 많기 때문에 여성에게 적합하지 않다고 생각한다. 이러한 기업문화에 대한 문제의식을 가지고 개선하기보다는 여성을 배제하면 모두가 편해진다는 불평등 인식이 '보편적'으로 자리 잡고 있다는 점이 더욱 남녀평등을 구조적으로 어렵게 만들고 있다.

국내 여성 관리자를 대상으로 한 연구에 따르면, 외국계 기업에 종사하는 경우, 여성과 남성의 출장업무 기회가 평등하게 주어지는 반면, 국내 기업의 경우에는 조사대상의 약 40%의 기업에서 출장업무의 기회가 성별에 따라 불공정하게 주어진다고 보고되었다. 부서 배치 등 직종 분리에서만 간접차별이 나타나는 것이 아니라, 출장업무 등의 업무 부여에서도 간접차별이 나타나고 있는 현실이다.

민간기업뿐 아니라 공공기관의 공무원 대상 보직배치에서도 성별에 따른 차별적 관행이 존재한다. 여성공무원이 증가하고 그중 여성 관리직 비율이 꾸준히 증가하고 있지만, 그 이면에는 여성 관리직은 상대적으로 하위직의 보직배치로 관리직을 맡고 있다. 예를 들면, 여성공무원 보직의 경우 상대적으로 중요도가 높은 보직인 기획, 총무, 예산, 감사 업무보다는 서류발급, 문서수발, 경리 및 여성, 아동, 노인 관련 업무 등 단순 반복 업무, 행정지원 업무, 사회복지 업무가 주를 이룬다. 이러한 비능력적인 이유로의 차별은 과학이 발달하고 사회가 발전하며 인권에 대한 관심이 커져가고 있는 지금 시대에 역행하는 비이성적이고 비합리적인 문화가 아직도 존재하고 있음을 증명하는 것에 다름 아니다.

유리 교실(Glass Classroom)

조직에서 실시하는 교육훈련 프로그램의 참여 기회에 있어 남녀 간의 불평등이 생길 때, 이를 유리 교실이라 한다. 이러한 유리 교실의 결과로 여성들의 부서 배치나 수행 업무가 남성과 다름으로 인해 성과 평가가 다르게 매겨질 가능성이 높아진다. 성과평가의 중요 항목 중 하나가 조직발전이나 조직성과에 얼마나 기여했는가에 대해 평가하는 항목에서 같은 부서 내에서도 핵심 업무를 수행한 경우 높은 평가를 받을 수밖에 없다. 성과 평가의 결과는 승진에도 영향을 미치지만, 어느 직원을 조직 내에서 성장시킬 것인가에 중요한 지표가 되기도 한다. 높은 성과 평가 결과를 받은 직원은 상대적으로 핵심 교육이나 연수에 참여할 기회가 높아지게 되어 자신의 경력개발에 유리한 위치에 서게 되는 것이다. 해외 유수대학에서 MBA를 취득하도록 선발하여 모든 비용을 기업이 부담하는 고급 연수 과정 선발 기준을 보면 이 역시 성과 평가에서 우수한 성적을 받고 리더십을 잘 발휘한 직원으로 제한되는 경우가 많다. 이러한 연결고리로 인해 결과적으로 여성은 연수 또는 교육 참여에서 구조적으로 차별을 받을 수밖에 없게 된다. 이러한 차별의 결과로 핵심 업무를 수행하도록 배정받은 남성들은 핵심 업무 심화 교육 과정에 참여하게 되고, 당연히 조직에서 중요한 기능을 수행할 역량을 보유하게 된다.

유리 천장(Glass Ceiling)

우리나라 유리 천장의 강도는 여전히 매우 세다. 2014년 기준 민간 상장기업의 여성 이사의 비율은 1.5%에 불과하며, 정부가 예산과 임원인사를 조정할 수 있는 공기업조차도 여성 임원의 비율은 오히려 더 낮은 0.6%에 불과하다. 여성대통령의 시대이나 고위공직자 중 여성의 비율은 5%가 채 되지 않는다. 여성의 경제활동 참여가 국가 경쟁력의 중요한 동력이며, 의사결정 권한이 있는 고위 임원진에 여성의 참여가 기업 경쟁력이 되고 있는 세계의 흐름에서 우리나라는 경제적 선진화에 비해 세계에서 최악의 유리 천장을 갖고 있다. 유리 천장을 통해 나타나는 여성의 경쟁력 지표는 조금씩 나아지고 있다고 하지만 그 개선의 정도가 매우 미약하여 전 세계 최저 수준에 몇 년째 맴돌고 있다. 이러한 유리 천장, 즉 승진에 있어서 나타나는 성별 불균형은 여성의 경제활동 참여에 대한 의지가 꺾이도록 만든다.

통계청에서 분류하는 정의에 따라 공공 및 기업의 고위직 및 관리직에 종사하는 여성의 비율은 지난 10년간 아주 조금씩이나마 증가하는 추세다. 이는 여성의 관리직 규모(숫자)는 감소하였으나 전체 관리직의 규모가 줄어든 탓에 여성이 관리직에서 차지하는 비율이 상승하는 것 같은 통계의 사각을 보인 것뿐이다. 직급별로 살펴보면 고위직급에서 여성이 차지하는 비율은 매우 낮다.

〈표 13-3〉 여성 관리직 및 비율 추이(단위: 천명, %)

	2006년	2007년	2008년	2009년	2010년	2011년	2012년	2013년	2014년
여성	52	53	52	47	53	52	51	46	44
남성	550	548	497	499	509	463	413	358	352
전체	602	601	549	546	562	515	464	403	397
관리직 중 여성 비율	8.6	8.8	9.5	8.6	9.4	10.1	11.0	11.4	11.1

출처: 통계청 「경제활동인구조사」.

정치에 관련해서도 여성은 전체 유권자의 절반을 차지하고 있지만, 선거에 의한 여성 국회의원의 비율은 여전히 매우 낮다. 지난 세 번의 선거에서 여성 국회의원의 비율은 조금씩 증가하고는 있지만 OECD 국가 평균 여성 국회의원 비율인 27%에는 훨씬 못미치고 있다. 그나마도 공직선거법에 의한 비례대표 할당제로 인한 것으로 대부분의 여성 국회의원은 비례대표다. 「공직선거법」에 의하면 지역구 국회의원 후보자의 30%는 여성할당으로 노력해야 한다는 규정이 있으나, 강제조항이 아니기에 실효성이 거의 없다. 2016년 20대 국회의원 선거에서 각 정당이 지역구에 공천한 여성 후보의 비율을 보면, 새누리당은 6.5%, 더불어민주당은 10.6%, 국민의당은 5.2%, 정의당은 13.2%로 30%에 훨씬 못 미치는 수준이었다.

그러나 능력적인 부분으로 따져볼 때 실제 여성 국회의원은 남성 국회의원에 못지 않거나 더 나은 성과를 보였다. 18대 국회의원들의 법안발의 통계에 의하면, 남성 국회의원의 경우 33.21건으로 전체 평균에 못 미치나, 여성 국회의원의 법안 발의 수는 평균 38.85건으로 남성 평균보다 훨씬 높다. 의정활동에서 남성 국회의원보다 높은 성과를 내고 있음에도 불구하고 여성이 지역구를 통한 선거에서 많이 진출하지 못하는 주요 원인을 살펴보면, 여성이 높은 공직에 어울리지 않는다는 유권자의 고정관념과 과거 20년 전까지만 해도 남성의 수가 압도적인 분야였던 법률, 교수, 언론, 비즈니스의 경력이 정계나 공직 진출의 발판이 되는 경우가 많았는데 남성에 비해 상대적으로 여성이 위에 언급된 분야로 진출한 역사가 매우 짧은 탓에 불리할 수밖에 없었다는 것이 전문가들의 견해다.

〈표 13-4〉 여성 국회의원 및 비율 추이(단위: 명, %)

	2008년	2012년	2016년
여성	41	47	51
남성	258	253	249
전체	299	300	300
여성 비율	13.7	15.7	17.0

출처: Inter-Parliamentary Union(2008, 2012, 2016). Women in National Parliaments.

사업체 대표자의 여성비율의 추이를 살펴보면, 지난 10여 년간 총 산업체 대표자에서 여성 대표자 비율은 36%에서 38%로 소폭 상승했다. 이는 다른 의사결정 권한이 있는 자리의 여성 비율에 비하면 많은 것처럼 보인다. 그러나 자세히 살펴보면 여성이 대표인 사업체 대부분은 숙박음식점업과 도소매업, 교육서비스업으로 표현되는 식당, 가게, 학원 등의 소규모 자영업이다. 실제 지표로 살펴봐도 여성이 대표인 사업체 10개 중 9개는 5인 미만의 소규모 자영업이다.

중앙행정기관의 4급 이상 고위공무원 중 여성의 비율은 2006년 2.8%에서 20014년 4.5%로 점차 증가되어 왔으나 아직도 5%도 채 되지 않는 매우 낮은 수준이다. 정부에서는 2017년까지 중앙행정기관 공무원 4급 이상 여성 관리직의 비율을 15%를 목표로 여성 고위공무원의 확대를 추진 중이다.

2006년 '적극적고용개선조치' 도입 이래 여성 관리직 비율이 소폭이지만 증가해오고 있다. 민간기관과 공공기관 모두 2006년부터 2014년까지 약 7%포인트 정도 증가되었다. 그러나 민간기관에 비해 공공기관의 여성관리자 비율이 5%포인트 이상 낮다는 것은 정부의 정책과 예산의 통제하에 있는 타 기업들의 표본이 되어야 할 책임 있는 공공기관으로써의 역할에 대한 자각과 노력이 부족한 탓으로 앞으로 개선되어야 할 여지가 매우 크다.

〈표 13-5〉 의사결정 권한에 관한 여성지표

2014년 여성	비율(%)
관리직 여성	11.1
국회의원 여성	16.3
지방의회 여성	22.9
장·차관급 여성	6.2
4급 이상 고위공무원단 여성	4.5
5급 이상 공무원 여성	16.8
사업체 대표자의 여성*	37.8
공공기관 여성관리자*	13.9
민간기관 여성관리자*	19.2

출처: 한국여성정책연구원(2015). 「2015년 여성의 사회적 지위향상 점검지표 분석」 보고서.

* 2013년 자료.

　　최근 한국여성정책연구원에서 발표된 '2015년 여성관리자패널 조사'에서 여성의 승진에 대한 흥미로운 결과를 발표했다. 기업 내 차장에서 부장으로 승진하는 비율을 나타내는 지표로, 차장에서 부장으로의 승진율은 평균 7.5%로, 실제 부장으로 승진한 사람 중 여성의 비율은 10.9%였다. 결과를 보면 여성이 남성보다 부장 승진에서는 더 유리한 것으로 보인다. 이는 여성의 경력을 이해하지 못하는 데서 나오는 주장이다. [그림 13-2]를 보면, 사원과 대리급에서 여성 직원의 비율은 45~46%지만, 차장급에서 여성의 비율은 13.6%로 현격히 줄어들었다. 이는 많은 여성들이 대리와 과장급에서 퇴사했음을 알 수 있다. 곧 상대적으로 경력(일)에 대한 열의가 높고 일에 대해 몰입할 수 있는 환경이 가능했던 여성들만이 차장급에 소수 남게 되었다는 것을 지표를 통해 알 수 있다. 이것이 여성으로서의 이점을 가지고 남성보다 부장으로 승진을 더 많이 했다고 보기 어려운 첫 번째 이유다. 두 번째는 차장에서 부장으로 승진율만 남성보다 높았을 뿐 부장에서 다음 단계로의 남성 승진율은 6.4%이지만, 여성은 4.3%로 여성이 임원으로 승진하는 비율은 결국 전체적으로 보았을 때 남성보다 낮다.

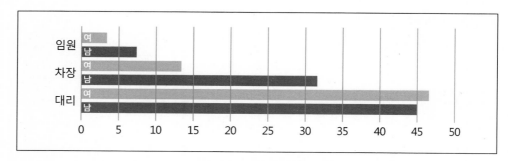

[그림 13-2] 기업 내 직급별 여성 비율(단위: %)

이 외에도 기업의 인사담당자를 대상으로 한 조사에서 승진에 차별이 있는 이유로 '남성 중심적 회사 관행이나 조직 문화'가 36.7%, '여직원은 조직에 대한 헌신도가 떨어짐'이 30.2%, '여직원은 리더십이 떨어짐'이 25.8%, '여직원에 대한 관리자들의 신뢰도가 낮음'이 25%, '여직원의 직무 수행능력이 떨어짐'이 6.9%로 나왔다. 기업문화나 관행이 남성 중심적인 부분에 대해서는 개선의 대상으로 보고 있지만, 그 외 대부분의 이유가 여성의 능력을 이유로 들고 있는데 대부분 여성에 관련된 부정적 이유를 보면서 들었던 의문은 얼마나 많은 여성들이 리더십을 발휘할 수 있었을 것이며, 핵심 업무를 맡아 능력을 발휘할 기회는 있었는지에 대한 것들이었다. 남성 중심적 회사 관행과 조직문화라는 36.7%의 차별 이유에 뒤이어 나머지는 모두가 여성의 능력 부족으로 답하는 인사담당자들의 의도 속에서 여성에 대한 유리 천장의 강도를 들여다볼 수 있다.

유리 천장과 관련한 해외 사례를 살펴보았을 때, 미국이나 유럽 등의 선진국도 한국과 다르지 않았다. 그러나 개선하기 위한 적극적인 조처에는 차이가 있다. 국제적인 비영리기관인 카탈리스트(Catalyst)의 조사에 따르면, 미국 S&P500에 상장된 기업 중 2015년 기준 이사회에서 여성의 비율은 19.2%이고 여성이 대표이사로 재직하고 있는 비율은 4.2% 수준으로 매우 낮다. 미국은 기업 활동의 자유가 강조되는 환경으로 국가 차원에서 제도를 통해 고위직 여성의 비율을 높이는 것은 어렵다. 반면, 유럽은 고위직 여성의 비율을 높이기 위한 제도적 구축 노력을 기울여 왔다. 2008년 노르웨이에서 시작된 여성임원할당제는 프랑스, 네덜란드, 스페인, 독일 등으로 빠르게 확산되었고, 독일에서 상장기업 이사회는 여성 비율을 30%까지 올려야 한다. Stoxx600(유럽지수)에 상장된 기업의 이사회에서 여성의 비율은 2010년 11%에서 2015년 21%로 5년 사이 10%포인트나 상승했다. 미국은 2010년 14%였으나 같은 기간 3%포인트 상승하는 데 그쳐, 2015년에는 17%에 머무르고 있다. 우리나라는 코스피200대 기업의 평균을 조사한 결과, 2010년 1.29%에서 2015년 1.54%로 증가하는 데 그쳐 지난 5년간 상승폭이 1%포인트에도 미치지 못했다.

여성임원할당제 도입에 발맞춰 전 세계적으로 여성 임원 비율과 기업 성과의 상관관계를 조사하는 연구가 있었다. 크레딧스위스은행은 40개국 2,360개 기업의 조사에서 여성 임원이 5% 미만인 기업군과 여성 임원이 10% 이상인 기업군의 자기자본이익률(ROE: Return on Equity)을 조사한 결과, 5% 미만의 기업군은 ROE가 9.7%인 데 반해, 10% 이상인 기업군은 ROE가 14.7%에 달했다. 배당성향도 여성 임원이 많은 기업군이 22%포인트 더 높게 지급하여, 주주들에 대한 배당성과도 더 높았다. 또한 여성 임원 비율이 높은 기업이 지배구조에 있어서도 투명하고 합리적인 의사결정을 할 수 있다는 연구도 있다. 기업 부패와 여성 리더십의 상관관계 조사에서 20년 동안 탈세나 조세회피로 적발된 경우, 여성이 최고재무책임자(CFO: Chief Financial Officer)인 경우가 훨씬 적었다는 것이다.

유리 계좌(Glass Account)

앞에서 살펴본 바와 같이, 여성이 남성에 비해 상대적으로 임금 및 직무 수준이 낮거나 비정규직에 취업하는 수가 더욱 많았다. 이로 인해 여성의 임금은 남성의 임금에 비해 항상 매우 낮은 수준을 보여 왔다. 이는 능력에 따른 차별이 아닌 비능력적인 이유로 만들어진 차별이다. 우리나라는 OECD 회원국가 중, 남녀 취업률 격차가 가장 큰 나라일 뿐 아니라, 남녀 임금 격차도 가장 큰 나라다. OECD에서 이와 관련한 통계 조사를 시작한 2002년 이래, 우리나라는 남녀 임금 격차가 가장 큰 나라로 줄곧 1위를 지키고 있다. 2014년 우리나라 남녀 임금 격차는 36.7%로, OECD 평균 15.5%의 2배 이상이다.

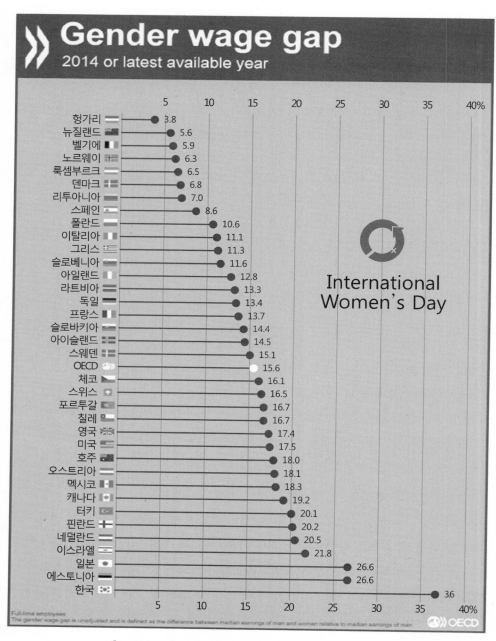

[그림 13-3] 2014년 OECD 회원국의 남녀 임금 격차

출처: OCED Facebook(2016).

우리나라의 남녀 간 임금격차는 67~68%로 지난 10년간 거의 변화가 없는 수치를
보이고 있다.

〈표 13-6〉 남성 임금 대비 여성 임금 비율 추이(단위: %)

	2006년	2007년	2008년	2009년	2010년	2011년	2012년	2013년	2014년
남성 임금 대비 여성 임금 비율	66.6	66.4	66.5	66.5	66.9	67.7	68.0	68.1	67.0

출처: 통계청. 「고용형태별근로실태조사」 (상용근로자 5인 이상 사업체 대상).

남녀의 임금격차를 보여 주는 또 다른 예로 세계경제포럼(WEF: World Economic Forum)
의 조사에 따르면, 2015년 여성의 추정소득은 US$22,263로 남성의 추정소득인 US$46,587의
47.8% 수준에 머무르고 있다. 특히 지난 6년 동안 우리나라 여성의 추정소득이
2009년 대비 2015년에 US$6,482로 증가한 반면, 남성의 추정소득은 같은 기간 동안
US$16,444로 증가, 그 규모만으로도 여성보다 배 이상 증가했다. 증가속도에서도 여
성은 같은 기간 동안 41%의 증가속도를 나타난 데 비해, 남성은 55% 증가속도를 보
여 더 빠르게 증가하고 있음을 보여 준다. 이는 남녀 간의 직업분리 현상이 줄어들고
있고 여성의 고용에 대한 차별이 줄어들고 있음에도 불구하고 남녀 간의 임금격차가
더 커지고 있어, 임금에 있어서의 남녀 차별이 매우 심각한 수준임을 알 수 있다.

〈표 13-7〉 추정소득에 대한 성비 추이(단위: US$, 순위)

	2009년	2010년	2011년	2012년	2013년	2014년	2015년
여성 소득	15,781	16,931	15,830	17,402	17,672	19,395	22,263
남성 소득	30,143	32,668	38,590	43,088	43,912	40,740	46,587
남성 소득 대비 여성소득	0.52	0.52	0.41	0.44	0.44	0.48	0.56*
격차에 따른 국가 순위	83	88	113	109	108	109	101

출처: World Economic Forum(2016. 6. 10.) [The Global Gender Gap Report 2009-2015]

* WEF에서는 2015년부터는 추정소득이 4만 달러가 넘어가는 경우에는 최고 소득을 4만 달러로 전환해서 남성 소득 대비 여성 소득의 비율을 정한다. 예를 들어, 2015년 미국의 경우 여성 소득이 US$43,445이고 남성 소득이 US$66,281이지만, 모두 4만 달러가 넘기에 남성과 여성의 추정 소득을 각각 4만 달러로 전환하여, 남성 소득 대비 여성 소득의 비율은 1이 된다. 2015년 우리나라 남성 소득도 4만 달러로 전환하여, 남성 소득 대비 여성 소득의 비율이 0.48이 아니라 0.56이라고 계산되었다.

한편, 최근 한국여성정책연구원에서 발표된 '2015년 여성관리자패널 조사'에 따르면, 실제로 남성과 여성이 대학을 졸업해서 같은 조건으로 입사했다면 남녀 임금차이는 거의 없는 것으로 나타났다. 남성의 군복무에 따른 약간의 차이뿐이라는 지적이다. 예를 들면, 대리급에서 여성은 남성 급여의 97.8%를 지급받고 있고, 과장급에서는 97.5%, 부장급에서는 99.2%로 받는다는 조사결과다. 이를 두고 보면, 동일 노동에서 남녀 동일 임금을 받는 것으로 보인다. 그렇다면 왜 통계청, WEF의 조사결과와 한국여성정책연구원의 조사결과가 일치하지 않는 것일까? 한국여성정책연구원의 조사결과는 2가지를 간과했는데 첫째는 동일한 조건으로 입사했을 때 임금이 같다고는 하지만 동일한 조건으로 채용된 남성과 여성의 비율에서 남성이 훨씬 높다는 점이고, 두 번째로는 [그림 13-2]의 기업 내 직급별 여성 비율에서 알 수 있듯이 고위직으로 올라갈 수록 여성의 노동인구가 남성에 비해 급격히 줄어들어 같은 직급일 경우 임금은 비슷하지만 같은 직급에서의 남성의 수가 여성보다 훨씬 많다는 점이다. 단지 '동일한 임금'만을 제시하면서 남녀의 격차가 줄었다고 주장하는 것은 논리적으로 큰 결함이 있다.

이와 같은 맥락에서 [그림 13-4]는 남녀 차별을 잘 보여 주고 있다. 우리나라 30대 기업 전체 신규채용의 여성 비율은 평균 31.8%이지만, 월 350만 원 이상의 임금을 받는 여성 직원의 비율은 평균 16.5%로 정규직이나 관리직에 여성의 비율이 매우 낮으며 이로 인한 여성의 임금수준 역시 매우 낮다는 것을 보여 준다.

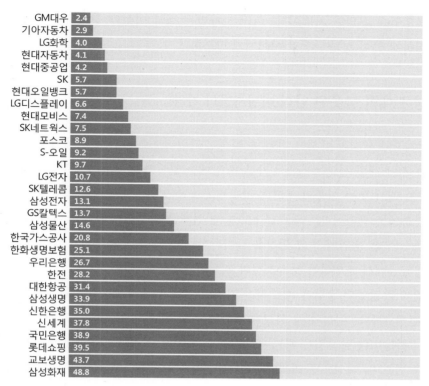

[그림 13-4] 30대 기업 월 350만 원 이상의 임금을 받는 여성 직원의 비율

출처: 시사인(2013) 기사./그림자료: 은수미 의원실

　20대에는 성별에 따른 임금차별이 거의 없으나 30대로 들어서면서 점차 성별에 따른 임금차별이 존재하게 된다. 이는 여성의 출산과 육아로 인한 경력 단절에 따른 근속 연수의 감소에서 비롯된다. 그러나 출산과 육아는 국내에만 존재하는 특수한 현상이 아니다. 세계의 여성들이 가지고 있는 공통점이다. 이러한 자연적인 일들을 잘못된 것으로 인식시키는 국내의 특수한 사회구조가 오히려 더욱 심각한 문제를 안고 있는 것이다. 출산과 육아를 이유로 여성을 배제하고 차별하는 것은 능력적인 부분과 상관이 없는 문제다. 인간으로서의 일할 권리는 출산과 육아를 이유로 박탈될 수 없다. 출산과 육아와 같은 비능력적인 부분을 능력적인 문제로 연관시켜 여성의 경력개발을 저해하고 핵심 업무에서 제외시킴으로써 승진으로 오르는 사다리를 끊어

버리는 일들은 부당한 차별이다. 이러한 차별은 결국 여성의 경력개발에 대한 동기를 상실하게 하여 경력 단절로 이어지게 만든다.

여성에 대한 잘못된 인식(여성차별의 기원)

매킨지사가 실시한 아시아 기업 중 여성이 고위직으로 승진하는 데 가장 크게 장애가 되는 것에 대한 설문조사에서 가장 큰 장애는 일·가정 양립의 의무를 여성에게만 부과하는 데서 오는 이중의 부담(double burden)이었다. 두 번째로 많았던 응답은 시간과 장소에 상관없이 업무적으로 필요하면 언제든 회사로 발길을 돌릴 수 있어야 하며 일을 최우선 순위에 두고 일상을 살아가야 하는 구조적 업무환경이었으며, 세 번째로는 공공에서 운영하는 보육시설과 지원의 부족함을 들었다.

세 번째로 많았던 응답은 제도적인 지원이나 대책을 필요로 하지만, 첫 번째 이유와 두 번째 이유는 여성의 성 역할에 대한 인식의 전환을 요구한다. 과거에는 물리적인 힘이 사냥이나 농사일을 하기에 여성보다 유리하고 적합했기 때문에 남성은 밖에서 일을 했으며, 여성은 물리적인 힘이 집안일에 적합했기에 서로의 차이에 따라 역할을 분담했다. 이러한 역할 분담의 고정적인 형태는 수천 년을 이어 왔다. 그러나 이제는 사회의 발달과 산업구조의 변화들로 인해 남녀구분이 필요 없는 일들이 많이 생겼다. 이러한 변화로 남녀가 같은 장소에서 같은 일을 하며 자신의 능력을 발휘할 수 있는 환경이 만들어진 것이다. 그럼에도 불구하고 남성은 회사 일만, 여성은 일과 살림을 병행해야 한다는 잘못된 인식이 지금까지 이어지고 있다. 회사에서의 노동력과 능력이 차이가 없으며 노동시간의 차이 역시 없음에도 불구하고 여성만이 살림을 해야 한다는 차별은 오랜 시간 사회와 문화 안에 뿌리내린 성 역할에 대한 '보편적' 인식에서 기인한다. 남성은 일에만 집중할 수 있고 여성은 가정과 출산, 육아 등의 가사를 혼자 도맡아 하면서 일도 해야 하는 환경에서 여성의 승진에 대한 열정과 기대가 지속되기란 불가능에 가깝다. 그렇기에 오래된 관습과도 같은 성 역할에 따른 잘못된 인식의 전환은 제도적, 법적인 지원만큼이나 매우 중요하다. 이에 관련하여 남성들의 가사노동과 육아가 부부 공동의 책임이라는 인식에 대한 필요성은 두말할 나위가 없다.

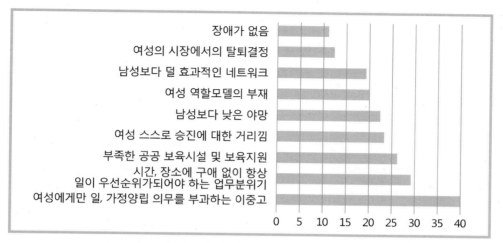

[그림 13-5] 고위 임원직으로 여성이 상대적으로 승진이 어려운 장애요인(복수응답 허용)

출처: McKinsey & Company(2012). Women Matter: An Asian Perspective.

이중 기준

여성에게는 남성과 다른 이중 잣대가 존재한다는 것이 여러 연구에서 밝혀지고 있다. 성공한 남성에 대해서는 남녀 모두 호감을 갖지만, 성공한 여성에 대해서는 남녀 모두 부정적 이미지를 더 갖게 된다는 연구 결과다. 특히 남성의 영역이라고 여겨지는 분야에서 성공한 여성은 남녀를 불문하고 사람들로부터 호감을 사지 못한다는 것이다. 연구에 따르면, 여성들이 스스로 자신의 능력을 나타내려는 행동(self-promoting)을 보이면 인간관계 능력이 부족하다는 평가를 받게 되고 이러한 행동은 승진에서 부정적으로 영향을 미친다는 결과가 있다. 이러한 이유로 여성들은 조직에서 남성들이 전통적으로 성공했던 영역에서는 자신의 능력이나 성과를 과소평가해야 하거나 혹은 겸손해야만 하는 성향을 나타내고 있다. 여성들은 성공하면, 자신의 능력을 최대한 발휘했다라고 말하는 대신에 '매우 열심히 일했었다.'거나 '운이 좋았다.', '다른 사람들이 협조를 잘 해 줘서'라고 말하게 되는 경향이 높아졌다. 또한 새로운 일을 맡기려고 할 때도 남성들은 '한번 열심히 해 보겠습니다.'라고 의욕을 내세우지만 여성들은 겸손을 강요받는다. 앞의 남성들과 같이 의욕적인 대답보다는 '아직도 현재의 업무에서도 배울 일이 많다.'거나 '과거 그런 일을 해 본 적이 없는데 많이 도와주십시오.'와 같은 자신을 낮추는 발언을 기대한다.

　　최근 한 기사에서 미국의 가장 영향력 있는 여성 리더의 한 사람인 페이스북의 최고운영자(COO: Chief Operating Officer)인 셰릴 샌드버그가 같은 Facebook의 최고경영자(CEO: Chief Executive Officer)인 저커버그처럼 캐주얼한 옷을 입어도 성공했을까에 대한 질문을 던졌다. 샌드버그는 항상 매끈한 정장과 하이힐을 입고, 저커버그는 캐주얼한 청바지에 헐렁한 티셔츠를 입는다. 이 질문은 전문직 남녀의 옷차림에서도 이중 기준이 존재하고, 여성에게는 옷차림과 머리, 화장 등에 더 엄격한 기준이 적용된다는 것을 말하고 있다. 이러한 사실이 더 심각하게 느껴지는 이유는 일반적으로 사람들은 자신들이 이런 이중 잣대를 가지고 있는지조차도 모른다는 것이며, '보편적' 인식으로 자리 잡혀 있기에 교육이나 정보를 통해 이러한 인식이 차별이라는 것을 알게 된다고 하더라도 전환하기가 매우 어렵다는 것이다.

여성을 성적 대상으로 보는 인식

- **성폭력(sexual violence)**: 성을 매개로 하여 상대방의 의사에 반해 이루어지는 모든 가해행위를 일컫는 말로, 성폭행(강간), 성추행, 성희롱을 포괄하는 광의의 개념이다.
- **성폭행(sexual assault)(강간)**: 상대방의 동의 없이 억지로 성교를 하는 행위를 말한다. 일반 강간, 사람의 심신상실 또는 항거불능의 상태를 이용한 준강간, 위계 또는 위력에 의한 간음 등이 있다.
- **성희롱(sexual harassment)**: 언어를 통해 상대방에게 성적 혐오감을 주는 행위. 직장 내 성희롱은 사업주, 상급자 또는 근로자가 직장 내 지위를 이용하거나 업무와 관련하여 다른 근로자에게 성적인 언동 등으로 성적 굴욕감 또는 혐오감을 느끼게 하거나 그 밖의 요구 등에 불응을 이유로 고용상 불이익을 주는 것을 말한다. 성희롱에는 언어적, 시각적, 신체적(육체적) 성희롱으로 나누어지며, 성추행은 신체적(육체적) 성희롱에 해당된다.

　　　　　　출처: 위키피디아 및 고용노동부 정책 홈페이지(2016). 직장 내 성희롱 등 예방.

강력범죄(살인, 강도, 방화, 강간) 피해자 중 여성이 차지하는 비율은 남성 피해자에 비해 훨씬 높다. 게다가 2003년 강력범죄의 여성 피해자 비율은 74.9%에서 2013년 84.9%로 지난 10년간 증가추세를 나타내고 있다. 자료에 따르면, 강력범죄 중 강간에 유사강간, 강제추행 등이 포함되어 여성의 비율이 월등히 높은 것이며, 강간을 제외한 강력범죄의 피해율은 남성이 조금씩 더 높다. 전통적으로는 강간범죄에서 가해자는 남성, 피해자는 여성으로 인식되어 왔으나, 1990년대 이후 성별의 구분 없이 강간의 피해자가 될 수 있다고 인식하고 있다. 전 세계적으로 신고된 강간범죄에서 여성이 피해자인 경우가 90~91% 된다고 보고되고 있고, 우리나라의 경우 2003년 여성 피해자가 94.6%(6,690명)에서 2013년 92.4%(23,532명)로, 절대적인 피해자 숫자는 늘었지만 비중은 조금 줄어들었다.

　사회 전반에 여성을 대상으로 한 성범죄가 여전히 높은 가운데, 직장 내 성희롱 관련 범죄 또한 여전히 높은 것으로 나타나고 있다. 국내 여성관리직 종사자를 대상으로 한 연구에 따르면, 37%의 여성관리자가 직장 내 성희롱을 당한 경험이 있다고 답했다. 최근 전국 여교사 1,758명을 대상으로 한 조사에서는 응답 여교사의 70.7%가 술 따르기 및 마시기 강요, 유흥업소 춤 강요, 신체적 접촉, 언어적 성희롱 등의 경험이 있다고 조사되었다. 이 조사에서는 많은 여교사가 성희롱의 경험을 갖고 있는 원인으로 '여성을 성적 대상으로 보는 인식'이나 '남성이 여성보다 우월하다는 의식' 등이 가장 크게 작용했다고 보고했으며, 여성을 성적인 대상으로 보는 사회 전반의 분위기에 우려를 표했다.

　직장 내 성희롱은 대부분의 경우, 위계질서에 따른 아래 직원이 거부하기 어려운 상황에서 발생한다. 위에서 언급한 여교사 대상 조사에서도 가해자의 72.9%가 교장, 교감 등 학교 관리자였다. 성희롱에 대한 항의나 신고를 한 뒤에는 직접적인 해고를 당하지는 않더라도 향후 부정적인 성과평가나 직장 내 따돌림, 동료들의 부정적 시각 등으로 이어지는 경우가 많아, 실제로 신고하지 못하는 경우가 상당한 것으로 나타났다. 정부에서는 직장 내 성희롱 예방교육을 법적으로 의무화하여 실시하고 있으나, 법적 징벌이 매우 약하고 실효성마저 부족하다는 것이 학계의 지적이다.

일 가정 양립

　여성은 생애주기에서 30대에 주로 결혼과 출산, 육아를 경험하면서 경력의 단절을 경험하는 전형적인 M자형 경제활동 참여 구조를 나타내고 있다. 이는 10년 전과 비교했을 때에도 여전한 상황으로, 여성의 전반적인 경제활동 참여율은 높아졌음에도 불구하고 경력단절은 여전히 뚜렷한 양상으로 나타나고 있다. 특히 30대는 가장 왕성하게 경제활동에 참여하고 경력을 발전시킬 수 있는 중요한 시점으로 이 시기에 경력을 단절하는 것은 여성 개인의 경력개발에 치명적이며, 여성을 고용한 기업의 입장에서도 가장 성과가 높을 시기의 직원을 잃게 되는 것으로, 이에 기업은 여성의 고용이나 여성인력에 대한 투자를 꺼리게 된다. 따라서 30대에 결혼과 출산, 육아로 경력이 단절되는 상황을 해소하는 것은 여성 경력개발에 매우 핵심적인 과제다.

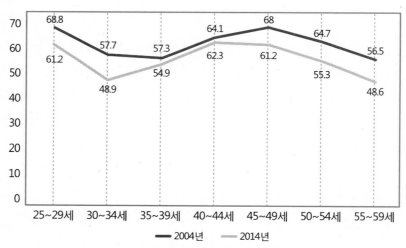

[그림 13-6] 연령별 여성의 경제활동 참여율 추이(단위: %)

출처: 통계청 「2004년 및 2014년 경제활동인구조사」.

　통계청 자료에 따르면, 2014년 상반기에 취업한 15~54세 기혼여성 5,667천 명 중 경력단절을 경험한 여성은 2,275천 명으로 약 40%가 넘는 것으로 나타났다. 경력단절의 이유로는 결혼, 임신과 출산, 육아, 자녀교육, 가족돌봄이었다. 결혼이 41.4%, 임신과 출산이 20.8%, 육아가 11.8%, 자녀교육이 9.5%, 가족돌봄이 16.6%로 나타났다. 조사에서 학업이나 기타 사유로 직장을 그만둔 경우는 포함하지 않았다. 연령대별로 보았을 때 40대 이하에서는 결혼, 임신과 출산 순으로 경력단절 사유가 높게 나타났고, 50대는 결혼과 가족돌봄 순으로 높게 나타났다.

또한 육아정책연구소가 실시한 '2015 보육실태조사(2,953가구)'에 따르면, 조사대상자의 31.4%가 취업상태를 중단한 적이 있다. 경력중단의 경험이 있는 여성 근로자를 대상으로 한 중단 사유를 보면 '자녀를 믿고 맡길 곳이 마땅치 않아서(43%), 몸이 힘들어서(27%), 일이 육아에 지장을 주어서(16%) 등으로 조사되었다. 현재 전업주부(1,567명)를 대상으로 한 설문에서 취업하지 않는 이유로 자녀양육과 가사에 전담하기 위해서(64.9%), 자녀를 안심하고 맡길 곳이 없어서(21.5%), 적당한 일자리가 없어서(8.3%)로 조사되었다.

위의 조사 결과에 따르면 여성의 경력단절은 사회의 전반적인 인식이 여성에게만 일과 가정의 양립을 요구하고 있기 때문이다. 과거와 같은 일이나 가정의 한쪽으로의 역할 분담이 아닌 남녀 모두 일을 하고 있는 상황에서도 여성에게만 가정과 출산 후의 자녀 양육에 대한 부담을 지우는 일은 결국 여성으로서는 일과 가정 중 어느 하나를 포기하게 되거나 소홀하게 될 수 밖에 없도록 강요한다. 결국 남성과 여성의 능력의 차이 때문이 아니라 성에 따른 차별로 인해 여성은 경력단절을 자신의 의지나 능력과는 상관없이 피할 수 없게 된다.

보건복지부에서 전국 성인남녀 2천 명을 대상으로 한 2015년에 조사에 의하면, 초등학생 이하 자녀를 둔 맞벌이 부부의 여성은 일일 평균 평일 2.48시간, 주말 4.21시간을 자녀 양육에 소요하는 반면, 남성은 평일 0.96시간, 주말 2.13시간으로 여성이 남성보다 각각 2.6배, 2배 많은 시간을 보내고 있는 것으로 나타났다. 외벌이 부부의 경우, 여성은 평일 4.21시간, 주말 5.02시간, 남성은 평일 0.92시간, 주중 2.09시간으로 여성이 남성보다 각각 4.6배, 2.4배 더 많았다. 이는 역할을 분담한 전업주부로서의 자녀 양육에 소요하는 시간과 맞벌이를 하면서 자녀 양육에 소요하는 시간의 차이가 크지 않다는 것을 보여 준다. 반면 남성의 경우 외벌이와 맞벌이일 때의 차이가 거의 없었다. 남성의 자녀 양육에 대한 시각이 아직은 개선의 여지가 있다고 보이는 부분이다.

통계청의 '생활시간조사'에 따르면, 지난 10년 동안 맞벌이 부부의 남성이 가사노동에 소비한 시간은 일일 평균 2004년 32분에서 2014년 41분으로 9분 증가하였고, 외벌이 부부의 남성은 31분에서 42분으로 증가하여, 맞벌이 여부와 상관없이 평균 40여 분을 가사노동에 할애하는 것으로 나타났다. 이에 반해, 맞벌이 부부의 여성이 가사노동에 투입한 시간은 2004년 208분에서 2014년 193분으로 여전히 일일 3시간 이상이었다. 외벌이 부부의 여성이 가사노동에 소비하는 시간은 2004년 385분에서 2014년 370분으로, 남녀 모두 가사노동에 투입하는 시간은 크게 변화를 보이지 않고 있다. 특히 맞벌이 부부의 남성의 경우 가사노동에 있어서 여성과 분담하는 부분에서 여전히 매우 취약한 것으로 나타났고, 통계청의 '2015 일·가정 양립지표'에 따르면 한국 남성이 가사노동에 투입하는 시간은 OECD 회원국 26개국 가운데 최하위를 기록했다.

또한 출산휴가를 낼 때 직장 상사와 동료에게 눈치가 보인다고 답한 여성은 84.0%, 남성은 79.9%였고, 육아휴직에서도 눈치가 보인다는 비율이 여성은 84.0%, 남성은 77.8%였다. 직장인 기혼 남녀를 대상으로 육아 및 가사 참여의 가장 큰 장애요인으로는 '장시간 근로로 인한 부담'을 들고 있다. OECD 발표에 따르면, 2014년 우리나라 근로자들의 평균 연간 근로시간은 2,124시간으로, 1996년 OECD 가입 당시의 2,637시간보다는 단축되었다. 그러나 이는 OECD 34개 회원국 가운데 멕시코와 코스타리카에 이어 세 번째로 긴 노동시간이며, 20년 전 'OECD 최장시간 노동국'과 비슷한 수준으로 근로자의 삶의 질에 개선된 부분이 거의 없음을 보여 주고 있다. 게다가 여러 연구에서 일정 수준 이상의 과도한 근로시간은 생산성 증대에 영향을 미치지 못할 뿐 아니라, 오히려 근로시간이 늘어날수록 생산성이 떨어지는 실증적 연구결과가 많이 나오고 있는 상황에서 기업은 다시 한 번 효율적인 경영방법과 평등을 요구하는 기업정신에 대해 생각해 볼 필요가 있다고 보인다.

부부간의 가사노동과 육아의 참여에 있어 극심한 불균형도 문제이지만, 장시간 근로해야 하는 문화, 휴가를 쓰게 되면 다른 직원에게 피해가 가는 직장문화가 더 근본적으로 남녀 모두에게 직장 생활을 어렵게 하는 이유로 꼽힌다. 따라서 정부는 노동 시간을 엄수하는 정책과 강력한 징벌을 통해 인권을 바로 세우고 평등하고 남녀가 조화롭게 일할 수 있는 사회를 만들기 위해 노력해야 하고, 기업은 남녀 직원들이 일과 가정을 균형 있고 여유 있게 양립할 수 있는 근로환경을 만들어야 한다. 이는 결국 기업에게도 이익이 된다는 것은 다른 선진국들의 사례를 통해서도 확인할 수 있다. 또한 남녀가 가사노동과 육아를 기계적으로 공평하게 분담할 수는 없겠지만, 서로의 경력개발을 존중하며 함께 책임의식을 갖고 나누어 가야 할 변화가 필요하다.

삶의 균형을 위해

일과 가정의 남녀의 균형적인 양립은 사회적으로 그리고 구조적으로 함께 풀어나가야 할 문제다. 그리고 개인 차원에서 현재 주어진 상황에서 어떻게 균형적인 삶을 살아가야 할 것인가 역시 중요한 과제이고 풀어가야 할 숙제다.

삶의 균형을 생각할 때, 사람마다 균형점이라고 말하는 지점이 다 다를 수 있다. 회사 임원에게는 일주일에 가족과 몇 시간 더 보낼 수 있는 것이 균형이라 할 수 있고, 혼자 하루 종일 아이를 돌보는 전업주부나 전업으로 살림을 하는 남편의 입장에서는 하루 몇 시간 아이를 떠나 취미생활이나 친구를 만날 수 있다면 이것이 균형이 될 수 있다. 삶의 균형을 찾는 것은 어려운 일이 아니다. 삶에는 여러 가지 균형에 영향을 미치는 힘(driving force)이 있다. 예를 들어, 개인의 야망, 가족에 대한 책임과 의무, 직장에서의 책임, 직업적 의무, 사회적 의무, 도덕적 혹은 영적 의무, 지역사회에 대한 의무 등 다양한 힘이 균형에 영향을 미친다. 폴 윌슨(Paul Wilson, 2008)은 이들을 4가지 범주에 속해 있다고 보고, "완벽한 균형은 다양한 관심사와 욕구와 책임이 자연스럽고 조화롭게 공존할 때 이루어진다(p. 37)."라고 했다. 4가지 범주는 다음과 같다.

① 신체 범주: 건강, 식욕, 수면욕, 성욕, 오락 등이 포함된다.
② 정신 범주: 종교뿐 아니라 삶의 가치, 의미 추구, 변화 욕구, 다른 사람을 도우려는 욕구 등이 포함된다.

③ 일 범주: 직업적 성취, 개인적 성장, 인정, 존중, 자존감을 높이려는 욕구 등 다양한 정신적 욕구도 포함된다.

④ 사회 범주: 가족, 가정, 친구, 지역사회와의 인간관계 등이 포함된다.

한 범주에 지나치게 몰입하게 되면 다른 범주에 소홀하게 되고, 이러한 충돌에서 긴장이 생기고 삶의 균형이 깨지게 된다. 물론 이 4가지 범주가 반드시 완벽한 균형을 이루어야 하는 것은 아니다. 왜냐하면 사람마다 이 4가지 범주의 균형점이 다르기 때문이다. 완벽한 균형을 추구하기보다는, 긴장이 생기고 균형이 깨지게 된 현재의 모습을 파악하고, 이때 치우친 범주로 쏟아낸 관심과 에너지를 부족한 범주로 점차적으로 옮겨가는 노력이 우리의 삶에 더욱 중요하다.

"성 다양성은 윤리적으로 옳기 때문에 추구하는 게 아니라, 우리 회사와 가정, 나아가 사회를 이롭게 하는 가장 현명한 방법이기에 반드시 해야 할 일입니다." Facebook의 COO인 셰릴 샌드버그는 2016년 스위스 다보스에서 열린 세계경제포럼에서 '4차 산업혁명'에서 경쟁력의 핵심은 '성별 다양성 확보'라고 주장했다. 이 장을 통해 조금이나마 경력개발에 있어서 여성의 문제를 이해하고 이 문제가 단지 여성의 문제가 아니라 같이 살아가는 남성의 문제이기도 하며 결국 이는 같은 인간으로서의 문제이고 여러 인종과 민족, 성(sex) 그리고 다양한 성 정체성을 가진 사람들이 모여 일하고 있는 조직의 문제이기도 하다.

참고문헌

국미애, 최성애, 조순경(2006). 젠더 노동과 간접차별. 서울: 푸른사상사.

김영미(2006). 지방자치단체 여성공무원의 보직배치 인식과 정책방향. 한국행정학회 학계학술 발표논문집(단일호), 1-14.

박기남(2002). 관리직 여성의 사회적 자본과 성별 직무 분리. 한국사회학, 36(6), 109-135.

셰릴 샌드버그(2013). *Lean In*(안기순 역). 서울: 와이즈베리.

안드레 타피아(2009). 포용의 시대가 온다(휴잇어소시엇츠 역). 서울: 청림출판.

폴 월슨(2008). 완벽한 삶의 균형을 찾아라(문희경 역). 고양: 아시아코치센터.

Gress, D. R., & Paek, J.(2014). Differential spaces in Korea places? Feminist Geography and female managers in South Korea. *Gender, Work and Organization, 21*(2), 165−186.

Heilman, M. E., & Okimoto, T. G.(2007). Why are women penalized for success at male tasks?: The implied communality deficit. *Journal of Applied Psychology, 92*(1), 81−92.

Heilman, M. E., Wallen, A. S., Fuchs, D., & Tamkins, M. M.(2004). Penalties for success: Reactions to women who succeed at male gender-typed tasks. *Journal of Applied Psychology, 89*(3), 416−427.

Litzsky, B., & Greenhaus, J.(2007). The relationship between gender and aspirations to senior management. *Career Development International, 12*(7), 637−659.

Powell, G. N., & Butterfield, D. A.(2003). Gender, Gender Identity, and Aspirations to Top Management. *Women in Management Review, 18*(1), 88−96.

고용노동부(2016). 정책 홈페이지 From http://www.moel.go.kr/policyinfo/woman/view.jsp?cate=6&sec=1

교육통계서비스(2015). From http://kess.kedi.re.kr/index

통계청(2016. 6. 9.). 국가포털 홈페이지 From http://kosis.kr/

국민일보 기사(2016. 5. 24.). From http://news.kmib.co.kr/article/view.asp?arcid=0923542831&code=11151100&cp=nv

뉴시스 기사(2016. 6. 15.). From http://news.naver.com/main/read.nhn?mode=LSD&mid=shm&sid1=102&oid=003&aid=0007292023

서울신문 기사(2016. 4. 21.). From http://www.seoul.co.kr/news/newsView.php?id=20160421500140

아이뉴스 기사(2016. 5. 20.). From http://news.inews24.com/php/news_view.php?g_serial=958485&g_menu=022600&rrf=nv

연합뉴스 기사(2015. 11. 19.). From http://www.yonhapnews.co.kr/bulletin/2015/11/19/0200000000AKR20151119145900004.HTML?input=1179m#content

연합뉴스 기사(2016. 6. 7.). From http://news.naver.com/main/read.nhn?oid=001&sid1=102&aid=0008454545&mid=shm&cid=428288&mode=LSD&nh=20160607091645

연합뉴스 기사(2016. 2. 1.). From http://www.yonhapnews.co.kr/bulletin/2016/02/01/020
　　0000000AKR20160201058200003.HTML?input=1179m

위민넷(2016). 홈페이지 From http://www.women.go.kr/new_women/women/common/
　　calljsp.do?jspUrl=women/career/newjobcenter_intro&menuId=M00926

(재)한국의회발전연구회(2012). 제18대 국회의원들의 의정활동 평가. From http://www.
　　assembly.re.kr/data/list.php

중앙일보 기사(2013. 4. 15.). From http://news.joins.com/article/11227444

파이낸셜뉴스 기사(2016. 5. 16.). From http://www.fnnews.com/news/201605161741143690

한겨레 기사(2016. 2. 21.). From http://www.hani.co.kr/arti/economy/economy_general/
　　731370.html

한국여성정책연구원(2015). "2015년 여성관리자 패널조사" From http://www.kwdi.re.kr/
　　reportList.kw?sgrp=S01&siteCmsCd=CM0001&topCmsCd=CM0002&cmsCd=CM000
　　4&pnum=1&cnum=0

한국여성정책연구원(2015). "2015년 여성의 사회적 지위향상 점검지표 분석" 보고서 From
　　http://www.kwdi.re.kr/reportView.kw?currtPg=6&sgrp=S01&siteCmsCd=CM0001
　　&topCmsCd=CM0002&cmsCd=CM0004&pnum=1&cnum=0&sbjCdSel=&rptCdSel=
　　&src=&srcTemp=&ntNo=1134&pageSize=10

한국여성정책연구원(2015). "여성근로자에 대한 직장 내 괴롭힘의 실태와 보호방안" 보고서
　　From http://www.kwdi.re.kr/reportView.kw?currtPg=4&sgrp=S01&siteCmsCd=
　　CM0001&topCmsCd=CM0002&cmsCd=CM0004&pnum=1&cnum=0&sbjCdSel=&rpt
　　CdSel=&src=&srcTemp=&ntNo=1171&pageSize=10#tab_c02

한국여성정책연구원(2015). "일·가정 양립지원을 위한 대체인력 활성화 방안-공공기관을 중
　　심으로" 보고서 From http://www.kwdi.re.kr/reportView.kw?currtPg=4&sgrp=
　　S01&siteCmsCd=CM0001&topCmsCd=CM0002&cmsCd=CM0004&pnum=1&cnum=
　　0&sbjCdSel=&rptCdSel=&src=&srcTemp=&ntNo=1179&pageSize=10#tab_c02

KBS 뉴스 기사(2016. 4. 12.). From http://news.kbs.co.kr/news/view.do?ncd=3262853

KBS 기사(2016. 6. 11.). From http://news.naver.com/main/read.nhn?sid1=102&oid=056&
　　mid=shm&aid=0010327037&mode=LSD&nh=20160611074732

MBN 기사(2016. 2. 23.). From http://mbn.mk.co.kr/pages/news/newsView.php?category=
　　mbn00009&news_seq_no=2795191

Inter-Parliamentary Union(2008, 2012, 2016). Women in National Parliaments. From http://www.ipu.org/wmn-e/classif-arc.htm

McKinsey & Company(2012). Women Matter: An Asian Perspective: Harnessing Female Talent to Raise Corporate Performance. From file:///C:/Users/jpaek/Downloads/Women_Matter_An_Asian_perspective.pdf

OECD Facebook(2016. 3. 8.). From https://www.facebook.com/theOECD/photos/a.1015 0177273897461.304209.73290362460/10153299587022461/?type=3&theater

OECD(Organisation for Economic Co-operation and Development)(2016. 6. 9.). 홈페이지 From http://www.oecd.org/

World Economic Forum(2015). *The Global Gender Gap Report 2015*. From http://www3.weforum.org/docs/GGGR2015/cover.pdf

World Economic Forum. *The Global Gender Gap Report 2009, 2010, 2011, 2012, 2013, 2014, 2015*. From http://www.weforum.org/reports

제14장

다양성
(Diversity)

모든 사람은 인종, 피부색, 성, 언어, 종교, 정치적 또는 기타의 의견, 국민적 또는 사회적 출신, 재산, 출생 또는 이들과 유사한 그 어떠한 이유에 의해서도 차별을 받지 않고 이 선언에 규정된 모든 권리와 자유를 누릴 수 있다.
– UN 세계 인권선언 제2조 1항

모든 사람은 일할 권리, 자유롭게 직업을 선택할 권리, 공정하고 유리한 조건으로 일할 권리, 실업상태에서 보호받을 권리가 있다. 모든 사람은 차별 없이 동일한 노동에 대해 동일한 보수를 받을 권리가 있다. – UN 세계 인권선언 제23조

"모든 국민은 법 앞에 평등하다. 누구든지 성별 · 종교 또는 사회적 신분에 의하여 정치적 · 경제적 · 사회적 · 문화적 생활의 모든 영역에 있어서 차별을 받지 아니한다." – 대한민국 「헌법」 제11조

다양성에 대한 이해

글로벌 사회에서 다양성(Diversity)은 다름 혹은 차이를 만들고 폐쇄성은 틀림 혹은 차별을 만든다.

다양한 차이들 그러나 다양한 차별들로 얼룩지는 사회

다르다는 말은 '유사하다' '비슷하다' 또는 '같다'라는 말의 반대되는 개념의 단어다. 그러나 '맞다' 혹은 '옳다'의 언어와 반대 개념인 '틀리다'와는 의미가 같지 않다. 그럼에도 불구하고 사람들은 흔히들 자신과의 다름을 자신과 같지 않거나 비슷하지 않다는 이유로 불편해하고 '틀리다'로 규정하려는 모습을 보인다. 가장 쉽게 찾을 수 있는 예가 성(sex)이다. 남성과 여성은 다르지만 우리는 보편적으로 틀리다고 인식한다. '보편적'이라는 말의 의미는 사람들이 평소에 일상적으로 쓰고 있다는 의미이지 옳다거나 당연하다는 의미는 아니라는 점에 유의할 필요가 있다. 일반적으로 우리는 새로운 것들을 호기심 있게 바라보면서도 한편으로는 의심스러운 눈길을 보내기도 한다. 익숙하지 않아서이기도 하며 우리가 가진 것들과는 다른 것들이기 때문이기도 하다. 새로운 그 무언가가 우리의 일상을 혹은 우리가 가진 그 무엇보다 더 나아가 우리보다 더 나은 무엇인가라면 우리는 기꺼이 받아들이고 그것을 품질 또는 우월의 '차이'로 인정한다. 그러나 새로운 것들이 우리의 일상을 불안하거나 불편하게 만든다면, 더 나아가 우리보다 더 낮지 않은 그 무엇인가라면 우리는 그것을 틀렸다고 말하며 '차별'하기로 인식한다. 다르다는 것은 무엇을 말하는 것일까?

나와 다른 사람이란 가장 기본적으로는 나와 다른 생각을 가지고 있으며 다른 음식을 좋아하며 다른 음악 다른 장르의 영화를 보는 것에서부터(여기까지는 받아들이기 어렵지 않다) 조금 더 나아가 나와 다른 수준의 학력이나 직업, 다른 수준의 경제적 삶 등에서 갈등과 다툼 혹은 분쟁이 생기기 시작한다. 이때부터 '다름'이 아닌 '틀림'을 말하기 시작하며 차별이 시작된다. 나와 다른 나라의 음식을 먹고 다른 언어를 사용하고 정치적 성향, 다른 종교(같은 종교 안에서의 다른 파벌을 포함), 다른 피부색, 다른 민족, 다른 문화 등으로 인한 차별은 다툼과 갈등을 넘어 서로의 목숨을 앗아가기도 하며, 전쟁으로 커져버리는 경우도 부지기수다. 왜 다름은 틀림이 되었으며 차이는 차별이 되어서 이토록 사람들이 불평등을 당하고 목숨을 잃기까지 하는 것일까? 역사적으로 보면 교육의 문제가 가장 크다고 볼 수 있다. 국가로서의 자부심을 갖기 위한 가장 좋은 방식은 민족의 우수성이다. 한국인의 우수성, 미국인, 중국인, 독일인의 우수성 등의 애국심을 가장한 국수주의의 발현은 가장 경계해야 할 부분인 것이다. 이것이 얼마나 큰 문제가 될까 싶지만 제2차 세계 대전이나 일본의 동아시아 정복을 위해 겪었던 일제강점기 등을 보더라도 어느 정도 수준의 심각성을 가지고 있는지 알수 있다. 같은 논리로 보면 종교 역시 마찬가지다. 종교 내의 지도자들의 교육에 의한 타 종교에 대한 혐오로 인해 한 국가, 한 민족임에도 불구하고 종교 간 싸움으로 인해 많은 사람이 죽어 가며 심지어는 같은 종교 내에서도 파벌 혹은 교단이 다른 이유로 서로를 죽이기도 한다. 처음부터 사람들이 이러한 잔혹성을 가지고 태어나지는 않았을 것이다. 민족주의적인 문화 속에서, 극단주의적 종교의 문화 속에서 자라오면서 자연스럽게 받아들이게 되고 이내 '보편적' 정서로 자리 잡았을 것이다. 앞으로 다루게 될 다양성은 근본적으로는 다름, 차이를 설명하고 있지만 사람들에게 '보편적'으로 차별받아 온 것들이며 틀렸다고 지적받아 왔던 잘못된 것들에 대한 설명이기도 하다. 글로벌사회에서 이슈가 되고 있는 몇 가지 사안들을 아주 간략하게 다루어 보았다. 이에 관련된 자세한 부분들은 전문, 관련서적들을 찾아 읽어 보기를 바란다. 이는 우리가 글로벌 사회에서 글로벌 인재로서 가져야 할 기본적 소양이기 때문이다.

성의 역할에 따른 차별

우리는 성의 역할에 대해 어릴 적부터 교육받았다. 남자는 어떠한 역할을 하며 여자는 어떠한 역할을 해야 하는지에 대한 아주 소소한 것부터 아주 중요한 부분까지 말이다. 남자는 울면 안 된다는 인식이나 여자는 요리를 잘해야 한다는 등의 삶에 관련된 부분부터 남자는 머리가 짧아야 단정하고 여자는 머리가 어느 정도는 길어야 한다는 등의 성 정체성에 요구되는 인식 등도 있다. 이러한 논리적이지는 않지만 '보편적'으로 부모님과 학교 혹은 주변인들로부터 배워 온 성에 따른 역할에 대한 인식은 점점 자리 잡게 되어 성인이 되어서는 남자는 주로 사회에서 일을 해야 하고 여자는 살림을 해야 한다는 것과 같은 인식이 자리 잡게 되었다. 이러한 고정관념들은 앞서 말한 것처럼 인간이 태어나면서부터 가지게 된 자연스러운 인식이 아니다. 그것은 가정, 학교, 사회, 문화, 대중매체로부터의 학습결과다.

기업 내에서의 성의 역할에 따른 차별 역시 어느 날 갑자기 생기거나 누군가 만든 것이 아니라 사회 전반에 걸친 성의 역할에 따른 차별적 관념에 의한 것이다. 대표적인 예를 보면 산업 분야에서 남성은 건설, 운송, 제조업, 농업 등에서 높은 비율을 차지했으며, 여성은 건강, 교육 등이 높은 비율을 차지했다. 성별 직업별 부분에서는 남성은 기술 노동자, 설비/기계공, 관리자, 농업 종사자 등이었으며 여성은 사무직, 서비스, 판매직에서 높은 비율을 차지했다. 이러한 차이는 연봉의 수준에서의 차이를 만든다. 또한 고용 부분에서도 분야가 한정되어 있어 승진이나 높은 수준의 연봉을 받는 데 한계가 있다. 한편 남성은 여성의 직업으로 관념이 고정되어버린 직종들에 진출하는 데 어려움이 있다. 여성이 남성성으로 대변되는 중공업 관련이나 고위관리직 부분에서 고용이 어렵다고 한다면 남성은 간호사나 유치원 선생님 등의 직업에서 고용되기 어렵다. 이는 제도적인 부분에서 가장 큰 문제를 찾을 수 있으며 성에 따른 역할에 대한 잘못된 '보편적' 인식이 그 배경을 차지한다고 볼 수 있다. 이미 성의 역할에 대한 많은 책들이 나와 있고 대부분 대책을 보면 남녀의 성에 따른 역할은 선천적이지 않고 후천적이라는 것이 결론이다. 즉, 양성성을 남녀 모두가 가지고 있고 그렇기 때문에 성에 따른 역할을 나누는 것은 과학적이지 않다는 주장이다. 그러나 모든 성별을 떠나 남녀 모두에게 남성성과 여성성이 같은 비율로 존재한다는 주장은 아직 충분한 근거를 가지고 있지는 못하다. 성의 역할에 따른 차별에 대한 논란은 아직도 많은 논쟁이 벌어지고 있으며 결론이 나지 않는 어떤 이론이 정답이라고 정의 내리기 어려운 문제다.

그러나 분명한 것은 남녀 모두 여성과 남성의 차이를 우월성으로 인식하여 차별로 연결하려는 잘못된 시도를 하지 말아야 한다는 것과 차이에 대한 구분을 차별로 인식하여 불필요한 갈등을 일으키지 말아야 한다는 것이다. 이로써 서로 다름을 인정하고 성에 따른 역할에 대한 고정관념을 올바른 교육과 대중매체의 올바른 정보를 통해 사회 전반에 널리 퍼져 있는 잘못된 '보편적' 인식의 전환을 가져오는 것이 가장 적절한 대책이라고 전문가들은 입을 모아 주장하고 있다. 이러한 변화는 결국 기업에 만연해 있는 성에 따른 역할의 인식과 구조를 바꾸도록 유도할 것으로 보인다.

신분차별

21세기에 신분차별이라는 말이 어색하게 들릴지도 모르겠다. 그러나 차별의 기저에는 신분차별과 맥락을 같이하는 우월성을 기반으로 한 계급사회를 만들려는 심리가 깔려 있다. 계급사회를 만들려는 사람들은 대부분 권력과 부를 소유한 사람들이거나 현재는 권력과 부는 가지고 있지는 않으나 언젠가 자신은 권력이나 부를 소유할 것이라는 계급 피라미드의 정점을 목표로 하는 사람들이며 그런 사람들에 의한 신분사회는 신분제 폐지가 이루어진 그 때부터 시작되어 왔다. 이러한 사람들에게 차별이란 자신들이 특별하다고 느껴지도록 만드는 가장 큰 도구인 셈이다.

차별은 개인의 능력을 발휘하는 사회의 조직 속에서 능력과는 전혀 상관이 없는 불합리한 의미를 가지고 있는 단어다. 최근 우리 사회는 많은 차별들에 분노하고 있다. 어느 것이 뉴스이고 영화, 드라마인지 알 수 없을 만큼 현실이 영화나 드라마에서나 일어날 일들로 채워지고 있는 모습이다. 한 가지 예로 열심히 노력해서 들어간 기업에 어떤 사람은 아무 노력도 없이 사장의 친구 아들이라는 이유만으로, 자신이 일하고 있는 부서의 상사로 입사하는 현실을 보면서 차별 혹은 불평등에 대해 사람들은 슬퍼하고 분노한다. 이러한 예는 뉴스와 영화, 드라마에서 똑같이 볼 수 있다. 시대의 모습을 드러내고 있는 것이다. 이러한 차별을 만들어 내는 권력자들은 오히려 이러한 차별에 대해 미화하고 옹호하는 데 힘쓰고 있다.

차별은 기회의 평등을 붕괴시키며 사람들로 하여금 정당하고 공평한 방법이 어리석게 느껴지도록 만든다. 이러한 사회에서 흔히 쓰이는 말이 "정직하면 바보다."라는 말이다. 정직하려는 것이 진정 어리석은가? 정직하려는 일이 어려운 것인가? 아니면 자신이 가진 특혜를 이용하여 노력하는 이들의 등을 밟고 올라서려는 것이 현명하다는 의미일까? 이러한 생각들이 만연해버릴 사회가 어쩌면 우리는 두렵지 않은 것일까? TV의 한 예능에서 "나만 아니면 돼."라는 말이 유행어로 쓰이는 것을 보았다. 상황에 따라 이러한 "나만 아니면 돼."라는 문장은 능력이나 평등과는 상관없이 자신만은 예외로 만들고 나머지는 평등해야 하고 능력 위주의 사회를 살아야 한다는 말처럼 느껴지게 한다. 쉬운 예로 사장 아들이 아무런 경력도 노력도 없이 자리를 물려받고 회사를 운영할 때는 능력 있는 사람들로 회사를 꾸려가겠다고 말하는 모습들이다. 북한에서 일어나고 있는 권력세습이 우리나라의 기업, 종교, 사회 전반에 만연해 있다. 이러한 사례는 외국에서는 찾아보기 힘든 일들이다. 더 아이러니한 일은 이렇게 자신의 특혜로 인한 승진이나 성공을 자신의 능력 때문인 것처럼 꾸며내는 모습들이다.

차별은 비합리적이고 능력과는 무관한 내용들을 근거로 교육, 고용, 승진, 소득과 같은 사회에서 누려야 할, 법으로 보호되어 있는 당연한 권리를 누리지 못하도록 만든다. 특히 이러한 차별은 최근 '금수저', '흙수저'로 통용되고 있는 출생부터 이루어진 경우가 많다. 이러한 차별은 의도와는 상관없이 이루어지는 경우가 많다. 예를 들어 자신의 가족이나 친척 등에게 특혜를 주면 다른 사람은 저절로 그 기회를 박탈당하게 된다. 이러한 차별은 개인적인 차별로 볼 수 있다. 그러나 여기서 차별은 개인 차원에서 끝나지 않는다는 데 더 큰 문제가 있다. 권력자나 위정자들은 이러한 개인적 차별을 합리화하기 위해 제도적으로 만드는 시도를 했으며 이러한 시도는 모든 사회 구조 속에 깊이 뿌리내리게 되었고 어떤 것들은 '보편적'으로 인식되었다. 장애인이나 인종, 여성, 성소수자 등에 대한 차별들은 개인의 능력과는 아무 상관이 없는 불합리적인 내용들로 인한 것들임에도 불구하고 오랜 시간 차별을 옹호하는 이들에 의해 만들어져 지금까지 꾸준히 이어져 오고 있다. 그중에는 나아진 부분들도 적지 않지만 '평등'이라고 부르기에는 여전히 많이 부족한 상태다. 차별은 당하는 그 순간만으로 끝나는 것이 아니라 계속 이어지며 또한 과거의 차별 때문에 현재에 영향을 끼치게 된다. 차별로 인해 잃게 된 경력 등의 손실은 그 후의 고용, 승진 등에 있어 다시한 번 불리하게 작용하며 악순환이 된다. 이러한 차별의 악순환으로 인해 결국 직무몰입도가 떨어지고 자아존중감 등의 저하로 나타나게 된다. 이렇듯 차별은 개인의발전에 큰 걸림돌로 작용한다. 또한 이러한 차별은 결국 조직의 발전과 더 나아가 사회 전체의 발전을 저해하는 주요 요인으로 작용하게 된다.

장애인 차별

2008년 「장애인차별금지법」이 제정되었지만 장애인 차별은 나아지지 않고 있다. 장애인 차별은 한국의 일상에서 쉽게 볼 수 있는 장면이다. 장애인에 대한 차별은 한국의 경우 다른 차별들보다 더욱 심각하다고 볼 수 있다. 고용노동부의 발표에 따르면 장애인 의무고용 사업체의 고용률이 저조한 것으로 조사되었는데 가장 모범적으로 실시해야 할 정부기관, 공공기관, 대기업이 법적 장애인 의무고용률을 달성하지못했다. 법으로 지정하기까지 했으나 정부기관과 공공기관마저 준수하지 않는 심각한 수준이었다. 고용노동부는 2015년 12월 기준 장애인 의무고용 사업체 2만 8,218개의고용 현황을 발표했다. 지난 1월부터 3월까지 조사한 수치로, 전체 장애인 근로자 수는 16만 4,876명, 장애인 고용률은 2.62%로 나타났다. 이는 전년에 비해 0.08% 포인트 상승한 수치로, 장애인 의무고용 사업체의 장애인 고용률은 작게나마 지속적으로상승하고 있다.

장애인 의무고용 현황을 기관별로 살펴보면, 국가·자치단체의 경우 장애인 공무원은 2만 711명이었다. 고용률은 2.8%를 기록했는데 이는 법정 수준인 3%에 못 미치는 결과다.

　공공기관은 1만 934명으로, 고용률 2.93%로 3%에 근소하게 도달했다. 민간기업의 경우는 12만 5,230명, 고용률은 2.51%. 특히 1,000인 이상의 기업은 2.07%, 30대 기업집단은 1.92%로 대기업의 장애인 고용은 저조했다.

　의무고용제도를 도입하고 있는 독일은 기업 규모가 커질수록 장애인 고용비율이 높아지는 모습을 보이는 데 반해 한국은 이와는 정반대의 수치를 나타내고 있다. 이는 「장애인차별금지법」의 실효성에 대한 의문이 들게 만든다. 독일의 1,000인 이상 기업의 장애인 고용률은 5% 이상이다.

　유일하게 법정 의무고용률을 달성한 곳은 국가 · 자치단체에서 일하는 비공무원인 장애인 근로자로 8,001명, 고용률은 4.05%였다. 조사대상 중 의무고용률을 달성한 기관은 13,486곳으로 전체 의무고용 사업체의 절반 수준인 47.8%였다. 수치상으로 보면 매년 장애인 구인, 구직 수는 조금씩 나아지고 있는 것으로 나타난다. 그러나 고용되는 기업과 임금수준은 여전히 매우 저조한 편으로 나타났다.

〈표 14-1〉 연도별 1/4분기 구인 · 구직 및 취업자수 현황　　　　　　　　　　　(단위: 명)

구분	2016년도 1/4분기	2015년도 1/4분기	2014년도 1/4분기	2013년도 1/4분기
구인 수	21,441	21,228	21,438	18,551
구직자 수	13,284	10,463	12,420	11,607
취업자 수	4,908	4,838	6,023	4,349

출처: 한국장애인고용공단(2016). 홈페이지 2016년도 1/4분기 장애인 구인, 구직 및 취업동향.

　장애인 구인, 구직현황을 보면 전년 같은 분기에 비해 상승했으나 문제는 10명 중 6명 이상은 여전히 150만 원 이하의 낮은 임금을 받고 있다는 점이다. 200만 원 이상의 임금을 받는 사람은 겨우 2.8% 밖에 되지 않는다.

　한국장애인고용공단은 '2016년도 1/4분기 장애인 구인, 구직 및 취업동향'을 게재했다. 2016년도 1/4분기는 전년 같은 기간에 비해 구인, 구직자 및 취업자 수 모두 증가했다. 구인 수는 21,441명으로 1% 증가, 구직자 수는 13,284명으로 27% 증가했다.

취업자 수는 4,908명으로 1.4% 증가했다. 성별로 보았을 때 취업자는 남성이 3,014명으로 61.4%, 여성이 1,894명으로 38.6%였으며 전년 같은 기간에 비해 남성은 1.9%, 여성은 0.7%가 증가했다. 연령별로는 20대 1,209명으로 24.6%, 30대 878명으로 17.9%, 40대 901명으로 18.4%, 50대 873명으로 17.8%, 60세 이상은 773명으로 15.7%였다.

위의 조사결과와 같이 전반적으로 장애인 취업자 수는 증가했으나 문제는 연봉은 매우 낮은 수준에 머물고 있다는 점이다. 연봉 수준을 보면 100~149만 원이 2,479명으로 50.5%나 차지하고 있으며, 50~99만 원은 451명으로 9.2%였다. 150만 원 미만의 임금을 받는 장애인 취업자가 61.2%를 차지하고 있다. 150~199만 원은 721명으로 14.7%였으며, 200만 원 이상은 2.8%밖에 되질 않는다. 이러한 통계는 전년의 연봉수준과도 차이가 없었다.

이러한 장애인의 고용과 직장에서의 차별은 사회에서의 차별만큼이나 문제가 심각하다. 사람들의 인식 개선과 장애인 복지시설의 확충과 장애인 교육에 대한 지원이 절실하다. 그리고 무엇보다도 강력한 법 시행과 처벌의 강화가 가장 중요하다. 그러나 앞서 다룬 바와 같이 정부기관, 공공기관, 대기업이 장애인 의무고용률을 달성하지 못한 상황에서 이익을 우선으로 하는 다른 중소 민간기업들이 법을 준수할 가능성은 많지 않으며 통계상으로도 그렇다. 장애인에 대한 더욱 깊은 관심과 장애인이 우리와 같은 인간으로서 누려야 할 권리를 보장받을 수 있는 실효성 있는 법적 제도가 마련되어 선진사회로 가는 진짜 장애를 걷어치우길 소망한다.

인종차별

인종차별은 세계적으로 가장 많이 거론되는 부분이다. 피부색이 다르다는 이유 하나만으로 교육, 주거, 소득뿐만 아니라 기본적인 인간으로서 누려야 할 권리까지도 차별받아 왔다. 점점 나아지고 있다고는 하나 지금까지도 차별은 여전히 심각하게 이어지고 있다. 민주주의를 표방하는 국가의 대부분은 인종차별을 법적으로 금지하고 있다. 그러나 법적으로 금지되어 있다고 해서 차별이 사라지는 것은 아니다. 앞서 언급했던 '보편적' 인식은 법적인 강제력을 넘어 생활에 깊이 자리하고 있는데, 이것은 학교, 사회, 종교, 주변의 사람들에게서 무의식적으로 배워 온 의도하지는 않았지만 의식 안에 깊이 자리 잡은 잘못된 교육에서 비롯된 차별이다. 이러한 방식의 차별은 상대에게 커다란 상처나 피해를 주지만 정작 당사자는 그것이 잘못된 것인지도 모르는 상태다. 이는 위험한 무지의 칼날과도 같다. 한 예로 국가인권위원회는 한 아이가 크레파스의 살구색(살색으로 표기되어 있다)을 살색으로 부르며 색칠하는 모습을 교정하여 살색을 살구색으로 변경하도록 권장하며 검정, 노랑, 흰색은 모두 살색이라는 캠페인을 벌였다. 이와 같은 노력으로 바뀌긴 했지만 이러한 일상에서 쉽게 발견되는 '보편적' 인식의 위험성은 매우 광범위하게 퍼져 있어 많은 관심과 노력이 필요하다. 또 다른 예로 청소년이나 젊은 층은 각 인종 별로 특징을 나누는 것이다. 흑인은 운동을 잘한다고 단정하거나 아시아인은 수학을 잘한다거나 백인은 우월하다는 식의 선입견들이다. 피부색으로 사람의 수준을 나누는 일은 한국에서는 심각한 수준이라고 하는데, 예를 들면 미국에서 태어나고 자란 한국인 2세가 한국에 들어와 영어학원 강사로 일하기 위해 채용면접 중 학원 측에서는 "당신은 한국사람 같아 보여서 미국사람과 같은 연봉을 줄 수 없어요."라는 답변을 들었다고 한다. 심지어 인도계의 미국인은 미국의 유명 대학을 나온 인재였음에도 인도 사람 같아 보인다는 이유로 영어학원 채용에 실패했다. 이러한 문제들이 불거지자 학원들은 아예 채용공고에 '백인 구함'이라고 항목을 넣어버렸다. 학원이 이렇게 백인들을 선호하는 원인은 학부모들이 백인을 원한다는 이유 때문이었다. 이러한 점으로 볼 때 인종차별은 어느 한 부류 혹은 집단만의 문제로 끝나지 않고 사회 전체에 영향을 준다. 그럼에도 우리는 인종차별을 대수롭지 않게 보는 경향이 있다.

한국에서 20년을 미군으로 복역하고 있는 한국인 아내를 둔 흑인 군인은 여전히 사람들이 자신의 피부색을 보며 뭐가 묻었는지 한 번씩 만져보려는 시도를 한다거나 자신이 한국어를 모를 거라 생각해서 깜둥이라는 말을 서슴없이 한다는 말도 했다. 한국에 온 지 20년이 지났지만 인종차별은 여전히 달라진 게 별로 없다는 말도 했다. 많은 한국인이 흑인에게 '검둥이'라고 표현하는 것이 아주 심각한 문제라는 인식을 갖고 있지 못하다. 아직 한국은 유럽 선진국가에 비해 인종차별에 대한 의식이 많이 부족한 것은 분명한 사실이다. 그러나 역지사지로 만일 다른 인종이 우리에게 '누렁이'라고 부른다면 어떨까? 조금만 더 생각해서 조금 더 배려한다면 변하는 것은 어렵지 않을 일이다.

　한국에서 인종차별이 가장 크게 문제되는 부분은 동남아시아에서 온 중소기업 노동자들이다. 국가 인권회의 사례들을 보면 이들은 법적으로도 제대로 보호받고 있지 못한 형편이다. 동남아 노동자들은 백인과는 달리 대부분 중소기업의 생산직에 종사하는 사람들이다. TV나 미디어의 광고에서 유럽풍, 서구풍, 미국식 등의 표현을 쓰면서 고급스러움을 강조한다면, 동남아에 대한 이미지는 한국보다 수준이 낮거나 급이 떨어진다는 식으로 표현되고 있다. 이러한 기업의 광고들과 학교의 교육, 가족들의 영향으로 인해 동남아 노동자들은 더더욱 노골적인 차별을 받으며 한국생활을 하고 있는 것이다. 동남아시아 노동자들은 「근로기준법」도 적용받지 못하고 13~16시간 일하면서 제대로 된 임금을 받지 못하는 경우도 발생한다. 또한 주변 사람들에게는 한국보다 후진국에서 왔다며 무시당하기도 한다. 과거 백인이 흑인과 아시아인을 차별했듯 한국인은 백인처럼 동남아시아인들을 차별하고 있다. 이렇게 널리 퍼져 있는 '보편적' 인식과 심각한 인권침해를 해결하기 위해서는 법과 제도가 더욱 엄격해지고 제대로 정비되어 사람들의 잘못된 인식을 바꾸고 차별받는 외국인들의 인권을 되찾아 주는 것이 가장 시급하다. 어느 나라든 외국인 노동자들은 존재한다. 그리고 그에 대한 차별도 존재한다. 그러나 발생 건수와 정도의 차이가 그 나라의 수준을 나타낸다. 최근 외국인 범죄가 많아지고 그에 대한 한국인들의 외국인 혐오가 늘고 있다는 뉴스를 자주 접하게 된다. 뉴스에서 접하는 외국인 범죄 중 많은 부분이 증오범죄라고 한다. 외국인에 대한 차별과 법이 있음에도 제대로 보호받지 못하는 현실에 대한 증오인데 이와 같은 증오범죄가 다른 국가들에 비해 한국이 월등히 높은 것은 인종차별과 인종차별에 포함되어 있는 그들의 인권은 무시해도 상관없다는 무서운 인식 탓도 있다는 것이 전문가들의 분석이다.

능력과는 상관없이 피부색과 외모, 그들의 출생지역으로 차별하고 더 나아가 그들이 나와 같은 인간이고 나와 같은 인간으로서 누려야 할 권리가 있다는 것을 인정하지 않는 현상은 오히려 비인간적이고 비윤리적인 그리고 야만적이며 후진적인 모습이라 할 것이다.

 ## 성소수자차별

우리는 가족, 종교, 직장, 정부 정책, 대중매체 등 삶의 모든 영역에서 성소수자(LGBT= Lesbian, Gay, Bisexual, Transgender)에 대한 혐오와 개인적이고 제도적인 편견과 차별을 발견할 수 있다. 박경신 교수의 말에 따르면 한국은 성소수자에 대한 차별이 잘못이라는 '국가적인 선언' 자체가 차별금지법으로 제정되어야 한다고 주장한다. 박경신 교수는 아직 소수자에 대한 차별이나 차별을 선동하는 발언을 처벌할 수 있는 법이 한국에는 존재하지 않는다고 말하며 그래서 기업이 특정 지역 출신을 채용하지 않거나, 외국어 학원이 유색인종을 채용하지 않아도 이를 제한할 법이 없기 때문에 법적인 처벌이나 금지할 방법이 없다고 설명한다.

미국에서는 1973년 정신과의 정신질환 목록에서 제외되기 전까지 LGBT는 하나의 정신병으로 분류되었다. 결국 목록에서 사라지긴 했지만 차별과 혐오는 여전히 사라지지 않고 있다. 한국은 성소수자 채용 과정과 직장 내 차별에 대해 제대로 대처하지 못하는 것으로 나타났다. 기업의 성 정체성을 이유로 한 차별 금지가 시급하다는 지적이다. 국가인권위원회의 LGBT 차별 실태조사 결과 발표를 보면 동성애자의 27.8%, 트랜스젠더의 53.5%가 채용과정에서 성별표현(외모, 복장, 행동)이 법적 성별과 위화감이 있다는 이유로 부정적인 평가를 받은 경험이 있는 것으로 조사됐다. 일터에서 한 가지 이상의 차별이나 괴롭힘을 경험한 적이 있다는 동성애자는 44.8%, 트랜스젠더는 64.0%였다. 직장 내 차별을 경험한 동성애자의 경우 사내복지 차별(7.1%), 업무

배치 차별(5.8%), 업무평가, 승진 차별(2.6%)을 주로 당했다. 트랜스젠더는 업무배치 차별(8.0%), 사내복지 차별(6.7%), 임금 차별(6.0%) 순이었다. 직장 내 괴롭힘으로는 동성애자와 트랜스젠더 모두 '남성·여성답지 못하다는 반복적인 지적'(33.7%·54.0%)을 들었다. 이어 "나를 비난하거나 조롱하는 것을 들었다."(16.7%·30.0%)거나 "성희롱 당함"(11.4%·26.0%)이라는 응답이 뒤를 이었다. 하지만 이에 항의한 성소수자는 8.3%(동성애자 6.6%·트랜스젠더 21.1%)에 그쳤다. 해고나 권고사직을 당한 경험이 있는 동성애자는 14.1%, 트랜스젠더는 16.5%로 조사됐다. 암묵적 종용에 따라 퇴사한 경우도 동성애자 1.8%, 트랜스젠더 8.9%로 적지 않았다. 성 정체성 때문에 재계약이 거부된 사례는 동성애자 0.8%, 트랜스젠더 2.5%였다. 국가인권위원회의 김현경 연구원은 "채용 과정과 직장 내 차별을 경험한 성소수자는 구직·채용 과정에서 위축되고 고용의 질도 좋지 않은 것으로 나타났다."며 "해외 많은 기업들은 성 정체성을 이유로 한 차별을 명시적으로 금지하고 있다."고 말했다.

LGBT 인권 단체의 주장에 따르면 그들이 당하는 제도적 차별은 LGBT 커플의 결혼을 법적으로 인정하지 않는다는 점이다. 법적으로 LGBT 커플의 결혼을 인정할 경우, 재산에 대한 부동산, 상속, 양육, 연금, 세금 납부, 직장에서 받는 복지혜택, 의료보험 등의 다른 이성부부와 같은 혜택을 받을 수 있다. 그러나 시간이 흐르면서 한국 사회의 시선도 점점 LGBT에 대해 우호적으로 변하고 있다. 아산정책연구원은 2010년부터 2014년까지 동성애, 동성결혼에 대한 인식을 알아보기 위한 조사를 실시했다. 이를 분석한 결과 한국에서 동성애자에 대한 관용과 동성결혼 지지가 점차 증가하는 것으로 나타났다. 동성애자에 대해 거부감이 없다고 답한 비율은 2010년 15.8%에서 2014년 23.7%로 증가했다. 동성 간 결혼을 합법화해야 한다라는 응답도 2010년 16.9%에서 2014년 28.5%로 증가했다. 2014년 LGBT에 대한 인식에 대한 설문조사에서도 거부감이 없다고 답한 비율이 32.8%로 나타났다[출처: 아산 폴(조사기간: 2014년 12월 6~9일) "선생님께서는 레즈비언, 게이, 양성애자, 트랜스젠더 등 성소수자에 대해 어떻게 느끼십니까?"의 질문에 "① 전혀 거부감이 들지 않는다, ② 별로 거부감이 들지 않는다, ③ 어느 정도 거부감이 든다, ④ 매우 거부감이 든다."로 답하게 한 결과다].

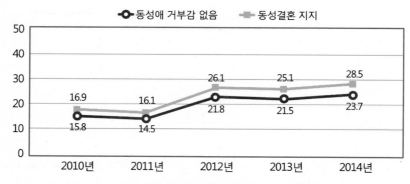

[그림 14-1] 동성애 및 동성 결혼에 대한 인식 변화(단위: %)

출처: 아산연례조사(조사기간: 2010~2014년)
주: "귀하께서는 동성애자에 대해 어떻게 느끼십니까?"의 질문에 "① 전혀 거부감이 들지 않는다, ② 별로 거부감이 들지 않는다, ③ 어느 정도 거부감이 든다, ④ 매우 거부감이 든다"로 답하게 한 결과와 "귀하께서는 동성 간의 결혼을 법적으로 허용하는 것에 대해 어떻게 생각하십니까?"의 질문에 "① 매우 찬성한다, ② 대체로 찬성한다, ③ 대체로 반대한다, ④ 매우 반대한다"로 답하게 한 결과다. [그림 14-1]에는 동성애자에 거부감이 없다고 답하고, 동성 간 결혼을 지지하는 비율(%)만 표시했다.

[그림 14-2]를 보면 LGBT에 대한 인식의 변화는 특히 젊은 층에서 두드러졌다. 2010년에는 20대의 26.7%가 "동성애자에 거부감이 없다."고 답했으나 2014년에는 47.4%로 절반 가까이 올라왔다. 이는 상당히 고무적이다. 이에 반해 50대, 60세 이상에서는 "동성애자에 거부감이 없다."고 답한 비율이 2010년 각각 11.2%, 6.2%에서 2014년 13.8%, 7.1%로 거의 변함이 없었다.

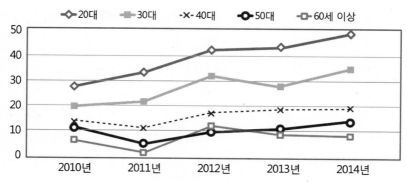

[그림 14-2] 세대별 동성애에 대한 관용(단위: %)

미국의 경우 역시 젊은 층에서 이런 변화가 두드러지고 있다. 2012년 처음으로 메인 주, 메릴랜드 주, 워싱턴 주에서 투표로 동성 결혼이 합법화되었으며, 2015년 6월 26일 미국 연방 대법원은 대법관 9명 가운데 찬성 5명, 반대 4명으로 동성 결혼이 합헌이라는 결정을 내렸다. 이에 따라 미국 전 지역에서 동성 결혼이 합법화되었다. 이전까지는 워싱턴 D.C와 36개 주에서만 허용되었다. 대법원은 결정문에서 "수정헌법 14조(평등권)는 각 주가 동성 결혼을 허용할 것과 동성 간 결혼이 자신들이 사는 주가 아닌 다른 주에서라도 적법하게 이루어졌다면 허용할 것을 요구하고 있다."고 밝혔다.

이렇듯 현재는 동성애자에 대한 제도적 차별이 줄어들긴 했지만 LGBT는 여전히 일상과 고용에서 암묵적이고 비인간적인 차별을 당한다. 능력과 상관없이 성소수자라는 이유 하나만으로 인간으로서의 최소한의 권리도 무시당하며 험담을 비롯해 물리적인 폭행과 협박 등의 혐오범죄를 흔하게 당하기도 한다. LGBT의 법적 제도화에 반대하거나 이해하지 못한다 하더라도 적어도 그들의 인간으로서의 삶과 그들이 자신의 일터에서 일할 수 있는 권리, 즉 인권을 보장하는 것만은 반드시 필요하다. 단지 성소수자라는 이유로 회사에서 고용하지 않거나 퇴사시키는 것은 그들의 능력과는 무관한, 차별 그 자체이기 때문이다.

▶숫자로 보는 LGBT

21개국(36개국)
동성 간 결혼 허용(실질혼 허용 포함)

17개국(28개 지역)
LGBT 입양 가능 국가

8개국(나이지리아·소말리아는 일부)
동성애 사형 국가

※ 자료: 외신종합

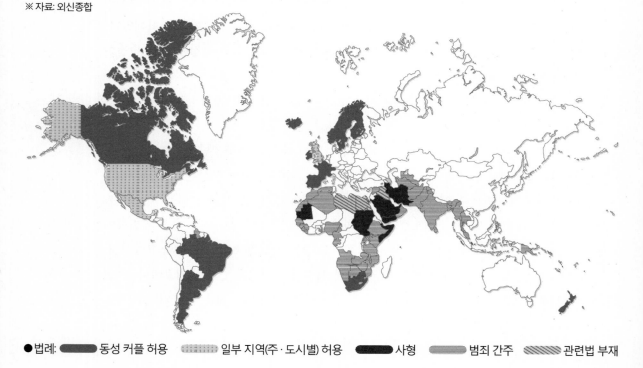

●법례: ▬▬ 동성 커플 허용   ▦▦▦ 일부 지역(주·도시별) 허용   ▬▬ 사형   ▬▬ 범죄 간주   ▨▨▨ 관련법 부재

출처: http://pds.joinsmsn.com/news/component/htmlphoto_mmdata/201507/04/htm_201507
040214140104011.jpg

한·중·일 동성결혼 현황을 보면 3국 모두 동성 결혼이 법제화된 나라는 없다.

한국의 경우 군형법 및 재소자 간 동성애는 처벌, 차별금지법안이 국회에서 검토 중
이며, 2013년 공개 동성 결혼한 김조광수 김승환 부부의 혼인신고 소송이 진행 중이다.

중국은 1997년에 동성애를 처벌 대상에서 제외시켰으며, 2011년까지 정신질환으
로 분류했었다. 정부는 LGBT에 대해 불간섭주의지만 사회적 편견은 매우 심하다.

일본은 2015년 3월 도쿄 시부야구 의회 '조례'로 동성 커플에 파트너십 증명서를
발급하기 시작했으며, 도쿄 세타가야구 의회 등 일부 지자체 차원에서 동성커플 증명

서 발급을 추진 중이다.

극단적인 경우로 나이지리아는 2014년 동성애 금지법이 통과되었으며, 북부 지역에서는 동성애 커플을 사형에 처하고 있다. 수단은 동성애 3차례 적발 시 사형, 사우디아라비아와 이란은 이슬람 율법에 따라 투석형, 우간다는 동성애 첫 적발 시 최고 14년형이며, 상습적인 경우 종신형이다. IS는 투석형 및 옥상에서 밀어 떨어뜨리는 식의 사형을 집행하고 있다.

 ## 차별에 대한 대책들

앞서 다루고 있는 차별들은 따로 떨어져 있는 것이 아니라 서로 깊이 연관되어 있다. 다양성으로 이 장의 제목을 정했지만 우리가 살고 있는 글로벌 사회 속에서는 어느 시기, 어느 곳에서 '차별' 혹은 '틀린' 것들로 인식되고 있는 것들이었다.

우리는 다양성을 추구한다고 말하면서도 다양성을 받아들이지 못하고 다양성을 원한다고 말하면서도 다양성이 가질 권리에 대해서는 눈을 감아버린다. 이 장에서는 다양성, 주로 차별로 연결되는 몇 가지 중요 이슈들에 대해서만 다루었다. 그러나 이 외에도 많은 여러 종류의 차별이 존재한다. 또한 이러한 차별들은 한 사람에 하나씩 가해지지 않는다. 보통 여러 가지의 차별이 동시에 가해지는데 그 예로 유색인종인 성소수자나 유색인종인 여성, 유색인종 장애인, 여성 장애인, 성소수자를 사형에 처하는 종교적 국가에 사는 사람들을 들 수 있다. 이런 경우 이들은 인종차별과 성차별을 동시에 당하기도 하며 또는 목숨을 잃는 극단적인 성소수자 차별을 당하게 되기도 한다.

인재(talents), 특히 글로벌 인재는 언어나 자신의 분야에 대한 전문성, 역량뿐 아니라 사회의 구성원으로서 열린 마음, 다양한 시각, 원칙준수, 윤리의식, 인격존중 등의 조건을 갖추어야 한다고 여러 전문가들은 말하고 있다. 앞에서 다루고 있는 다양성에 대한 차별들은 전 세계적으로 비난 혹은 개선시키기 위한 운동들(moves)이 활발한 이슈들이다. 또한 이러한 다양성은 아직 한국의 경우 많이 다루어지지 않고 있지만 시대적인 흐름에 따라 한국의 사회, 직장에서도 중요하게 다루어지고 언급될 그리고 개선되어야 할 부분들이다. 국제적인 업무가 보편화 되어버린 비즈니스 세계에서 앞서 언급한 차별에 대해 인지하지 못하고 있다면 경력뿐 아니라 기업적인 손실도 피할 수 없게 된다. 그렇기에 우리는 조금 더 이러한 다양성들에 마음을 글로벌하게 열 필요가 있다.

사회가 근본적으로 평등한 사회를 실현하기 위해서는 가장 먼저 차별금지법을 제정하고 처벌을 다른 선진국과 같은 수준으로 정할 필요가 있다. 또한 채용이나 승진에 있어 그 과정을 투명하게 공개적으로 시행하도록 제도적으로 마련하는 것도 중요한 해결책이라고 볼 수 있다. 최근 불거진 국회의원의 입학이나 채용 등의 청탁 사건만 보더라도 이와 같은 특혜들은 차별을 넘어서 권력 남용으로까지 이어지기도 한다. 이러한 채용 방식은 특권을 갖고 있는 사람들이 취업 경쟁에서 보다 유리할 뿐 아니라, 정당한 절차를 거쳐 입사한 사람들이나 취업 준비를 하고 있는 사람들에게 절망과 허망함을 안겨주게 된다. 결국 이러한 차별은 부조리한 사회를 만들어 신뢰가 사라지는 사회가 되도록 만든다.

마지막으로 차별을 없애거나 줄일 수 있는, 또한 더욱 평등한 사회를 위한 가장 쉬우면서도 주요한 방법은 투표다. 정치인이나 권력자들이 특권의식에 사로잡혀 우월의식을 가지고 차별하지 않도록 자신의 지역구나 정당의 정치인들의 동향을 파악하고 그들의 평등과 차별 및 자신이 관심을 가지고 있는 사안들에 대한 공약들과 실행 여부 등을 꼼꼼히 살펴보고 자신의 이상에 가장 부합하는 정당의 정치인을 투표로 선택하는 것이다. 노조나 노동운동과 같은 권리를 위한 활동 등도 효과적이지만 대부분 자신의 생업에 종사하느라 여유가 없고 불이익이 오지는 않을까 걱정이 들기도 한다. 그러나 투표는 그러한 걱정 없이 누구나 할 수 있는 가장 쉬운 일이며 민주주의 국가에서 자신의 환경을 가장 크게 바꿀 수 있는 가장 효과적인 방법이다.

투표는 정치적인 것만이 아닌 자기 자신과 자신의 경력개발, 직장에서의 권리를 위해서도 반드시 필요하면서도 중요한, 그러나 실행으로 옮기기에는 아주 쉬운 일이다.

그리고 우리가 가진 가장 힘 있는 권리이기도 하다.

한국의 차별에 대해 글을 쓰면서 애널리스트로 활동 중인 지인에게 차별이 존재하는 분야나 참고할 만한 자료를 부탁하자 그는 이렇게 말했다.

"차별? 대한민국에 차별이 심하지 않은 곳이 있어요?"

우리는 어쩌면 차별 없는 다양한 사회를 만들기 위해서는 '대한민국은 온갖 차별이 만연한 사회'라는 문제의식을 가지고 시작해야 할지도 모른다.

참고문헌

공병조 외 10명(2011). 천차만별. 서울: 국가인권위원회.

스티븐 J. 맥나미, 로버트 K. 밀러주니어(2015). 능력주의는 허구다(김현정 역). 서울: 사이.

켄트 플래너리, 조이스 마커스(2015). 불평등의 창조(하윤숙 역). 서울: 미지북스.

타하르 벤 젤룬(2004). 인종차별, 야만의 색깔들(홍세화 역). 서울: 상형문자.

고용노동부(2016). 홈페이지. From http://www.moel.go.kr/

보건복지부(2016). 홈페이지 From http://www.mohw.go.kr/front_new/index.jsp

아산정책연구원(2015. 4. 1.). 이슈리포트. From http://asaninst.org/contents/%EC%84%B1%EC%86%8C%EC%88%98%EC%9E%90lgbt-%EC%9D%B8%EC%8B%9D-%EB%82%98%EC%9D%B4%E2%88%99%EC%A2%85%EA%B5%90%E2%88%99%EC%9D%B4%EB%85%90-%EB%94%B0%EB%9D%BC-%EC%B0%A8%EC%9D%B4-%EC%BB%A4/

에이블뉴스 기사(2016. 5. 26.) From http://www.ablenews.co.kr/News/NewsContent.aspx?CateGoryCode=0016&NewsCode=00162016052614050632576 3

연합뉴스 기사(2015. 6. 27.). From http://www.yonhapnews.co.kr/bulletin/2015/06/27/0200000000AKR20150627000600071.HTML

한국장애인고용공단(2016). 홈페이지 From https://www.kead.or.kr/index.jsp

Brandon Gaille 기사(2015. 1. 14.). From http://brandongaille.com/37-shocking-lgbt-discrimination-statistics/

Center for American Progress 기사(2011. 6. 2.). From https://www.americanprogress.org/issues/lgbt/news/2011/06/02/9872/gay-and-transgender-people-face-high-rates-of-workplace-discrimination-and-harassment/

Huffington Post(2016). 홈페이지 From http://www.huffingtonpost.kr/news/gay-voice

인명

내용

┃ 저자 소개 ┃

백지연(Paek, Jeeyon)

학력 이화여자대학교 법정대학 문학사(비서학 전공) 취득
　　　New York University, Stern School of Business, MBA(재무 전공) 취득
　　　Stanford University, Graduate School of Business, IT벤처기업가정신 최고위과정 수료
　　　Ohio State University, Ph.D.(인적자원개발 전공) 취득

현재 이화여자대학교 신산업융합대학 국제사무학과 부교수

경력 (현) 대한경영학회 편집위원
　　　　한국비서학회 편집위원 및 상임이사
　　　　한국인력개발학회 이사
　　　　한국상업교육학회 이사
　　　(전) Hamburg University(독일 함부르크) 방문연구원
　　　　기업교육학회 이사
　　　　서울시 창조전문인력 양성사업(이화창조아카데미) 책임교수

저서 여성인적자원의 전문성 확보를 위한 경력개발(아산재단 연구총서, 집문당, 2010)

경력개발전략
- 이론과 실제 -
Career Development and Global Career: Theories and Practices

2016년 12월 5일 1판 1쇄 인쇄
2016년 12월 15일 1판 1쇄 발행

지은이 • 백지연
펴낸이 • 김진환
펴낸곳 • (주) **학지사**

　　　　04031 서울특별시 마포구 양화로 15길 20 마인드월드빌딩
대표전화 • 02)330-5114　　　팩스 • 02)324-2345
등록번호 • 제313-2006-000265호

홈페이지 • http://www.hakjisa.co.kr
페이스북 • https://www.facebook.com/hakjisa

ISBN 978-89-997-1061-2　93370

정가 18,000원

이 도서의 국립중앙도서관 출판시도서목록(CIP)은 서지정보유통지원
시스템 홈페이지(http://seoji.nl.go.kr)와 국가자료공동목록시스템
(http://www.nl.go.kr/kolisnet)에서 이용하실 수 있습니다.
(CIP 제어번호: CIP2016030143)

··············· 교육문화출판미디어그룹 **학지사** ···············

심리검사연구소 **인싸이트** www.inpsyt.co.kr
원격교육연수원 **카운피아** www.counpia.com
학술논문서비스 **뉴논문** www.newnonmun.com